Ilse Loesch

Mit Leib und Seele

Erlebte
Vergangenheit des
Ausdruckstanzes

Henschelverlag
Berlin

ISBN 3-362-00361-3

© Henschelverlag Kunst und Gesellschaft,
DDR – Berlin 1990

Lizenz-Nr. 414.235/20/90
LSV-Nr. 8403
Lektor: Renate Lerche
Gestaltung: Jörg Brosig
Printed in the German Democratic Republic
Gesamtherstellung: Druckwerkstätten Stollberg
625 964 0

Der Tanz ist eine Kunst,
in der Körper, Gefühl und Verstand
einander bewegen, fordern und
schöpferisch machen.

Vorwort

Der Titel des Buches läßt vermuten, daß hier eine leidenschaftliche *Tänzerin* Erinnerungen an ihr berufliches Leben im Bereich des Modernen Tanzes niedergeschrieben hat. Das trifft in gewisser Weise auch zu, wenngleich ich in nunmehr fast sechzig Jahren vor allem als Tanzpädagogin, Choreographin und Verfasserin von Fachliteratur tätig war.

»Mit Leib und Seele« will ich auch wörtlich verstanden wissen als Einheit von Physis und Psyche in ihrer dialektischen Bedeutung auf dem Gebiet des Tanzes:

tänzerische Bewegung als Ausdruck von Emotionen wie auch als ihr Erreger;

Spiel mit tänzerischen Mitteln aus natürlichem Bedürfnis des Menschen und eigener Phantasie, zu seiner freien, individuellen Entfaltung und – bei entsprechender Begabung – als Experimentierfeld für die künstlerische Arbeit;

Choreographie – oder richtiger: die Komposition von Tänzen und Tanzwerken – als Akt und Produkt geistiger Arbeit mit den Ausdrucks- und technischen Mitteln der körperlichen Bewegung, zumeist in Verbindung mit der Schwesterkunst Musik;

tänzerische Bewegung in Entwicklungs- und Ausbildungsprozessen zum Entstehen von Körper- und Selbst-Bewußtsein, zur Erfahrung von musikalischen Eindrücken, Formen und Begriffen »am eigenen Leibe«, und ähnlich auch von Gegebenheiten der Umwelt und des Verhaltens von und zu Partnern;

tänzerische Bewegung als Vergnügen, zur Unterhaltung, aber auch als Mittel zur Erhaltung oder Wiedergewinnung von körperlicher und seelischer Gesundheit.

Überall beruhen Ursache und Wirkung auf dieser Einheit und Wechselwirkung von »Leib und Seele«.

Diese wiederentdeckten Erkenntnisse waren Quelle und Beweg-Gründe für die revolutionäre Erneuerung des Tanzes in Deutschland während des ersten Drittels unseres Jahrhunderts, die in allen Gesellschaftsschichten, allen Kunstbereichen wie auch – und ganz besonders – im Rahmen der Bildungs- und politisch-agitatorischen Aktivitäten der Arbeiterbewegung lebhaften Widerhall fanden und genutzt wurden. Ich hatte das Glück, in der Hoch-Zeit dieser Erneuerung – gegen Ende der zwanziger Jahre – im Institut des Meisters ausgebildet zu werden, der als Initiator, als vielseitiger Forscher, Künstler und Anreger im Zentrum dieser Bewegung stand: Rudolf von Laban.

Meine persönlichen Erinnerungen und Erfahrungen ziehen sich zwar durch das ganze Buch, aber ich habe sie aufgrund bestehender bzw. von neuem angeknüpfter Verbindungen zu Fachkolleginnen und -kollegen aus der damaligen Zeit, zum Teil auch zu anderen Schulen und Tätigkeitsbereichen, noch wesentlich erweitern können. Hinzu kommen als Dokumente eine Reihe von Zitaten aus veröffentlichten und unveröffentlichten Schriften, Vorträgen u. ä., von Programmzetteln und Rezensionen, Berichten von Fachkongressen sowie Tanz- und Porträtfotos.

Ich widme dieses Buch vor allem der jungen Generation von Tanzschaffenden und -komponisten, Tanzpädagogen und -theoretikern, musikalischen Begleitern und Kinetographen. Sie haben den damaligen Ansturm gegen die – im allgemeinen auf physische Effekte reduzierte – Einseitigkeit in Sinn und Form des Tanzes nicht miterlebt und aus der Fülle beispielhafter Werke jener Zeit nur wenig kennengelernt; abgesehen von den Wiedereinstudierungen des »Grünen Tisches« von Kurt Jooss in Dresden und Berlin und ersten Rekonstruktionen einiger Choreographien der Solotänzerinnen Marianne Vogelsang und Dore Hoyer durch Arila Siegert.

Ich hoffe, daß meine Erinnerungen und Erfahrungen, meine Gedanken sowie die ausgewählten Zitate dazu beitragen können, daß diese Entwicklungsperiode des Tanzes als kostbares Erbe verstanden wird.

In diesem Zusammenhang will ich eine weitere Aufgabe ins Blickfeld rücken, die gelöst werden müßte und könnte: Daß unsere Kinder – jeden Alters, ob speziell begabt oder nicht – zu ihrem individuellen und zum gemeinsamen Vergnügen und Gewinn mit Bewegungen und Ausdrucksmitteln des Tanzes kreativ spielen können und daß sie dazu Gelegenheit und qualifizierte Anleitung bekommen, frei von Leistungsdruck. Auf dieser Basis könnte der Tanz nach und nach, bei systematischer Fortführung und Integrierung in die musische Allgemeinbildung, den gleichen Rang in unserem kulturellen Leben einnehmen wie die anderen Künste.

Gedanken zum Tanz in der DDR

Zu der Zeit, als ich mit der Arbeit an diesem Buch begann, fand ich in der Tagespresse folgenden Artikel:

»Ensembles bieten Ballettfreunden reiches Programm«
420000 Besucher sahen 1984 38 abendfüllende Tanzwerke
   Große Ballettabende in Theatern und Opernhäusern, aber auch Folklore- und Revueprogramme gehören zum Repertoire der 40 Ballettensembles und Tanzgruppen in der DDR. In ihnen wirken rund 1000 Berufstänzer – Solisten und Gruppentänzer, darunter auch aus anderen sozialistischen Ländern. Außer den vier großen Ensembles an der Komischen Oper und der Deutschen Staatsoper Berlin, an der Staatsoper Dresden und am Opernhaus in Leipzig gibt es noch an weiteren 36 Theatern Ballettensembles.
   Folkloretanz pflegen unter anderem das Staatliche Tanzensemble der DDR in Berlin, das Staatliche Folklore-Ensemble der DDR mit Sitz in Neustrelitz und das Staatliche Ensemble für sorbische Volkskultur in Bautzen. Zum Erich-Weinert-Ensemble der Nationalen Volksarmee gehört ebenfalls ein Ballett.
   Mehr als 420 000 Besucher sahen 1984 in den Theatern und Opernhäusern abendfüllende Ballettwerke. Die elf aufgeführten Ballette von DDR-Komponisten hatten mehr als 82 950 Zuschauer. In der DDR absolvieren jährlich rund 60 Tänzerinnen und Tänzer die Staatliche Ballettschule Berlin, die Palucca Schule Dresden und die Fachschule für Tanz in Leipzig.[1]

Seit 1976 gehört zur Theaterhochschule »Hans Otto« in Leipzig eine Ausbildungsabteilung Choreographie. – Die Staatlichen Ballettschulen in Dresden und Berlin veranstalten jährlich vielbesuchte Sommerkurse mit internationaler Beteiligung. – Choreographen, Ensembles und einzelne Tänzer beteiligen sich erfolgreich an Leistungsvergleichen und Wettbewerben im In- und Ausland. – Das Ministerium für Kultur und der Verband der Theaterschaffenden der DDR veranstalten Seminare zur Weiterbildung von Tänzern und Choreographen. – Die Akademie der Künste der DDR, zu deren Mitgliedern auch namhafte Tanzschaffende gehören, unterstützt diesen Bereich durch die Organisation von Tanzpodien, Vorträgen und Diskussionen, zu denen bedeutende Künstler eingeladen werden; sie veröffentlicht Fachartikel in den Reihen »Arbeitshefte« und »Material zum Theater«. – Zum Verband der Theaterschaffenden der DDR gehört eine Sektion Tanz, deren Monatsprogramme Seminare und Diskussionen zum Thema Ballett und Tanz enthalten. Die Monatszeitschrift »Theater der Zeit«, das Organ des Verbandes, veröffentlicht regelmäßig Besprechungen von Tanzaufführungen im In- und Ausland, Gespräche mit Experten u. ä. Die Tagespresse verfolgt mit wachsendem Interesse Tanzprogramme, Sommerkurse, Wettbewerbe, Tourneen usw. – Das Dresdner Zentrum für zeitgenössische Musik veranstaltete im Oktober 1988 sein II. Tanzsymposium »Ausdruckstanz – Möglichkeiten und Grenzen zeitgenössischer Kunstformen«. – Zu allen Festwochen des Theaters und der Musik mit nationaler und internationaler Beteiligung gehören immer auch Tanzveranstaltungen. – Nicht zu vergessen ist auch das Laienschaffen auf diesem Gebiet. So bilden (unter der Leitung des Zentralhauses für Kulturarbeit in Leipzig) sechs Spezialschulen in der DDR Laientanzgruppenleiter aus. – 1987 fand in Rudolstadt bereits das 16. Tanzfest der DDR und in Neubrandenburg im gleichen Jahr zum dritten Mal die Internationale Werkstatt ARTAMA »Kammertanz« statt. – Das Zentralhaus für Kulturarbeit veröffentlicht in der Vierteljahresschrift »Der Tanz« Besprechungen, Informationen und Anleitungen, die den Kammertanz unterstützen, und gibt auch spezielle Reihen heraus wie »Tanztraditionen«. – In vielen Betrieben und Institutionen haben sich Arbeiter, Angestellte, Studenten zu Tanzgruppen zusammengeschlossen, um in der Freizeit unter fachlicher Anleitung zu üben und Auftritte vorzubereiten, mit denen sie Feste und Feierlichkeiten bereichern. – In Volksmusikschulen und Pionierhäusern werden Kinder im Laienbühnentanz unterwiesen, sie erarbeiten Tanzspiele und führen sie auf.

Wohl noch nie hat der Tanz in unserem Land so reiche und vielseitige Möglichkeiten erhalten, um sich ein breites Wirkungsfeld zu schaffen. Und doch nimmt er nicht – nicht mehr? noch nicht? – in jeder Hinsicht den gleichen Rang in unserem kulturellen Leben ein wie die anderen Künste.

In maßgeblichen Berichten über kulturelle Aktivitäten und Erfolge auf den Gebieten der Bildung und Kunst, der Entwicklung der Kreativität sowie der sozialen und gesundheitlichen Erziehung kann man von der Bedeutung des Tanzes für die Allgemeinheit kaum etwas spüren. Das ist keineswegs neu, aber es hat in Deutschland – und nicht nur hier – eine Zeit gegeben, in der diese Bedeutung durch eine revolutionäre Entwicklung erfolgreich bewiesen werden konnte: das erste Drittel unseres Jahrhunderts.

Tief in der Natur des Menschen, in der Gemeinschaft und den Beziehungen zur Umwelt begründete und verwurzelte Quellen und Gesetzmäßigkeiten der körperlichen Ausdruckskraft wurden damals von neuem gesucht, entdeckt und fruchtbar gemacht. Sie beruhen vor allem auf den Wechselwirkungen von physischer und psychischer Haltung und Bewegung. Ihre Bedeutung für die Kultur ganz allgemein und die musische Aktivität im besonderen hängt davon ab, inwieweit sie erkannt, gepflegt, beachtet und zielgerichtet in der pädagogischen und künstlerischen Arbeit umgesetzt wird, und zwar unter Berücksichtigung der individuellen und gesellschaftlichen Gegebenheiten und Einflüsse. Dazu gehören: Wuchs, Bewegungsanlage und -typ, körperlicher Zustand, Sensibilität, Interessen, Phantasie und Begabungen, Eindrücke aus Partner- und Umweltbeziehungen (wozu auch die Vorbildwirkungen gehören), Bildung, Lebenserfahrungen und soziale Einstellung, Denkvermögen und Handlungswille.

Die individuellen Gegebenheiten spielten bei der Unterrichtsweise in den Schulen für Modernen Tanz eine wesentliche Rolle. Die Ausbildung der Bewegungstechnik und der schöpferischen Fähigkeiten gingen zumeist Hand in Hand: Der Unterricht zur Beherrschung des Körpers bediente sich solcher Bewegungsformen, die auch zu tänzerisch-improvisatorischem Spiel anregen konnten und verwendet wurden. Andererseits verlangten Aufgaben und individuelle Wünsche zur Gestaltung eigener Ideen die zum Gelingen notwendige Beherrschung der Mittel. Der Antrieb zur Arbeit an sich selbst war also auch eine Auswirkung schöpferischer Begabung und künstlerischer Produktivität. Dabei ließen sich nicht nur Art und Grad der Begabung erkennen, sondern auch speziell geeignete pädagogische Wege und Anforderungen zur Herausbildung der Persönlichkeit finden.

Allein aus meinen persönlichen, hier aufgezeichneten Erinnerungen sowie den beigefügten Zitaten mag hervorgehen, wie reich diese Zeit des Tanzes an Persönlichkeiten in künstlerischen und lehrenden, gesellschaftlichen, medizinischen und theoretischen Wirkungsbereichen war.

Erinnerungen an meine Studienzeit

Als Kind und junges Mädchen habe ich zu Hause jede Gelegenheit genutzt, um – für mich allein – zu Musik tänzerisch zu improvisieren. Und die gab es oft, wie überhaupt Musik und bildende Kunst in unserem Familienleben eine wichtige Rolle spielten. Sicher macht das Tanzen vielen Kindern, besonders Mädchen, Spaß; mir aber lag daran, es zu meinem künftigen Beruf zu machen. Leider war ich – vielleicht durch die Auswirkungen des Krieges (1914–1918) und durch mein rasches Wachstum – körperlich nicht sehr kräftig. Das mag ein wesentlicher Grund dafür gewesen sein, daß meine Eltern mit diesem Beruf nicht einverstanden waren. Weitere Lieblingsbeschäftigungen in meiner Kindheit waren der Umgang mit Pflanzen und Tieren sowie pädagogische Tätigkeiten. Aber zur Gärtnerin fehlte mir ebenfalls die nötige Konstitution. (Für den »Hausgebrauch« bin ich es noch heute mit Hingabe.) So blieb der pädagogische Beruf, und ich durfte mit siebzehn Jahren eine Ausbildung zur Gymnastiklehrerin in der Schule von Toni Homagk in Breslau (Wrocław), meiner Heimatstadt, aufnehmen. Sie gehörte zum »Bund für angewandte und freie Bewegung e. V.«. Dort hatte ich schon als Kind zeitweise mit Mutter und Schwester zusammen Gymnastikunterricht gehabt.

Das erste Drittel der dortigen, insgesamt zweijährigen Ausbildung galt der Vorbereitung auf die Spezialberufe für hygienische, rhythmische oder tänzerische Gymnastik. Toni Homagk war Mensendieck-Schülerin und bildete uns in dieser Methode aus, die damals in Deutschland die bekannteste war, so daß man häufig den Ausdruck »mensendiecken« hörte, wenn man Gymnastiktreiben meinte.

Bess M. Mensendieck – eine Deutsch-Amerikanerin – hatte ihre Lehrweise ganz auf die Frau und ihr Alltagsleben eingestellt. Sie wollte ihr helfen, sich von Bewegungsbeschränkungen durch Mode (z. B. das Korsett) und manchen ihr Selbstbewußtsein unterdrückenden Anschauungen zu befreien. Sie sollte sich ihres Körpers, seiner organischen Bewegungsvorgänge und deren Zusammenhänge bewußt werden und sie zu lenken wissen, bis er wieder von selbst in natürlicher Harmonie und Schönheit funktioniert, um sie gesund und für ihre Aufgaben als Frau und Mutter bereit zu machen.

Aufbauend auf der Beckenstellung, haben wir im Unterricht zunächst sehr eingehend und ausdauernd an der Haltung gearbeitet. Dazu gehörten die Gewichtsverteilung auf den – parallelgestellten –

12

Füßen, der Spannungsgrad in den Beinen, die Bewegung in allen Teilen der Wirbelsäule bis zum Kopf wie auch die Haltung des Brustkorbs, das Zusammenziehen und Lösen der Schulterblätter bei unterschiedlicher Schulter- und Armhaltung sowie der zu beobachtende Einfluß auf die gesamte Haltung.

Mit der Verlagerung auf den vorderen Teil des Fußes begannen die Gleichgewichtsübungen und damit auch die Verlagerung des Schwerpunktes über die Unterstützungsfläche hinaus, in unterschiedlicher Weise aufgefangen mit einem Schritt, und von da zur Fortbewegung.

Alle diese Übungen wurden in ganz ruhigem Tempo ausgeführt, um in ununterbrochener Konzentration alles Entstehende wahrnehmen und präzise lenken zu können. Es war ein ständiges Erkennen und Nutzen organischer und physikalischer Gesetzmäßigkeiten, für tanzfreudige junge Menschen aber ganz und gar nicht vergnüglich.

Aber ich habe dabei gelernt und gewonnen: für das eigene Körpergefühl, für die spätere pädagogische Arbeit und nicht zuletzt auch für das Entstehen und den Ausdruck unterschiedlicher Bewegungsstile in Tänzen und Umgangsformen.

Frau Dr. Mensendieck hatte ihre Aufgabe darin gesehen, eine Methode der »Gesamt-Körpererziehung« aufzubauen und zu lehren. Dazu schienen ihr weder das seinerzeit übliche »Frei- und Geräteturnen, noch Sport oder Tanzbewegungen (rhythmische Bewegungen, Plastik)«[2] geeignet zu sein, da diese, wie sie feststellte, auf Nachahmung und Drill beruhten. Um so entsetzter war sie, als sie nach den Jahren des (ersten Welt-) Krieges aus Amerika nach Europa zurückkehrte und erkennen mußte, daß viele ihrer ehemaligen Schülerinnen in ihrer pädagogischen Arbeit die strenge Theorie durchbrochen hatten.[3]

Aber wenn man die Entwicklung überblickt, kann man sehen, daß eben der Boden, den sie mit dieser Methode bereitet hat, fruchtbar war für das Entstehen neuer Lehrweisen, die das ursprüngliche Ziel einbegriffen, aber darüber hinausgingen, auch bis in den Bereich des künstlerischen Tanzes hinein.

Mehrmals in meinem Leben hatte ich Gelegenheit, hervorragende Meisterinnen und ihre Arbeit kennenzulernen, die, von der Mensendieck-Methode ausgehend, ihre gymnastische Lehre aufgebaut haben und gerade für den Tanz und auch andere darstellende Künste auffallend gute Erfolge erzielten. So denke ich mit großer Hochachtung und in herzlicher Verbundenheit an *Jarmila Kröschlová*. Als ich sie ken-

nenlernte, hatte sie in Prag eine eigene Tanzschule und -gruppe.
Meine Kollegin Jenny Gertz und ich waren aus Deutschland 1933 dorthin gekommen und mußten nach Möglichkeiten zur Fortsetzung unserer Arbeit suchen, die uns zu Hause entzogen worden waren. Jarmila Kröschlová, auch eine Antifaschistin, war sofort bereit, uns zu
unterstützen und bot uns die Mitbenutzung ihrer Schulräume an. Als
wir uns viele Jahre später wiedersahen, war sie Dozentin an der Schauspielabteilung der Prager Akademie der Musischen Künste (AMU)
und in gleicher Funktion tätig wie ich an der Leipziger Theaterhochschule. (Ihre Tochter Eva arbeitet ebenfalls seit Jahrzehnten an der
AMU.) Aufgrund eines Freundschaftsvertrages zwischen beiden Instituten trafen wir uns in Prag wieder und tauschten unsere Erfahrungen aus. Sie hatte ihre Ausbildung 1918 bei privatem Unterricht in der
Methode Mensendieck begonnen. Von 1919 bis 1922 studierte sie bei
Jaques-Dalcroze in Genf und an der gleichnamigen Schule in Hellerau
bei Dresden, wo sie anschließend auch als Lehrkraft tätig war und eine
eigene Unterrichtsmethode zu entwickeln begann. Ihren ersten Solo-
tanzabend hatte sie bereits 1921 gegeben. Von 1924 bis 1947 leitete sie
als Choreographin und Pädagogin eine eigene Tanzgruppe.

Sie hielt ihr Leben lang eine streng systematische Körperbildung als
Voraussetzung jedes tänzerischen und tanzpädagogischen Schaffens
für unabdingbar und hatte damit bis in ihr hohes Alter weitreichende
Erfolge, wobei sie nicht müde wurde, ehemaligen Absolventen ihrer
Schule mit Rat und Tat zur Seite zu stehen.

Als Kröschlová in den Jahren von 1921 bis 1925 an der Neuen Schule
Hellerau unterrichtete, war eine ihrer Schülerinnen *Rosalia Chladek*.
Aufgrund hoher Begabungen wurde sie nach Abschluß der Ausbildung
Mitglied der »Tanzgruppe Valeria Kratina«[4] und Mitglied des Lehrkörpers. In die gleiche Zeit fällt auch ihr Debüt als Solotänzerin. 1925 übersiedelte die »Schule für Rhythmus, Musik und Körperbildung Hellerau
bei Dresden« nach Schloß Laxenburg bei Wien. Nach einer zweijährigen Tätigkeit als Leiterin der Ausbildungsstätte für Gymnastik und
künstlerischen Tanz in Basel kehrte Chladek an die Hellerau-
Laxenburger Schule zurück, wo sie bis 1938 die künstlerische Leitung
der Tanzgruppe wie der gesamten Ausbildung innehatte.

Ich wurde auf ihre Ausbildungsweise über eine ihrer ehemaligen
Schülerinnen aufmerksam, die einige Zeit an der Leipziger Theaterhochschule studierte. Deren Art, sich zu bewegen und jede Übung
auszuführen, war so organisch, ihre Bewegungen vom Atem getragen,

als ob sie sänge. Während eines Studienaufenthaltes in Wien konnte ich für ein paar Stunden die Laxenburger Schule aufsuchen, Rosalia Chladek sprechen und im Unterricht von Tamara Rauser (klassisches Training) hospitieren. Beide Meisterinnen arbeiteten seit Jahren Hand in Hand. Das also war der Schlüssel für die organische Bewegungsweise unserer Studentin.

In den achtziger Jahren gab es mehrfach Gelegenheit zu fachlichem Austausch und näherem Kennenlernen. So bekam ich von Rosalia Chladek sowohl eine Reihe von Veröffentlichungen von und über sie und ihr Werk wie auch die Arbeit der Internationalen Gesellschaft Rosalia Chladek. Ich bin ihr sehr dankbar dafür.

Noch heute widmet sich Rosalia Chladek vornehmlich der ständigen Weiterbildung von Pädagogen, die bei ihr ausgebildet worden sind. Zwar ist es ihr Prinzip, die Lernenden nie durch vorgemachte Bewegungen beim selbständigen Entwickeln des Körperbewußtseins zu beeinflussen, aber sie kann – auch heute noch – ihre Bewegungslehre hervorragend demonstrieren.

Als Dritte möchte ich *Dorothee Günther* nennen. Sie war von einer anderen Seite her auf die Notwendigkeit der Körpererziehung gestoßen. Ihre Ausbildung hatte 1913 an einer Kunstgewerbeschule begonnen, zu der auch das Aktzeichnen gehörte. Sie schrieb darüber im Anhang ihres Buches »Der Tanz als Bewegungsphänomen«, dem ich folgende Zeilen entnehme: »Die Zeichenstudien im Aktsaal der Kunstschule trugen mir so viele enttäuschende Eindrücke von verkümmerter Bewegungsfähigkeit ein, daß mir von da ab die Frage nach einer organischen Körpererziehung keine Ruhe mehr ließ.« Und so wendete sie sich »der damals neuen Form der Körpererziehung, der Mensendieck-Gymnastik zu und lernte auch die Dalcroze- und Laban-Arbeit kennen«.[5] 1919 legte sie ihre gymnastische Lehrbefähigungsprüfung ab.

Seit 1924 existierte der »Bund für angewandte und freie Bewegung e. V.«, der sich aus Mitgliedern des »Mensendieckbundes e. V.« zusammensetzte. Im Jahr der Gründung war auch eine Pädagogen-Ausbildungsstätte eröffnet worden, »ab 1931 in Bayern als ›Günther-Schule‹ staatlich anerkannt«.[6] Dorothee Günther legte von vornherein Wert darauf, an ihrer Schule »jeder Veranlagung das ihr gemäße Studium zu ermöglichen«.[7] Und so gab es also die unterschiedlichen Zweige für Lehrberufe: Gymnastik, musik-rhythmische und tänzerische Körperbildung und Modernen Tanz.

»Den Aufbau der musik-rhythmischen Ausbildung führte Carl Orff nach neuen Gesichtspunkten durch«; mit ihm zusammen leitete Dorothee Günther die Münchner Schule. Im zitierten Artikel nennt sie als Ziel »eine Einheit von Musik und Bewegung, die nicht auf Zufälligem und Subjektivem aufbaut, sondern in der sich Musik und Bewegung in ihren Grundelementen verschwistern bzw. *einem* Quell entspringen ... Unsere Arbeit ist durch die Absicht gekennzeichnet, in Bewegung und Musik möglichst unmittelbar das Schöpferische anzuregen ...«[8]

Die von Toni Homagk geleitete Breslauer Schule im »Bund für angewandte und freie Bewegung« bot zwar im ersten Drittel der zweijährigen Ausbildung die grundlegende Vorbereitung auf alle Lehrtätigkeiten, aber spezialisieren konnte man sich dort anschließend nur auf dem Gebiet der Mensendieck-Gymnastik. Ansonsten mußte man sein Studium an der Günther-Schule in München fortsetzen.

Nach dem ersten Trimester habe ich zwar diese Schule verlassen, um mein Studium am Choreographischen Institut Laban fortzusetzen, lernte aber später, nachdem ich schon einige berufliche Erfahrungen gesammelt hatte, die Günther-Schule bei einem Sommerkursus und dann für ein paar Monate in der Meisterklasse für Tanz näher kennen.

Bei Dorothee Günther selbst habe ich an keinem Unterricht teilgenommen, aber was ich an ihrer Schule lernen konnte, hat mich begeistert, und zwar in dreierlei Hinsicht: Wir bekamen, erfanden und übten in »Rhythmik« Bewegungsfolgen für den ganzen Körper in reichhaltigster rhythmischer Form. Begleitet wurden wir oft von der Pianistin Margrit Goetz, die es verstand, spontan improvisierend auf das Bewegungsgeschehen einzugehen, es quasi mitzumachen, hervorzulocken oder auch zu ordnen. Den Unterricht leitete Gunild Keetman, zielklar, zu schöpferischer Arbeit anregend; ihr Körper straff und elastisch wie Federstahl, ihre Ausstrahlung erfüllt von Musik, aktiv, freundlich und fordernd zugleich. Sie brauchte nicht viele Worte. Dafür »sprach« ihr Spiel auf der Handtrommel. Damit machte sie hörbar, was sich rhythmisch in unseren tanzenden Körpern ereignete, formte es mit, machte es uns bewußt, verstärkte es. So kann man nur spielen, wenn man den dynamischen Verlauf in der eigenen Körperspannung mit vollzieht und man dem gespannten Fell wie dem hölzernen Rand der Trommel mit verschiedensten Anschlags- und Berührungsweisen *die* Geräusche oder »Äußerungen« zu entlocken weiß, die dem Bewegungsverlauf adäquat sind, die ein Partnerspiel ergeben.

Auch wir Schülerinnen mußten das lernen, vor allem für unsere pädagogische Tätigkeit, bei der ja zu berücksichtigen ist, daß man gleichzeitig den übenden Schülern manches ansagen und sie korrigieren mußte. Das geht nicht ohne weiteres: Entweder es gelingt einem nur, über einem einfachen Schlagen des Metrums zu sprechen, oder man stottert – mit der Sprache oder mit der Hand. Erst nach längerem, kontinuierlichem Üben erlangt man allmählich die nötige Souveränität, um die rhythmischen Vorgänge immer differenzierter wahrzunehmen und einfallsreich zu begleiten. Wenn man auch als Pädagoge unbedingt den Überblick und »das Heft in der Hand« behalten muß, so tanzt man dabei doch innerlich mit. Wahrscheinlich spränge sonst auch der Funke nicht über.

Ein weites Feld rhythmisch-musikalischen Spielens bot ein spezieller Unterricht, den ich zunächst unter Leitung von Hans Bergese und während des Kursus in der Meisterklasse bei Gunild Keetman erlebte. Da standen uns ein- und zweifellige Trommeln, kleine Pauken und Kesselpauken, Triangel, Becken und Gongs, Rasseln, Holzblocktrommeln und Kastagnetten, Xylophone, Metallophone und Blockflöten zur Verfügung, ein ganzes Orchester für unsere Tänze. Wir lernten zu improvisieren, das Spiel der Gruppe zu dirigieren und auch Stücke aus dem Orff-Schulwerk vom Blatt zu spielen. Natürlich war man bestrebt, bestimmte Instrumente selbst zu besitzen, um zu Hause intensiv üben und improvisieren zu können. Meine Lieblingsinstrumente waren Blockflöte, Maendler-Xylophon und Handtrommeln, auf denen ich einige Fertigkeiten erreichte. Mein Handtrommelspiel war mir dann lange Jahre zur Begleitung im tänzerischen Bewegungsunterricht unentbehrlich.

Die Meisterklasse leitete *Maja Lex;* wie Gunild Keetman war auch sie ehemalige Günther-Schülerin, musikalisch bei Carl Orff ausgebildet. Sehr bald nach Beendigung des Studiums war sie zur engsten künstlerischen und pädagogischen Mitarbeiterin von Dorothee Günther geworden. In ihren Händen lagen sowohl die tänzerische Ausbildung der späteren Pädagogen wie auch die künstlerische Leitung der Tanzgruppe der Günther-Schule.[9]

Ihre Stunden begannen mit vielseitiger und immer anregender Arbeit an der tänzerischen Technik, beflügelt durch das begeisternde Spiel und Zusammenspiel von »unsrer Goetzl« am Flügel und Lex auf der Handtrommel. Ich kann mich nicht mehr genau erinnern, ob Tanztechnik in diesem Kursus ein besonderes Fach oder die jeweils erforderliche Vorbereitung für die eigentliche künstlerische Arbeit war. In meiner Erinnerung bestand diese dann vor allem in Improvisationsaufgaben, mit denen sich jeder allein oder mit einem Partner zu befassen hatte. Da gab es die unterschiedlichsten Themen, die uns von der Musik, der Bewegungsweise oder auch von bestimmten Vorstellungen usw. zum Tanzen anregten wie:

Raumwege des Körpers am Platz und in unterschiedlicher Fortbewegung,

der Stil historischer Tänze in Verbindung mit entsprechenden Musiken,

Eindrücke von historischen Räumen und Zieraten, z. B. gotisches Kirchenschiff, ein kunstvoller Wasserspeier,

Formen und Vorgänge in der Natur, z. B. Bäume oder Getreide im Wind, bewegtes Wasser, Wachstum und Vergehen.

1984 bin ich Maja Lex wiederbegegnet, als die nach ihr benannte Tanzgruppe, die aus Studentinnen und Studenten der »Deutschen Sporthochschule Köln« bestand, in der Westberliner Akademie der Künste ihr Programm zeigte. Maja Lex war seit 1955 Dozentin für Rhythmische Bewegungsbildung und Modernen Künstlerischen Tanz an dieser Hochschule.[10] Ihr ist auch die Einrichtung des Sonderfaches Elementarer Tanz (und dessen Leitung) zu danken. Die Arbeitsergebnisse werden regelmäßig von der »Tanzgruppe Maja Lex« vorgeführt. Heute wird die Gruppe von ihrer Meisterschülerin Graziela Padilla geleitet, die auch den Unterricht übernommen hat.

Wirklich, die Tänze und ihre Interpreten drücken elementare Freude am Tanzen aus, am Musizieren mit dem Körper, am Zusammenspiel, an der Ausprägung choreographischer Formen in großer Vielfalt, erfüllt von deren innerem Leben. So sprang es spontan auf die Zuschauer-Hörer über und rief große Begeisterung hervor.

Damit wiederholte sich mir in ähnlicher Weise das unvergeßliche Erlebnis, das uns die Tanzgruppe der Günther-Schule und Maja Lex als Solistin mit der »Barbarischen Suite« beim Münchener Tänzerkongreß 1930 bereitet hatten. Das Programm enthielt nun Studienthemen technischer, rhythmisch-musikalischer und tänzerisch-formaler Art. Wir sahen Tänze, die aus der Beschäftigung mit Kompositionen alter und neuer Meister entstanden waren. Ein weiteres Thema hieß »Lobgesang« (auf eine südamerikanische Freiheitskämpferin).

Eine Reihe der aufgeführten Tänze waren Prüfungsarbeiten, ein Zeichen für die Bedeutung, die Lex und Padilla der Entfaltung der schöpferischen Kräfte beimessen, selbst bei Sportstudenten, wenn sie Tanz zu einem ihrer Wahlfächer erkoren haben.

Während meiner ersten Ausbildungzeit in Breslau habe ich mich zwar intensiv am Unterricht in Mensendieck-Gymnastik beteiligt, auch den dazugehörigen Anatomie-Unterricht, der zum Teil wie für Medizinstudenten im Seziersaal stattfand, mit echtem Interesse besucht, aber meine Freude am Tanzen war doch wesentlich stärker. Dennoch kann ich mich nur noch undeutlich an den Unterricht in rhythmischer Gymnastik bei *Marie Müller-Brunn* und den in tänzerischer Gymnastik bei *Anny Boalth* erinnern. Ich weiß nur noch, daß wir u. a. improvisieren durften, und da war ich in meinem Element.

Am Ende des ersten von den insgesamt drei Trimestern der zweijährigen Ausbildung galt es, sich für die Fortsetzung in einer der drei Richtungen zu entscheiden. Wenn ich es nachträglich bedenke, so wären meine damaligen Wünsche sicher auch an der Münchener Schule erfüllt worden. Aber Anny Boalth, die ja meine Anlagen und derzeitigen Fähigkeiten kannte, riet meinen Eltern und mir, in das Choreographische Institut von Rudolf von Laban in Würzburg[11] überzuwechseln. Nachdem sich meine Eltern möglichst gründlich mit Veröffentlichungen über Laban und seine Methode beschäftigt hatten, beschlossen wir diesen Schritt. Es mag ihnen wohl schwergefallen sein, mich weit mehr als bisher mir selbst zu überlassen, und beide taten, was sie nur konnten, damit ich für das künftige selbständige Leben ihren Rat und ihre Hilfe nicht entbehren mußte. Mein Vater begleitete mich nach Würzburg. So konnte er das Institut, den Meister selbst und die anderen Lehrkräfte kennenlernen und ihnen auch auftragen, mich keinesfalls zur Bühnentänzerin auszubilden. Sie versprachen es ihm, und ich mußte es hinnehmen.

Ich weiß noch, wie er mich hier zum erstenmal im Unterricht sah, und muß lächeln: Damals hatte ich noch langes Haar und trug es in einem dicken Knoten. Beim Tanzen fielen mir die Nadeln heraus, und ich hoffte, er würde zustimmen, daß ich von nun ab kurzes Haar trage. Aber er wußte ja, daß unsere Mutter Gefallen hatte an meiner Schwester und meinem langen, dichten Haar, und war dagegen. Da fing es schon an mit den selbständigen Entscheidungen. Kaum hatte er Würzburg wieder verlassen, war der Zopf ab. In so einem Studium und Beruf kann man ja eigentlich überhaupt *keinerlei* Zopf brauchen …

Die Ausbildung am Choreographischen Institut war – verglichen mit einer heutigen – kurz, kaum anderthalb Jahre, denn die Zeit an der Breslauer Schule wurde angerechnet. Aber sie war leidenschaftliches Leben und Lernen für den Neuen Tanz, ob im Unterricht, bei schöpferischem Spielen und Arbeiten, bei Proben und Aufführungen, an denen alle Schüler teilnahmen, beim Besuch von Tanzveranstaltungen und bei Diskussionen, beim Entdecken einer neuen Gedankenwelt, beim Suchen und der sich allmählich anbahnenden Vorstellung vom eigenen Weg.

Von *Rudolf von Laban* waren bald nach Beendigung des ersten Weltkrieges entscheidende Impulse für die Erneuerung des Tanzes in Deutschland ausgegangen. Seine praktischen Studien, Experimente, künstlerischen und pädagogischen Tätigkeiten auf dem Gebiet des Tanzes in Verbindung vor allem mit Wort und Ton reichten weit zurück. Mary Wigman, die in diesen Jahren seine Schülerin und spätere Assistentin war, widmete ihrem Meister zu dessen 75. Geburtstag lebhafte Erinnerungen in dem Artikel »Mein Lehrer Laban«[12].

Es war ihm zunächst darum gegangen, wieder an die Quellen der Bewegungsfreude und -phantasie vorzudringen, allgemein wie auch in jedem einzelnen Menschen, und damit auch an das natürliche Bedürfnis und Vermögen, sich mit individuell gewählter tänzerischer Bewegung auszudrücken, sich mitzuteilen. Befreit von den festliegenden Bewegungsformen des klassischen Balletts sollte nun der Zugang zu der ganzen Fülle tänzerischer Elemente offenstehen. Die wiedergewonnene Ungebundenheit und Breite der Möglichkeiten erweckte große Begeisterung, besonders unter der Jugend, ob es nun Menschen mit speziell künstlerischer Begabung und Bildung oder Laien waren. Für den Aufbau einer systematischen Arbeit bedurfte es gründlicher Kenntnisse auf allen Gebieten der menschlichen Bewegung, von der Anatomie bis zu den psycho-physischen Zusammenhängen, vom Spiel des Kindes bis zum kultischen Zeremoniell, von der Improvisation bis zum Tanz als Kunstwerk. So wuchsen zugleich die unmittelbare pädagogische, die experimentelle und die künstlerische Arbeit, das Zusammenwirken mit Fachkollegen und der organisierte Zusammenschluß zur Unterstützung und zum Schutz der neuen Bestrebungen. Mit allen diesen Aufgaben hat sich Laban befaßt, und es gibt kaum eine, zu deren Weiterverfolgung er nicht den Anstoß gegeben hat und einige der gestellten Ziele nicht mit maßgeblichen Resultaten erreicht hätte.

Vom tänzerischen Improvisieren

Um wieder an die Quellen der Bewegungsfreude und -phantasie vorzudringen, nutzte der Neue Tanz – und meines Wissens Laban als erster – auch das Improvisieren.

Es gehörte an den betreffenden Schulen zum Unterrichtsplan, ob
als spezielles Fach oder innerhalb anderer Stoffgebiete, ob technischer, künstlerisch-pädagogischer oder tanzkompositorischer Art.
Hierbei offenbaren sich nicht nur die rein körperlichen Anlagen, Spe-
zialitäten, Bewegungsfähigkeiten, Mängel und manche Vorliebe, sondern zugleich Begabung, Hemmungen, Charaktereigenschaften
sowie die Gefühls- und Erlebniswelt, aus der die Phantasie schöpft.
Ein weiterer Gewinn kann der sein, daß dabei die in den anderen Fächern, also auch die bei anderen Persönlichkeiten des Lehrkörpers er-
worbenen und entwickelten Bewegungsqualitäten, Erkenntnisse und
Anregungen mit einfließen. Auf diese Weise wird auch die Zusammenarbeit im Hinblick auf die Entwicklung der Schüler und den Gesamt-
plan stimuliert und gefördert.

Diese Art der schöpferischen Arbeit war bei der Ausbildung im klassischen Ballett nicht bekannt, und heute gilt es auch nicht als allgemein verbindlich, die Entfaltung der Bewegungsphantasie – ob für
den Tänzerberuf oder im Kinder- und Laientanz – auf diese Weise zu
fördern.

Weil ich aus eigener Erfahrung weiß, wie wichtig das tänzerische im-
provisierende Spielen in psycho-physischer und damit auch künst-
lerisch-schöpferischer Hinsicht ist, möchte ich noch näher darauf eingehen. Den Fachkollegen und Ausübenden, die es schätzen, könnte es
zur Bestätigung dienen und möglicherweise auch neue Interessenten
und Freunde hinzugewinnen, nicht zuletzt Tanzregisseure für die
Zusammenarbeit mit den Mitgliedern ihrer Ensembles.

Zuerst ist es *Musik*, die spontan zum Spielen mit tänzerischen Bewegungsformen anregt. In einfachster Weise üben Metrum und Takt
ihren Einfluß aus. Mit wachem Körpergefühl »hörend« aber werden
allmählich rhythmisch-dynamische Struktur und Klangwirkung wahr-
genommen und die Eindrücke – fast gleichzeitig – unmittelbar in
Bewegung umgesetzt. Beim Improvisieren zu einer Musik, die man
noch wenig oder gar nicht kennt, ist es ein besonderer Reiz, sich so
sensibel in die Komposition – und natürlich auch ihre Stimmung –
hineinzuversetzen, daß man gewissermaßen schon im voraus – manch-

mal vielleicht nur in Bruchteilen von Sekunden – »weiß«, was kommen wird. Das betrifft z. B. eine Phrasierung, eine Wiederholung, eine Sequenz, ein Crescendo oder Decrescendo, ein Ritardando, eine Pause, eine Modulation oder die Auflösung einer Dissonanz, einen Wechsel von Moll nach Dur … Ein ähnlicher, wenn auch wieder anderer Reiz liegt darin, tänzerisch zu einer Musik zu improvisieren, die man genau kennt. Es ist so, als sänge man sie mit, als schüfe man sie mit oder interpretiere sie entsprechend dem eigenen Hörerlebnis oder der eigenen Stimmung, zu deren körperlicher Äußerung sie Gelegenheit gibt.

Bei alledem spielt für den Improvisierenden natürlich sein Verhältnis zur Musik allgemein und zu bestimmten Musikstücken im einzelnen eine entscheidende Rolle; abgesehen davon, daß sich ja sowieso nicht jede Musik zum Tanzen anbietet. Bei einer solchen Art des Improvisierens stehen zwar dem körperlich *geschulten* Menschen bessere technische Mittel zur Verfügung, aber sie sind nicht unbedingt Voraussetzung dazu. Es kann vorkommen, daß ein unausgebildeter, aber phantasiereicher Mensch mit natürlicher Beweglichkeit und Bewegungslust einen reicheren und differenzierteren Ausdrucksschatz besitzt. Oftmals nämlich sitzen Haltungen und Übungen einer bestimmten Bewegungsschulung sehr bald oder mit der Zeit so fest, werden so zur Gewohnheit und auch Norm, daß es den Tanzenden äußerst schwer gelingt, sich mit eigenen Mitteln auszudrücken, ja, oft noch schlimmer: einen Eindruck unvoreingenommen oder unmittelbar auf sich wirken zu lassen und entsprechend umzusetzen.

Tanz und Musik sind »Schwesterkünste«, zweifellos. Wie Musik körperlich empfunden und seelisch-geistig wirksam werden kann, so kann auch geformte Bewegung wesentlichen Einfluß auf das Musizieren gewinnen und das Schaffen inspirieren.

Interessant sind bei diesen Erwägungen folgende Tendenzen, die in diesen beiden Künsten wichtig wurden und ihre Richtigkeit bewiesen: Im Tanzschaffen wurde die Verwandtschaft mit der Musik zwar keineswegs bestritten noch die Wechselbeziehungen verkannt, aber die Bewegungskunst von der bisher als Abhängigkeit verstandenen Bindung befreit. In dieser Hinsicht gilt auch die Bezeichnung »Freier Tanz«. Es wurden Tänze geschaffen, die keinerlei akustische Begleitung hatten, andere, deren Wirkung mit spezifischem Schlagwerk verstärkt und solche, zu denen adäquat Musik komponiert wurde, die ihren Wert »nur« als Begleitung, nicht aber als selbständiges Kunstwerk hatten. Außerdem blieben natürlich alle Möglichkeiten offen, geeignete, bereits bestehende Musiken zu »vertanzen«, »in Tanz umzusetzen«, sich zu eigenen Tänzen anregen zu lassen, in ihnen eine den eigenen Gefühlen, Stimmungen, inneren Vorgängen entsprechende Aussage für das Tanzen zu finden oder – im höchsten künstlerischen Sinn – sich mit ihrem Inhalt und ihrer Form tänzerisch auseinanderzusetzen. Alles das brachte auch für Begleiter wie Komponisten neue Aufgaben, verlangte von ihnen nicht nur Musikalität, sondern tänzerischen Bewegungssinn.

Rhythmische Körperbildung für Musizierende (Jaques-Dalcroze)

Welchen Gewinn ein ausgebildeter Bewegungssinn ganz allgemein für das Musizieren bringen kann, davon zeugt die Ausbildungsmethode des berühmten Schweizer Musikpädagogen *Emile Jaques-Dalcroze*, der im ersten Jahrzehnt unseres Jahrhunderts eine »rhythmische Gymnastik« für die Musikerziehung entwickelte. Unzufrieden mit dem Mangel an künstlerischem Ausdrucksbedürfnis und -vermögen beim Musizieren seiner Studenten, entdeckte er folgendes: Er ließ sie im Unterricht für Gehörbildung »den Takt schlagen und beobachtete, daß diese Taktierbewegungen während des Singens den Schülern geradezu ein körperliches Verhältnis zur Musik gaben ... Den geschärften Augen des Erziehers entging es nicht, daß in der Tat die ganzen Körper von diesen Taktierbewegungen ergriffen zu sein schienen, daß sie geradezu danach trachteten, die Musik mitzuerleben, die ihrem Munde entklang, die von ihren Armen bewegend mitgelebt wurde ...«[13]

Damit war die psycho-physische Einheit wirksam geworden, und es kam nun darauf an, die Bereitschaft des Körpers systematisch herzustellen, wofür erstens seine Bewegungsfunktionen allseitig »gangbar« gemacht und zweitens Entsprechungen zu rhythmisch-musikalischen Formen gefunden werden mußten wie auch zu Mehr- und Vielstimmigkeit in der Musik.

Dazu baute Jaques-Dalcroze ein genau bedachtes und ausgewogenes Übungssystem auf, das er auch in speziellen Veröffentlichungen niederlegte.[14]

Ich hatt ein den dreißiger Jahren Gelegenheit, einen seiner Demonstrationskurse zu besuchen, die er mit einer Gruppe seiner Schülerinnen abhielt. Die Mädchen bewegten sich harmonisch und leicht, wenn auch ohne spezifisch tänzerischen Ausdruck. Sie hatten gelernt, Rhythmik und Aufbau von Musiken dadurch zu begreifen, daß sie sie – wörtlich genommen – am eigenen Leibe erleben und sie mit dafür geeigneten, im System festgelegten Bewegungen ausführen. Wenn ich mich recht erinnere, geschah das alles in der Fortbewegung: schreitend, gehend, laufend, trippelnd, hüpfend, mit hörbaren Akzenten, z. B. bei Taktwechsel, Triolen usw. Die Bewegungsrhythmen entsprachen zunächst genau denen der Melodie- oder anderen Stimmen gespielter Musik. Zur Schulung des Gedächtnisses wiederholten sie längere Folgen entweder erst im Anschluß an das Gehörte oder sie mußten währenddessen an geeigneter Stelle in der Art einer Fuge einsetzen.

Die Aufgaben betrafen nicht immer jede Schülerin zur gleichen Zeit. So zeigten sie z. B. – auf sinnvoll gewählten Wegen – Kanons und Fugen, wobei jede allein »funktionierte«, aber im Kontakt mit den anderen ein geschlossenes Bild entstand. Es war schön anzusehen und zugleich eine praktische Formenlehre musikalischer Rhythmik.

Noch eins war bemerkens- und bewundernswert: die bewegungsmäßige Unabhängigkeit körperlicher Teilbereiche voneinander. Nicht nur, daß die Beine *einen* Rhythmus liefen und die Hände einen *anderen* – beides in gleicher Taktart – klatschten, auch die Taktart der Schritte konnte eine andere sein als z. B. die Dirigierbewegungen der Arme oder das Klatschen. Der rechte Arm konnte rhythmisch und räumlich eine völlig andere Bewegung ausführen als der linke, ohne daß sich diese in irgendeiner Weise entsprachen usw. Diese Schulung nahm einen breiten Raum ein, um damit auf jede Instrumentaltechnik und Dirigententätigkeit vorzubereiten.

Das präzise Erfassen rhythmischer Formen und Vorgänge in der Musik und das unmittelbare Umsetzen in körperliche Bewegung war von Jaques-Dalcroze ja in erster Linie für den musizierenden Menschen gedacht. Dem heranwachsenden Tänzer kann es im Hinblick auf eine aktive Beziehung zur Musik ebenfalls – wenn auch nur bedingt – von Nutzen sein, gerade auch für Choreographien mit moderner Musik. Auf diese Weise könnte er auch leichter das – jeder schöpferischen Interpretation zuwiderlaufende – Mittel des Zählens entbehren. Andererseits aber – und deshalb kann diese Art und Weise rhythmischer Erziehung in der tänzerischen nur bedingt angewandt werden – bildet im Tanz der organische Fluß der Bewegung, bei der alle Teile des Körpers sich gegenseitig beeinflussen und aufeinander abgestimmt sind, als Ganzes den Ausdruck eines inneren Zustandes oder Vorgangs, selbst im Grotesken. Die Unabhängigkeit der beiden Körperseiten usw. voneinander verlangt im Gegenteil die Überwindung des organischen Bewegungsflusses, bis sich dann vielleicht mit der Zeit ein ganzheitliches Körpergefühl für diese oder jene, vom analysierenden Verstand bestimmte Kombination einstellt.

Helmut Günther schreibt zu dieser Frage: »... *Bode* und viele andere empfanden diese musikalische Polyrhythmik und die damit verbundene Polyzentrik der Körperbewegung als künstlich und unnatürlich. Heute wissen wir, daß die ganze afrikanische Musik polymetrisch und polyrhythmisch ist. Dementsprechend ist die afrikanische Tanztechnik polyzentrisch. Dasselbe gilt für den Jazz Dance ... Die Isolation der Körperglieder kann heute unmöglich als Vorwurf gegen *Dalcroze* aufrechterhalten werden! Aber nicht zu leugnen ist die schon erwähnte Tatsache und These, daß *Dalcroze* nicht vom Körper ausging, sondern allein von der Musik. Daher verkündete er auch immer wieder, daß der Körper dem Geist und dem Willen automatisch gehorchen lernen müsse.«[15]

Wie bei Mensendieck, deren System nicht auf den Tanz gerichtet war, so auch bei Dalcroze, der nicht vom Körper ausging, sondern von der Musik, vollzogen sich in den Schülern Klärungsprozesse, die individuelle Anlagen und Begabungen, Erkenntnisse und Bestrebungen freisetzten. Künstlerisch begabte Menschen wie Mary Wigman, Waclaw Nishinski (Nijinsky), Valeria Kratina, Rudolf Bode, die zu Dalcroze in die Ausbildung gekommen waren, oder Jarmila Kröschlová und Dorothee Günther suchten eigene Wege. Valeria Kratina leitete nach 1919 die wiedereröffnete Hellerauer Schule, zusammen mit der Amerikanerin Christine Baer-Frissell und dem Ungarn Ernst Ferand. Jarmila Kröschlová und später – nach ihrer Ausbildung – auch Rosalia Chladek gehörten zum Lehrkörper dieser Schule.

Axel Buschbeck beschreibt die wesentlichen Merkmale, durch die »sich die neue, mithin auch Rosalia Chladek vermittelte Hellerauer Unterrichtsweise von der ursprünglichen ›Methode Jaques-Dalcroze‹ unterschied. In erster Linie muß da eine prinzipielle Schwerpunktverlagerung vom musikerzieherischen Anliegen – einst Ausgangspunkt für Dalcroze – zur Körperbildung genannt werden. Ohne den Grundgedanken der untrennbaren Einheit von musikalischer und körperlicher Dynamik aufzugeben, wurde die Bewegung aus der Abhängigkeit vom Primat der Musik befreit, ihre eigenständige Kultivierung ins Zentrum der Ausbildung gerückt und auf diese Weise, wie man hoffte, einer doppelten Gefahr der Methode von ehedem vorgebeugt: der Verirrung in übertrieben spitzfindige, letztlich jedoch sterile rhythmisch-gymnastische Etüden bei gleichzeitigem Mangel an Bewegungsformung resp. Vernachlässigen der körperlichen Gesetzmäßigkeiten. Durch den Ausbau spontaner, improvisatorischer Übungen suchte man außerdem das allzu intellektgesteuerte Zerlegen und Skandieren des rhythmischen Ablaufs zu vermeiden, welches Dalcroze den Vorwurf (namentlich seines Schülers und späteren Gegners Rudolf Bode) eingebracht hat, er gehe von einer zu metrischen Interpretation der Rhythmik aus.«[16]

Da ist sie wieder, die Improvisation als künstlerisch-pädagogisches Mittel! Wenn ich meinen Lesern nach mehr als einem halben Jahrhundert seit der revolutionären Periode der Entwicklung des Tanzes in Deutschland von der ganzen Fülle des Neuen berichten will, was wir erlebt, mitbekommen und -geschaffen haben, so führt wohl das Thema Improvisation am besten mitten hinein. Bis jetzt ging es hierbei nur um die Wechselbeziehung von Musik und Bewegung. Aber was sich im Tanz nun erweisen sollte und konnte, war ja gerade seine Eigenständigkeit, wobei der Musik, falls sie zum akustischen Partner gewählt wurde, die Aufgabe der Begleitung beziehungsweise – beim Spiel auf Geräuschinstrumenten – der Verstärkung dynamischer Eindrücke zukam.

Anregungen zum Improvisieren

Ich möchte versuchen, meinen Lesern anhand von Beispielen eine Vorstellung davon zu verschaffen, wie solches Improvisieren vor sich gehen konnte. Es handelt sich dabei weder um eine bestimmte der damaligen Ausbildungsmethoden noch eine systematische Abfolge, auch bei weitem nicht um Vollständigkeit. Das Improvisieren, ob es der einzelne für sich tut oder es von einem Pädagogen für Schüler angewandt wird, ist eine ganz individuelle Sache, bedingt durch die jeweiligen physischen und psychischen Gegebenheiten. Und so werden auch Anregungen, die man sich selbst wählt, die man erteilt oder auffängt, unterschiedlich umgesetzt. Es mag wohl damals keine moderne Schule gegeben haben, die nicht ihre eigene Art hatte, es sei denn aus dem Bestreben, verehrte Meisterinnen oder Meister nachzuahmen oder Bewährtes zu übernehmen.

Mir sind eine ganze Reihe von Themen aus dem formalen Sprachschatz des Tanzes eingefallen, die – so meine ich – Lust machen können zu spontanem Erfinden, gewiß darunter auch solche, die ich irgendwo und -wann miterlebt habe. An dieser Stelle mögen einige wenige als Beispiele genügen. Jedes kann mit seinen speziellen Reizen für Körpergefühl, Bewegungsvergnügen und -phantasie zum spielerischen Improvisieren verlocken. Dazu habe ich jeweils mit kurzen Worten ein paar Anregungen gegeben. Aber es ist ja so: Je ähnlicher die Bewegungsfolge danach ausgeführt werden soll, desto mehr muß man Einzel- und Feinheiten nennen. Bei einer Folge allgemein bekannter Volks- und Gesellschaftstanzmotive wie auch solchen aus dem klassischen Ballettvokabular wäre es einfacher als bei individuellen tänzerischen Einfällen und Gestaltungen. Wir haben also – für Kenner der Kinetographie Laban – das jeweilige Beispiel so, wie ich es gemeint und selbst ausgeführt habe, tanzschriftlich aufgezeichnet und beigefügt, denn damit sind die Einzelheiten unzweideutig und übersichtlich fixiert und zum Abtanzen dargeboten. Wißbegierige Leser, die sich von einem Thema zum Ausprobieren anregen ließen, werden mit Hilfe unseres Lesezeichens sicher manches von dem entdecken, was die Beschreibung sagt, vor allem die Zeichen entlang der Mittellinie, also die Schritte, die man in ihrer zeitlichen Länge (d. h. dem Rhythmus) und ihrer räumlichen Richtung von unten nach oben leicht verfolgen kann. Auf dem Lesezeichen läßt sich stufenweise die Schreibweise eines und desselben kleinen Schrittmotivs erkennen:

Da sieht man im oberen Bereich immer das »Gerüst« und die »Bausteine«, lernt ihre Benennung und Ordnung kennen, und darunter jeweils die Anwendung zur immer weiteren Vervollständigung der Notierung des Bewegungsmotivs.

1. Stufe: Das aufrechtstehende Liniensystem, in dessen Spalten die Zeichen für die Bewegungen der linken und rechten Körperhälfte, links bzw. rechts von der Mittellinie, eingetragen werden; zuerst die Gewichtsübertragungen, in unserem Beispiel – die Belastung der Beine und ihre Schritte.

Darunter sieht man nun bereits, in welcher Abfolge und welchem Rhythmus die Schritte verlaufen: die Länge eines Striches gibt auch die Dauer der Bewegung an (zum Vergleich die Angabe des Notenwerts in den Übungen).

2. Stufe: Der »Stern« gibt zwei Dimensionen der räumlichen Richtungen an: vor-rück und rechts-links sowie dazwischen die entsprechenden Diagonalen. Die dritte Dimension (hoch-tief) fehlte noch.

Das darunterstehende Kinetogramm besagt jetzt, wohin die Schritte gesetzt werden, wenn auch noch ohne Höhenmerkmale.

3. Stufe: Diese werden durch unterschiedliches Ausfüllen der Zeichen gekennzeichnet: Der Punkt im Richtungszeichen für Schritte bedeutet, daß der Schwerpunkt auf der (mittleren) Höhe bleibt, auf der er gewöhnlich beim Stehen und Gehen gehalten wird. Ist oder wird er gesenkt, sieht das Zeichen schwarz aus. Ist oder wird er gehoben, schraffiert man es.

In dem Kinetogramm fällt das lange, schwarze Rückzeichen auf – ein Schritt mit sinkendem Schwerpunkt, d. h. sich beugendem Knie über zwei Taktteile. Durch die Höhenunterschiede wird eine bestimmte dynamische Struktur spürbar, so daß sich hier eine taktmäßige Einteilung anbietet. Zum Vergleich mit der musikalischen Schreibweise wurde nochmals das Notenzeichen hinzugefügt. (An der gleichen Stelle kann übrigens bei kinetographisch notierten Tänzen der Rhythmus einer akustischen Begleitung stehen.) Das Motiv beginnt nun also auftaktig mit zwei schnellen, hohen Schritten, und das Ganze verläuft im $^3/_4$-Takt.

Zur Hilfe beim Ausprobieren sind bei den jeweiligen »Neuerungen« immer Buchstaben (vereinbarte Abkürzungen) hinzugefügt, was der Kundige dann aber bald nicht mehr benötigt. (Die großen Buchstaben stehen für die Beine, die kleinen für die Richtung.)

4. Stufe: Während unser Motiv bisher nur aus Schritten bestand, also aus Gewichtsübertragungen, kommen nun Beinbewegungen ohne Belastung – »Gesten« – hinzu. Sie haben im Liniensystem an den Rändern ihren Platz. (Zwischen den inneren und den am Rand verlaufenden Spalten bleibt noch Raum für zusätzliche Zeichen, z. B. für eine Art Vortragsangaben.) Auf dieser Stufe wird auch die Schreibweise von drei unterschiedlichen Arten der Berührung des Bodens mit dem Fuß gezeigt: mit der Spitze, der ganzen Sohle, der Ferse.

Um die Anwendung zu demonstrieren, haben wir nun in das Motiv zwei Beingesten eingefügt; 1. nach dem Schritt mit dem Rechten zurück-tief (nun um die Hälfte der Zeit verkürzt) – eine Geste mit dem Linken vor-tief, wobei am Ende die Spitze den Boden berührt, und 2. nach dem Schritt mit dem Linken nach links-tief – eine Geste mit dem Rechten nach rechts-tief, wobei die Ferse den Boden berührt.

5. Stufe: In die nächstliegenden Spalten außerhalb werden die Bewegungen des Rumpfes geschrieben. Dafür sind darunter – wiederum sternförmig angeordnet – einige Richtungszeichen angegeben, und zwar hier im Hinblick auf die Verwendung bei Haltungen und Bewegungen von Rumpf und Gliedern ohne Belastung. So bedeutet z. B. das Zeichen für rechts-mittelhoch in der rechten Armspalte eine Haltung oder Geste waagerecht, d. h. bis in Schulterhöhe, und in der Gestenspalte für das rechte Bein waagerecht, d. h. bis in Hüfthöhe.

Das Kinetogramm besagt also, daß der Rumpf sich bei dem Schritt tief-zurück nach vor-hoch neigt, sich dann wieder aufrichtet und den Schritt nach links-tief mit einer Neigung zur selben Seite begleitet.

6. Stufe: Weiter außen werden auf beiden Seiten die Bewegungen der Arme und ganz rechts die des Kopfes notiert.

Wir möchten nicht versäumen, den Leser auch mit der Schreibung von Drehungen bekanntzumachen, und haben sie auf dieser Stufe eingefügt, wenn auch wieder nur, um das Prinzip zu zeigen, also für ganze, Viertel- und halbe Drehungen in beiden Richtungen.

Nun sieht unser Kinetogramm schon ziemlich vollständig aus. Man erkennt jetzt auch, daß die Arme in der Grundstellung vor Beginn einfach herabhängen. Bei den zwei kleinen hohen Schritten im Auftakt werden sie ein wenig nach außen zurückgenommen, um sich dann im Bogen über vorn bei dem Schritt zur Seite bis auf Schulterhöhe zu öffnen. Mit der dabei erreichten Haltung tritt zwar ein Stillstand ein, aber es folgt ein kleiner Schlußeffekt: der rechte Fuß klopft mit der Ferse seitlich an den Boden, und im gleichen Moment dreht sich der Kopf nach rechts, das heißt, der Blick wendet sich einem neuen Ziel zu.

Damit hoffen wir, mit unserem Lesezeichen schon eine ganz brauchbare Stufe der Verständigung über die Art der Notation mit der Kinetographie Laban erreicht zu haben. Aber – wer sich einmal näher mit Tanz beschäftigt hat, weiß auch das: Wenn es schon bei *Haltungen*, ob im Stehen, Sitzen oder Liegen, der Wahrnehmung und Feststellung vieler Einzelheiten bedarf, um sie mit geeigneten Worten *genau* zu schildern, wieviel größer sind dann die Anforderungen bei *Bewegungen* und speziell tänzerischen Motiven und letztlich ganzen Choreographien! Und so ist es nur zu begrüßen, daß die im Internationalen Rat für Kinetographie Laban (ICKL)[17] zusammengeschlossenen Experten bei ihrer Arbeit seit Jahrzehnten sowohl nach möglichster Übersichtlichkeit und Vereinfachung streben, zugleich aber auch immer genauere Notationsmöglichkeiten ausgearbeitet und erprobt haben. Darüber hinaus haben wir uns erlaubt, aus dem Buch »Your Move« (Kap. 21) von Ann Hutchinson (Präsidentin des ICKL) einige Zeichen anzuwenden, die neue Lösungen zur Fixierung bestimmter dynamischer Feinheiten bieten, und danken der Autorin für ihr Einverständnis.

Bevor ich nun die Improvisationsthemen vorstelle, noch einen Gedanken von Laban, der im Hinblick auf das Notieren und Abtanzen von Bewegung bedenkenswert erscheint. Er hielt es für einen der wesentlichsten Aspekte, daß man sich für das Aufschreiben der eigenen (oder bei anderen beobachteten) Bewegungsvorgänge in jeder Hinsicht und bis in alle Einzelheiten bewußt werden muß, und zwar nicht subjektiv, sondern objektiv orientiert an den systematisch aufgebauten Gesichtspunkten der Kinetographie und ausgerüstet mit ihren Mitteln. Nun, wer sich beim Lesen der folgenden zehn Doppelseiten zum spielerischen Improvisieren angeregt fühlt, kann diese Gedanken jetzt erst einmal ruhig beiseite lassen.

Improvisationsthemen
Auswahl

Bei den Improvisationsbeschreibungen werden
folgende Abkürzungen verwendet:

h = hoch
m = mittel
t = tief
v = vor(wärts)
z = zurück (rückwärts)
l   = links
r   = rechts
(also rvt = rechts-vor-tief)
L. = linkes Bein
R. = rechtes Bein

Aus der Grundstellung (Gewicht
auf beiden Fußsohlen): Stufe
für Stufe auf unterschiedliche
Weise (z. B. am bequemsten
oder am »kunstvollsten«) bis
zum Liegen kommen und
wieder auf die Füße;
mit Blick und Beziehung zu
einem bestimmten Punkt im
Raum oder nacheinander zu
verschiedenen Punkten, langsam
oder schnell, gelöst oder
gespannt, mit »Überraschun-
gen« nach kürzeren oder
längeren Pausen, faul
oder ängstlich, müde oder
posierend.

Aus der Grundstellung den
Schwerpunkt nacheinander in
verschiedene Richtungen über
die Unterstützungsfläche hinaus
verschieben – allmählich oder
rasch – und den Sturz mit
einem Schritt oder Ausfall mit
entsprechender Weite und Tiefe
auffangen. Kleine Folgen daraus
bilden (Antrieb jeweils im
Mittelkörper).

In der Fortbewegung
spielerischer Wechsel von
Gewichtsübertragungen
(Schritten, Sprüngen) und
Gesten (Beinbewegungen ohne
Übertragung, in der Luft oder
mit Bodenberührung).

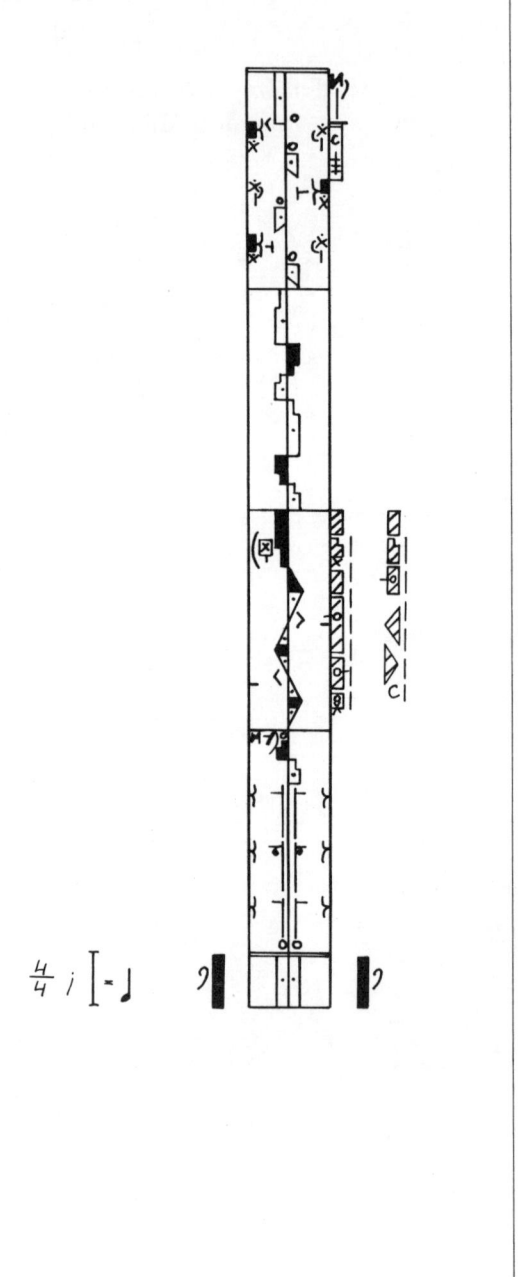

Gewichtsübertragungen in der Fortbewegung
Bewegungsfolge

Der *Schwerpunkt* des Körpers wird (am Platz und in der Fortbewegung) in verschiedene Richtungen *verlagert*, wird dabei gehoben, gesenkt oder bleibt auf gleicher Höhe. Zuweilen setzt sich die Bewegung fließend im ganzen Körper fort, führen die Beine auch Bewegungen *ohne Gewichtsverlagerung* aus (sog. *Gesten*).

Ruhiger $^4/_4$-Takt (4 Takte)

Ausgangshaltung: Grundstellung

1. Takt
$^1/_4$ auf der ganzen Sohle Gewicht zu den Ballen hin verlagern

$^1/_4$ auf der ganzen Sohle Gewicht zu den Fersen hin verlagern

$^1/_8$ wieder zu den Ballen hin

$^1/_8$ rechtes Bein (vorbereitend) entlasten

$^1/_8$ Schritt mit R. nach vm

$^1/_8$ Schritt mit L. nach vt (d. h. Knie ein wenig beugen)

2. Takt
$^1/_4$ durch Abdruck vom L. Gewichtsverlagerung auf R. nach rm; Oberkörper beginnt sich nach rechts zu neigen, Knie gibt etwas nach

$^1/_4$ Abdruck vom R. leitet Verlagerung auf L. nach lm ein; während das Gewicht gerade noch auf beiden Beinen ruht, senkt sich der Oberkörper weiter nach links, der Kopf folgt

bei der Verlagerung auf das L. hebt sich der Oberkörper über die Senkrechte weiter nach links, der Kopf kommt nach; durch Senken des Schwerpunkts beugt sich das Knie

$^1/_8$ ähnliche, aber raschere Verlagerung nach rechts

$^1/_8$ rechtes Knie bleibt gebeugt, Oberkörper schwenkt nach vh, L. löst sich vom Boden mit einer Geste nach zt

$^1/_4$ Schritt mit L. nach zt, geführt von der Lendenwirbelsäule, d. h. der Rücken rundet sich bis zur Halswirbelsäule

3. Takt
$^1/_8$ in aufgerichteter Haltung Schritt mit R. nach vm

$^1/_8$ Schritt mit L. zurück auf leicht gebeugtes Bein

$^1/_4$ Schritt mit R. nach vm

$^1/_8$ Schritt mit L. nach vm

$^1/_8$ Schritt mit R. zurück auf leicht gebeugtes Bein

$^1/_4$ Schritt mit L. nach vm

4. Takt
$^1/_8$ Schritt mit R. nach rz

$^1/_8$ Gewicht auf R. senken; L. unbelastet in kleinem Abstand neben R. setzen und Knie wie beim R. beugen

$^1/_8$ Schritt mit L. nach lz

$^1/_8$ Gewicht auf L. senken; R. ohne Gewicht danebensetzen und beugen

$^1/_8$ Schritt mit R. nach rz

$^1/_8$ Gewicht senken; L. ohne Gewicht danebensetzen und beugen

$^1/_4$ L. mitbelasten und den ganzen Körper bis zum Scheitel betont strecken

Aus dem Stand: den Boden
mit der (entlasteten) Fußsohle
im nahen und weiteren Um-
raum des Standbeines in Ruhe
– d. h. mit Haltepunkten – ab-
tasten, zwischendurch abheben
oder über den Boden gleiten
lassen; nur mit der Ferse, dem
Ballen oder der Spitze.

In der Fortbewegung: nach
oder vor jedem oder mehreren
Schritten ein- oder mehrmals
mit einer Geste den Boden
berühren – mit der ganzen
Sohle, der Ferse, der Spitze,
nahe oder weit, mit oder ohne
Nachdruck oder Pause.

In der Fortbewegung:
Schritte mit abrollender Sohle
(von der Ferse zur Spitze oder
umgekehrt);
mit unterschiedlicher
Belastung der Fußteile (Ferse,
Ballen, Kanten);
gleitend, stampfend, tram-
pelnd, »schwebend«.

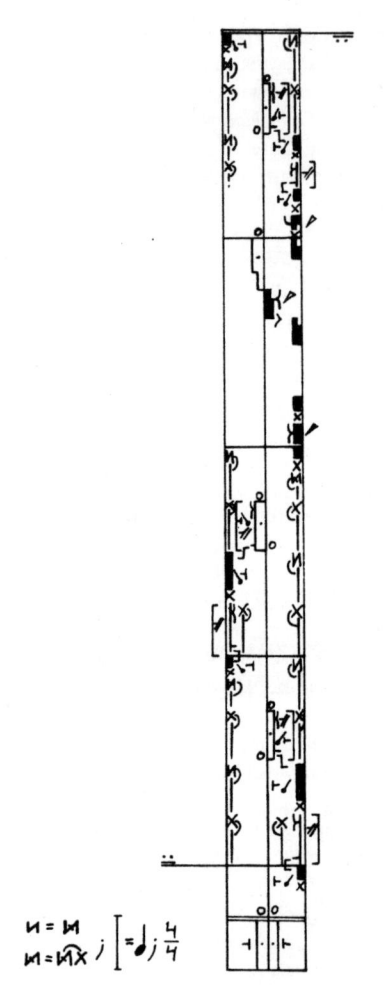

34

Beziehung der Füße zum Boden
Bewegungsfolge

Bei Beingesten und Schritten spielen die Füße mit verschiedenen Möglichkeiten, den Boden zu berühren.

Ruhiger $^4/4$-Takt (4 Takte)

Ausgangshaltung: Grundstellung

Auftakt

$^1/4$ R. im Knie ein wenig anheben

1. Takt

$^1/4$ L. etwas beugen, während sich der rechte Fuß mit sanftem, sich steigerndem Druck von der Fußspitze bis auf die ganze Sohle rv (geringer Abstand) an den Boden schmiegt, Knie leicht gebeugt

$^1/4$ L. im Knie strecken, R. locker anheben

$^1/4$ R. in der gleichen Weise wie bei der Geste an der gleichen Stelle wie vorher niedersetzen, nun aber belasten, Knie leicht beugen

$^1/4$ L. (wie im Auftakt R.) anheben, R. im Knie leicht strecken

2. Takt

dasselbe mit der anderen Seite; im letzten Viertel R. über »Platz« (vorbereitend) leicht anheben

3. Takt

$^1/8$ mit R. heftigen Aufschlag mit der ganzen Sohle als Geste neben L.

$^1/8$ sofort wieder abheben

($^1/4$) Pause (im Spiel: »die Wirkung abwarten«)

$^1/8$ R. unbelastet v mit der Ferse aufsetzen

$^1/8$ Ferse belasten und dann mit Knall den vorderen Teil des Fußes an den Boden klappen und ganzen Fuß belasten

$^1/4$ Schritt mit L. z, rechten Unterschenkel (vorbereitend) anheben

4. Takt

$^1/8$ rückwärts mit der Fußspitze an den Boden tippen

$^1/8$ Unterschenkel sofort wieder anheben

$^1/8$ rechten Fuß wie eingangs an den Boden schmiegen, Standbeinknie leicht beugen

$^1/8$ R. locker abheben, Standbein strecken

$^1/4$ R. in der gleichen Weise und an der gleichen Stelle belasten

(Auftakt)

$^1/4$ zur symmetrischen Wiederholung nun L. am Knie leicht anheben

Aus dem Stand – beim Aus-
atmen – an irgendeiner Stelle
des Körpers mit dem Entspan-
nen beginnen, z. B. aus der
Grätsche – in einem Knie;
nach einer leichten Wendung
im Oberkörper in der nun
»vorderen« Schulter;
mit dem seitlichen Absinken des
Beckens über einem Bein;
bis zum Liegen am Boden.
(Jedesmal entsteht eine neue
Haltespannung. In der Pause
nach der Ausatmung und
während der nächsten Ein-
atmung ist Zeit, sie zu spüren.
Wenn man sie löst, entsteht
jedesmal eine nächste
Bewegung, bis man in eine
völlig entspannte Lage
gesunken ist.)
    Dann kann man auch ohne
Pausen von oben herunter
»schmelzen«.

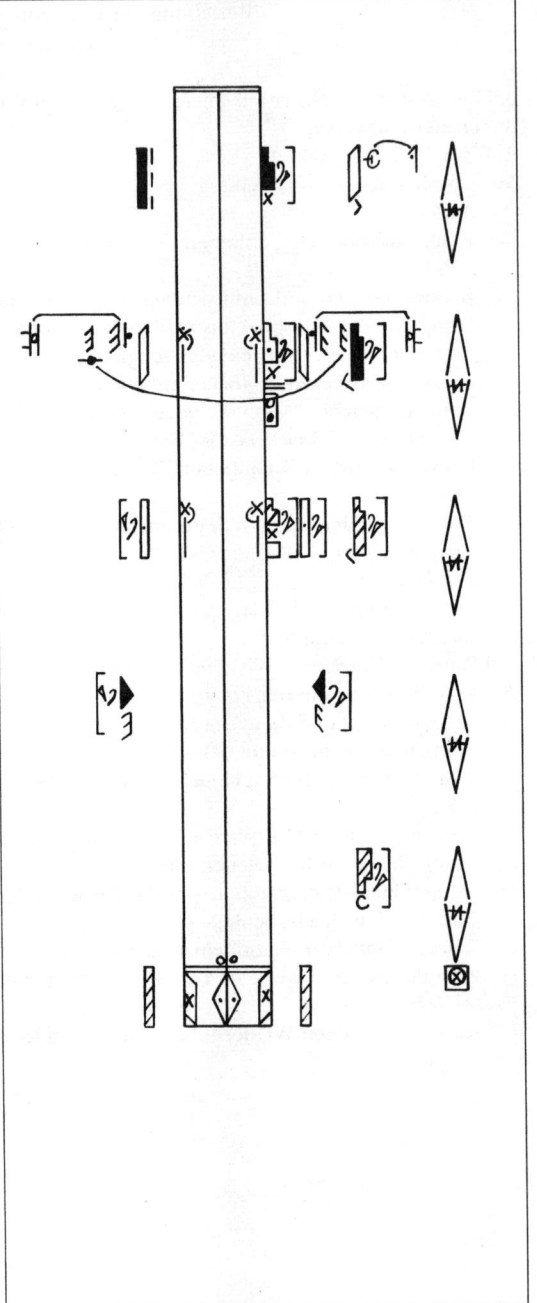

Eine in der Raumform hohe Körperhaltung wird in Verbindung mit der Ausatmung stufenweise durch Teilentspannung abgebaut.

Der Rhythmus der gesamten Folge entspricht dem des natürlich fortlaufenden Atmens, so wie ihn der Ausführende gewohnt ist. Einatmung: dabei vorbereitende Konzentration auf die beabsichtigte Lösung einer Haltespannung; Ausatmung: in organischer Verbindung mit der entstehenden Teilentspannung; Pause: Erfühlen des neuen Zustands.

Ausgangshaltung: Aufrecht stehen; Füße leicht ausgedreht in seitlicher Schrittstellung, gleichmäßig belastet; Arme und Hände senkrecht in die Höhe gestreckt; Kopf aufrecht

einatmen – Konzentration auf die kommende Lösung in der Halswirbelsäule
ausatmen – Kopf (ohne sonstige Veränderungen) in den Nacken sinken lassen
    Pause
einatmen – Konzentration auf Lösung in den Ellenbogen
ausatmen – Unterarme fallen herab; die Hände, hängend, an den Brustkorb
    Pause
einatmen – Vorbereitung auf Lösung in fließender Folge: Lendenwirbelsäule, Brustwirbelsäule, Halswirbelsäule und Schultergelenke
ausatmen – Rücken rundet sich von unten nach oben, bis der Kopf auch sinkt; Schultergelenke lösen, so daß auch die Ellenbogen sinken, bis sie die Hüfte berühren und die Außenseiten der letzten Fingerglieder etwa unter den Schlüsselbeinen anliegen
    Pause
einatmen – Vorbereitung zur Lösung in den Hüftgelenken und Knien
ausatmen – Rumpf und Kopf sinken weiter nach vorn herunter, die Knie geben der Last soweit nach, daß sich die Unterarme auf die Oberschenkel legen und sich abstützen, und zwar so weit nach innen gerichtet, daß sich die Handgelenke kreuzen: das linke unter dem rechten
    Pause
einatmen – Vorbereitung zur Lösung der linken Rücken- und Schultermuskulatur
ausatmen – der linke Unterarm gleitet ab und hängt dann zwischen den Beinen; durch die entstehende Drehung des Schultergürtels berühren sich linkes Ohr und linke Schulter
    Pause

Zum Kinetogramm: Der Atemrhythmus (einatmen, ausatmen, Pause) ist im Verhältnis 1:1:1 fixiert, die Ausführung jedoch jedem selbst überlassen.

Aus der Grundstellung, Füße geschlossen: Beckenkanten langsam vorn anheben, sich strecken und auf Ballen erheben (sich »leicht«machen); Spannung im Becken plötzlich lösen (vorderer Beckenrand senkt sich), Rumpf nach vorn fallen lassen, in den Knien nachgeben (»schwer« werden).

Nach dem Anheben mal das eine, mal das andere Bein vor dem Fallenlassen zur Seite stellen oder zurück oder vorwärts; anschließend die Füße zum Erheben wieder nebeneinanderstellen.

Zum Fallenlassen die Spannung in der Lendenwirbelsäule und in den Knien lösen.

Schwer und leicht auch im Laufe von zwei bis drei Schritten probieren.

Mit kleinen Folgen spielen.

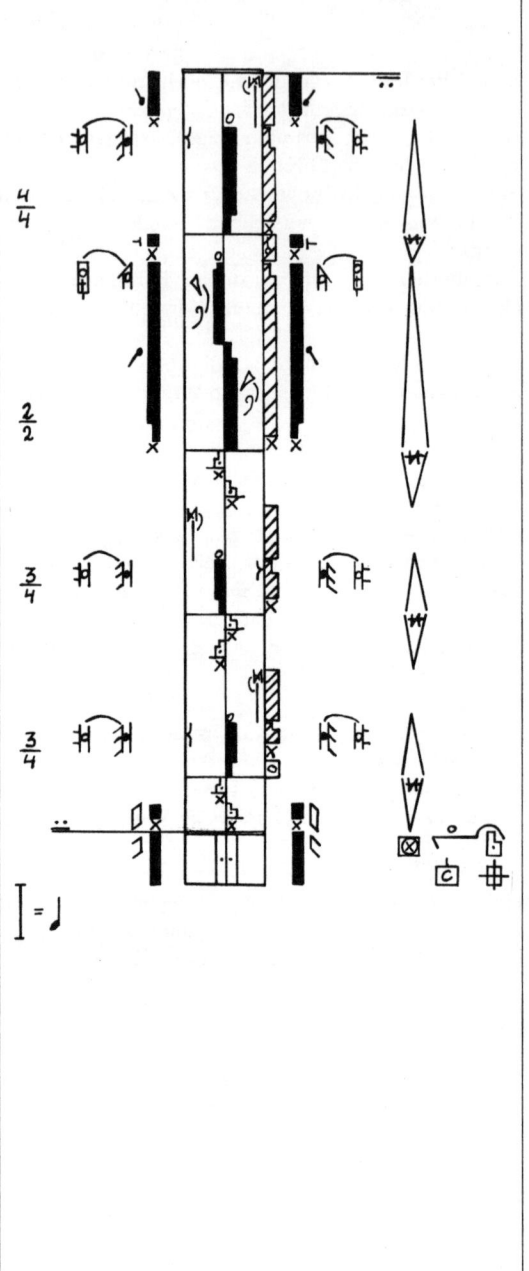

Leicht und schwer
Bewegungsfolge

Durch bestimmte Spannungsverhältnisse und -folgen im Körper können das Gefühl und der Ausdruck von Leichtigkeit wie auch Schwere entstehen, sowohl in der Haltung als auch in der Fortbewegung. Der rhythmische Ablauf ist hier in die Folge von $3/4$-, $3/4$-, $2/2$- und $4/4$-Takt eingeordnet.
Ausgangshaltung: Grundstellung, Schultern und Arme fühlbar gelöst.

Auftakt

$2/8$ 2 kurze, leichte Schritte vorwärts auf halber Sohle, rechts beginnend; die Arme, von den Ellenbogen geführt, leicht anheben; die ganze Bewegung von der Einatmung getragen

$1/4$ *ausatmend* sich mit einem etwas größeren Schritt zurück auf das R. »niederlassen« oder »setzen«; dabei senkt sich der hintere Beckenrand, die Wirbelsäule rundet sich, und zwar so weit, daß sich die Unterarme und Hände mit sanftem Druck auf die Oberschenkel legen können; der Kopf senkt sich kaum, der Blick bleibt vorwärtsgerichtet

$1/4$ sich aufrichten (in der natürlichen Atempause)

$2/8$, $2/4$, $2/8$ dasselbe in symmetrischer Folge, d. h. links beginnend

$1/2$, $1/4 + 1/8$ einatmend die nächsten 2 »schweren« Schritte vorwärts (rechts-links); auch beim zweiten Schritt von oben kommend; der Rücken rundet sich kontinuierlich bis in die Halswirbel; gleichzeitig werden die hängenden Arme und Hände leicht gerundet um den Körper herum hinter den Rücken geführt, so daß sich am Ende die Hände nahe dem Kreuz fast berühren

$1/8$ einatmend sich leicht erheben, wobei sich die Arme zu den Seiten hin ein wenig öffnen

$1/2$ ausatmend den dritten »schweren« Schritt (rechts) zurücksetzen; die Arme wieder auf die Oberschenkel legen

$1/4$ Atempause; sich über dem Standbein (R.) vollständig aufrichten und damit bereit sein zur symmetrischen Wiederholung

Im Stehen oder Sitzen mit
dem Blick ein Ziel an der
Wand, am Boden, an der
Decke wählen und eine
Hand(fläche) mit Druck
auf den Weg dorthin schicken;
Spannung in Arm und Hand
lösen und den Blick auf ein
neues Ziel richten; dieselbe
oder die andere Hand auf den
Weg schicken.

Dasselbe im Stehen mit
Gewichtsverlagerung
(Schritt).

Im Stehen mit mehreren
Schritten und wachsender
Spannung (crescendo).

Mit Haltepunkten in unterschiedlicher Entfernung vom
Rumpf.

In rhythmischen Varianten.

Unter Mit- oder Gegenbewe-
gung in Kopf oder Rumpf.

Gewichtsverlagerung abwar-
tend; abwehrend, zweifelnd,
kokettierend, beruhigend,
zärtlich.

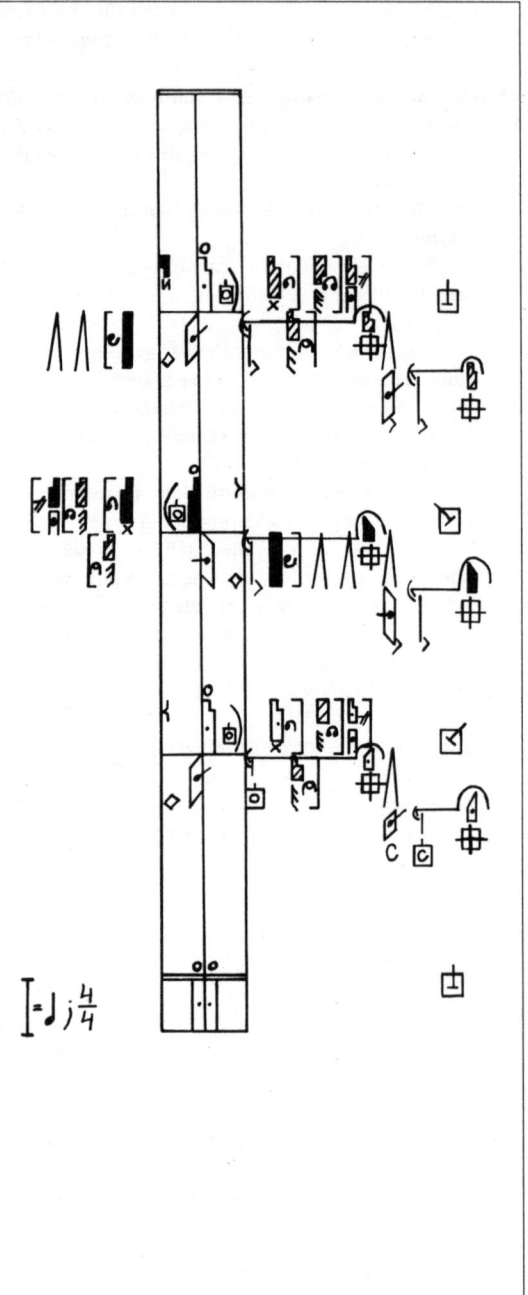

Druck mit der Handfläche
Bewegungsfolge

Der *Ausdruck* dieser Folge ist von stetiger Konzentration auf die nacheinander gewählten Ziele, der *Bewegungsfluß* vom Spannungswechsel beherrscht. Die Vorstellung, von den Händen ginge Wärme, Beruhigung oder Helligkeit aus, kann die Wirkung verstärken und durch die jeweilige Ausatmung leibhaftiger umgesetzt werden.

Ausgangshaltung: Grundstellung

$^4/_4$-Takt (3 Takte)

Auftakt

$^2/_8$ In Vorbereitung auf die erste Strebung – im Raum rvm – den Kopf (Blick) zum Ziel hinwenden, anschließend die Front (auf dem L., ohne Reibung); rechten Unterarm anheben, Hand noch hängen lassen

1. Takt

$^2/_4$ Schritt mit dem R. vorwärts (leicht gebeugt). Der Bewegungsfluß verläuft vom Brustkorb über den Arm bis in die aufgestellte Hand auf das Ziel zu. (Stärker werdende Spannung hemmt die Streckung im Ellenbogen.) L. behält Bodenberührung

$^1/_4$ Pause (mit fortgesetztem Kontakt zum Zielort)

$^2/_8$ Kopf (Blick) dem neuen Ziel – im Raum lvt – zuwenden, anschließend die Front (auf dem R., ohne Reibung); linken Unterarm anheben (Hand noch hängen lassen) und rechten Arm senken

2. Takt

$^2/_4$ Schritt mit dem sich beugenden L. vorwärts, aus dem sich nun die Druckgeste mit dem linken Arm – nach vt – entwickelt wie vorher mit dem rechten. R. behält Bodenberührung

$^1/_4$ Pause (mit fortgesetztem Kontakt zum Zielort)

$^2/_8$ Kopf (Blick) dem neuen Ziel – im Raum vh – zuwenden, anschließend die Front (auf dem L., ohne Reibung); rechten Unterarm anheben (Hand noch hängen lassen) und linken Arm senken

3. Takt

$^2/_4$ Schritt mit dem R. vorwärts auf mittlerer Höhe, aus dem sich nun die Druckgeste mit dem rechten Arm – nach vh – entwickelt; L. – bis zur Fußspitze gestreckt – nach zt anheben

$^1/_4$ Pause mit fortgesetztem Kontakt zum Zielort

4. Viertel = Auftakt für die seitenwechselnde Wiederholung.

Im Kinetogramm sind hier alle dynamischen Angaben mit Zeichen von Ann Hutchinson geschrieben.

41

Abwechselnd das R. und L. mit
einem Schritt »auf breite Sohle«
zur Seite setzen, dabei im Knie
elastisch nachgeben; sich etwas
erheben und nochmals nachgeben; sich etwas erheben (also
zweimal federn), bevor das
Gewicht auf das andere Bein
übertragen wird. Das unbela-
stete Bein am Boden lassen oder
abheben.

Am Platz vor einem Fußstoß
mit dem Blick ein Ziel in der
unteren Region des Raumes
wählen, ein Knie und die Fußspitze anheben, einen knappen
Stoß (d. h. Knie nicht ganz
strecken) mit der Fußsohle in
Zielrichtung geben, auch das
Standbeinknie ruckartig anbeugen (der Rumpf macht die
Spannung mit, unterstützt sie);
Bein neben das andere setzen,
Spannung lösen und sich
aufrichten. Fortsetzung mit
demselben oder dem anderen
Bein.

Kombinationen mit behäbig
federnden Schritten:
beim ersten Federn Spielbein
vorbereitend anheben;
statt des zweiten Federns das
Knie des Standbeins ruckartig
anbeugen und zugleich Stoß
mit dem Spielbein (vorwärts,
überkreuz, auch mit leichter
Seitwendung auf dem Standbein
bei entsprechender Rücknei-
gung in Rumpf und Kopf –
herausfordernd, übermütig).

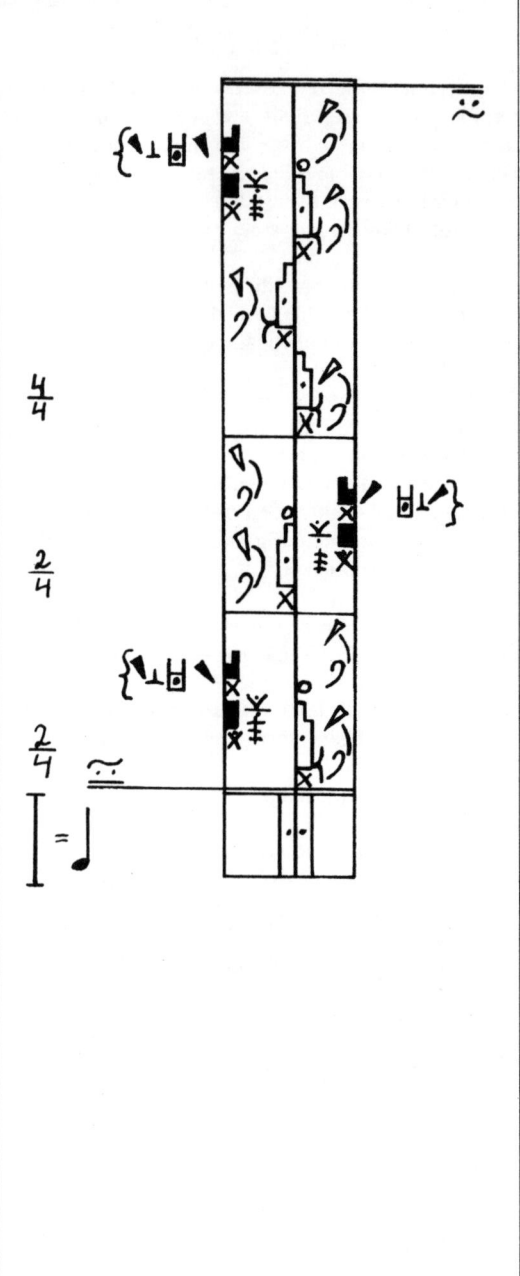

42

Federung und Stoß
Bewegungsfolge

Behäbig federnde Schritte und Fußstöße auf und mit »breiter Sohle« im Stil und Rhythmus eines alten deutschen Bauerntanzes. Alle Schritte und Beingesten verlaufen in Vorwärtsrichtung.
Ausgangshaltung: Grundstellung
Auf zwei $^2/4$-Takte folgt ein $^4/4$-Takt.

1. Takt
$^2/8$ Schritt mit dem R., im Knie federnd nachgeben (beugen und – fast – wieder strecken), dabei linken Oberschenkel (Knie) fast waagerecht anheben
$^2/8$ Fußstoß mit dem L. vt, Sohle führt (Spannung im Knie hemmt vollständiges Strecken); dabei im Standbein nochmals federn

2. Takt
$^4/8$ dasselbe mit der anderen Seite

3. Takt
$^8/8$ drei behäbige Schritte (R. – L. – R.), Fußstoß – wie vorher – mit dem L., Federn im R.
Symmetrische Wiederholung.

Die Folge läßt sich gut mit einem Partner ausführen. Man gibt ihm die Hand; er tanzt neben ihr/ihm mit spiegelbildlicher Bewegungsfolge, so daß sich die Partner bei einem Fußstoß einander zu- und beim nächsten voneinander abwenden können. Rumpf-, Arm- und Kopfbewegungen sind dem Ausdrucksbedürfnis des (der) Tanzenden überlassen.

Vorwärtsgehen mit federnden
Schritten, in den Knien oder in
den Fußgelenken einfach oder
doppelt gefedert;
auf geradem Weg oder im
großen Kreis;
unterwegs einen kleinen Kreis
schlagen;
die Arme – leicht »auf der Luft«
liegend – mitfedern lassen;
auf langem Weg die Arme in
verschiedener Form ruhige
Linien führen lassen;
kleine Folgen im Wechsel von
federnder und geführter
Bewegung eines oder beider
Arme ausprobieren.

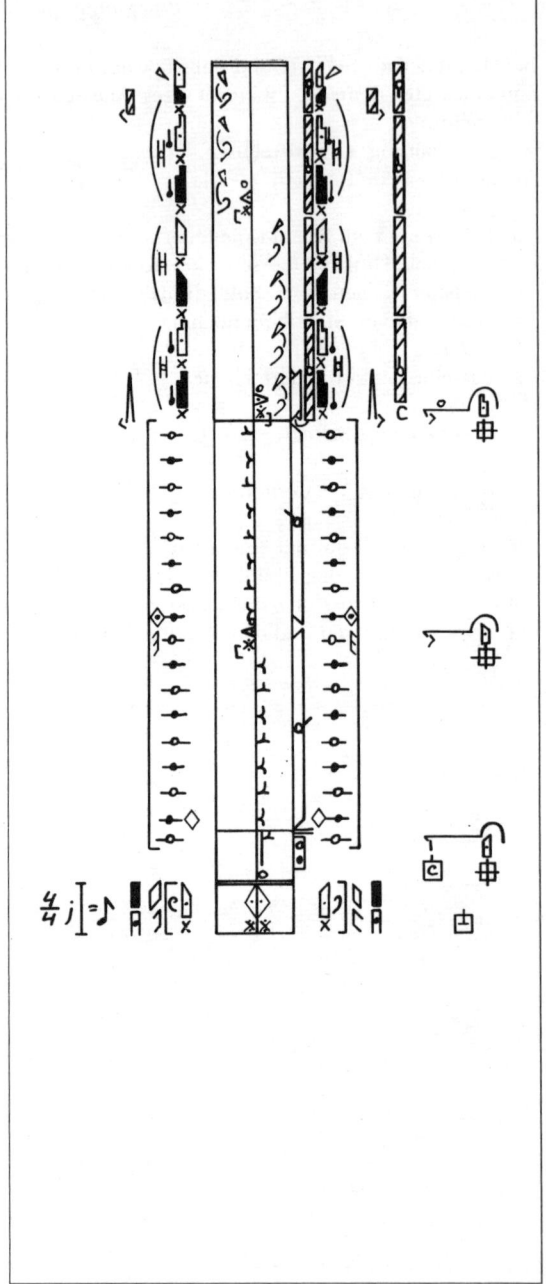

Federung und Führung
Bewegungsfolge

Ein ununterbrochenes Federn in den Beinen am Platz setzt sich im ersten Takt der Folge in den »getragenen« Armen fort; im zweiten Takt werden diese in ruhigen Gesten aufeinander zu- und wieder auseinandergeführt; Kopf (Blick) und Oberkörper nehmen Bezug auf die Umgebung.

Gleichmäßig ruhiger $^4/_4$-Takt (2 Takte)

Grundstellung, Füße einen halben Schritt auseinander, Arme auf Schulterhöhe in schräger Öffnung (symmetrisch), locker und eingedreht getragen

Auftakt

$^1/_8$ Blick nach rechts, zugleich Gewichtsübertragung auf den R. (Halbspitze)

1. Takt

$\cdot ^4/_8$ viermal auf dem R. (ganze Sohle, halbe Spitze) federn, zugleich – von den Schultern aus – die getragenen Arme auf der Luft mitfedern lassen; der Oberkörper wendet sich dabei in die Blickrichtung, jedoch ohne die Richtung der Arme zu verändern (»Pause am Ort«)

$^4/_8$ viermal dasselbe links bzw. nach links

2. Takt

$^4/_8$ Oberkörper- und Kopfwendung aufheben; viermal auf dem R. (auf ganzer Sohle, d. h. in den Knien) federn; dabei die Arme – jeweils auf der Linie einer liegenden Acht – ruhig aufeinander zu-, übereinander- und wieder auseinanderführen; während ihrer Engführung den Kopf und ein wenig auch den Oberkörper vorneigen

$^3/_8$ auf dem L. federn, sich beim Auseinanderführen der Arme aufrichten und dann leicht zurückneigen, wobei der Blick nach vorn gerichtet bleibt und die Handflächen der ausgebreiteten Arme am Schluß nach oben schauen (lustig triumphierend).

Den Arm mit geöffneter Hand
über einem großen Schritt
weit hinaus in den Raum strek-
ken (Rumpf folgt dem Arm);
die Hand »ergreift« das Ende
eines »befestigten Seils« und
zieht es kontinuierlich mit
Gewichtsverlagerung auf den
Körper zu oder daran vorbei;
aus der Endstellung ein neues
Ziel für den gleichen oder den
anderen Arm wählen;

    dasselbe mit der Vorstellung
eines Gummiseils, d. h., der
Kräfteeinsatz muß sich auf dem
Weg vom Ziel zurück steigern;

    löst man die Spannung,
»fliegt« der ganze Körper auf
das Ziel zu; am Schluß öffnet
sich auch die Hand wieder;
bis man ein neues Ziel gewählt
hat, kann man sich aufrichten,
das Spielbein heranziehen und
den Arm sinken lassen;

    neues Ziel wählen, aber
statt sich ihm weit entgegen-
zustrecken, nun mit straff-
gestreckter Hand – unterstützt
von entsprechender Gewichtsverlagerung – in die gewählte
Richtung stechen (Arm von der
Schulter her in den Gelenken
angespannt lassen);

    Spannung lösen, Arm
senken, neues Ziel wählen,
mit demselben oder dem
anderen Arm den nächsten
Stich vorbereiten;

    kleine Folgen von Zug- und
Stichbewegungen ausprobieren,
auch mit den Beinen.

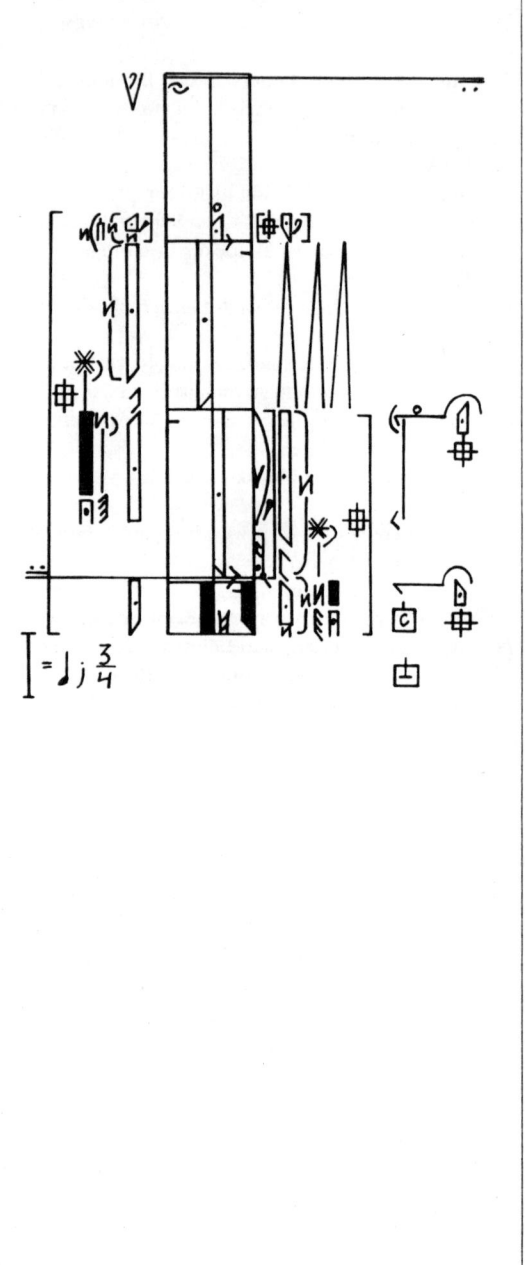

Zug und Stich (spitzer Stoß)
Bewegungsfolge

Aus dem Anziehen einer (gedachten) Bogensehne zum Stich in Richtung des »Pfeil«-
Zieles
$3/4$-Takt (drei Takte)
Ausgangshaltung: Gesicht und Blick nach lv. Das Gewicht wie nach einem Ausfall auf
dem L. nach ltv; rechte Fußspitze bleibt am Boden. Weite Strebung des rechten Arms
nach lvm, die den Oberkörper mitnimmt; linker Arm nach lzm gestreckt. Kopf aufrecht

1. Takt

$1/4$ Mit Widerstand beginnen Brustkorb, Schulter, Ellenbogen den rechten Arm (Hand
ballt sich zur Faust) weit nach rzm zu ziehen; Blick und Unterarm mit der Faust sind
zum Ausgangsort gerichtet; zugleich wird das Gewicht allmählich – auf gleicher
Höhe – nach rz verlagert; das rechte Knie gibt ein wenig nach

$1/4$ Zug und Verlagerung werden fortgesetzt; der linke Arm beginnt auf gleicher Höhe,
leicht geführt, seinen Weg nach rvm, wobei er nahe der Taille den des rechten
Armes kreuzt und den Blick auf sich zieht

$1/4$ Gesten und Verlagerung werden fortgesetzt; der Blick wandert mit der linken Hand
nach rvm. Die Hauptaktion aber bleibt bis zum Erreichen des weiten Ziels: der Zug
nach rzm

2. Takt

$3/4$ dasselbe mit der anderen Seite, wofür das Gewicht allmählich nach lz verlagert wird
(linkes Knie gibt ein wenig nach); der Blick bleibt jedoch rv. Der rechte Arm wird
während des Zugs einfach abwärtsgeführt und hängt dann einen Moment gelöst
herab

3. Takt

$1/8$ nach äußerstem Spannen der »Bogensehne« aus zentralem Drehimpuls wie zu
einem Stich mit der Handspitze des linken Armes weit hinaus zum Ausgangspunkt
rvm sausen, unterstützt durch den Ausfall auf das R. und das Mitgehen des Rumpfes in die gleiche Richtung; der Kopf bleibt aufrecht; der rechte Arm fliegt nach
rzm

$2/4$ Pause (in der Endhaltung verharren)

$1/8$ als Anhub zur symmetrischen Wiederholung werden unter Beibehaltung der Stellung die Spannung wie auch die Bodenberührung des Spielbeins gelöst.

Im Vorwärtsgehen abwechselnd
in bestimmter Abfolge ein
paar größere und dann kleinere
Schritte machen und dabei –
mit Vergnügen – die Arme
natürlich pendeln lassen:
in den Schultergelenken bei
den großen Schritten, in den
Ellenbogen bei den kleinen;
zwischendurch gelegentlich bei
geschlossenen Füßen, am Platz
federnd, weiterpendeln und
einen neuen »Einstieg« zur
Fortbewegung ausprobieren.

Schläge (in die Luft) austeilen,
abwechselnd mit dem rechten
und dem linken Arm, geführt
von den Unterarm- und Hand-
kanten (Daumen oder kleiner
Finger) oder von den Arm- und
Handflächen (innen, außen);
zuvor jeweils mit dem Blick
ein Ziel wählen und ausholen;
den Schlag mit Schritt und
Rumpfbewegung verbinden;
vor dem Ende des Schlages
stoppen (Spannung in allen
Gelenken erhalten);
Pause: neues Ziel wählen.

Breit stehen, Oberkörper
etwas nach rechts wenden, rechten Arm rzt anheben (ausholen),
bei Verlagerung auf das L. vom
Oberkörper aus den Arm weit
nach lv ausschwingen, linker
Arm hebt sich nach ltz (als
Anschwung für die Fortsetzung
nutzen); Knie geben immer
etwas nach;
dasselbe mit der Gegenseite.

Im Wechsel mit großen oder
kleinen Pendelbewegungen;
auch im Vorwärtsgehen.

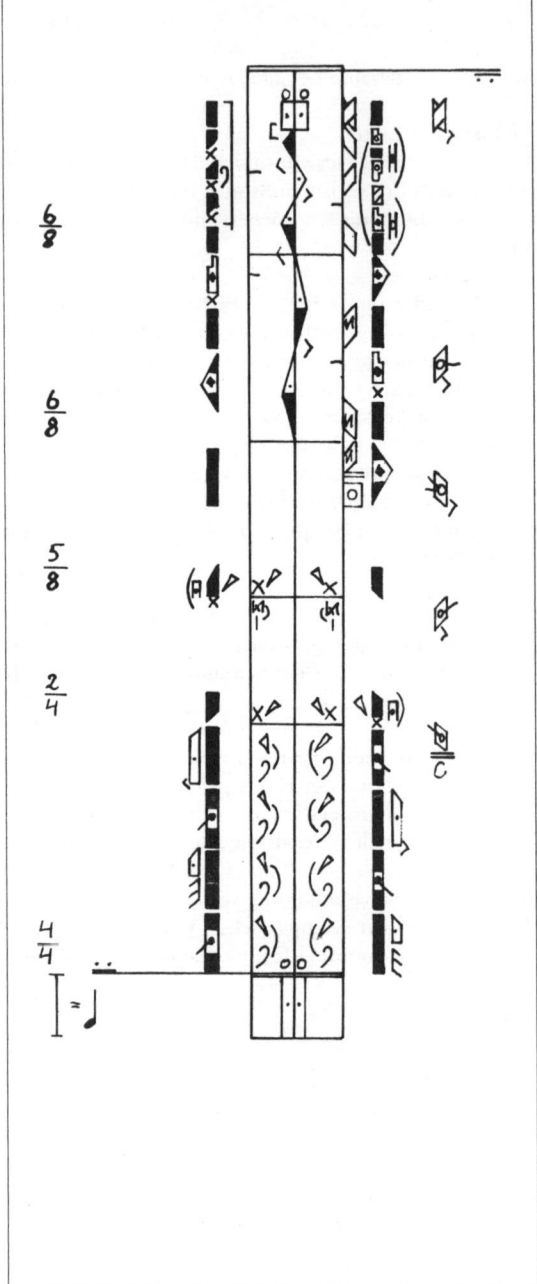

48

Pendel, Schlag, Schwung
Bewegungsfolge

Nach peripherem Pendeln der Unterarme über einem Federn in den Knien knappe Schläge und anschließend weitreichende Schwünge mit den Armen.
Aus der wechselnden Dynamik ergibt sich mehrfacher Taktwechsel: $^4/_4$, $^2/_4$, $^5/_8$, $^6/_8$, $^6/_8$
5 Takte)
Grundstellung, Füße parallel, Arme hängen herab
1. Takt
viermaliges Federn in den Knien; dabei pendeln die Unterarme – abwechselnd – überkreuz vor dem Körper und nach außen (diagonal); im letzten Achtel – vorbereitend auf die nächste Bewegung – Blick nach lv
2. Takt
kurzer Schlag mit dem rechten Unterarm nach lv (Handfläche führt); dabei die Knie stoßartig beugen (konzentrierte Spannung des ganzen Körpers); mit dem linken Arm Schlag nach lz; nach gehaltener Pause im letzten Achtel Spannung auflösen; Blick nach rv wenden
3. Takt
symmetrische Wiederholung des Schlags + Pause, die um ein Achtel verlängert wird (daher $^5/_8$-Takt) zum Luftholen und Anschwung: leichtes Anheben des rechten Armes rz bei gleichzeitiger Wendung des Oberkörpers nach rechts; Blick nach lv
4. Takt
Oberkörper wendet sich impulsiv nach links, woraus über einem elastischen Schritt mit dem L. zur Seite ein großer Schwung mit dem rechten Arm über tief nach lv entsteht und der linke nach lz fliegt; im dritten Achtel vorbereitender Blick nach rv; symmetrische Wiederholung des Schwungs mit dem linken Arm nach rv usw.
5. Takt
Wiederholung des ersten Schwungs mit dem rechten Arm, zum Kreis über oben weitergeführt bis wieder lv; dabei schwingt der linke (mit etwas geringerem Ausschlag) nach rv und lz. Auch hier wird der Armschwung zentral gesteuert: Aufwärts zeigt der Handrücken in die Bewegungsrichtung, abwärts die Innenfläche. Beim Kreisen wird das Gewicht elastisch L. – R. – L. verlagert.
Im letzten Achtel aufrichten, R. (mit Streckung beider Knie) wieder heranziehen, Oberkörper- und Kopfwendung aufheben; die Arme bleiben in der Schlußhaltung zu symmetrischer Wiederholung.

Im Stehen, Sitzen oder Knien
mit einem Arm (d. h. mit den
Fingerspitzen einer Hand)
große Ziffern in den Umraum
des Körpers (die »Kinesphäre«)
»malen«: gerade
und eckige (1 und 4), runde und
kurvige (0, 3, 6, 8) und zusam-
mengesetzte (2, 5, 7);
vor sich, neben sich, über und
um sich;
aufrecht stehend oder in einer
anderen Lage;
in unterschiedlicher Größe;
als Serien einer Sorte oder
bunt durcheinander, langsam
oder schnell;
mit einem Bein oder – im Sitzen
oder Liegen – mit beiden;
peripher (d. h. den ganzen
Körper einbeziehend) oder von
ihm gelenkt;
geführt, mit Schwung, mit
Widerstand (Druck, Zug),
flatternd ...

  Auch manche Buchstaben
oder geometrischen Formen
eignen sich zu diesem Spiel.

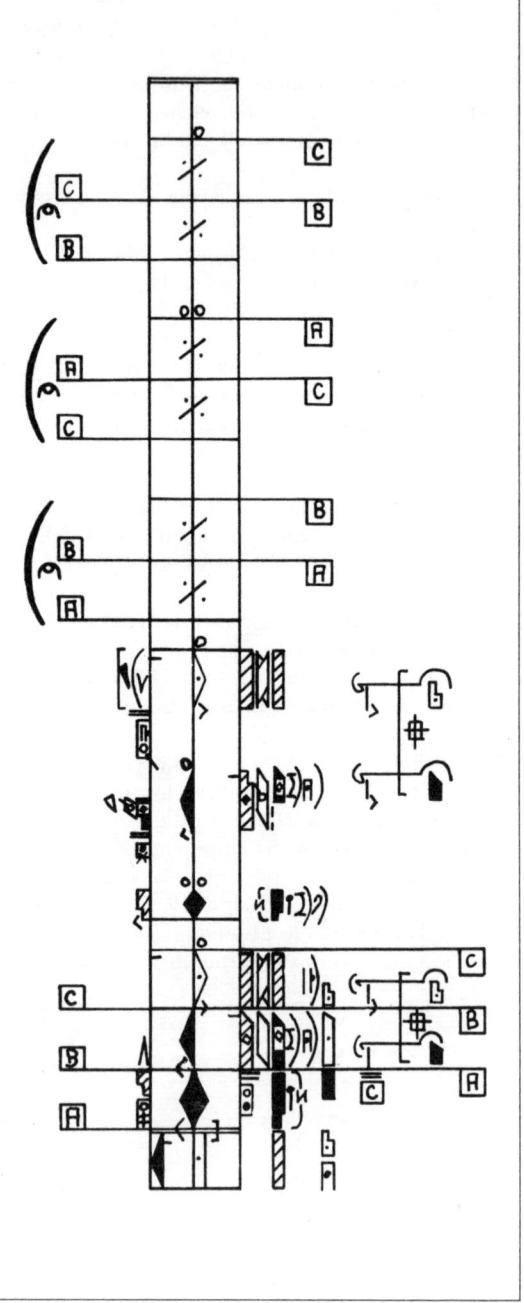

Wege und Formen in der Kinesphäre (Umraum des Körpers)
Bewegungsfolgen

Spiel mit einem »Dreiring« aus Labans Harmonielehre: 2 – 3 – ∞ (unendlich)
Vom rechten Arm ausgeführt (oder symmetrisch vom linken), verlaufen die schrägen Linien eines Dreiecks am Körper vorbei durch die Kinesphäre; jede Linie enthält alle drei Raumdimensionen. Die jeweils vorherrschende verleiht der Bewegung ihren Charakter: steil (vor allem hoch-tief), schwebend (vor allem vor-rück) und flach (vor allem rechts-links).
Ausgangshaltung: aufrecht stehen, Gewicht auf dem R.; das gestreckte L. ruht seitwärts tl am Boden; der rechte Arm ist bis zu den Fingerspitzen (Handfläche nach vorn) nach oben (hr) gestreckt

2   Die erste Bewegung führt steil von hr nach zt, Handfläche führt; Oberkörper wendet sich nach rechts; Gewicht verlagert sich auf beide Beine, Knie geben nach; Blick wandert mit

3   die Bewegung führt schwebend von zt am rechten Bein vorbei nach lvm, Handfläche führt; Oberkörper wendet sich nach links; Gewicht wird auf das L. verlagert, das Knie nicht ganz gestreckt; Blick wandert mit

∞   die Kante des kleinen Fingers führt den Arm flach zum Ausgangspunkt (hr); Gewicht wird auf das sich streckende R. überrtragen; Blick wieder nach vorn
    Kurze Pause
die gleichen Raumwege, nun mit unterschiedlicher Dynamik:

2   rechten Arm von hr nach zt fallen lassen (Beteiligung des ganzen Körpers wie bei der vorigen Folge). Fermate

3   mit kräftigem, zentral ansetzendem Schwung (und gleichzeitiger Gewichtsverlagerung) von zt nach lvm. Fermate

∞   im Becken ansetzend, vom Brustkorb fortgesetzt, wird der rechte Arm von lvm flach zum Ausgangspunkt (hr) gezogen (d. h. mit Widerstand) und das Gewicht wieder auf das R. verlagert; die Seite des kleinen Fingers führt den Arm. Fermate
jeweils zwei aufeinanderfolgende Seiten des Dreiecks werden vom rechten Arm als drei große Bögen entlang der Peripherie der Kinesphäre – also als stünde man in einer großen Kugel – weit ausholend geschwungen

2, 3   steil schwebend; Gewicht vom R. auf beide Beine und dann auf das L. Fermate
∞, 2   flach-steil; Gewicht vom L. auf das R., auf beide. Fermate
3, ∞   schwebend-flach; Gewicht von beiden Beinen auf das L., das R. Fermate

Die Fermaten dienen jeweils der inneren Vorbereitung auf die nächste Bewegung und ihre Eigenart.

Über das Improvisieren

Mit den ausgewählten Proben zur Verständigung über Improvisation wurden natürlich bei weitem nicht alle möglichen Bereiche und Themenkomplexe angeschnitten, die sich dazu eignen.

Als Beispiele für die Entfaltung der schöpferischen Phantasie und die Entwicklung des körperlichen Ausdrucksvermögens durch die Pflege tänzerischen Improvisierens kann man die Dresdner Palucca-Schule und das Ballettensemble der Dresdner Staatsoper nennen, wo sich durch ehemalige Schüler diese Tradition auswirkt. Soviel ich weiß, wird das tänzerische Improvisieren auch sonst – in der pädagogischen wie in der therapeutischen Arbeit – da und dort gepflegt.

`Daß dieser Weg bei der Ausbildung von Tänzern bzw. im Kinder- und Amateurtanz heute nicht überall beschritten wird, könnte folgende Gründe haben:

Unsere Kinder kommen im allgemeinen viel früher als damals mit dem Bühnentanz in Berührung, besonders über das Fernsehen und durch den Besuch von Veranstaltungen. Dadurch spielt unvermeidbar der Einfluß von Vorbildern schon im kindlichen Alter eine richtungweisende Rolle für die Bewegungsphantasie. – In den Kindertanzgruppen besteht häufig das Tätigkeitsprogramm aus Trainingsübungen und der Einstudierung von Tänzen, beides durch den Tanzleiter gezeigt und vermittelt; d. h., diese Kinder erlernen vorgegebene Bewegungsformen. Dabei ist das Streben nach *vorführbaren Leistungen* von Wichtigkeit, mit denen die Gruppen in Wettbewerb mit anderen treten können, und nicht einfach das anregende Vergnügen der Kinder, einander eigene Ergebnisse schöpferischen Tanzens zu zeigen.

Der Tänzernachwuchs wird grundlegend in den Formen und mit den Qualitätsmerkmalen des klassischen Balletts ausgebildet. In diesem Zusammenhang war mir einmal die Antwort eines verantwortlichen Ballettpädagogen aufschlußreich. Nachdem ich meine Verwunderung darüber geäußert hatte, daß man bei einer Abschlußveranstaltung neben Einstudierungen keine Tänze zu sehen bekam, die ein Bild von Ideen, Phantasie und Gestaltungsvermögen der Schüler vermitteln, meinte er, die Fachschulen hätten *Interpreten* und keine Choreographen auszubilden. So gesehen ist allerdings das Improvisieren – das Spiel zum Erproben und Erleben eigenen Schöpfertums – überflüssig. Die Frage ist nur, ob diese Fähigkeit nicht später in der beruflichen Arbeit doch erforderlich ist und während der langen

Jahre der Ausbildung des Nachwuchses verlorenging. Das wäre sowohl den jungen Menschen wie dem Kunstschaffen gegenüber kaum zu verantworten.

Jedoch zur Anleitung beim Improvisieren gehören künstlerische und pädagogisch-schöpferische Fähigkeiten, gepaart mit intensivem Bemühen um die Entstehungs- und Entwicklungsprozesse in jedem einzelnen sowie eine sichere Hand, um sie zu lenken und zu fördern.

Ist nicht die Beantwortung unserer Frage nach dem »Für« oder »Gegen« im einzelnen abhängig davon,

mit welchen Menschen man es zu tun hat (Kindern, jugendlichen und erwachsenen Laien, Ausbildungsschülern oder Tänzern im Beruf);

in welchem Entwicklungsstadium, die gesamten Voraussetzungen betreffend, sich der Schüler befindet;

zu welchem Zweck (pädagogisch, körperbildnerisch, künstlerisch, sozialerzieherisch, therapeutisch ...) die Ausbildung erfolgt;

in welchem Ausmaß bzw. welchem Verhältnis zu anderer tänzerischer Betätigung (generell als Methode musischer Erziehung und Ausdrucksgelegenheit, in kurzen stofflich und pädagogisch bedingten Vorbereitungsphasen, in unbegrenzter Zeit zur schöpferischen Verarbeitung bestimmter Themen) der Stoff vermittelt wird;

in welcher Art (jeder für sich, in Gruppen unter Führung durch den Leiter, durch Gruppenmitglieder, Wahl der Thematik und Anregungen, Spiel ohne oder mit Ausarbeitung ...) Unterricht oder Proben gestaltet werden.

Das heißt insgesamt: welche künstlerischen, pädagogischen und ideologischen Voraussetzungen und Interessen dabei bestimmend sind.

Aufgrund von Erfahrungen kann man sagen, welchen Sinn und Gewinn das tänzerische Improvisieren einmal gehabt hat – und vielleicht heute wieder haben könnte:

Es ist spontanes Spiel mit Bewegung, gestaltet von der eigenen Phantasie.

Es ist weder Schauspiel noch Kunst.

Mit der Lust zu freier Bewegung verbindet sich die Neugier auf das, was aus schöpferischer Betätigung entsteht.

Es wird fruchtbar aus freier Wechselwirkung von Physis und Psyche, Bewegung und Emotion, Erleben und körperlichem Ausdruck.

Improvisation im Rahmen einer Gruppe bietet gegenseitige Anregungen beim Schauen wie beim Mitmachen. Einstellung auf einen improvisierend Führenden verlangt und entwickelt Reaktions- und Einfühlungsvermögen; vom Führenden selbst vorausschauende, auf die Partner eingestellte Disposition und Klarheit der Ausführung.

Aus der Wahl der Bewegungsführung und ihrer Formen lassen sich für den Pädagogen oder Choreographen der Bewegungstyp (Hoch-, Mittel- oder Tieftänzer), körperliche, künstlerische, im Zusammenspiel auch soziale Wesenszüge sowie vorhandene Hemmnisse oder Mängel erkennen. Geeignete Hinweise des Pädagogen können dem Improvisierenden helfen, sich selbst zu erkennen und auch zu fordern.

Dem Choreographen oder Leiter einer Tanzgruppe, der den Mitgliedern ausreichend Gelegenheit zum Improvisieren einräumt bzw. deren Improvisationen für die gemeinsame Vorbereitung von Einstudierungen nutzt, erwachsen wesentliche Vorteile: Ihr persönliches Engagement, vielseitige Anregungen und mit der Zeit ein Kollektiv aus Mitarbeitern, deren Begabungen entwickelt und einsetzbar sind. Alles das trägt dazu bei, daß die Persönlichkeit jedes Tänzers, seine künstlerische Begabung und Individualität, seine Einstellung zum Werk, zur Rolle und zu den Partnern den gebührenden Rang gewinnen. Er wird nicht mehr nur als der Empfangende und Ausführende verstanden, sondern auch als der Anbietende, der Gebende, als aktiver Partner in der Verantwortung für das Werk.

Berufswahl und die Vorzüge unterschiedlicher Ausbildungswege

Der junge Mensch, der sich nach Abschluß seiner Schulbildung für einen tänzerischen Beruf ausbilden lassen wollte, konnte in den zwanziger und dreißiger Jahren bei der Vielzahl und Unterschiedlichkeit der Schulen diejenige wählen, deren Methode oder künstlerische Leitung seinen Vorstellungen oder Neigungen am besten zu entsprechen schien. Er lebte mit bestimmten Idealvorstellungen, die sich zwar ändern konnten, aber auf jeden Fall eine individuell wirksame Triebkraft bei der eigenen Entwicklung bilden.

In den meisten Schulen, von denen ich nur einige namentlich erwähne, bestand sowohl die Möglichkeit der Ausbildung für Theater- und Konzert- (oder Podiums-) Tanz wie auch für Tätigkeiten als Pädagoge, zum Teil auch als Bewegungschorleiter. Außer einigen wenigen (möglicherweise sogar außer der einen, der Folkwangschule, deren Tanzabteilung 1927 in Essen unter der Leitung von Kurt Jooss entstand) waren es Privatschulen. Zu den ersten in Deutschland gehörten die Schulen von Isadora Duncan und – einige Zeit später – von Rudolf von Laban. Sehr bald eröffneten Schülerinnen von Laban Zweigschulen unter seinem Namen und seiner Mitverantwortung. (Mary Wigman machte darin mit ihrer Schule eine Ausnahme.) Geleitet wurden damals fast alle Schulen für Modernen Tanz von Frauen. So wie Wigman, die bekannteste und bedeutendste unter ihnen, waren die meisten Tänzerin, Choreographin und Pädagogin in einer Person. Neben ihrer Arbeit an Soloprogrammen arbeiteten eine ganze Reihe von ihnen mit Tanzgruppen aus dem Kreis ihrer Mitarbeiter und Schüler an Tanzkunstwerken, mit denen sie auftraten und zu Gastspielen reisten. Gleichzeitig leiteten sie selber, so gut es möglich war, ihre Schulen mit allem, was dazu gehört an organisatorischer, pädagogischer und wirtschaftlicher Arbeit. Oft waren auch Laien- und Kinderkurse angegliedert, und in den Sommermonaten fanden Ferienkurse statt.

Zu *Mary Wigmans* ersten Kammertanzgruppen zu Beginn der zwanziger Jahre gehörten Berthe Trümpy, eine Schweizerin, Gret Palucca und Yvonne Georgi. Trümpy war auch als Pädagogin am Aufbau der Schule beteiligt. Nachdem sich 1924 diese Gruppe auflöste – »Mary Wigman fand, daß die Persönlichkeiten zu stark wurden«[18] –, eröffnete Berthe Trümpy eine bald sehr bekannte Schule in Berlin. Palucca wollte sich eigentlich von da ab ganz auf eigene Tanzkompositionen und Auftritte konzentrieren. Aber sehr bald kamen immer mehr junge, von ihrem Tanz begeisterte Menschen, die bei ihr lernen wollten. So entstand ihre Schule und mit der Zeit ihre Tanzgruppe, wobei Palucca jedoch die Arbeit an Solotanzprogrammen keineswegs aufgab. Nach wenigen Jahren eröffneten auch Schülerinnen von Wigman und Palucca Zweigschulen in Berlin.

Yvonne Georgi ging zunächst als Solotänzerin nach Hannover, wo sie später Ballettmeisterin wurde. Ihr Partner war lange Jahre der als Solotänzer an dieses Theater gekommene Harald Kreutzberg, ebenfalls ehemaliger Wigman-Schüler. Auch Max Terpis gehörte zu den ersten Mitgliedern der Tanzgruppen von Mary Wigman. Rudolf Lämmel schrieb: »Der erste Tänzer, der die gemischte Aufgabe: altes Ballett und Neuer Tanz übernahm, war Max Terpis, der zuerst in Hannover und dann an der Staatsoper in Berlin mit größtem Erfolg arbeitete und um den Neuen Tanz auf dem Bühnengebiet große Verdienste erworben hat.«[19]

Bei meinen Quellenstudien fiel mir die Beschreibung einer Ausbildungsweise durch prinzipielle Ähnlichkeiten mit den pädagogischen Absichten von Jenny Gertz für die Kinder ihres Bewegungschores auf: Die Verfasserin der Monographie[20] und Leiterin der Schule war Ruth Allerhand in Berlin. Leider habe ich weder sie selbst noch Schüler oder Mitarbeiter von ihr kennengelernt.

Zwei damals viel bekanntere Persönlichkeiten und ihre Schulen, die beide vor allem leiblich-seelische Gesundheit erzielen wollten, waren Rudolf Bode, ehemaliger Schüler von Jaques-Dalcroze, der jedoch mit seiner Ausdrucksgymnastik dann eigene Wege beschritt, und Jutta Klamt, die, zusammen mit ihrem Mann G. Joachim Vischer-Klamt, von vornherein eine eigene Lehrweise entwickelt haben.

Was für eine große Anzahl von Schulen in den zwanziger Jahren aus dem Boden schossen, zeigt eine Aufstellung in dem Buch von Liesel Freund aus dem Jahre 1929[21]: Demnach waren es zu dieser Zeit allein in Berlin über 150 registrierte Schulen für Gymnastik und Tanz, die allerdings bei weitem nicht alle berufsbildende Ziele verfolgten.

Offene Türen für den Neuen Tanz

Zu dieser Zeit wurden jedes Jahr, und nicht nur in den großen Städten, eine Fülle von Tanzmatineen und -abenden unterschiedlichster Tänzerpersönlichkeiten und Gruppen veranstaltet. In Berlin war es schon damals die Volksbühne, die ihren Besuchern mit ständigen Tanzmatineen Gelegenheit bot, sich gerade auch mit der neuen Bewegungskunst vertraut zu machen. John Schikowski, drei Jahrzehnte lang Mitglied des Künstlerischen Ausschusses dieses Theaters, sorgte dafür, daß die anerkannten Solisten, Tanzpaare und -gruppen hier ihre Choreographien aufführten. Seine besonderen Bemühungen galten auch den jungen und noch unbekannten Tänzerinnen und Tänzern, um »auch das Junge, Kommende und Werdende vorzustellen«[22].

So wurden z. B. für die beginnende Saison 1929/30 Tanzgastspiele mit folgenden Künstlern angezeigt: Mary Wigman, die Tanzpaare Harald Kreutzberg–Yvonne Georgi, Jens Keith–Dorothea Albu (Solisten der Berliner Staatsoper – I.L.), Edgar Frank–Alice Uhlen, Lou Eggers, Lotte Goslar und Ellinor Bahrdt sowie die Tanzgruppen von Palucca, der Klamt-Schule und der Essener Folkwangschulen.[23]

Als tanzbegeisterter Mensch versuchte man entweder, überall dabeizusein oder hatte bereits seine Wahl für bestimmte Künstler getroffen, fühlte sich zugehörig und im Einklang mit der aufnahmebereiten, verstehenden und oft enthusiastischen Zuschauergemeinde. Und Kindern wie Erwachsenen standen fast überall und vielerlei Möglichkeiten offen, sich an Kursen für tänzerische Gymnastik oder Laientanz zu beteiligen. In Zeitungen und Zeitschriften wurde häufig – und oft mit guter Sachkenntnis – über die Veranstaltungen und Schulen geschrieben. Der Tanz war also eine Kunstgattung, zu der viel mehr Menschen als heute einen persönlichen Zugang finden konnten und so auch zu derjenigen Ausbildung oder Persönlichkeit, bei der man seine Fähigkeiten, Träume, Ideen und Zielvorstellungen am liebsten und erfolgreichsten glaubte entfalten zu können. Und vielen Heranwachsenden gab die jeweils herrschende Atmosphäre das Gefühl des Verstandenwerdens und der Geborgenheit.

Die Schulen oder zumindest die Anzahl der Schüler in jedem Studienjahr waren verhältnismäßig klein, so daß auch von daher auf die Individualität jedes Schülers eingegangen werden konnte. Die Aufnahme erfolgte erst nach Abschluß der Schulbildung, frühestens mit vierzehn Jahren.

Es gab bei der großen Vielfalt keine allgemein verbindlichen technischen, formalen und inhaltlichen Kriterien bei der Ausbildung des Tänzernachwuchses, ungeachtet der Forderungen, die die Theaterarbeit als Voraussetzung stellen muß.

Statt dessen gaben die Persönlichkeit des Leiters und oft auch einzelner Pädagogen in der betreffenden Schule die Richtung und Durchführung der Ausbildung an. Das Ziel war mehr oder weniger überall die Entwicklung schöpferischer Persönlichkeiten, ob für künstlerische oder tanzpädagogische Berufe. Und das bedeutete auch sich ständig erweiternde Vielfalt.

Wie unterschiedlich ist doch unter diesem Gesichtspunkt der Einfluß des Pädagogen auf den Schüler, je nachdem,

ob er seine Aufmerksamkeit jedem einzelnen widmet und ihn zu fördern weiß oder allgemeingültige Anweisungen und Korrekturen gibt (oder auch keine);

ob er künstlerisch als Vorbild und damit unter Umständen in jeder Hinsicht nachahmenswert erscheint oder jeden systematisch zum Er-

kennen der eigenen Gegebenheiten und zu einem eigenen Standpunkt ermutigt;

ob er mit immer neuen Einfällen oder mit beharrlicher, bis ins kleinste gehender Systematik Begeisterung hervorruft und nährt;

ob er Aufgaben gibt, die das Selbstbewußtsein rasch und immer von
neuem stärken, oder solche, die schwere Zweifel und Kämpfe verursachen, ehe das Ziel bei entsprechender Begabung und Einstellung
schließlich trotzdem errungen wird;

ob er von sich aus Bewegungsabläufe oder -gestaltungen zeigt, die
mehr oder weniger exakt nachzuvollziehen sind, oder sich solche
durch entsprechende Aufgabenstellung anbieten läßt und selbstkriti-
sche Beurteilung und Ausarbeitung verlangt;

ob er durchgehend bei *einer* Lehrweise bleibt oder sie, je nachdem,
was ihm entgegenkommt, verändert.

Niemand soll meinen, daß ein junger Mensch, dessen schöpferische
Kraft zum Choreographen oder Tänzer nicht ausreicht, dann »wenigstens« ein guter Pädagoge werden kann. Könnte der denn anleitender
Partner von werdenden Künstlern, tanzspielenden Kindern, aufnahmebereiten Laien oder künftigen Pädagogen sein, die mit weitgespannten Idealen zielbewußt der Verbreitung dieser wunderbaren
Kunst dienen wollen?!

»Im Kampf gegen das Alte und Veraltete ...«

Die Diskrepanz zwischen den üblichen Anforderungen des Theaters
und dem, was damals der Tänzernachwuchs aus den verschiedenen
Schulen mitbrachte, sich erhoffte und zum Teil auch erkämpfen
wollte, ließ beiderseits wesentliche Probleme entstehen. Die Situation,
die eine Erneuerung der Tanzkunst in dieser Zeit umwälzender Veränderungen unausbleiblich machte, möchte ich durch ein Zitat charakterisieren. Es stammt aus einem Artikel, den 1929 der Tänzer, Choreograph und Tanzregisseur *Kurt Jooss* zum 50. Geburtstag seines
Meisters *Rudolf von Laban* geschrieben hat: »Das Ballett in den ersten
Jahren des 20. Jahrhunderts war eine völlig im ästhetisierend Formalistischen erstarrte virtuose Kunstübung, deren ursprünglich weise Be-
schränkung der Ausdrucksmittel allmählich zur völligen Armut geworden war. Die bis zur Grenze des Möglichen gesteigerte Klarheit
der Formensprache des Balletts hat ihre Wurzel in der Einfachheit

ihrer räumlichen Orientierung, indem für die Ballettbewegung nur die reinen stabilen Dimensionalrichtungen und ihre entsprechenden Ebenen in Frage kommen … Gänzlich dem Wunsch nach Entbundenheit von Erdenschwere ergeben, verbannte das Ballett in jahrzehntelangem Streben jeden anderen menschlichen Ausdruck aus seiner Sphäre, als den der Leichtigkeit – im übertragenen Sinn den einer lichten Freundlichkeit. Und da, wo aus irgendwelchen Gründen dramatisch schwerer Ausdruck unumgänglich war, wurde er auf derartig ästhetisch betonte Linie stilisiert, der blutvollen Natürlichkeit so weit entrückt, daß alle Lebendigkeit in Pose erstarb. Hier traf Labans in stärkstem Maße expressives Wesen auf undurchdringliche Mauern der Konvention. Was blieb übrig, als sie gänzlich einzureißen und für geraume Zeit zu verwüsten, bis der breite Strom moderner Empfindung sich ein endgültiges Bett geschaffen und darin beruhigt hatte, so daß an seinen Rändern die Normen der neuen Ausdrucksbewegung abgesteckt werden konnten.

In diesem Kampf gegen das Alte und Veraltete stand Laban ja nicht allein; zur selben Zeit wirkten Isadora Duncan und Michail Fokin, jeder auf seinem Posten, für dasselbe Ziel … Bei Laban (erstand) ein wirklich Neues und in jeder Beziehung Heutiges …, eine junge, blutvolle, wenn auch zunächst noch ungehobelte und rohe Ausdruckskunst, nicht denkbar ohne den modernen Menschen nach der Krise des Expressionismus.«[24]

Über die »menschlichen Einwände gegen die überwiegende Mehrzahl der damaligen Ballettänzer« schrieb Jooss: »Diese Menschen, erzogen in der Praktizierung einer ewig ausdrucksgleichen, also ausdruckslosen Kunstübung, deren ganzes Interesse sich naturgemäß auf die Bereicherung einer größtmöglichen Virtuosität konzentrierte, waren einer gänzlichen inneren Leere anheimgefallen, die ein lebendiges Künstlertum von vornherein ausschloß. Gegen dieses Geschlecht mehr oder weniger teilnahmsloser Kunsthandwerker trug Laban das Banner des heißen persönlichen Gestaltungsdranges, des künstlerischen Schöpferwillens ins Gefecht … Nicht ›Ballett‹ oder ›Modern‹ werden die gegensätzlichen Schlachtrufe der feindlichen Lager heißen, sondern *Tänzer aus innerer Begeisterung und künstlerischer Potenz* werden kämpfen gegen das Heer der *gelernten Unproduktiven, der spießbürgerlichen Kunstbeamten*, wo immer sie sich finden.«[25]

Nun, vielen von uns Jungen fiel es noch schwer, in diesem Sinne darüberzustehen. »Ausdruckstanz«, »Freier Tanz«, »Neuer Künstlerischer Tanz«, »Moderner Tanz« – diese Begriffe drückten aus, was uns begeisterte, wofür wir lernen, arbeiten und unsere Gaben einsetzen wollten.

Unterdessen sind es nahezu sechzig Jahre, in denen ich auf dem Gebiet des Tanzes tätig bin. Ich habe nach meiner Ausbildung noch vielerlei Möglichkeiten zur Weiterbildung gehabt und genutzt, werde mir aber immer von neuem dessen bewußt, daß ich das Fundament, auf dem ich meine Arbeit aufgebaut habe, vor allem meinem Studium bei Rudolf von Laban und seinen Mitarbeitern zu verdanken habe.

Am Choreographischen Institut Laban gab es für uns zukünftige Choreologen drei Hauptfächer: *Choreutik*, *Eukinetik* und *Tanzschrift*. (Zu diesen Themen gab es schon zu dieser Zeit und auch später eine Reihe von Veröffentlichungen.) Neben diesen Fächern hatten alle Studenten das morgendliche tänzerisch-gymnastische *Training*, das Hermann Robst, ein Mitglied der Tanzbühne Laban, leitete. *Tanzgeschichte* war wohl das einzige theoretische Fach.

Labans Raumharmonielehre

Labans *Choreutik* ist, wie es Lisa Ullmann, seine langjährige Arbeitspartnerin in England, kurz formulierte, »die Lehre von den Zusammenhängen räumlicher Formen im Tanz«. Dabei handelt es sich um Bewegungsformen, die der Mensch in seinem unmittelbaren Bewegungsbereich bildet. In diesem Bereich – Laban bezeichnete ihn als »Kinesphäre« – empfindet und benennt er alle räumlichen Richtungen und Maße seiner Haltungen und Bewegungen vom eigenen Körper aus; d. h. zum Beispiel: »vorn« ist dort, wohin seine Körperfront gerichtet ist, unabhängig von dem »Vorn« des Übungsraumes, der Bühne, des Podiums usw.

Die Kinesphäre reicht so weit um sich herum, wie es die eigenen Körpermaße, die Beweglichkeit und die Reich-Weite der Gliedmaßen am Platz gestatten. Im Stehen ähnelt sie einer Kugel. Die möglichen Bewegungsrichtungen, -strebungen und Haltungen in dieser Sphäre sind unzählbar. Sie weisen aber aufgrund des menschlichen Körperbaus, der physikalischen und psycho-physischen Wechselbeziehungen wesentliche Unterschiede auf.

Als ein Ergebnis seiner Studien, Forschungen und Experimente auf der Suche nach den waltenden Gesetzmäßigkeiten hat Laban die an sich unsichtbare »Kugel« mit dem Ikosaeder[26] sichtbar und bestimmte Strukturen erkennbar gemacht, und zwar als Wesentlichstes – anhand ihrer Eckpunkte – die Frontal-, Sagital- und Horizontalfläche. Diese lassen die dreidimensionalen Ausdehnungen erkennen und zugleich – quasi als Raumteiler spürbar – ganz bestimmte Raumbereiche (vorn und hinten, rechts und links, oben und unten) sowie Segmente davon, in denen, durch die hindurch oder an deren Peripherie entlang eine Bewegung oder Bewegungsfolge verläuft.

So konnte der Ikosaeder als präzises Hilfsmittel der Choreutik bei der Ausführung der Raumskalen, Motive und Kombinationen dienen, bei denen die Tanzenden nicht nur eine vielseitig anfordernde und anregende technische Grundlage erwerben, sondern aufgrund der psycho-physischen Wechselwirkung auch den höchst differenzierten Einfluß der räumlichen Form auf das Selbstgefühl wie auf die Aussage erfahren.

Das mag auch die Ursache dafür sein, daß mir die Bewegungsfolgen aus der Harmonielehre in ihrem organischen Aufbau bis heute das beglückende Empfinden geben, als sänge der ganze Körper. Auch sind sie eine reiche Quelle für zielgerichtete Improvisationsaufgaben. (Als Beispiel s. S.32ff.)

Zur Zeit meiner Ausbildung am Choreographischen Institut Laban vermittelte Gertrud Snell die theoretische Seite der Choreutik, Ruth Loeser und ihre Assistentin Susanne Kabitz leiteten den praktischen tänzerischen Unterricht. Ich habe es allen dreien immer von neuem gedankt.

Tänzertypen

Laban unterschied drei Typen von Tänzern: den Hoch-, den Mittel- und den Tieftänzer, bedingt durch psycho-physische Veranlagungen. Das konnte man schon in dem kleinen Kreis des eigenen Studienjahres beobachten, wozu sich gerade auch das Improvisieren mit choreutischen Formen anbot. Jeder von uns bevorzugte – mehr oder weniger ausgeprägt – die ihm »liegende« Region der Kinesphäre, womit auch dynamisch-rhythmische Ausdrucksformen verbunden waren. Bei Stimmlagen von Sängern werden solche Unterschiede ohne weiteres akzeptiert, und niemand würde z. B. Tenören und Bässen die gleichen Partien übertragen. Im Tanz dagegen werden im allgemeinen unterschiedliche Veranlagungen solcher Art weder in der technischen noch in der künstlerischen Ausbildung bedacht. Bei Engagements zur Bildung oder Ergänzung von Ensembles und im Hinblick auf geplante Choreographien ist dieser Gesichtspunkt eigentlich unentbehrlich, zumal die Kreativität am besten in der eigenen »Lage« gedeiht. Das schließt jedoch nicht aus, daß es nicht nur möglich, sondern auch notwendig ist, sowohl für die spätere Berufslaufbahn des Tänzers am Theater und die ständige Erweiterung seines Könnens wie auch als Erlebnis und Anregung der Phantasie, sich in »fremden« Raum- und Ausdrucksbereichen zu bewegen und das entsprechende Können zu erarbeiten.

Ausdruckslehre

In dem *Eukinetik* genannten Fach, geleitet von Dussia Bereska und ihrer Assistentin Ellinor Warsitz, wurde die Bewegung als motorischer Vorgang studiert: *Wo* im Körper und *mit welchem Kraftaufwand* eine Bewegung beginnt, *wie* sie sich fortsetzt – gleichbleibend, abflauend, anschwellend, ruckhaft, langsam, schnell, als Geste – in die Weite führend, von dort kommend, an der Peripherie bleibend und so weiter. (In den Anregungen zur Improvisation S. 32ff. gab es schon einige praktische Beispiele dafür.) So unterscheiden sich Stoß und Schlag, Zug und Druck, Schwung und Gleiten, Führen, Schlottern, Zittern und anderes mehr. Die Linien und Wege, die dabei zu Raumgebilden werden, der Rhythmus des Bewegungsflusses, die Emotionen, die hervorgerufen werden und sich ausdrücken, alles das regt die schöpferische Phantasie immer von neuem zur Bewegungsgestaltung an, verbunden mit den in der Choreutik gemachten Erfahrungen.

Manchmal bekamen wir Musik dazu: am Klavier Rudolf Wagner-Régeny, höchst anregend und mit sicherem Gespür für Bewegung, die mit bestimmten Aufgaben tänzerisch umzusetzen war. Bei der Unterschiedlichkeit der Tanzenden war auch das, was dabei entstand, gegenseitiger Anreiz, ob für eine spätere pädagogische oder künstlerische Tätigkeit.

Bewegungsnotation

Das dritte Hauptfach war *Tanzschrift*. Laban hat schon sehr früh, im Zusammenhang mit seiner Tätigkeit als Tanzpädagoge und -forscher, nach neuen Möglichkeiten gesucht, tänzerische Bewegung mit

Schriftzeichen festzuhalten und wieder umsetzbar zu machen. Seit Jahrhunderten waren von Tanzmeistern Lösungen gefunden worden, die den jeweiligen Anforderungen von Mode oder nationalen Traditionen entsprachen. Aber nun ging es um eine universal und international brauchbare Schrift.

Allein während meiner Ausbildungszeit in den Jahren 1927/28 haben wir im Unterricht zunächst zwei der Tanzschriftsysteme kennen und anwenden gelernt, die Laban bei seinem unermüdlichen Experimentieren zeitweise für brauchbar gehalten hat. Beide sind in seiner »Choreographie« von 1926 zu finden. Gemeinsam ist ihnen die Schreibrichtung von unten nach oben und als Voraussetzung die Beherrschung der »Schwünge« aus den Skalen der Harmonielehre, ihre Bezeichnung, ihre Ausführung, ihr Charakter. (Haupttendenzen: rechts-links = »flach«, hoch-tief = »steil«, rück-vor = »schwebend«.) So wurden in der einen Schrift[27] für die »flachen« gerade, die »steilen« spitzwinklige und die »schwebenden« Richtungen rechtwinklige Zeichen benutzt. Die abwärtsgerichteten bekamen zuzüglich einen Punkt. Vorausgesetzt, daß man die Ausführung der Bewegungen bis ins einzelne kannte, war man ohne Schwierigkeiten in der Lage, sowohl kurze Abfolgen motivischer Art wie ganze Ketten solcher Bewegungen zu notieren bzw. abzutanzen.

Bei Labans darauffolgender Schrift wurden sog. Körperkreuze benutzt.[28] Jedes Kreuz bietet vier gleich große Felder, oberhalb des waagerechten Striches für die Eintragung der Bewegungen beider Hälften des Oberkörpers mit den Armen und unterhalb des Striches die Bewegungen des Körperzentrums und der Beine. Die Bewegungen wurden bei dieser Schreibweise mit Zahlen der sogenannten Schwünge aus den Skalen sowie Zeichen für die Form der Geste, für Drehungen u. a. geschrieben; die Körperkreuze selbst übereinander von unten nach oben. Das war bereits ein großer Fortschritt, aber noch nicht die erforderliche Lösung. Laban suchte nach einer Möglichkeit, jedwede Bewegung des menschlichen Körpers in ihrem rhythmischen Fluß möglichst einfach, übersichtlich und genau, gegebenenfalls auch in Beziehung zu Partnern und Musik, auf dem Papier zu fixieren und wieder ablesbar zu machen.

Und schließlich – es war im Sommer 1927, als das Institut den Unterricht nach Bad Mergentheim verlegt hatte, wo wir uns gleichzeitig auf den ersten Deutschen Tänzerkongreß vorbereiteten – kam eines Tages Dussia Bereska in unsere Klasse und zeigte uns eine völlig neue

Lösung des Problems, die Tanzschrift, die später die Bezeichnung »*Kinetographie Laban*« erhielt. Das war ein Ereignis, das uns in dieser Stunde zutiefst berührte. Laban gab diese Schrift heraus mit dem Bemerken, daß sie nicht von ihm allein erfunden, sondern auch aus Anregungen und Vorschlägen von Mitarbeitern entstanden sei. Dazu gehörten Kurt Jooss, Dussia Bereska und Fritz Klingenbeck. Die Kenntnis der Harmonielehre wurde dabei nicht mehr vorausgesetzt. Zum Schreiben wie zum Lesen war »lediglich« die Fähigkeit erforderlich, den Verlauf und alle Einzelheiten des Bewegungsvorganges wahrzunehmen: Gewichtsverteilung, räumliche Richtung von Übertragungen und Gesten, zeitliche Längen (Rhythmus), Wendungen usw. (Unser Lesezeichen gibt einen Einblick in die Grundlagen dieser Notationsweise.) Sehr vorteilhaft daran ist nun auch die Möglichkeit, sie in einer Art Partitur zu verwenden: 1. eine rhythmische Linie aus der begleitenden Musik parallel zum Bewegungsablauf mit Noten anzugeben und 2. gleichzeitig ausgeführte Bewegungen mehrerer Tänzer nebeneinander zu notieren, gegebenenfalls auch die choreographischen Beziehungen zueinander. So sind sowohl Gleichzeitigkeit wie Verlauf zu übersehen, und die Form ist exakt analysierbar gemacht.

Beim zweiten Deutschen Tänzerkongreß, der 1928 in Essen stattfand, lautete das Sitzungsthema des zweiten Tages »Choreologie und Tanzschrift«. Nach dem Hauptreferat, das von Fritz Böhme gehalten wurde, schilderte Rudolf von Laban das System seiner neuesten Schrift als »Resultat einer 34jährigen Arbeit und eine Kollektivleistung, … organisch aus den verschiedenen Phasen in der Geschichte der Tanzschrift herausgewachsen«[29]. Nachdem er einige prägnante Beispiele aus dieser Entwicklung genannt hatte, legte er die Grundgedanken der Kinetographie dar: »Mir schien das Fruchtbarste die Auseinanderlegung in ganz einfache Grundbewegungen, die leicht zu erfassen und leicht zu notieren wären«, damit jeder alles aufschreiben könne. Die praktischen und filmischen Vorführungen der neuen Schrift waren so überzeugend, daß es in der von der Gesamtarbeitskommission am Ende des Kongresses vorgeschlagenen Resolution dazu hieß: »Der Tänzerkongreß erkennt die Wichtigkeit einer Tanzschrift allgemein an und betrachtet die von Rudolf von Laban geschaffene Choreographie (dem Wortsinn nach: Tanzschrift – I. L.) als eine geistige Leistung ersten Ranges und empfiehlt sie als Tanznotierungsmittel … Die erstmalig innerhalb des zweiten Deutschen Tänzerkongresses zusammengeschlossenen Ballettmeister und Tanzleiter der staatlichen und städtischen Bühnen Deutschlands und Österreichs (stellten) in enger Zusammenarbeit folgende Hauptforderungen: ... 2. Anerkennung und Einführung einer gemeinsamen Tanzschrift. Als solche hat sich die dem Tänzerkongreß vorgeführte Tanzschrift Labans erwiesen.«[30] Sie hat in der Fachwelt vieler großen und kleinen Länder ihre Freunde und Nutzer gefunden.

Beteiligung an Aufführungen

Während meiner Studienzeit bei Laban und seinen Mitarbeitern hat uns der Meister selbst nicht regelmäßig unterrichtet. Wenn es geschah, war es ein Erlebnis, das uns noch lange erfüllte und beschäftigte. So erinnere ich mich, daß wir einmal, nachdem er die Stunde abgeschlossen und den Raum verlassen hatte, die Tür fest zumachten, damit nur nichts von dem verlorenginge, was er uns eben gegeben hatte.

Wahrscheinlich war er in der Tänzerklasse öfter als bei uns, den künftigen Choreologen. – Immer arbeitete er an neuen Projekten, Studien, Lösungen und auch Choreographien oder war mit seiner Kammertanzgruppe unterwegs.

Als wir im Sommer 1927 in Bad Mergentheim waren, wurden drei Uraufführungen erarbeitet: »Titan«, ein chorisches Tanzwerk von Rudolf von Laban in 6 Teilen und einem Intermezzo, dem Septett opus 20 von Ludwig van Beethoven – zu Ehren dieses großen Meisters der Tonkunst. Die Begleitmusik zum »Titan« hat Rudolf Wagner-Régeny komponiert.

Als zweites Werk das »Ritterballett«, ein »Tanzspiel nach historischen Motiven in vier Reigen von Rudolf von Laban. Musik: Ludwig van Beethoven mit eingefügten Musikstücken aus anderen Beethovenschen Balletten und stummen Szenen«. Regie führte hier Dussia Bereska.

Das dritte war die »Nacht«, ein gesellschaftskritisches Stück für große Gruppe aus dem Zyklus »Die Erde« von Rudolf von Laban mit der Musik von Erich Itor Kahn. Die Einstudierung lag in den Händen von Ruth Loeser.

Dirigent bei allen drei Aufführungen war Rudolf Wagner-Régeny. Ich erinnere mich, daß er auch bei den Proben gespielt hat. – Die

Gruppen bestanden aus derzeitigen Schülern des Instituts und einiger Zweigschulen von Laban, aber es tanzten auch mehrere Lehrkräfte mit. Mir ist unvergeßlich, wie Laban die Eignung der Tanzenden für die drei Werke und bestimmte Aufgaben feststellte. Wir hatten uns in einem der großen Räume des alten Schlosses versammelt und mußten uns im Kreis aufstellen. Er beobachtete uns bei verschiedenen Arten der Fortbewegung, und schon nach kurzer Zeit wußte er, wie jeder von uns am besten einzusetzen war. Wie immer gab es unter uns weniger Männer als Frauen, und so fiel mir großgewachsenem Mädchen im »Ritterballett« die Rolle eines Ritters zu. Anni Sauer – heute (und seit vielen Jahren) als Leiterin des »Kinderensembles Musik und Bewegung« am Berliner Haus der Jungen Talente tätig – studierte zu dieser Zeit in der Tänzerklasse und bekam die Rolle eines »Klopfgeistes« zugeteilt.

Wenn ich mich recht erinnere, wirkten im »Titan« alle mit. Albrecht Knust tanzte die Hauptrolle. Im Jahr darauf wurde das Werk noch einmal, und zwar im Hamburger Zirkus Busch, aufgeführt. Hier hatte Knust auch die Leitung und konnte sich bereits auf kinetographische Aufzeichnungen stützen.

Die Aufführung der »Nacht« wurde für uns zu einem aufregenden Erlebnis. Diese Kritik am bürgerlichen Leben muß manchen Zuschauern ein Ärgernis gewesen sein. Jedenfalls entstand am Ende eine wüste Turbulenz mit Pfiffen und Applaus und irgendwelchen auf die Bühne gezielten Gegenständen. Wir wichen zum Teil erschreckt zurück, andere freuten sich über das Ergebnis unseres Stückes. Laban ermutigte uns dazu, mit den Pfeifenden in Wettkampf zu treten. Da waren wir ihnen wohl überlegen. Jedenfalls haben wir damit den »Meinungsäußerungen« dieser Art ein Ende bereitet.

Im Herbst 1927 übersiedelte das Choreographische Institut nach Berlin-Grunewald. Während dieses letzten Halbjahres meiner Studienzeit hatten wir Gelegenheit, viele Tanzmatineen und -abende zu besuchen. Ich habe zu dieser Zeit und später eine ganze Reihe der bekanntesten Persönlichkeiten des Modernen Tanzes gesehen wie Niddy Impekoven, Mary Wigman, Harald Kreutzberg, Gret Palucca, Jo Mihaly, Valeska Gert, Ilse Meudtner, Alexander von Swaine und seine Partnerin Alice Uhlen, aber auch Anna Pawlowa, La Argentina und Loïs Fuller.

Praktikum im Arbeiterbewegungschor

Zu unserer Ausbildung in der Choreologenklasse gehörte auch ein Praktikum. Ich wurde *Martin Gleisner* mit seinem Arbeiterbewegungschor zugeteilt. Bewegungschorischen Tanz hatten wir mit dem »Titan« kennengelernt. Hier nun kamen Arbeiterinnen und Arbeiter regelmäßig zusammen und bewegten sich unter Leitung von Gleisner, der bei Laban in Hamburg studiert und eine Zeitlang als Mitglied der Kammertanzbühne mitgearbeitet hatte. An diesen Gruppenabenden ließ er zuerst immer den ganzen Körper mit tanzgymnastischen Übungen am Platz und in der Fortbewegung durcharbeiten. Dann stellte er sich oft vor die Gruppe und improvisierte solche Bewegungsfolgen, die alle sofort mitmachen konnten. Er führte das Auf und Ab ihrer Bewegungen, das Vorwärtsstürmen und Zurückweichen, Schritte und Gesten von gesammelter Kraft, spannende Pausen und die Auflösung von Haltungen – manchmal bis zum Hinsinken an den Boden. Hörbare Rhythmen entstanden, ob mit den Fäusten am Boden oder bei stampfenden Schritten in der Fortbewegung erzeugt. Ein langsam beginnendes Motiv wurde oft mehr und mehr gesteigert bis zum Höhepunkt, mit einer kraftvollen Haltung endend.

Aber Martin Gleisner wandte auch noch andere Arten der Gruppenführung an. Die eine könnte man am besten mit »Dirigieren« bezeichnen. Auch das bietet gute Möglichkeiten zu improvisierendem Spiel: So kann man z. B. als »Dirigent« den Mittelpunkt bilden, die Tanzenden auf sich zukommen lassen, sie wieder nach außen drängen, sie um sich kreisen lassen, schneller und langsamer werdend, sie mit entsprechenden Bewegungen veranlassen, an den Boden zu sinken oder leicht in die Höhe zu wachsen, in ein Wiegen überzugehen oder in kraftvollem Rhythmus zu stampfen, bis ihnen schließlich Halt geboten wird. Reizvoll ist es auch, in ähnlicher Weise mit zwei Gruppen zu spielen.

Mit dieser Art des Dirigierens werden den Tanzenden die Bewegungen nicht vorgemacht; vielmehr reagieren sie spontan improvisierend, was den »Dirigenten«, wenn er darauf einzugehen vermag, immer von neuem anregt. Sobald die Teilnehmer mit diesen Möglichkeiten gemeinsamen Tanzes vertraut waren, konnte Martin Gleisner dazu übergehen, manche von ihnen die Gruppe selbst führen oder dirigieren zu lassen.

Alles das kam mir lebhaft wieder vor Augen, als ich Martin Gleisner

1978 wieder gesprochen habe. Er lebte in den USA (nachdem er aus politischen und »rassischen« Gründen 1933 hatte emigrieren müssen) und kam nach dem Krieg öfter nach Europa, auch in seine Geburtsstadt Berlin, wo wir uns nach fast fünfzig Jahren trafen. Wie erfreut tauschten wir Erinnerungen an die damalige Zeit und heutige Gedanken dazu aus!

Beglückender Studienabschluß und zwei Angebote des Meisters

Im April 1928 ging meine Ausbildung am Choreographischen Institut Laban zu Ende. Zur Prüfung gehörten nicht nur schriftliche Arbeiten und kleinere tanzkompositorische sowie pädagogische Aufgaben, sondern am Ende auch ein feierliches kleines Zeremoniell besonderer Art, wie es wohl Laban selbst zu diesem Anlaß erdacht hatte. Eine Art großer Teppich mit Zeichen aus der Kinetographie war vor uns ausgebreitet. Außen herum standen – wahrscheinlich in genau vorbedachten Raumrichtungen – hohe Leuchter mit Kerzen. Ich weiß noch, mit welchem Hochgefühl ich, als ich an die Reihe kam, hier nun einige der vertrauten Raumskalen und Motive tanzte.

Die Prüfung war noch nicht abgeschlossen, da sprach Laban mit mir über zwei Möglichkeiten der anschließenden beruflichen Tätigkeit. Erstens wolle Martin Gleisner mich als Assistentin engagieren. Und zweitens würde durch die Heirat einer Kollegin die Stellung als Gymnastik- und Tanzpädagogin an einem Kulturverein in der lettischen Hafenstadt Libau (Liepaja) frei. Das lockte mich natürlich viel mehr. Die Art und Weise, wie der Meister mich dazu ermutigte, fühlte ich zugleich als eine vorausgenommene Zusage, daß ich die Prüfung bestehen würde.

Aber ganz glatt ging es mit diesem Start dann doch nicht. Meine Eltern hatten so manche Bedenken, zum Teil natürlich auch berechtigte. Immerhin führte die Reise über mehrere Landesgrenzen, und es lag ja damals auch der Polnische Korridor innerhalb Deutschlands dazwischen. Falls es nötig geworden wäre, hätten sie mir nicht sofort helfen können. Was die fachlichen Arbeitsmöglichkeiten in Lettland betraf, so hatten meine Eltern von Freunden gehört, daß Teilnehmer der verschiedenen Bevölkerungsgruppen – Letten, Juden und Deutsche – nicht gemeinsam unterrichtet werden wollten. Aus diesen Besorgnissen heraus lehnten sie meinen Wunsch zunächst ab. In dieser Zeit aber war es für jeden von uns Absolventen schwer, Arbeit zu finden, nicht einmal mehr in den Sommermonaten irgendwo zu Gymnastikunterricht für Urlauber. Und so hat dann meine berufliche Laufbahn doch in Libau begonnen.

Erste eigene Wirkungsstätte

Wie es meine Vorgängerin getan hatte, erteilte ich Unterricht in tänzerischer Gymnastik in Gruppen für Kinder, junge Mädchen und Frauen – zugleich aus allen drei Bevölkerungsgruppen! Ich war beglückt darüber, nun selbständig die Fülle des Erlebten, Gelernten und Verstandenen in freier schöpferischer Arbeit umsetzen zu können. Und jetzt konnte mich auch niemand und nichts mehr daran hindern, neben den pädagogischen auch künstlerische Ideen zu verwirklichen. So entstand sehr bald eine kleine Tanzgruppe aus fünf oder sechs Mädchen, die entweder noch in die Schule gingen oder schon in einem praktischen Beruf standen. Dazu kamen zwei junge Männer, die bereits Tänzer waren. Als Pianisten hatte ich einen Organisten, der nicht nur gut begleitete, sondern für meine damals vielfältigsten Tanzideen immer die passende (meist zeitgenössische) Musik vorzuschlagen wußte. Wir Tanzenden waren alle annähernd gleich jung und begeistert bei der Sache. Das führte dazu, daß unser erstes Programm im Theater länger als drei Stunden gedauert hätte, wenn es nicht – zu unserem Leidwesen – auf zweieinhalb Stunden beschränkt worden wäre. Ich bedaure, daß mir bei den Ereignissen der späteren Jahre sowohl die Programmaufstellung wie Besprechungen der Veranstaltung in der Presse verlorengegangen sind. Ich weiß nur noch, daß zu den Tänzen der Gruppe ein kleines Märchenspiel und die ironisch gemeinte Szene »Mathematiker« gehörten, deren tänzerische Ausdrucksweise allein aus geometrischen Formen bestand. Einer meiner Solotänze war die »Orchidee«, zu dem mich die eigenartigen Formen und Farben ihrer Blüten und Blätter angeregt hatten.

Von einem späteren Tanzspiel, mit dem wir eine Konzertmuschel eingeweiht haben, weiß ich noch Genaueres. Es hieß »Unter der Sonne«. Die Konzeption für dieses Spiel wie die für die »Mathematiker« scheint mir kennzeichnend zu sein für das schöpferische Vergnügen an entdeckter Übereinstimmung von Inhalt und Form, ein

Vergnügen, bei dem ich es wohl mit der Realität des Inhalts nicht unbedingt genau nahm.

Der vordere Teil der neuen Konzertmuschel war geräumig genug für größere Gruppenbewegungen. Daran schlossen sich nach hinten zu breite Treppenstufen an. Der Weg der »Sonne« führte von einer Seite im Vordergrund im großen Bogen bis über die oberste Stufe hinüber und wieder abwärts auf die andere Seite. Es war eine goldglänzende Scheibe, die ich tanzend, gewissermaßen vom Morgen bis zum Abend über das »Himmelsgewölbe« trug. Das Verhalten der Tanzenden in der Gruppe änderte sich mit den Tageszeiten. Während die Gruppierungen, Wege und Gesten anfangs noch unklare Konturen hatten (Nebel vor Sonnenaufgang), bildeten sich daraus dann geradlinige und eckige Formen wie bei maschinellem Funktionieren. Als die »Sonne« oben angekommen war, »schmolzen« für kurze Zeit die starren Linien, die Körper entspannten sich zu einer Pause. Als die »Sonne« ihren Weg nun abwärts fortsetzte, funktionierten die Tanzenden von neuem maschinell, nur waren die Wege und Gesten schon ein wenig gerundet, nicht mehr so angespannt, so hart. Nochmals trat eine kurze auflösende Pause ein, und dann schwanden aus den Gruppen- und Einzelbewegungen alle geraden und eckigen Bewegungen. Während die »Sonne« allmählich »unterging«, entstand ein großer Kreis, der alle Tanzenden zum Reigen vereinte. Die Musik dazu hatten wir hauptsächlich dem Zyklus »Bilder einer Ausstellung« von Mussorgski entnommen.

Zum laufenden Gruppenunterricht in tänzerischer Gymnastik kam eines Tages eine mir völlig ungewohnte Aufgabe hinzu: Ein Ehepaar hatte mich um Einzelstunden für ihre 32jährige geistig behinderte Tochter gebeten. Die Eltern erhofften sich Besserung durch Bewegungsunterricht. Das sprach mich natürlich sofort an, und ich sagte zu. Das kindliche Geschöpf war zwar von vornherein in aller Naivität bereit, meiner Bewegungsanleitung zu folgen, aber es gab verschiedene Schwierigkeiten zu überwinden. So konnte sie zum Beispiel im Raum allein nur auf geradem Weg von einer Wand zur anderen gehen, nicht aber sich in eine neue Richtung wenden, wenn sie dort angekommen war. Ein Kreisweg war ihr ganz unmöglich. Gleiches galt für das Halten des Gleichgewichts, etwa in langsamer Fortbewegung oder beim Stand auf einem Bein.

Intensive Hingabe an die Aufgabe, ausgebildetes Körpergefühl, der große Bewegungsreichtum, den ich in der Ausbildung erfahren und entwickelt hatte, und mutmachende Geduld mußten die fehlende Ausbildung in Bewegungstherapie für Behinderte ersetzen. Wie froh war ich, daß sie nach einigen Monaten dann ohne meine Hilfe im Kreis gehen und laufen, auf einem Bein stehend mit dem Spielbein im Rhythmus des Atmens große, ruhige Gesten ausführen konnte und vieles mehr. Meine liebe Schülerin war glücklich über alles, was gelang, und gewann so viel Selbstvertrauen, daß sie hoffte, nun auch noch Rechnen und Schreiben lernen zu können.

Nach zweieinhalb Jahren gab ich meine Schule in Lettland auf, um Neues hinzuzulernen.

1930 – Bayreuth und der dritte Tänzerkongreß

Der Sommerurlaub 1930 brachte gleich zwei wesentliche fachliche Ereignisse. Laban und Kurt Jooss war die Choreographie und Einstudierung des Bacchanals in der Bayreuther »Tannhäuser«-Inszenierung unter der Regie von Siegfried Wagner übertragen worden. Dazu wurden viele Tänzer und Pädagogen, die bei Laban oder in einer der Tochterschulen ausgebildet worden waren oder lehrten, herangezogen. Ich bekam zu meiner großen Freude außer der Aufgabe, eine der vielen Nymphen zu tanzen, auch noch den Knappen des Tannhäuser zu spielen. Als Nymphe mußte ich die Musik der Ouvertüre sehr genau im Ohr haben, um auf eine bestimmte Wiederholung des einen Motivs als erste auf die Bühne zu tanzen. Es war aufregend, aber auch schön. Ich ging sowieso aus Vergnügen und Interesse gern auch zu Orchesterproben und konnte so allmählich alles innerlich mitsingen. Dirigent der Aufführung war Arturo Toscanini.

Zu dieser Zeit (oder war es bei der Wiederholung im Jahr darauf?) gab Jooss in Bayreuth uns Tänzern einen Kursus in Eukinetik. Ich kann mich erinnern, daß wir hierbei auf vielfältige Weise an uns erfahren konnten, wie Verlauf und Ausdruck von Gesten wesentlich durch den Bewegungsansatz bestimmt sind, das heißt, ob eine Bewegung im Zentrum des Körpers beginnt und von da aus in den Raum hinausläuft oder an der Peripherie und dann mehr oder weniger das Zentrum einbezieht.

Bevor wir nach Bayreuth gingen, hatte der dritte Deutsche Tänzerkongreß, nun in München, stattgefunden (19. bis 25. Juni 1930), und ich hatte daran teilnehmen können. Schon ein Blick auf die Liste der

Mitglieder von Ehrenausschuß und Ehrenpräsidium dieses Kongresses (s. Dokumente S. 354) informiert über die Bedeutung, die ihm beigemessen wurde. Für den Ehrenausschuß ist obenan Thomas Mann genannt, ihm folgen Oberbürgermeister Bracht (Essen), der Generalintendant Clement Freiherr von und zu Franckenstein und andere. In der Aufstellung für das Ehrenpräsidium sind Namen genannt, die uns in der Geschichte des Modernen Tanzes immer wieder begegnen: Mary Wigman, Rudolf von Laban, Fritz Böhme, Hans Brandenburg, Ernst Ferand, John Schikowski, Albert Talhoff u. a. Einen wesentlichen Anteil an der Leitung des Kongresses und seiner Vorbereitung hatte Martin Gleisner.

Neben unzähligen Auftritten von einzelnen Tänzerinnen und Tänzern, Paaren und Gruppen, von denen mir die »Barbarische Suite« der Münchener Kammertanzbühne (Günther-Schule) mit Maja Lex und Gunild Keetman den nachhaltigsten Eindruck hinterlassen hat, gab es auch einige Aufführungen von Ballettgruppen an Theatern sowie eine Werkprobe aus dem »Totenmal« von Albert Talhoff und Mary Wigman. Außerdem traten eine Reihe von ausländischen Solisten und Gruppen auf. Das Programm des Kongresses enthielt natürlich auch wieder eine Reihe von Vorträgen mit anschließenden Diskussionen. Zur Eröffnung und 1. Vollversammlung standen sie unter dem Thema »Tanz als künstlerische Formung« (»Tanz in der Oper«, »Tanz im Schauspiel«, »Tanz und Chorische Bühne«).

Auf der 2. Vollversammlung kam ein Thema zur Sprache, das in diesem Kreis ein Novum war: »Tanz und Gemeinschaft – der Laientanz in kultureller und pädagogischer Bedeutung«[31]. Das Hauptreferat hielt Rudolf von Laban. Wovon er sprach, zeigte sich später auch in Vorführungen von Kindern und erwachsenen Laien. Er sagte u. a.: »Es ist bezeichnend für den Laientanz, daß er spontan aus dem Leben eines Laienkreises entstanden ist. Das ist ein absolut neuer Zug im Vergleich zu den übrigen Körperpflege- und Gymnastik-Bestrebungen unserer Zeit. Als Wesentlichstes ist charakteristisch, daß die körperbildende Tendenz sekundär war und statt dessen eine Gesamterhöhung des Menschen stattfand, die geistige und seelische Momente aufwies. In dieser Hinsicht lassen sich reiche Parallelen zum Volkstanz der früheren Zeiten finden. Man muß den Laienbewegungschor aber wohl zu unterscheiden wissen vom künstlerischen Tanz, der in seiner Reinheit Darstellung im Werk sucht, während der Laienchortänzer ein Sich-Erfreuen ohne Rücksichtnahme auf einen Zuschauer erstrebt.

Im Laufe der letzten Jahre sind nun viele Hunderte Bewegungs-chöre dieser Art entstanden ... Sehr interessant ist es nun, daß die beiden mächtigen, praktischen Kulturfaktoren, die religiös-weltan-schauliche Strömung der Zeit und die politisch-soziale Strömung der Zeit sich vehement dieser Art des menschlichen Kunsttriebes bemächtigt haben. Heute sind besonders politisch-sozialistische Feiern fast durchweg mit Vorführungen von Bewegungschören ver-bunden ...«[32]

Martin Gleisner sprach zum Thema »Der Laientanz in der Arbeiter-bewegung«. Dabei hob er besonders »die Bestrebungen der Arbeiter-bewegung um eine neue Festgestaltung« mit »großen Volksreigen und Bewegungschören« hervor. »Immer mehr lebt der festliche Tanzge-danke auf den großen Zusammenkünften der sozialistischen Arbeiter, auf den Jugendtagen in der Welt«, wo »von mehreren hundert Men-schen mit einfachsten Bewegungen ungeahnt neuartige Eindrücke vermittelt werden ... So ist ein großer Strom der Bewegungsfreude ins breite Leben gedrungen ... Ein Zeichen der kulturellen Höherent-wicklung der breiten, arbeitenden Massen ...«[33]

Es könnte für widersprüchlich gehalten werden, wenn Laban sagt, daß der Laienchortänzer »ein Sich-Erfreuen ohne Rücksichtnahme auf einen Zuschauer erstrebt«, während beim Bewegungschor in der politischen Agitation der Arbeiterbewegung und bei ihren großen Fe-sten und Feiern gerade die Wirkung auf den Zuschauer das Wichtigste war. Aber eines schließt das andere nicht aus. Die Art der Bewegungs-weise und Gruppenführung und dabei die Unmittelbarkeit der Wir-kung dieser Körpersprache verbanden die Tanzenden mit ihren Freunden und Gesinnungsgenossen im Publikum.

Martin Gleisner hat sich mit seiner Tätigkeit gerade in dieser Hin-sicht große Verdienste erworben, ganz speziell auch beim inhaltlichen und organisatorischen Aufbau sowie der Leitung von Feiern und Festen, ob für die Sozialistische Arbeiterjugend (SAJ), für den Arbei-tersängerbund, den Arbeitersport, für proletarische Jugendweihen, für Maifeiern in Berliner Stadtbezirken wie auch derartigen Veranstal-tungen in der ČSR, in Holland und Belgien.

Im Zusammenhang mit den Themen dieses Kongreßtages fand am Nachmittag eine Laientanzfeier statt, gegeben von der Vereinigung für Laientanz (Laban-Verband) e. V. Daran beteiligten sich Bewe-gungschöre und ihre Leiter aus Altona (Lola Rogge), Berlin (Martin Gleisner), Gera (Ernst Laube), Halle (Jenny Gertz und Rose Mirelmann), Hamburg (Albrecht Knust) und Mannheim (Grete und Harry Pierenkämper). Im Programm wurde angemerkt: »Die Feier will keine ›Aufführung‹ sein, sondern die festliche Zusammenfassung der Spiele, die wir uns während der letzten Woche bei unserem Tanztreffen erarbeitet haben. Sie ist aus unserer Übung, unserer Bewegungsfreude und unserem Zusammenleben während dieser Zeit erwachsen. Wir tanzen vor den Besuchern des Kongresses in der Erwartung, daß sie sich als Mitschauende und mitschwingende Teilnehmer fühlen und nicht als Zuschauer einer künstlerischen Leistung …«[34]

Laban hatte in seinem Referat auch über die gesundheitlichen und erzieherischen Wirkungen des Tanzes gesprochen und dabei die Arbeit mit Kindern – gesunden wie behinderten – erwähnt. In dieser Hinsicht hat besonders Jenny Gertz Beispielhaftes geleistet.

Ihre Gruppe von Kindern aus den Hallenser Bewegungschören Laban machte am nächsten Tag bei den Laientanzspielen den Anfang. Zunächst improvisierten sie: in einer Gruppe, im Zusammenspiel von zwei und mehr Gruppen, im Spiel zu zweien und dreien, und schließlich zeigten sie auch einstudierte Spiele. Es waren Kinder aller Altersstufen. »Weckung der Bewegungsfreude ist Grundlage unserer Arbeit … Und ihr Motto: ›Durch Gemeinschaftserziehung zu individueller Entfaltung‹.«[35]

Nach der Aufführung »Die Elemente« eines Münchener Laienchores kam »Der Tanzring, Proletarische Laiengruppe Leipzig«, geleitet von Otto Zimmermann, auf die Bühne. Im Programm hieß es: »Achtung! Wir schalten um! Ein satirisches Tanzspiel. Musik für Jazz von Hermann Heyer. Grundgedanke des Tanzspiels: Moderne Jugend im Kontrast zum Spießertum.« Ich erinnere mich noch an den Tumult, der dabei unter den Zuschauern entstand, und an die folgenden heftigen Auseinandersetzungen mit Otto Zimmermann. Niemand sonst hatte bei diesem Kongreß die bürgerliche Gesellschaft wie auch die »unpolitische Thematik« anderer Laientanzgruppen in derart drastischer Weise angegriffen. Von Otto Zimmermann gibt es einige Veröffentlichungen und Anweisungen zur Arbeit mit »Sprechbewegungschören« (»Merkblätter für Lehrgänge« der Arbeiter-Turn- und Sportschule aus den Jahren 1929 und 1930) sowie genaue Beschreibungen von einigen seiner Festspiele wie der »Internationale« mit Sprech- und Bewegungschören, Gesangschören, Trommlerchören und Orchester oder seiner Choreographie der »Carmagnole«.

Mehrfach wird beim Bericht über diesen Kongreß (wie bei den vorangegangenen) Berthe Trümpy genannt, sei es in Diskussionen oder als Mitglied bestimmter Gremien. Im Zusammenhang mit den Arbeiterbewegungschören hat sie mir wenige Jahre vor ihrem Tod einen Brief geschrieben. Sie erzählte mir darin, wie es zu der Aufführung »Der gespaltene Mensch« von Bruno Schönlank in der Berliner Volksbühne gekommen war. Der Bürgermeister hatte sie aufgefordert, »in den Wartesälen der Bahnhöfe junge arbeitslose Menschen zu diesem Unternehmen aufzusammeln. Als Arbeitsraum bekamen wir einen Schulsaal in der Weinmeisterstraße; pro Mitmacher bekamen wir eine Schrippe und ein Glas Saft oder Milch ...« Zuerst waren es »etwa 80 bis 100 Burschen und Mädchen ... Später bekam ich den Sprechchorleiter Carl Vogt als Mitarbeiter.« Über die Inszenierung fügte sie noch hinzu: »... Hintergrund mit Dias, ... Lauftreppc und Drehbühne wurden ... ins Geschehen einbezogen.« Berthe Trümpy arbeitete in künstlerischer und pädagogischer Hinsicht zusammen mit der hochbegabten Tänzerin Vera Skoronel. Der Hallenser Bewegungschor Laban unter der Leitung von Jenny Gertz trat noch bis Ende Februar 1933 mit politischen Programmen in Wahlversammlungen der KPD auf und wurde dann verboten. Auch Hans (Jean) Weidt und seine Gruppe »Rote Tänzer« gehörten zu denen, die den Tanz als Waffe im politischen Kampf der Arbeiterklasse anwendeten.

Rudolf von Laban hatte zwar in seinem Referat davor gewarnt, die Mitglieder von Bewegungschören und ihre Spiele zur Schau oder in den Dienst kultischer oder politischer Zwecke zu stellen. Es sei zu befürchten, daß damit Forderungen erhoben würden, die den Tanzenden die Unbefangenheit nehmen, ihre spontane Bewegungsfreude zurückdrängen und dem Dilettantismus Vorschub leisten könnten. Das hat ihm später den Verdacht eingebracht, er sei gegen den linksgerichteten Inhalt von Spielen, wie wir sie hier angeführt haben. Jedoch war er immer bereit, zu solchen Veranstaltungen zu kommen, um die Arbeit dieser Kollegen kennenzulernen. Er hielt Vorträge im Arbeiterbildungsinstitut und half solchen Gruppen mit Rat und Tat.

Der Münchener Tänzerkongreß hat, wie den Berichten zu entnehmen ist (vgl. auch S. 348ff.), die Erwartungen der Teilnehmer nicht zur Genüge erfüllt, hatte es doch für die im Beruf stehenden Tänzer, Choreographen und Pädagogen viele brennende Probleme gegeben, deren Lösung allein hätte im Vordergrund stehen sollen, zum Beispiel die soziale Lage und eine vereinheitlichte Ausbildung, die den hohen Ansprüchen des zeitgenössischen Theaters gerecht wird.

Projekt Tanzhochschule

Als erstes Beispiel dafür hatten bereits Kurt Jooss und Sigurd Leeder »im Frühjahr 1925 den Plan für eine professionelle Tanzschule ausgearbeitet, die den Idealen des Modernen Tanzes möglichst nahekommen sollte«[36]. Jooss war 1924 als Bewegungsregisseur an das Theater der Stadt Münster engagiert worden. Rudolf Schulz-Dornburg, der Musikalische Leiter dieses Theaters, »griff den Gedanken begeistert auf, riet aber, sofort ein Projekt auf breitester Basis ins Auge zu fassen, das heißt eine Schule im Sinne der von Laban entwickelten ›Tanz-Ton-Wort‹-Ideen … Resultat all dieser vielfältigen Überlegungen war im Herbst 1926 die Gründung der ›Westfälischen Akademie für Bewegung, Sprache und Musik‹ unter der Gesamtleitung von Rudolf Schulz-Dornburg mit Jooss als Leiter der Tanzabteilung, Vilma Mönkkeberg für die Abteilung Sprache und Hermann Erpf als Leiter der Musikabteilung …

Die Schule war dem Theater der Stadt Münster angegliedert … Studierende sollten sich neben ihrem Hauptfach ausgiebig auch mit anderen Sparten auseinandersetzen können …

1927 brach die erfolgreiche Arbeit in Münster ab … (Es) gelang, die Schule nach Essen zu übersiedeln … Am 1. Oktober eröffnet die Stadt Essen die Folkwangschulen, die in zwei Abteilungen die Fragen der Kunsterziehung zusammenfassen …

In der Tanzabteilung der Schule wurde das Bewegungsmaterial unterrichtet, das sich unmittelbar auf Jooss' Auffassung des zeitgenössischen modernen Tanzes beziehen konnte; dazu gehörte schon damals ein modifiziertes klassisches Training als Ergänzung zur modernen Technik … Der Lehrplan enthielt außerdem Eukinetik (dynamische Ausdruckslehre, Analyse und Praxis), Choreutik (Raumlehre, Theorie und Praxis), Tanzimprovisation und -komposition, Tanzschrift (Kinetographie, Labanotation), Musik, Anatomie, Tanzgeschichte und weitere ergänzende Fächer.

›Arbeitsweise sowie Lehrziel der Schule sind rein künstlerischer Natur, unter Heranziehung sämtlicher Disziplinen des neuzeitlichen Tanzes, vor allem der allseitig ausgebauten Bewegungslehre Rudolf von Labans.‹ (Jooss: Entwurf für einen Schulprospekt) Ein Tanzstudio war den Fachklassen angegliedert. Dieses wurde nach kurzer Zeit zur Experimentierbühne, dem ›Folkwang-Tanztheater-Studio‹ ausgebaut.«[37]

Zu den ergänzenden Fächern werden wahrscheinlich auch schon damals Historischer und Nationaltanz gehört haben. Als ich, fast dreißig Jahre später, Gelegenheit hatte, die Schule näher kennenzulernen, stand der Unterricht in diesen Fächern – gleich den anderen – auf einem hohen Niveau. Dazu hat sicher wesentlich beigetragen, daß die leitende Lehrkraft, Gisela Reber, die genaue Kenntnis des jeweils zu erarbeitenden Tanzes bei den Studenten voraussetzen konnte, wenn sie mit dem Unterricht begann. Sie holten sich rechtzeitig in dem von Albrecht Knust geleiteten Kinetographischen Institut der Schule die entsprechende tanzschriftliche Aufzeichnung zur Vorbereitung.

Bei allen drei Tänzerkongressen – 1927, 1928 und 1930 – haben die abschließenden Resolutionen das Streben und schließlich die Forderung nach der Errichtung einer Tanzschule oder -akademie enthalten. Durch eine bedauerlicherweise entstandene Spaltung der Tänzerschaft, die sich auch in der Bildung einer zweiten Berufsorganisation, der »Deutschen Tanzgemeinschaft« um Mary Wigman zeigt, hat es bis 1930 gedauert, ehe ein gemeinsamer Plan dafür entstehen konnte. Das Exposé (vgl. S. 350 ff.) legt die damalige Zielrichtung dar, bietet aber auch für heute noch wertvolle Anregungen. Zur Verwirklichung dieses Planes ist es leider in den Jahren vor der Machtergreifung durch den Faschismus nicht mehr gekommen.

Öffnung für klassisches Training

Unterdessen war auch an einigen privaten Schulen für Neuen Tanz das klassische Training als Ergänzung zum modernen in den Lehrplan aufgenommen worden, so auch für die Ausbildung von Tänzern am Choreographischen Institut Laban. Für uns Studenten der Choreologenklasse wurde es noch nicht eingeführt.

Nachdem ich Anfang 1931 meine Schule in Lettland aufgegeben hatte, ging ich wieder nach Berlin, um mich weiterzubilden. Unter anderem wollte ich auch etwas von diesem Training kennenlernen und meldete mich in der bekannten Ballettschule von Eugenia Eduardowa an. Zweimal wöchentlich habe ich dann an diesem Unterricht teilgenommen, und zwar in einer Gruppe von sechs- bis siebenjährigen Kindern. *Sie* waren aber in diesem Exercice längst zu Hause. Sabine Reß leitete das Training und gab sich mit mir neuem Ballett»kind« redlich Mühe. Ich tat es natürlich auch, aber dieses Training war für mich völlig ungewohnt. Besonders die geforderte extreme Ausdrehung der Beine und die Übungen auf Spitze waren für mich eine große körperliche Qual. Dazu kam, daß das, was ich dort beobachten konnte, unseren Vorstellungen und Bestrebungen hinsichtlich des tanzenden Kindes völlig konträr waren. Ich sah, wie diese kleinen Mädchen vor Unterrichtsbeginn immer vor dem Spiegel tanzend nur die erlernten Formen des Exercice ausführten. Keinem fiel es ein, spontan aus Freude an der Bewegung und an dem freien Raum, ohne sich dabei zu bespiegeln, mit eigenen Einfällen zu spielen. War die Entfaltung der schöpferischen Phantasie unterbunden worden zugunsten exakter und vereinheitlichender Ausführung vorgeschriebener Übungen, in denen sich die Kinder gefielen?

Auch im Laban-Studio von Edgar Frank und Annemarie Dunkel, dem ich in dieser Zeit angehörte, gab es unter anderem klassisches Training zur Durcharbeitung des Körpers, aber wohl auch, damit wir auf unterschiedliche Stilmittel im Tanz vorbereitet waren.

Russisch – ein vielfältiger Gewinn

Etwas werde ich nicht vergessen: Während der Jahre in Lettland hatte mich ein Freund in die russische Sprache eingeführt, und ich suchte nun in Berlin nach einer Gelegenheit, weiterzulernen. Für einen regulären Unterricht reichte mein Geld nicht, aber eine finnische Kollegin aus der Gruppe vermittelte mir eine einzigartige Möglichkeit: Russisch- gegen Gymnastikunterricht für eine einzelne Dame, die auch nicht viel Geld hatte. Der Unterricht konnte in ihrer Wohnung stattfinden, Mietkosten für einen Raum fielen nicht an. Einzigartig –, denn es war Karl Liebknechts Frau Sophie (Sonja), deren herzliche Verbundenheit mich bis in ihre letzte Lebenszeit beglückte. Damals also gab ich ihr Gymnastikunterricht, und sie – gebürtige Russin – begeisterte mich vor allem für Puschkin. Noch heute sind mir u. a. der Prolog zu »Ruslan und Ljudmila« und der Brief von Tatjana an Eugen Onegin mit Sonja Liebknechts ausdrucksvoller Diktion in ihrer Muttersprache im Ohr.

Wie sehr und oft haben mir später die russischen Sprachkenntnisse geholfen! Es fiel mir dann auch nicht schwer, Tschechisch und Bulgarisch zu erlernen. Als ich in diesen Ländern lebte, hat mir das immer wieder zu Kontakten und neuem Wissen verholfen, wie es sonst nicht zustande gekommen wäre. (Nebenbei: Interessant für Menschen mit Bewegungssinn ist auch der Vorgang, daß man mit der anderen Sprache zugleich unbewußt die gestische Ausdrucksweise übernimmt, wenn sie anders ist als die gewohnte.)

Laientanz – Chorischer Tanz

An den Laientanzveranstaltungen im Rahmen des Münchener Kongresses waren einige Bewegungschöre aus Schulen des Laban-Verbandes beteiligt, aber bei weitem nicht alle. In einem der Hefte[38], das Rudolf von Laban und seinem Werk schon 1926 gewidmet war, füllen die Inserate der Tochterschulen bereits zwei Seiten, und in fast allen wird auch der dazugehörige Bewegungschor genannt. Noch als Laban, bevor er sein Choreographisches Institut in Würzburg eröffnete, in Hamburg seine »Tanzbühne« hatte, waren eine ganze Reihe der hier inserierenden Leiter(-innen) bei ihm als »Vortänzer« für Bewegungschöre ausgebildet worden, unter ihnen Albrecht Knust, Martin Gleisner, Hertha Feist, Maxim Bosse und Jenny Gertz.

Es ist typisch für Labans Methode, daß jeder Schüler, aufbauend auf einer gemeinsamen Basis, dann in eigener Weise gearbeitet hat. Während der eine jeweils zur Vorbereitung des Körpers bestimmte gymnastische Übungen ausführen ließ, stellte sich ein anderer an die Spitze der Gruppe und veranlaßte die Teilnehmer, zu diesem Zweck improvisierte Bewegungsfolgen mitzumachen, und ein dritter erfand Trainingsfolgen in tänzerischer Spielform, bei deren häufiger Wiederholung mit der Zeit Vergnügen, technische Fortschritte und Erfahrungen im Partnerspiel entstanden.

Auch das Improvisieren wurde unterschiedlich angewendet. Das Zusammenspiel manches Bewegungschores beruhte ganz und gar darauf, wobei die schöpferischen Kräfte jedes einzelnen dann allen zugute kamen. Andere Bewegungschorleiter regten die Teilnehmer durch ihre eigenen Einfälle beim Führen an und überließen diese Aufgabe dann den Fortgeschrittensten.

Sehr zu beachten ist auch die mit einem singenden Chor zu vergleichende Betätigungsweise, mit der ein bestimmtes Liedgut erarbeitet wird. Von den meisten Leitern wurden bewegungschorische Spiele mit vielfältiger tänzerischer Thematik entwickelt, teils nur zum Gebrauch im eigenen Kreis, gelegentlich aber auch für festliche oder politisch-agitatorische Veranstaltungen. Manches davon wurde kinetographisch, anderes beschreibend festgehalten und verbreitet.

Daß solche chorischen Spiele noch heute ihre Wirkung haben können, erlebte ich 1979 bei einer Tanzmatinee zu Ehren des 100. Geburtstages von Rudolf von Laban im Auditorium maximum der Hamburger Universität. Die Veranstaltung trug den Titel »Lola Rogge demonstriert Labans Ideen mit Schülern der Lola-Rogge-Schule«. Und dazu gehörten u. a. bewegungschorische Spiele von Albrecht Knust aus den zwanziger Jahren wie »Die Welle«, getanzt von etwa sechzig Schülerinnen. Das Publikum im vollbesetzten Haus bestand zum größten Teil aus jungen Menschen, die ja eine solche Art tänzerischer Bewegung gar nicht gewohnt waren. Würden sie das, was auf der Bühne vor sich ging, in seiner harmonischen Entwicklung und Form vielleicht als überholt und reizlos empfinden? Aber die gespannte Aufmerksamkeit und dann der stürmische Applaus zeigten, daß sie mitgerissen waren von den großen Linien gemeinsamer Bewegung, der ihnen innewohnenden Dynamik und Rhythmik, den Formen, die den Raum erfüllten.

Die Schule hatte Lola Rogge etwa fünfzig Jahre zuvor in Altona gegründet. 1934 übernahm sie dann die von Rudolf von Laban aufgebaute und von Albrecht Knust weitergeführte Hamburger Schule. Wir kennen uns – als »Labanesen« – seit langer Zeit: 1927 tanzten wir beide als » Ritter« bei der Uraufführung des »Ritterballetts« anläßlich des ersten Deutschen Tänzerkongresses in Magdeburg. Lola Rogge hat sich seitdem als Choreographin und Tänzerin in eigenen Werken mit Schülern, als Tanzleiterin am Deutschen Schauspielhaus, als Leiterin ihrer Ausbildungsstätte und auch sonst im kulturellen Leben Hamburgs hohes Ansehen erworben. (Unterdessen hat ihre Tochter Christiane Meyer-Rogge die Leitung der Schule übernommen.)

Martin Gleisner hatte in seinen Bewegungschören lediglich Laien. An Ausbildungsstätten konnte ein Laien-Bewegungschor jederzeit durch die Teilnahme von Schülern qualitativ und quantitativ verstärkt werden. Das hatte den Vorteil, daß die Laien geschulte Tänzer zur Anregung hatten und die Ausbildungsschüler zugleich Erfahrungen für eine spätere Lehrtätigkeit erwarben. Jedenfalls konnten Kollegen wie Albrecht Knust und Lola Rogge wesentlich anspruchsvollere Chorspiele mit allen schaffen und einstudieren.

Jenny Gertz und ihre Bewegungschöre

Jenny Gertz war, bevor sie zu Laban kam, Lehrerin in Hamburg gewesen. Erschüttert von den Ereignissen des ersten Weltkrieges hatte sie, die aus einem bürgerlichen Haus kam, sich mit linksgerichteter Literatur befaßt, die sie ideologisch stark beeinflußte. So war sie mit den proletarischen Freidenkern in Verbindung getreten und hatte dort die Betreuung einer Kindergruppe übernommen. Nachdem sie bei den Geschwistern Falke tänzerisch-gymnastischen Unterricht genommen hatte und mit Volkstänzen vertraut war, ließ sie die Kinder Gymnastik treiben und erfand tänzerische Spiele für sie. Da hörte sie eines Tages von Laban und seiner Schule. Was er lehrte, schien ihr für die Arbeit mit den Kindern einen großen Gewinn zu bringen, und so nahm sie dort an einem Ausbildungslehrgang teil. Ihr Diplom, von Laban unterzeichnet, trägt das Datum des 11. Dezember 1923. Im Text heißt es u. a.: (Sie) »hat in einer Lehrzeit und durch die Meisterarbeit die Berechtigung erworben, im Namen der Tanzbühne Laban als leitender Vortänzer Bewegungschöre zu führen und Unterricht in tänzerischem Turnen zu erteilen.«

Als ich sie 1932 kennenlernte, arbeitete sie bereits seit fünf Jahren an der Versuchsschule Süd in Halle und hatte daneben die Bewegungschöre für Kinder, Jugendliche und Erwachsene aufgebaut. Die Teilnehmer kamen vor allem aus dem Proletariat, zum Teil waren sie Mitglieder der Naturfreundejugend, der KPD und SPD. Jenny war bereits auf dem Weg zur Kommunistin, dachte, plante, arbeitete und kämpfte in diesem Sinn.

Um ihre Methode zu schildern, beschreibe ich Anfängerstunden mit den Kleinsten.

Eine Gruppe von zwölf bis fünfzehn Kindern zwischen drei und fünf Jahren finden sich im Raum ein, und alle rennen mit großem Vergnügen durcheinander, wie sie wollen. Dann werden sie von Jenny – alle nennen sie mit Vornamen – herangerufen, und sie trifft mit ihnen eine erste Vereinbarung: Wenn sie die Arme nach oben ausbreitet, soll das bedeuten: »Halt! Mal alle herhören!« Nun laufen die Kinder wieder weiter, aber einige von ihnen schauen schon immer wieder zu ihr hin, um diese Geste gleich bemerken zu können. Allmählich macht es allen Spaß, darauf zu reagieren.

Nun können neue Aufgaben folgen, zum Beispiel: »Ganz leise laufen!«, »laut laufen!« Natürlich fangen einige an, die heftigen Bewegungen mit der Stimme zu begleiten. Ein vergnügtes Lärmen entsteht, und nicht alle bemerken sogleich, wenn Jenny die Arme hebt.

Nachdem es wieder still geworden ist – mit der Zeit geht das nun schon ohne Zuruf –, wiederholt sich das Spiel »leise und laut« noch mehrere Male. Auch das Schweigen nach dem Lärm gehört schon zum Spiel. Nun konnte eine kleine Pause folgen: Die Kinder ruhen sich am Boden aus.

Jetzt können neue Fragen gestellt werden, z. B.: »Wer kann sich ganz groß machen?« Je nach Temperament und Bewegungslust stehen sie auf und strecken sich in die Höhe. Einige erheben sich auf Fußspitzen, manche heben einen, andere beide Arme zur Decke, das eine oder andere Kind versucht vielleicht auch, ganz hoch auf einem Bein zu stehen. Im Gegensatz dazu können sie dann wieder an den Boden fallen. Nun kann mit Tempovarianten gespielt werden: »Langsam nach oben wachsen und schnell wieder klein werden« oder »Ganz schnell groß werden und dann langsam immer kleiner werden«.

Bei alledem nehmen die Kinder noch kaum Beziehung zueinander auf; fast alle sind nur mit sich selber beschäftigt. Die Bewegungen der Kinder sind durch die Aufgabenstellung zwar einander ähnlich, aber doch nicht gleich. Korrigiert wurde nicht. Dafür heißt es, wenn nötig, etwa: »Probier doch mal, ob du noch größer werden kannst, noch kleiner, noch langsamer« und ähnliches. Da schauen schon manche interessiert zu und beginnen zu wetteifern, auch um zu zeigen, wie gut sie die Aufgabe verstanden haben und sich bewegen können.

Nachdem sich jedes Kind wieder am Boden ausruhen durfte, ganz wie es möchte, können, wenn die Kinder noch aufmerksam genug sind, neue Begriffe das Spiel bereichern: »Ganz kleine Paketchen am Boden sein, eng verschnürt!« Und nach einer Weile: »Sich so weit wie möglich ausbreiten!« Das Tempo kann ihnen zunächst selbst überlassen sein. Manche machen auch längere Pausen, genießen die entstandene Situation, wollen überraschen, sich noch ausruhen und auf das Nächste vorbereiten, oft ein gutes Zeichen. Zur gegenseitigen Anregung wird die Gruppe auch mal geteilt. Die eine Hälfte schart sich um die Leiterin und schaut zu, und wenn diese Kinder dann an die Reihe kommen, versuchen manche bereits, das Gesehene nachzuahmen. So entstehen erste Beobachtungen und Wechselkontakte.

In einer der folgenden Stunden stellen sich die Kinder ringsherum an die Wände, mit der Front zum Raum. »Wer kann in die Mitte laufen?« Ein paar Kinder beginnen damit, andere laufen hinterher, bis alle einen dichten Haufen bilden. »Ein großes Paket«, meint ein Junge. Und gleich kommen andere Vergleiche: »Lauter Tauben, wenn es Futter gibt!«, »Lauter Leute, wenn zwei Autos zusammengestoßen sind!« Nun spielen sie also »eng« und »weit« als Gruppe.

Durch immer neue Aufgaben mit anderen, bereits bekannten, oder besser – ausprobierten – Begriffen entstehen viele Variationen. Die Kinder beginnen, mit eigenen Einfällen zu spielen. Ist mal ein größeres Kind dabei, macht es ihm Spaß, sich in die Mitte zu stellen und die Gruppe zu »dirigieren«. Wieder stehen die Kinder an den Wänden. Das Kind in der Mitte breitet die Arme aus und schaut die anderen rings um sich an. Dann »zieht« es sie mit einer langsamen Geste zu sich, macht eine spannende Pause und drückt dann mit der nächsten Geste die ganze Gesellschaft behutsam wieder nach außen. Vielleicht probiert der »Dirigent«, das Tempo mal schneller, mal langsamer zu nehmen oder spannende Pausen einzulegen, gerade, wenn die Mitspieler weit draußen stehen. Dann kann er mit weit ausgestreckten Armen ganz langsam, indem er sich selbst dreht, den Kreis in Bewegung setzen. Man sieht es dem »Dirigenten« bis in die Fingerspitzen an, wie das Rad sich drehen soll.

Zum Abschluß darf es dann auch schon mal das eine oder andere der Anfänger-Kinder probieren. Mit der Freude über erstes Gelingen und der Zusicherung, daß beim nächsten Mal auch andere Kinder drankommen können, mag diese Stunde schließen. Man bekommt mit der Zeit ein genaues Gespür dafür, wie lange man die Kinder mit diesem Spiel beschäftigen kann. Jedesmal wird es ein wenig länger sein.

Einige Ausgangspunkte und Charakteristika dieser bewegungschorischen Arbeit sind damit bereits beleuchtet. Die Umsetzung bekannter Begriffe und Vorstellungen in körperliche Bewegung wird zum Spiel gemacht. Die Art der Ausführung ist jedem freigestellt. Die gewählten Begriffe und Vorstellungen werden »am eigenen Leibe« erfahren. Es können Assoziationen zu Erlebnissen und Vorgängen im Alltag entstehen und wesentliche Züge erkannt werden. Das Gefühl für eigenes Verhalten wird geweckt und die natürliche Lust zur Bewegung freigesetzt. Der einzelne erfährt Spielanregungen und -möglichkeiten vom Leiter über das Wort bzw. vom Partner über die Bewegung. So lernen die Kinder sowohl Gehörtes umzusetzen, Bewegungsverhalten zu beobachten, darauf zu reagieren, es nachzuahmen. Es entwickelt sich sowohl die Fähigkeit, sich einzuordnen als auch auf Mitspielende einzuwirken und sie zu führen.

Auf dieser Grundlage konnte in einem späteren Entwicklungsstadium der Kinder die bewegungschorische Betätigung immer neue Bereiche der Phantasie und Körperbeherrschung wie des Zusammenspiels erschließen.

Die Art, Kinder zu unterrichten, war ideal: Im Vertrauen auf ihre schöpferischen Kräfte und ihre Lust, sich frei zu bewegen, wurde ihre musische Phantasie und Gestaltungskraft, ihr Körper, ihre Erlebnisfähigkeit, ihr Sinn für das Miteinander-Spielen, der Persönlichkeit jedes einzelnen entsprechend, ausgebildet. Und dieser Geist herrschte auch im alltäglichen Umgang miteinander. Natürlich war das nicht mühelos; es gab auch Auseinandersetzungen. Wenn jemand – ob aus dem Kreis der Erwachsenen oder der Kinder – mit dem Verhalten eines anderen unzufrieden war und man sich untereinander nicht einigen konnte, hieß es: Wir müssen eine »Erziehungsgemeinschaft« machen. Das Ergebnis der Aussprache in der Gruppe war dann meistens die Feststellung: »Er« oder »Sie« hat eine »Ich-Brille« aufgehabt, hat nur an sich gedacht. Damit war die Sache dann meistens klar und ins reine gebracht.

Alles das überzeugte mich zutiefst. Ich fühlte mich wohl unter diesen Menschen, wurde als Freund aufgenommen und wußte, daß ich mit meinen Fähigkeiten, Erfahrungen und Kräften hier einen guten Beitrag leisten könnte. Und so entschied ich mich, in Zukunft bei dieser Sache mitzuarbeiten, und das hieß auch politisch – bei der Sache der Arbeiterbewegung. Das war eine entscheidende Wende in meinem Leben.

Jenny Gertz wurde krank, und ich begann früher als gedacht, sie bei der Leitung der Bewegungschöre zu unterstützen. Leider habe ich damals nicht daran gedacht, Notizen von unserer Arbeit zu machen, aber die Erinnerungen daran sind doch so lebhaft, daß ich auch heute noch davon berichten kann, zum Beispiel von Schulkindern, die das bewegungschorische Spiel bereits längere Zeit gepflegt hatten.

Zunächst wurde jedesmal der Körper durchgearbeitet. Dazu gab es keine bestimmten, von der Leiterin vorgeschriebenen oder vorgemachten Übungen, sondern nur Anregungen wie: »Spielt mit den Knien!« Mehrere Kinder meldeten sich. Sie wollten »führen«. Eines begann. Kaum hatte es eine entsprechende – fast unmerkliche – Geste gemacht, als sich die kleine Schar zu einem Kreis mit der Front zur Mitte ordnete. Das führende Kind fing nun – improvisierend – an, durch Bewegungen in und mit den Knien den ganzen Körper tanzen zu lassen. Kürzere Bewegungsmotive wurden manchmal über längere Zeit wiederholt, allmählich variiert, zu längeren Folgen erweitert oder auch – in spannender Pause mit deutlich erkennbarer Vorbereitung im Körper des führenden Kindes – von einer neuen Idee abgelöst. Alle Kinder ahmten – jedes nach seinem Vermögen und seiner Art – das führende Kind nach. Dieses Kind schien das Mitgehen-Können der anderen genau zu fühlen, und so veränderte es auch – immer wortlos – die Gruppenform, wenn eine andere fürs Sehen und Mitmachen günstiger war oder mehr Möglichkeiten für das Spielen bot.

Spannung und Lösung, Gleichgewicht, Elastizität, Kräftigung, unterschiedliche Tempi, Raumwege und -ausmaße waren im »Spiel mit den Knien« vorgekommen und geübt worden. – In solcher Weise wurde auch mit den Ellenbogen, den Schultern, den Füßen, dem Rücken, kurz, mit allen Teilen des Körpers unter Führung eines Kindes »gespielt«. Jedes Kind wollte und konnte führen, ebenso konnte oder lernte auch jedes, sich einzuordnen, zu beobachten und mitzumachen, zu »folgen«, wie sie es nannten. Erfahrungen am eigenen Leibe ließen sie deutlich spüren und erkennen, was dazugehört, daß das Spiel gelingt und Spaß macht. Die Kinder waren also gewohnt, mit eigenen Einfällen improvisierend zu führen. Zwar war die Eigenart jedes einzelnen allen bekannt. Da gab es »Spezialisten« für Drehen, Springen, Purzelbaumschlagen, Fortbewegung am Boden usw. Aber es gab auch immer wieder überraschend Neues. Durch diese Unterschiede wurde die Beweglichkeit, Phantasie und Ausdrucksfähigkeit *aller* auf sehr vielfältige Weise angeregt und entwickelt. Das lag natürlich auch an der Thematik der von der Leitung oder den Kindern selbst kommenden Anregungen für das tänzerische Spiel. Treibende Kräfte waren die Freude an der Bewegung, das entstehende Körpergefühl, das Wahrnehmungsvermögen für Umwelteindrücke, die Erlebnisfähigkeit, das Bedürfnis, zu begreifen, sich mitzuteilen, Reaktionen hervorzurufen und selbst zu reagieren – in ständiger Wechselwirkung. Thematisch reizvoll waren z. B.: der Umraum, räumliche Richtungen der Bewegung, Rhythmen, Gruppenformen, Eindrücke und Vorgänge in der Pflanzen- und Tierwelt, menschliches Verhalten im Alltag und auf der Bühne und gehörte wie selbst gespielte Musik.

Ein wesentliches Anliegen der Leitung war es, die Kinder aus den ungesunden und engen städtischen Wohnverhältnissen herauszuholen, damit sie sich in der freien Natur bewegen können. Die Eindrücke und Erlebnisse, die sie dort gewannen, übertrugen sich mannigfach

85

auf ihre tänzerische Bewegungsphantasie. Dabei entstanden manche wiederholbaren Tanzspiele, wie das »Schneeflockenspiel«, eines von den Sonnenstrahlen und ein »Frühlingsspiel«. Auch das Alltagsleben lernten sie zu beobachten und machten kleine Pantomimen daraus. Im August 1930 waren Jenny Gertz und Rose Mirelmann mit den Kindern in Bayreuth. Sie zeigten im dortigen Opernhaus, wie sie spielen und tanzen, und durften auch eine »Tannhäuser«-Aufführung im Festspielhaus besuchen, woraus, wie Fotos zeigen, bald ein eigenes Spiel entstand.

Mit sensiblem Gehör und Bewegungssinn nahmen sie Musik auf, und wenn sie ihnen gefiel und geeignet schien, fingen sie gleich an, improvisierend danach zu tanzen. Und sie musizierten auch selbst. Ihr Lehrer war Wilhelm Twittenhoff aus dem Kreis von Carl Orff. Das Instrumentarium bestand aus Blockflöten, Xylophonen, Glockenspiel, Trommeln, Gong, Cinellen, Becken, Rasseln und ähnlichem. Sie lernten, damit zu spielen, auch nach Noten, aber vor allem, miteinander zu improvisieren. Und manchmal gab es ein wunderbares Spiel: Eine Gruppe von Kindern tanzte, andere nahmen die gesehenen Motive auf und spielten dazu auf den Instrumenten. Oder die musizierenden Kinder improvisierten, wofür sie meistens ein Ostinato zugrunde legten, und die anderen tanzten dazu. Manchmal wechselten einzelne zwanglos und ohne Störung oder Worte von einer Gruppe in die andere hinüber. Wir Erwachsenen saßen als schweigende Zuschauer dabei und waren beglückt vom Erfülltsein und Einfallsreichtum der Kinder.

Ein anderes Spiel war Kinetographie. Die Großen hatten ihnen ein Brett mit Liniensystemen aus Leisten gebaut und dazu eine Menge farbiger Richtungszeichen verschiedener Länge aus stabilem Material geschnitten. Nun »schrieben« die Kinder mit Eifer Bewegungen, die sie sahen oder ausführten, auf, d. h., sie schoben die entsprechenden Zeichen in Bahnen des Liniensystems ein. Und es war spannend, wenn andere dann versuchten, so ein Kinetogramm wieder in Bewegung umzusetzen. Übrigens – als uns die Gestapo im März 1933 wegen unserer politisch-agitatorischen Auftritte bei Wahlversammlungen der KPD verhaftete und unsere Bewegungschöre verbot, legte man uns auch zur Last, mit einer »Geheimschrift« gearbeitet zu haben. Diese Leute mögen zu den ersten im Nazireich gehört haben, denen die Kinetographie (oder deren Vertreter) unheimlich und verdächtig waren. Später wurde ihre Anwendung und Vermittlung in Deutschland ganz verboten. (Ihre Verbreitung und Weiterentwicklung erfolgte während der faschistischen Herrschaft vor allem in England und den USA, aber auch in anderen Ländern.)

Pino Mlakar, der damalige Ballettmeister und Choreograph der Bayerischen Staatsoper, wagte es dennoch, Albrecht Knust als Kinetographen an das Theater zu holen, damit seine Tänzerinnen und Tänzer die Schrift lernen und davon Gebrauch machen. (Knust schrieb auch Mlakars ausgezeichnete Choreographie »Verklungene Feste« auf.) Im Ballettsaal hingen von oben herab lange Schriftbänder an den Wänden: Was dem Musiker die Noten, sind dem Tänzer die Kinetogramme – falls er sie zu lesen weiß. Nach dem Krieg zählte Albrecht Knust international zu den führenden Kinetographen und wurde 1961 bei der Gründung des Internationalen Rates für Kinetographie Laban (ICKL) zu dessen Vorsitzendem gewählt.

Zu den Hallenser Bewegungschören gehörten nicht nur Kindergruppen. Es gab auch einen entsprechenden Chor der Jugendlichen und der Erwachsenen. Die Jugendlichen waren zumeist schon als Kinder zu Jenny Gertz gekommen. Ihre natürliche Bewegungs- und Ausdrucksfähigkeit war gut ausgebildet. Sie improvisierten vielgestaltig, mit ausgeprägtem Formungsbewußtsein, ohne die in diesem Alter doch häufig zu beobachtenden Hemmungen oder Unausgeglichenheiten. Zu den Erwachsenen gehörten vor allem Eltern der Kinder. Alle beteiligten sich intensiv in der Gruppe aus Freude an der mitzuerlebenden Bewegung, getragen von der Gemeinsamkeit, ähnlich wie in einem singenden Chor.

Durch das politische Engagement in diesem Kreis, die Situation und die Ereignisse der Zeit entstanden auch Spiele mit politischem Inhalt. Zunächst mag es ihnen einfach ein Bedürfnis gewesen sein, mit der Ausdruckskraft ihres Körpers und Kollektivs zu formen, was sie fühlten und erkannten, dann aber auch, um es anderen mitzuteilen, um sie einzubeziehen und im politischen Kampf zu unterstützen. Unter der Führung von Jenny Gertz und Rose Mirelmann entstanden zu diesem Zweck chorische Spiele mit aktuellem Inhalt, z. B. »Schwarz-Rot« und das »Revolutionsspiel«.[39]

Fortführung unserer Arbeit
in der Tschechoslowakei

Jenny Gertz und ich lebten – nach der Haftentlassung und dem folgenden illegalen Aufenthalt in Deutschland – ab Herbst 1933 in der Tschechoslowakei und arbeiteten dort mit Gruppen aus linksgerichteten Organisationen. Unsere Fachkollegin Jarmila Kröschlová stellte uns für unsere Arbeit ihren Bewegungsraum zur Verfügung. Mira Holzbachová, ebenfalls Kollegin und Genossin, brachte uns mit dem DDOČ, der tschechischen Arbeitertheater-Organisation, in Verbindung, der uns auch half, eine Tanzgruppe aus tschechischen und bulgarischen Studenten zu bilden, von denen vorher keiner eine tänzerische Ausbildung genossen hatte. Das bewegungschorische Spiel, das wir beabsichtigten, sollte vom Bau des Ostsee-Weißmeer-Kanals handeln. Piscator, der eine unserer Proben besuchte, riet uns zwar, die Sprache dazuzunehmen, aber das hätte große Schwierigkeiten bereitet – tschechisch, bulgarisch, deutsch? – und schien uns auch nicht erforderlich. Unsere jungen Freunde waren mit einem solchen Eifer und Enthusiasmus bei der Sache, daß die Aufführung in der Prager »Lucerna« vom Publikum sehr gut aufgenommen wurde.

Ganz am Anfang unserer Prager Jahre hatten wir natürlich sehr wenig Geld. Mira wollte mir zu ein paar Kronen verhelfen und »engagierte« mich für eine »Rolle« in einem – wohl im Rahmen des DDOČ einstudierten – Stück. Ich hatte da eine Schräge hinaufzulaufen und – oben angekommen – ein einziges Wort zu rufen: »telegram!« Es soll sich schon ziemlich echt angehört haben und war doch so etwa das erste Wort, das ich von dieser Sprache »beherrschte«.

1935 fand auf der Königshöhe bei Reichenberg (Liberec) ein Arbeiter-Musikfest der KPČ statt, bei dem tschechische und deutsche Künstler mitwirkten. Dafür studierten wir mit dortigen Arbeiterturnern unser »Revolutionsspiel« ein, das schon Anfang der dreißiger Jahre in Halle entstanden war. Darüber berichtete später »Die Rote Fahne« u. a.: »Wir können gerade in Nordböhmen von einem wahren Triumphzug des Massentanzes sprechen, wie er durch die Aufführungen auf der Königshöhe und die Wiederholung in Reichenberg propagiert wurde. Was man hier praktisch zeigte (zugrunde liegende Idee: Kampf des Proletariats gegen den Faschismus), zerschlug alle Zweifel und lehrte selbst den Letzten sehen ...«[40]

Seit der bewegungschorischen Arbeit am »Weißmeerkanal« war ich besonders herzlich mit den beteiligten bulgarischen Studentinnen und Studenten verbunden, und so zog ich auch mit ihnen zusammen in ein großes Ferienlager linksgerichteter Balkanstudenten in die Tatra. Das war im Sommer 1936, und ich erinnere mich an zwei Ereignisse, die uns am intensivsten beschäftigten: der Bürgerkrieg in Spanien und der Tod Maxim Gorkis.

Weiterbildung

In Prag gab es mehrfach Gelegenheit für uns, an interessanten Fachkursen teilzunehmen, u. a. an einem, in dem das tänzerische Improvisieren im Vordergrund stand. Geleitet hat ihn, wenn ich mich nicht täusche, die Tänzerin und Tanzpädagogin Gertrude Engelhart, eine ehemalige Wigman-Schülerin. Wir bekamen u. a. bestimmte Kleidungsstücke und auch Masken zum Spielen. Mir hatte es da zunächst ein langer Rock aus hängenden Baststreifen angetan: das Berührungsempfinden an den Beinen, solange man steht oder langsame Schritte macht, das leise Rauschen dabei und dann die Möglichkeit, die Bewegung des Rockes und das Geräusch durch den Schwung der Hüfte zu verstärken und schließlich – sich zu drehen, drehen, drehen!

Ganz anders der Einfluß der Maske: Nachdem man sich ganz in ihren Ausdruck hineingesehen hatte und sie aufsetzte, packte einen eine seltsame Lust, wie ein ganz anderer Mensch zu tanzen. Der Bastrock, die Maske, ein Hut, Stiefel mit Absätzen, ein Kleid aus vergangener Zeit, ein Fächer oder ein Spazierstöckchen, alles lockt die Bewegungsfreude und -phantasie auf besondere Weise hervor.

Kurt Jooss und »Der grüne Tisch«

Ein künstlerisches Erlebnis von bleibendem Wert war zu dieser Zeit – es muß im Jahre 1934 gewesen sein – das Auftreten der »Ballets Jooss« in Prag mit den Choreographien »Großstadt«, »Pavane auf den Tod einer Infantin« und »Ball in Alt-Wien«, die unter dem Titel »Zeitbilder« zusammengefaßt waren; und im zweiten Teil des Programms »Der grüne Tisch«, ein Totentanz, der mit seiner Aussage gegen den Krieg noch heute aktuell ist.

Wir waren tief ergriffen vom Inhalt, begeistert von der Choreographie wie auch vom Bewußtsein politischer Verbundenheit mit Kurt Jooss und seinen Mitarbeitern.

1932 war dieses Ballett beim ersten Internationalen Wettbewerb für Choreographie (Grand Concours International de Chorégraphie) im Pariser Théâtre des Champs-Elysées mit dem Großen Preis ausgezeichnet worden. Im Januar 1933 richtete der linksstehende Kritiker und Komponist Alexander Levitân unter der Überschrift »Zerbrecht die Retorte!« einen dringenden Appell an die Tänzer, »den künstlerischen Burgfrieden aufzugeben und die Tanzkunst zu öffnen für menschheitsbewegende aktuelle Themen«. Er knüpfte an die hohe Auszeichnung für den »Grünen Tisch« an und schrieb dazu: »Der Grad seines Erfolges, den Jooss in Paris geerntet hat, überraschte alle hierzulande. Ich betone: der Grad seines Erfolges, denn mit einem Sieg hat hier wohl mancher gerechnet. Verblüffend waren der Glanz, die Unbedingtheit des Sieges. Dieses Übermaß an Erfolg ... rührt meiner Überzeugung daher, daß der Inhalt des Balletts den Nerv des öffentlichen Interesses getroffen hat. In diesem Ballett – ›Der grüne Tisch‹ – war ein Problem gestaltet, das im Mittelpunkt des Weltinteresses steht: das Problem des Krieges. Jooss ist darin so konkret vorgegangen, wie es sich gerade die meisten deutschen Tanzästhetiker nicht wünschen. Ein Ballett, das anknüpft an die Abrüstungskonferenz des Völkerbundes – welcher Prosaismus! ...«[41]

Auf eine Frage nach dem politischen Gehalt seines Balletts hat Jooss dazu später einmal geantwortet: »In der Zeit las ich viel in einer deutschen Zeitschrift ›Die Weltbühne‹, von Ossietzky herausgegeben, und einer der wichtigsten Schreiber war Kurt Tucholsky. Er war ein bedeutender Mann, ein politischer Journalist, der unaufhörlich sagte: ›Glaubt es nicht, glaubt es nicht – diese Friedensgespräche – es ist alles Blendwerk – die bereiten heimlich einen neuen Krieg vor!‹ – Er kannte wahre Fakten, die beweisen, daß er recht hatte ... Ich wußte nicht, wer die schwarzen Herren sind. (Am grünen Tisch, Prolog und Epilog – I. L.) Ich glaube nicht, daß es Diplomaten sind, es sind vielleicht ein oder zwei Diplomaten unter ihnen, aber ich glaube, es sind all die Mächte, die durch den Krieg profitieren können und letztlich durch ihre Intrigen einen Krieg verursachen ...«[42]

Am grünen Tisch, der im Bühnenbild von vorn bis weit nach hinten zu übersehen ist, führen im Prolog die »Schwarzen Herren«, satirisch dargestellt und unterschiedlich in ihrem Verhalten gekennzeichnet, (angeblich) Friedensverhandlungen, die aber mit einem von allen zugleich überraschend abgegebenen Startschuß zum Krieg enden. Dann folgen die Bilder: Der Abschied – Die Schlacht – Die Vertriebenen – Die Partisanin – Die Schenke – Die Letzten. Als Epilog: Die Schwarzen Herren – wieder am grünen Tisch wie eingangs.

In der gemeinsamen Arbeit an diesem Werk sind mit untrennbarer Aussage sowohl die musikalische Komposition von F. A. Cohen wie die Ausstattung von Heinz Heckroth entstanden.

Auf dem Programmzettel zu dem Ballett steht als Untertitel »Ein Totentanz«. Die Szenen, die zwischen den angeblichen Friedensverhandlungen am grünen Tisch getanzt werden, sind Bilder vom Erleben des Krieges und von seinen Folgen für die Menschen. Und von der Rolle, die der Tod hier spielt, wenn er Männer und Frauen, junge und alte, kämpfende und müde, jeden auf andere Art aus dem Leben holt. Ursprünglich, so wird berichtet, hatte Jooss beabsichtigt, den Tod am Ende als Sieger über die Schwarzen Herren zu zeigen. Aber dann wurde ihm klar, daß die »Mächte, die durch den Krieg profitieren können«, noch immer am Leben sind, und so setzen sie in seiner Choreographie am Ende ihr Treiben am grünen Tisch fort.

In dem erwähnten Gespräch über den politischen Gehalt des Werkes ging Jooss auch auf die Anregungen zum Thema Totentanz ein: »Ich hatte den berühmten Lübecker ›Totentanz‹ (Wandgemälde von Bernt Notke, 1463 – I. L.) gesehen, eine Bildfolge von Menschen aus allen möglichen Ständen, die mit dem als Gerippe dargestellten Tod tanzten. Es war wohl so, daß die Menschen im Mittelalter sich mit dieser Art Tänze befaßten, die eigentlich symbolisch ausdrückten, daß jedermann so sterben würde, wie er gelebt hat ...«[43]

Charakteristische Figuren im »Grünen Tisch« sind außer den Schwarzen Herren und dem Tod der Fahnenträger, der zum Kampf ruft, der junge Soldat, das junge Mädchen, die Frau, der alte Soldat, die alte Mutter, der Schieber und dazu Gruppen von Soldaten und Frauen.

Das Werk wurde von Ann Hutchinson kinetographisch aufgezeichnet und anhand dessen immer wieder – auch mit Ensembles in anderen Ländern der Welt – einstudiert und aufgeführt. Ich selbst habe es später in Berlin bei einem Gastspiel des Jooss-Balletts (1964), dann des Cullberg-Balletts aus Schweden (1970) und schließlich 1980 des Balletts der Staatsoper Dresden in der Einstudierung von Jooss' Tochter Anna Markard (ebenso 1988 in der Komischen Oper Berlin) wieder gesehen. Es ist und bleibt mir in jeder Hinsicht ein unvergleichliches Beispiel für die Macht der Tanzkunst und die Möglichkeit, mit ihren Mitteln tiefgreifende humanistische Inhalte wirken zu lassen.

Einen einzigartigen Einblick in dieses Kunstwerk ermöglichte ein Choreographen-Werkstattgespräch, das der Verband der Theaterschaffenden der DDR im April 1980 in Dresden organisiert hatte. Hier war Gelegenheit, eine Studie von Studenten der Theaterhochschule Leipzig, Abteilung Choreographie, unter Anleitung der Dozentin Eva Winkler und des chilenischen Tänzers und Choreographen Patricio Bunster, kennenzulernen. Die Studenten hatten sich im Hinblick auf ihre spätere eigene Tätigkeit bei Vorbereitungen auf ein Tanzwerk sowohl mit der Zeit der Entstehung des »Grünen Tisches« – etwa zehn Jahre –, den gesellschaftlichen und politischen Zuständen und Ereignissen wie auch mit der Personifizierung des Todes in der Geschichte von Kunst und Literatur Deutschlands seit dem Mittelalter befaßt. Aus dem gewonnenen Material konnten sie den Teilnehmern zu Beginn eine vielfältige Auswahl darbieten.

Kurt Jooss als eine der herausragendsten Persönlichkeiten aus dem Kreis der Schüler und Mitarbeiter Rudolf von Labans hatte dessen Bewegungsforschung und -lehre für den gesamten Bereich des Theatertanzes in künstlerischer und pädagogischer Hinsicht ausgebaut und in seiner Arbeit fruchtbar gemacht. Manches, was darüber veröffentlicht worden ist, sowie entsprechende Vermittlungen im praktischen Unterricht waren für die Studenten eine wesentliche Hilfe.

Patricio Bunster hatte als ehemaliges Mitglied des chilenischen Nationalballetts in seiner Heimat, bei Auslandstourneen wie auch in den »Ballets Jooss« vor Jahren verschiedene Hauptrollen im »Grünen Tisch« getanzt. Er kannte also das Werk aus eigener Erfahrung gut. Das Wesentlichste erklärte er uns mit Worten, aber zumeist unmittelbar in Verbindung mit getanzten Motiven, die für bestimmte Rollen und Handlungen typisch sind.

Er machte damit durchschaubar, wie alle Elemente der Choreographie der Dramaturgie des Werkes entsprechen, nicht nur der gesamte Aufbau, sondern auch jede einzelne Haltung, jedes Bewegungsmotiv durch Raumrichtungen, Spannungsgehalt, Rhythmus, Raumwege, die Beziehung zum Partner, die Gruppenarrangements und -bewegungen, alles bis ins kleinste Detail. Daran zeigte sich Jooss' hervorragende Fähigkeit, das Wesen eines Vorgangs, einer Figur als Bewegung zu verstehen und ihr tänzerisch verdichtete Gestalt zu geben.

Ich erinnere mich gut, wie Bunster z. B. den »Tod« als Schnitter demonstrierte: Durch eine Art scharfer, einander überschneidender Beinbewegungen scheint er alles Leben am Boden zu zerstören, während er seine – unsichtbare – Sense mit aggressiver Dynamik im großen Bogen gleichmäßig schwingt. Wie treffend die Form gewählt war, sah man daran, daß schon verhältnismäßig geringe Abweichungen den Ausdruck, also die Wirkung der Bewegungen, verändern. Auch die Richtung von Kopf- und Blickführung sind für die Aussage von wesentlicher Bedeutung. Überzeugend demonstrierte dies Patricio Bunster auch mit den Unterschieden der Bewegungen beim Umgang des »Tods« mit den einzelnen Menschen: mit dem Fahnenträger, dem Schieber, der alten Mutter. Ihr zum Beispiel nähert er sich achtungsvoll und gütig. Sie lauscht, als höre sie Musik, geht zunächst noch ihrer Wege, kommt aber schließlich auf ihn zu. Und dann verbinden sich ihrer beider Bewegungen zu einem kurzen feierlichen Tanz. Als ihre Kräfte versagen, trägt er sie auf seinen Armen behutsam fort.

Jenny Gertz und der Kindertanz heute

Jenny Gertz – wir waren schon seit längerer Zeit unsere eigenen Wege gegangen – hatte in letzter Minute vor dem Einmarsch der deutschen Faschisten in die ČSR noch Gelegenheit bekommen, vor ihnen zu flüchten, und setzte in England ihre frühere erfolgreiche Arbeit mit Kindern fort. 1947 kehrte sie nach Deutschland zurück. Ich sah sie noch einmal in einem Kindergarten der Franke'schen Stiftung in Halle. Ihre Arbeit mit Kindern schien mir gegenüber früher etwas verändert, formaler, vielleicht auf Wirkung bedachter geworden zu sein. An den Wänden waren viele Blätter mit Malereien befestigt. Wie früher hatten die Kinder »Farben tanzen lassen«.

Was sie gewollt und geleistet hat, ist meines Erachtens einer eingehenden Beschäftigung und kritischen Aneignung für heute unbedingt wert. Das betrifft ganz allgemein die musische, körperliche, soziale und charakterliche Bildung des Kindes, aber auch die spezielle Förderung körperlich oder geistig behinderter Menschen. Sie hat dafür ganz besondere Fähigkeiten pädagogischer, künstlerischer und psychologischer Art besessen und sie als Humanistin unermüdlich eingesetzt. Ihre Arbeit mit den Bewegungschören der Kinder und Erwachsenen kann gleichzeitig als Aktivität in der Arbeiterbewegung, für ihre politischen und kulturellen Ziele gewertet werden. Jenny Gertz ist nach langer Krankheit am 13. 9. 1966 in Halle/Saale gestorben.

Ihre Arbeitsweise ist später nirgends in ähnlicher Art aufgenommen und weitergeführt worden. Auch meine bisherigen Bemühungen um entsprechende Veröffentlichungen stießen nur auf kurzlebiges Interesse und freundliche Vertagungen. Vielleicht sind dafür folgende Gründe, die nicht nur diesen Fall betreffen, maßgeblich:

1. Die Kenntnisse über die Tendenzen, die künstlerisch-praktischen wie theoretischen Leistungen sowie die Auswirkungen der Revolutionierung des Tanzes sind in ihrer ganzen Breite zur Zeit sowohl bei den Tanzschaffenden wie den -pädagogen noch gering, lückenhaft oder einseitig.

2. Heute stehen für den Kindertanz andere Gesichtspunkte im Vordergrund: In den Volksmusikschulen, Pionierhäusern, Arbeitsgemeinschaften an Schulen wird auf Programme für Aufführungen und Leistungsvergleiche hin gearbeitet. Für das Erreichen der technischen Voraussetzungen gibt es zumeist vorgeformte, auf langjährigen Erfahrungen beruhende Übungen.

3. Nur selten wird der Tanz als Mittel zur Entfaltung der Phantasie, der Entwicklung der schöpferischen Kräfte der Persönlichkeit verstanden oder methodisch zur Pflege der physischen und psychischen Gesundheit wie auch des sozialen Verhaltens angewandt.

Wollen wir also die Erfahrungen von damals nutzen, so müßten wir uns auf interessierte, fähige und zum Beschreiten noch ungewohnter Wege bereite Pädagogen stützen können, denn –

4. Unsere Kinder leben in einer veränderten, technisierten, versachlichten Welt. Und so müßten zielgerichtet und geduldig Versuche unternommen werden, um einen oder vielleicht auch mehrere Wege für eine solche Bewegungserziehung zu finden, die – als Gegengewicht oder Ergänzung – Bedürfnisse und Fähigkeiten anspricht, die sonst in der Entwicklung der Persönlichkeit und dem kulturellen Leben unserer Gesellschaft zu kurz kommen. Und wenn uns dazu auch wissenschaftliche Arbeiten und Erkenntnisse dringend nötig sind und helfen werden, so wird in der Praxis hier alles Wesentliche von der Persönlichkeit, ihren künstlerischen und pädagogischen Fähigkeiten abhängen. Methoden und Erfahrungen anderer werden weitgehend nur die Ausgangsbasis und Unterstützung für das eigene Schaffen bilden. Und nur so, meine ich, kann dieser Beruf beglückend und erfolgreich sein im Geben und Nehmen.

Neues Domizil: Sofia

In Prag war es mit der Zeit immer schwerer geworden, das nötige Geld für den Lebensunterhalt zu verdienen. Da schien sich mir – wenigstens für die Sommermonate – eine Unterrichtsmöglichkeit in einem bulgarischen Urlaubsheim für tschechische und deutsche Schauspieler zu bieten. Das erwies sich dann zwar leider als eine Fehlmeldung, aber ich erfuhr dabei, daß es in Sofia keine Schule für Gymnastik und Tanz in unserer Art gab; nach einiger Zeit gelang es mir, dort einen Kreis von Schülern zu finden und mit ihnen zu arbeiten.

Oft habe ich mich und andere schon gefragt, inwieweit die Entwicklung des Modernen Tanzes in der Zeit des Faschismus fortgesetzt werden konnte, behindert oder vielleicht überhaupt unterbrochen worden war.

Aus eigenem Erleben konnte ich die Entwicklung nur bedingt verfolgen. 1939 habe ich von Sofia aus das erste Mal wieder einen Besuch in Deutschland gewagt, um meine Eltern und meine Schwester wiederzusehen und außerdem mein fachliches Können an der Günther-Schule in München zu bereichern. Gerade als ich dort war, brach der Krieg aus, und so kehrte ich zu meiner Schule und zu meinen Freunden in Bulgarien zurück. Ich war dort sehr schnell heimisch geworden, lebte unter Gleichgesinnten. Das Wesen der einfachen Menschen, ihre Geradheit, Herzlichkeit, ihre Kontaktfreudigkeit und traditionsbewußte Wachheit für politische Fragen zogen mich an. Sie nahmen mich als Zugehörige; auch ihre Sprache war mir bald geläufig. (Noch heute macht es mir heimliches Vergnügen, wenn mich in zufälligem Gespräch bulgarische Touristen für eine Landsmännin halten.)

Ich wollte also auch weiterhin dort leben und arbeiten, obwohl es großer Anstrengungen (zu manchen Zeiten mehr als zwölf Stunden Unterricht am Tag), mancher Kompromisse und Geschicklichkeit bedurfte, um allein die nötigen Räumlichkeiten usw. bezahlen zu können. Am liebsten erinnere ich mich dabei an die Arbeit mit Kindern, die sehr vielseitig war. Mit dem Bemühen, Geld zu verdienen, hatte es angefangen. Ich sollte einzelnen Kindern helfen, in der deutschen Schule besser mitzukommen. Es waren sehr verzogene Bürschchen, denen das Lernen keinen Spaß machte. Aber da war ich in meinem Element: Im Vertrauen auf meine Erfahrungen im Kontakt mit Kindern, meine Liebe zu ihnen, ein reiches Repertoire passender Anregungen und die nötige Konsequenz kamen wir bald miteinander gut voran. Später, als es mir dann möglich war, eine Wohnung mit Platz zum Tanzen, Spielen, Umkleiden zu mieten, konnte ich neben Gymnastikkursen für Frauen auch größeren Gruppen von Kindern Unterricht geben. Es war ein vielseitiges schöpferisches Spielen in den Bereichen der Körper- und Bewegungsbildung, ohne und mit Singen und einfachem Musizieren, beim Deutschsprechen in kleinen vorgestellten Situationen, beim Baukastenspiel ...

Verlust meiner Schule
und wieder in Deutschland

1941 wollte ich – für ein paar Monate, wie ich dachte – die Schule schließen, um wieder in Deutschland zu sein, nicht zuletzt um an einem Meisterkursus an der Günther-Schule teilzunehmen. Als ich mich anschließend noch kurz zu Hause aufhielt, kam die Gestapo zu meinen Eltern, machte Haussuchung, stellte Verhöre an, ließ mich nicht mehr nach Sofia zurückfahren und verlangte, daß ich mich regelmäßig melde. Ich mußte erkennen, daß ich schon längere Zeit überwacht worden war, offensichtlich aufgrund einer Denunziation. Zum Glück waren wir achtsam gewesen, so daß meine Freunde nicht zu Schaden kamen. Ich lebte dann in Breslau bei meiner Schwester, arbeitete an Tänzen und leistete, als eine allgemeine Arbeitsverordnung in Kraft gesetzt wurde, Hilfsarbeiten in einem Kindergarten, was sich nach einer Weile in Bewegungsunterricht umwandeln ließ.

1943 (ich glaube, im Frühjahr) machte mir die Tänzerin Dore Hoyer einen Vorschlag. Wir hatten uns kennengelernt, nachdem ich sie hatte tanzen sehen und voller Begeisterung mehrmals zu ihr nach Dresden gefahren war. Bei dieser Gelegenheit hatte ich ihr auch etwas von meinen Tänzen gezeigt. Sie stand in Verbindung mit der Tänzerin, Choreographin und Pädagogin Marianne Vogelsang, einer ehemaligen Schülerin von Palucca, die zu dieser Zeit noch Ballettmeisterin am Göttinger Stadttheater war, aber von dort weggehen wollte. Und so riet mir Dore Hoyer, mich um diese Stellung zu bewerben, »statt daß du Kinder hütest«. Ich war noch nie an einem Theater tätig gewesen und zweifelte auch, ob es das Richtige für mich wäre. Dore versuchte, mir alle Besorgnisse zu nehmen und Mut zu machen.

Tanz am Theater – Stanislawski-Methode – Kindergruppen

Der neue Intendant – Hans Karl Friedrich –, der ja wissen mußte, daß ich »beschattet« wurde, engagierte mich tatsächlich als Tanzleiterin. Glücklich wurde ich allerdings in diesem Amt nicht. Wie Friedrich politisch stand, war schwer zu erkennen. Das in meinen Augen Beste an ihm war erstens, daß er das künstlerische Personal mit dem Werk Stanislawskis bekanntmachte, daß er mir zweitens eine versierte ältere Theatertänzerin an die Hand gab, wodurch ich teilweise entlastet wurde, und letztlich daß ich – *nebenbei* – Kindergruppen aufbauen konnte, ohne jegliche Bindung an den Bühnenbetrieb. Über hundert Kinder unterschiedlichen Alters und tänzerischen Begabungsgrades haben daran teilgenommen. Ähnlich wie bei Jenny Gertz lernten diese Kinder – in Altersgruppen zusammengefaßt – ihre schöpferische Phantasie frei zu entfalten, sowohl tänzerisch als auch hinsichtlich der musikalischen Begleitung auf kleinem Orff-Instrumentarium. Zwar war meine Gage – gerechterweise – herabgesetzt worden, doch auf der Haben-Seite der Bilanz stand die Eröffnung eines beglückenden und erfolgreichen Betätigungsfeldes: eine Kraftquelle mitten in dieser bedrückenden und gefährlichen politischen Situation der Nazi- und Kriegszeit.

Es muß kurz vor den großen Ferien 1943 gewesen sein, als wir die Eltern der Tanz-Kinder zum Zuschauen einluden. Unter unseren Gästen war auch die Komponistin und Chorleiterin *Chris Baumgarten*. Auf der Suche nach Lehrkräften für die von ihr geleitete Jugendmusikschule hatte ihr der Intendant des Theaters geraten, sich meine Arbeit anzusehen. Wie sich herausstellte, hatte sie genau so einen Spezialisten gesucht und wollte mich sofort engagieren. Ich war gar nicht gleich einverstanden. Erst als wir uns beide als Nazigegner erkannten, rückte ich dem Ersuchen näher und begann schließlich, bei ihr zu unterrichten. Aber schon im Herbst 1944 wurden sowohl die Theater wie diese Art von Schulen geschlossen, und das Leben in dieser Zeit brachte ständig größere Gefahren und Sorgen, Nöte und Zwänge mit sich, auch für jeden von uns beiden. Die Lehrkräfte der Schule mußten nach der Schließung zunächst unter schlechten Bedingungen in einer Fabrik arbeiten, und Chris Baumgarten und ich wurden von dort aus noch für die letzten Monate des Krieges zur Wehrmacht zwangsverpflichtet. Wie es Marianne Vogelsang ergangen ist, die ich in Göttingen noch bei einem Gastspiel mit ihrer Tanzgruppe gesehen hatte, habe ich erst Jahre später erfahren.

Nach alledem wird es verständlich sein, daß ich den größten Teil der Informationen über die Weiterentwicklung des Modernen Tanzes zwischen 1933 und 1945 Auskünften von Kollegen und schriftlichen Zeugnissen aus dieser Zeit entnehme und daß sie keineswegs vollständig sein können. Aber ich möchte an dieser Stelle die von Anfang an, besonders von Laban, erkannte Notwendigkeit als unabdingbare Forderung unterstreichen, daß auch auf dem Gebiet des Tanzes eine gründliche wissenschaftliche Arbeit geleistet werden muß, die in der gebotenen Vielseitigkeit die historische Entwicklung des Modernen Tanzes seit seiner Entstehung zu Beginn des Jahrhunderts untersucht und klärt wie auch die Aneignung der gewonnenen Erkenntnisse, Erfahrungen und Errungenschaften ermöglicht.

Labans Wirken und Werk in Nazi-Deutschland

1930 war Rudolf von Laban von Generalintendant Tietjen als »Choreographischer Oberleiter der Berliner Staatstheater« engagiert worden. Martin Gleisner erzählte mir vor ein paar Jahren, er selbst habe ihm 1933 dringend geraten, Deutschland zu verlassen, Laban aber habe die politische Situation nicht durchschaut, für den Tanz keine Gefahr vermutet und sei also im Lande geblieben. Die Reichskulturkammer übertrug ihm 1934 die Leitung der »Deutschen Tanzbühne«. Gertrud Snell, Lehrkraft am Choreographischen Institut Laban während meiner Ausbildung, schrieb 1936 über diese Institution: »Gegründet wurde die ›Deutsche Tanzbühne‹, um die organisatorischen Arbeiten für die Tanzfestspiele im Jahre 1934 durchzuführen ... Später erschien es am dringendsten, den arbeitslosen Tänzern zu helfen, diesen Menschen, die immer tiefer in wirtschaftliche und künstlerische Not gerieten, weil ihnen Trainingsmöglichkeit und künstlerische Anregung fehlten, wodurch sie immer weiter abrückten von der Möglichkeit, wieder in Erwerb zu kommen ...«[44] Es wurden also die »Werkstätten junger Tänzer« und 1935 ein Übungslager in Rangsdorf bei Berlin eingerichtet sowie über die Organisation »Kraft durch Freude« auch Bemühungen um Engagements für deren Veranstaltungen gestartet. Bemerkenswert ist übrigens schon in diesem Artikel, daß weder Laban selbst noch seine Mitarbeiter namentlich genannt werden.

Der chorische Tanz, 1923 von Laban für die Arbeit mit Laien und auch Berufstänzern eingeführt und verbreitet, lebte zwar noch eine Zeitlang weiter, wie aus einigen Veröffentlichungen, Lehrplänen und Inseraten hervorgeht, aber er bekam die Bezeichnung »Gemeinschaftstanz«, und die Chorleiter und Pädagogen wurden 1936 im »Reichsbund für Gemeinschaftstanz« zusammengeschlossen. (Die Mitgliedschaft war allerdings von einer Zulassung abhängig und diese wiederum von der Einreichung und Überprüfung des »Abstammungsnachweises«, den der Betreffende von sich – und gegebenenfalls von seinem Ehepartner – zu erbringen hatte. Offenbar sind viele der Kollegen dieser Aufforderung nicht gefolgt, denn in der »Deutschen Tanz-Zeitschrift« wiederholen sich die »Anordnungen« der »Reichstheaterkammer« in immer schärferem Ton.)[45]

In einem Artikel von Marie Luise Lieschke, nunmehr Leiterin dieses Bundes, wird Labans Name auch nicht mehr genannt. Und das, obwohl Frau Lieschke in den Jahren vor 1933 Labans Arbeit und Kreis in vielfältiger Weise unterstützt hatte, vor allem in organisatorischer Hinsicht. Wollte sie nun noch von seinem Werk retten, was möglich war? Offensichtlich ist die Nennung seines Namens zu dieser Zeit nicht ratsam oder erwünscht gewesen.

Laban war es übertragen worden, für die Eröffnung der Olympiade 1936 auf der Berliner »Dietrich-Eckard-Bühne« des »Reichssportfeldes« ein großes Festspiel zu schaffen, an dem sich die Tanzgruppen und Bewegungschöre aus vielen Städten Deutschlands, vornehmlich Vertreter des Modernen Tanzes, zu beteiligen hatten. Auch in diesem Zusammenhang wird sein Name in den Tanzzeitschriften, soweit ich sie einsehen konnte, nicht genannt. Das Festspiel hieß »Vom Tauwind und der neuen Freude«. Es gedieh nur bis zur Generalprobe und wurde dann von Goebbels, dem damaligen »Reichsminister für Volksaufklärung und Propaganda«, verboten. Er habe, so berichtete mir meine Fachkollegin Greta Wrage-von Pustau, die an dem Spiel beteiligt war, die Probe unterbrochen und gerufen: »Aufhören! Entartet! Alle ins KZ!«

Zuvor (1936) waren im Auftrag der Reichskulturkammer die «Deutschen Meister-Stätten für Tanz« gegründet worden, als deren Leiter zunächst Rudolf von Laban eingesetzt war. Die Idee einer Einrichtung mit Hochschulcharakter, in der sich Absolventen der verschiedenen privaten Schulen eine erweiterte fachliche Bildung für die allgemeinen Erfordernisse der Bühnen- und Pädagogentätigkeit aneignen konnten, war ja bereits in den zwanziger Jahren entstanden: Im Frühjahr 1925 hatten Jooss und Leeder den Plan für eine professionelle Tanzschule vorgelegt.

Auf den Tänzerkongressen in Essen (1928) und München (1930) hatte die Idee einer Tanzakademie auf der Tagesordnung gestanden und war allgemein von den Teilnehmern befürwortet worden. Es waren von verschiedenen Seiten Pläne dafür entstanden, die nach heftigen Auseinandersetzungen schließlich zu einem gemeinsamen Exposé geführt haben.[46]

Laban mag gehofft haben, daß mit der Eröffnung der »Deutschen Meister-Stätten für Tanz« eine ähnliche Institution entsteht. Tatsächlich haben dort eine Reihe von prominenten deutschen Tanzschaffenden und Pädagogen des Modernen und Klassischen Tanzes gelehrt. Aber wie ich hörte, wurden Labans Leitungsfunktionen und -kompetenzen sehr bald erheblich eingeschränkt und schließlich ganz annulliert. Über die näheren Umstände gibt es unterschiedliche Informationen. Wir wissen nur von einer zeitweiligen Internierung auf Schloß Bauz. Aus einem Brief vom September 1937 an eine nicht mit Namen genannte Frau geht hervor, daß er mit völlig ungerechtfertigten Anschuldigungen auf nazistische Art verleumdet und schwer beleidigt worden ist. Im Sommer 1937 hat er dann, schwerkrank, Deutschland verlassen. Für ein paar Monate konnte er zunächst in Paris leben, dann holte ihn Kurt Jooss nach Dartington (England) in sein Haus.

Antifaschistisch gesinntes Künstlerensemble in Gefahr

Kurt Jooss berichtete in seinen biographischen Notizen aus dem Jahre 1933 von den großen Schwierigkeiten, die ihm die NSDAP in steigendem Maße bereitete. Er sollte sich von den »jüdischen, halb- und achtel-jüdischen Mitgliedern« seines Tanzensembles trennen, darunter von F. A. Cohen, seinem Komponisten und ständigen Mitarbeiter, und dem Tänzer Heinz Rosen. Ich nenne seinen Namen ausdrücklich, nicht nur, weil ich ihn persönlich bei der Arbeit im Bayreuther »Tannhäuser«-Bacchanal kennengelernt habe, weil er 1966 Berliner Besuchern der Deutschen Staatsoper bei einem hervorragenden Gastspiel als Leiter des Tanzensembles des Münchener Nationaltheaters begegnet ist, sondern auch, weil es rassistischen Kräften dann doch noch gelungen ist, ihm, dem Kommunisten und Juden, mit Bosheiten und Morddrohungen die Lebens- und Schaffenskräfte zu rauben.

Anni Sauer, die ihn aus ihrer gemeinsamen Ausbildung bei Maxim und Trude Bosse in Hannover gut kannte, brachte mir vor Jahren ein Programmheft der Ballettwoche der Bayerischen Staatsoper 1965 mit einem bemerkenswerten Foto-Deckblatt nach einer Idee von Heinz Rosen: Auf schwarzem Grund nähert sich vom linken Rand her die strebende Hand einer Tänzerin der von rechts kommenden offenen Hand eines Tänzers. Bald könnten sie einander erreichen ... Rosen hatte ihr das Bild gedeutet: »Westen und Osten«.

Es hatte nichts genutzt, daß Jooss seine Arbeit vorsorglich zum Privatunternehmen gemacht hatte; täglich kam es zu immer schärferen Auseinandersetzungen mit der Gauleitung. So erschien in einer der Tageszeitungen ein äußerst verleumderischer Hetzartikel gegen ihn unter der Überschrift »Kurt Joos(s) als mosaischer Tempeltänzer. Ohne den Juden Cohen kann er seine künstlerische Mission nicht erfüllen«[47].

Die Tanzgruppe bereitete unterdessen ein Gastspiel in Holland vor. Drei Wochen vor der Abreise erhielt Jooss von Freunden eine dringende Warnung: Die Gauleitung habe seine Verhaftung beschlossen. Er notierte später: »Ein blitzartig gefaßter Fluchtplan gelingt, und das ganze Ensemble überschreitet nach zwei Tagen die holländische Grenze ...« Am Tag darauf wäre tatsächlich seine Verhaftung erfolgt.

Wie einer Dokumentation von 1985[48] zu entnehmen ist, waren die »Ballets Jooss« bis zum Sommer 1934 auf Welttournee in West- und Osteuropa, England, Amerika und Skandinavien. Im April 1934 wurde »mit großzügiger Unterstützung von Leonard und Dorothy Elmhirst ... die ›Jooss-Leeder School of Dance‹ in Dartington Hall gegründet. Leeder, das Lehrerkollegium und 23 Schüler verlassen die Folkwangschule in Essen, um ab Sommer 1934 in England weiterzuarbeiten.«

Ich meine, diese Bekundungen unbedingten Zusammenhaltens in schwerer Zeit sind mehr als eine Laudatio für den Künstler und Pädagogen Kurt Jooss, sein Ensemble, seine Schule.

Die Tanzabteilung der Folkwangschulen in Essen wurde zunächst von Trude Pohl weitergeführt, wie aus den Inseraten und Berichten in den Tanzzeitschriften ersichtlich ist. Erstaunlicherweise findet man im

»Tanz« noch bis 1937 Inserate der Jooss-Leeder-Tanzschule in Dartington und in Heft 8 /1935 zwei Fotos aus dem Repertoire des »Kurt-Jooss-Ballett« im Rahmen eines Artikels über Tanz in London, wenn auch ohne Namensnennung im Text.

Nach wie vor gab es in Deutschland zahlreiche Tanzmatineen und -abende mit Programmen von Vertretern des Modernen Tanzes aller Art. Es war besonders die Berliner Volksbühne, die ihnen zielbewußt Gelegenheit dazu bot. John Schikowski, der Initiator dieser Aktivitäten und Freund der Tänzerschaft, war am 3. März 1934 gestorben. Am 13. Mai fand ihm zu Ehren eine einzigartige Feierstunde in der Volksbühne statt: Die Gedenkrede hielt Rudolf von Laban. Und danach erlebten die Teilnehmer als Zeichen des Dankes an den Verstorbenen ein auserlesenes Tanzprogramm, gestaltet von bekannten Solisten, Paaren und einer Gruppe – fast alles Vertreter des Modernen Tanzes. Lisa Ney: Widmung; Afrika Doering: Monotonie; Alexander von Swaine: Farruca aus der Ballettpantomime »Der Dreispitz«; Alice Uhlen: Walzer; Helga Normann: Aus der Bahn gerissen; Erika Lindner: Wandernde Seele (Erdgebunden – Im Licht); Alice Uhlen und Alexander von Swaine: Traumtanz; Mitglieder der Kammertanzgruppe Jutta Klamt: Botschaft. Aus einem Zyklus kultischer Tänze von Jutta Klamt; Yvonne Georgi: Minuetto, Elektra, Ballade; Palucca: Elegie, Walzer II, Weiter Glanz; Mary Wigman: Todesruf aus dem Tanzzyklus »Opfer«, Abschied, Tanz der stillen Freude.

Das Tanzschaffen während der Nazizeit

Die Frage zu untersuchen, welchen Einfluß der Faschismus auf den Modernen Tanz in allen seinen Bereichen ausgeübt hat, wäre Sache einer vielseitigen wissenschaftlichen Forschung, die auf anderen Gebieten der Künste gewisse Parallelen haben mag. Nur bestehen beim Tanz große Schwierigkeiten mit Quellenmaterialien. Während dort weitgehend objektiv nachprüfbare Hinterlassenschaften vorliegen, ist das beim Tanz nur in sehr begrenztem Maße der Fall: Tanzschriftlich oder gar filmisch festgehaltene Aufzeichnungen von einzelnen Tänzen oder ganzen Tanzwerken stehen kaum zur Verfügung; ebensowenig persönliche Erinnerungen in erforderlicher Genauigkeit. Fotos sind zwar ein gutes Hilfsmittel für die Vorstellungskraft, aber zum einen hängt ihr Informationswert vom Tanzverständnis und dem fachlichen Können des Fotografen ab, zum anderen halten die Bilder nur *einzelne Momente* aus dem gesamten Ablauf fest. Presseberichte – soweit vorhanden – geben im allgemeinen nur unvollständige bzw. tendenziöse Auskunft. Aus Programmheften kann man zwar einiges über die Wahl der Themen der betreffenden Künstler ablesen, aber was dahinterstand und was sie mit Zuschauenden verband, was sie ansprach oder abstieß, das ist kaum systematisch zu untersuchen.

Etwas greifbarer ist schon der gesamte tanzpädagogische Bereich. Da gibt es noch Lehrpläne und vereinzelte Unterrichtsmitschriften, Prüfungsbedingungen und Beurteilungen, Rezensionen von Schul-Aufführungen, Veröffentlichungen von Vorträgen und andere Fachliteratur. Gravierend aber ist die Tatsache, daß hier die Gestaltung des Unterrichtes, anders als im Klassischen Tanz, weitgehend von der Persönlichkeit des Pädagogen, seinen schöpferischen Fähigkeiten ebenso wie denen der Schüler bestimmt war.

Ab 1935 nahmen die Eingriffe des NS-Staates in die Arbeit der Tanzschulen ständig zu. Am 1. August des Jahres erschien eine «Amtliche Beilage« zu Nr. 7/8 des »Fachblattes für Singchor und Tanz«, des Verbandsorgans des »Deutschen Chorsänger- und Tänzerbundes E. V.«, mit der Kopfzeile »Der Präsident der Reichtheaterkammer«. Sie brachte die »Anordnung Nr. 48 betreffend Prüfungsordnung für Tänzer und Lehrer des künstlerischen Tanzes«, die weitere Kompetenzbeschränkungen und Veränderungen in der Lage der Tanzschaffenden und Schulen sowohl in methodischer und künstlerischer wie organisatorischer und mit alledem auch persönlicher Hinsicht erkennen ließen:

»In Verfolg meiner grundlegenden Anordnung Nr. 20 wegen Eingliederung der Lehrer für Kunsttanz, Bewegungschöre und verwandte Gebiete sowie Kunsttänzer ordne ich gemäß § 25 der ersten Verordnung zur Durchführung des Reichskulturkammergesetzes vom 1. November 1933 folgendes an:

1. Die Reichstheaterkammer betreut mit alleiniger Zuständigkeit alle Tänzer und Tanzangelegenheiten einschließlich des Laientanzes und der tänzerischen Körperbildung. Sie betreut den tänzerischen Nachwuchs und regelt die Zulassung zum Tänzer- und Tanzlehrberufe. Sie beaufsichtigt die Tanzschulen und Tanzlehrstätten aller Art, errichtet Prüfungsstellen, bestimmt das Prüfungsverfahren und setzt Schul- und Lehrordnungen fest.«

In Absatz III. »Schul- und Lehrordnung« werden nach den »Grundforderungen der Ausbildung« dann die »Lehrfächer« genannt. Dazu gehört an erster Stelle »Die deutsche Tanzform«, wie jetzt der Moderne Tanz benannt wird, an zweiter Stelle »Die klassische Tanzform«, dann folgen Volkstanzformen sowie Wahlfächer.

(Wie mir Rosemarie Ehm-Schulz 1988 schrieb, hat es die Leitung der Deutschen Meister-Stätten für Tanz in Berlin-Dahlem verstanden, die Anordnungen der Reichstheaterkammer teilweise zu umgehen. »Presse und Praxis waren absolut nicht identisch. Dafür sorgten die Pädagogen.«)

In der Woche vom 3. bis 10. November 1935 veranstaltete die unter Labans künstlerischer Leitung stehende »Deutsche Tanzbühne« im Auftrag der Reichstheaterkammer in der Berliner Volksbühne »Deutsche Tanzfestspiele 1935«. Das Programm verschafft uns einen repräsentativen Überblick über das zu dieser Zeit akzeptierte und – was die junge Generation betrifft – wohl zum Teil auch geförderte Tanzschaffen.

Den Auftakt bildete ein Tanzabend mit Palucca. Im Programm standen u. a.: »Drei Bagatellen« (Casella), Tänze nach Musiken alter Meister, »Dunkle Klänge« mit Musik ihres damaligen Pianisten V. Schwinghammer, »Tänzerische Melodien« (Dvořák), »Nach sechs Contretänzen« (Beethoven). Ein Walzer mit Musik von Richard Strauss beschloß das Programm. Palucca schrieb dazu: »Meine Tänze haben keinen anderen Inhalt und Sinn als eben den Tanz, die natürliche Bewegung, gestaltet im Gleichklang mit der Musik. Mein Wunsch wäre, in meinen Tänzen eben so frei und so gebunden zu sein, wie der Musiker es ist. Frei von Inhalten und Symbolen, gebunden an Gesetzmäßigkeiten ...«[49]

Am Abend darauf war das Programm geteilt: Vor der Pause tanzten »Junge Tänzer, hervorgegangen aus der Palucca-Schule«, unter ihnen *Marianne Vogelsang*. Nach einem »Allegretto« (Reger) ließ sie Titel folgen, die besonders aus späterer Kenntnis ihres Wesens, ihrer Weltanschauung und ihres Lebens aufhorchen lassen: Eine Suite mit den Tänzen »Trauergesang« (Slavenski), »Zwiespalt« (Skrjabin) und »Ahnung« (Debussy). Den Abschluß bildete »Valse triste« (Sibelius). Der zweite Teil des Abends gehörte dem »Berliner Tanzchor« unter der Leitung von Lotte Wernicke mit ihrem Tanzwerk »Geburt der Arbeit« (Musik: Ulrich Keßler). Die sechs Bilder waren benannt: Das Erwachen – Das Suchen – Der Weg – Die Arbeit (Landarbeit, Handwerk, Fabrikarbeit) – Die Mütter – Dank-Fest. Es würde hier zu weit führen, die Erläuterungen zu den einzelnen Szenen zu zitieren. Wohl aber verdienen bestimmte Gedanken zur künstlerischen Form des Bewegungschores Erwähnung: »Chorische Bewegung – Chorischer Tanz ist einer der Hauptfaktoren des neuen deutschen Tanzes. Die Entwicklung der letzten Jahre hat ihn auf seinen Platz gestellt – gleichberechtigt neben den Solo- und Gruppentanz ... Hier steht über der Vielheit der sich zusammengefundenen Menschen der Gedanke und die führende Hand des Chorführers, des Tanzregisseurs. Seine Idee wird zum ausdrucks- und bewegungsmäßigen Erlebnis des Chores ... Jeder Einzelne wird in der Gesamtheit zum Träger eines starken Ausdruckswillens im kulturellen und künstlerischen Leben der Gemeinschaft, des Volkes.«[50]

Im gleichen Jahr veröffentlichte der »Fränkische Kurier« einen Bericht von zwei Bewegungschor-Lehrgängen und hebt vor allem eine Schulungswoche unter Leitung von Albrecht Knust hervor, veranstaltet von der »NS-Kulturgemeinde«. Der Artikel beginnt mit der sachlich richtigen Feststellung, daß Rudolf von Laban im Jahre 1923 den ersten Bewegungschor geschaffen habe. »Wie die Sprechchöre, die man lange Zeit anzweifelte, heute bereits das Verständnis der Massen gefunden (haben) und auch von den Ausübenden viel besser verstanden werden, so werden auch diese Bewegungschöre ihren Weg gehen.«[51] Zu der Schulungswoche waren vor allem Gymnastikpädagogen »aus verschiedenen Lagern« gekommen. Nachdem durch eine entsprechende Übungsweise eine gemeinsame Grundlage geschaffen war, konnten am Schluß des Lehrgangs bereits eine Reihe von chorischen Spielen ausgeführt werden. Zur Diskussion stand die Frage nach der Zukunft des chorischen Tanzes. Der Verfasser des Artikels (gez. H. A.) stellte dazu fest: »Gerade in der neueren Zeit, in der die große Gemeinschaft immer wieder in den Vordergrund tritt, muß auch in dieser Sache die Gemeinschaftsarbeit betont werden. Wie bei den Deutschen Turnfesten die Massenübungen von Vierzig- bis Fünfzigtausend wuchtigste und wirkungsvollste Werbemittel sind und wie der Massenchor bei den Sängerfesten etwas Erhabenes ist, so könnte auch die chorische Idee bei großen Anlässen einmal für sich werben.«[52]

Laban hatte damals schon gemahnt: »Nutzt die Bewegungschöre nicht für religiöse oder politische Zwecke; das Wichtigste ist die psychische und physische Entwicklung der Tanzenden selbst.« – Aber er mußte in seinem Referat auf dem Münchener Tänzerkongreß feststellen:»Heute sind besonders politische-sozialistische Feiern fast durchweg mit Vorführungen von Bewegungschören verbunden.« Hier erhebt sich die Frage: Hat diese Form des gemeinsamen Tanzens also diesen so konträren Bestrebungen und Zielen in gleicher Weise dienen können, etwa wie das chorische Singen?

Am dritten Abend tanzte *Harald Kreutzberg*. Zu seinem Programm gehörten im ersten Teil »Choral« (M. Luther/Wilckens), »Landsknechtslied« (Wilckens), »Romanze« (Mozart), »Spanisches Straßenlied« (Albéniz), »Beweinung« (Reger) und »Drei ungarische Tänze« (Brahms). Der zweite Teil begann mit den damals bereits berühmten Kompositionen »Tanz des Zeremonienmeisters« aus Gozzis »Turandot« (Scott) und »Tanz des Hofnarren« aus dem Ballett »Don Morte« (Wilckens). Nach »Gesang der Nacht« (Brahms) endete das Programm mit »drei lustigen Tänzen für Kinder«: »Kleine Pastorale« (Poulenc), »Fröhlicher Faun« (Reinitzer) und »Fesches Herrchen« (Strauß). Friedrich Wilckens begleitete am Flügel. Kreutzberg hatte ihn 1920 bei seinem Engagement an den Städtischen Bühnen Hannover als Ballettkorrepetitor kennengelernt. Er wurde sein musikalischer Begleiter und später auch Impresario. Als Wilckens im September 1978 anläßlich der Aufführung eines seiner Werke in der Deutschen Staatsoper Berlin zu Gast war, erzählte er uns in heiterer Weise von der lebenslangen Zusammenarbeit und bekannte: »Die besten Freunde in meinem Leben waren meine Frau und Kreutzberg.«

In der Fachzeitschrift »Der Tanz« (12/1935) war die Kritik – wie nun häufig, ohne Namensnennung – geteilter Meinung hinsichtlich des Programms: »... Er mixte (es) aus alten und neuen Tänzen so bunt zusammen, daß es jedem Geschmack gerecht werden mußte. Allerdings schien es im Gesamteindruck, als sei bei dieser Mischung die ins Possenhafte und damit auch etwas ins Billig-Märchenhafte hinüberspielende Note verhältnismäßig zu stark betont worden auf Kosten tiefer angelegter und ausdrucksmäßig gehaltvollerer Studien ... Man hat das Verlangen, den anderen, künstlerischen, großen Kreutzberg zu erleben. Dieser offenbart sich dann auch vorwiegend in seinen älteren Tanzschöpfungen. Man vergibt ihm sämtliche Clownaden und man ist völlig in seinem Bann, sobald er den tragischen Hofnarren aus dem Ballett ›Don Morte‹ wuchtig über die Bühne jagt. Man erlebt ihn völlig mit ihm, und jede Geste, jeder Zug und jede Gesichtsgebärde dringen tief in die Seele und wühlen auf ... Und als Kontrast zu ihm eine köstliche, musikalisch feine und tänzerisch beschwingte Mozart-Romanze, ein zauberhaftes Hintupfen, ein Hüpfen in filigranem Dessin, eine Losgelöstheit von der Schwere – die Leichtigkeit selbst ... Mit seiner herrlichen ›Beweinung‹ (konnte er) auch diesmal zutiefst beeindrukken und damit beweisen, daß ein großer Künstler nicht nur laut ›aus sich heraus‹, sondern auch still ›in sich hinein‹ zu tanzen vermag ...«

In dem Programm des vierten Abends traten zuerst wieder »Junge Tänzer« auf, unter ihnen mit mehreren Tänzen *Ilse Meudtner*, die später durch erfolgreiche Soloabende bekannt geworden ist. Der zweite Teil des Abends brachte »Tänze zu Ehren von Tag und Nacht« von der Tanzgruppe Günther – München (Tanzgestaltung und Solotanz: *Maja Lex*; Musik und Tanzorchester: *Gunild Keetman*; Gesamtregie und Kostüme: *Dorothee Günther*). Die Suite bestand aus sechs Tänzen. Im Programm waren dazu entsprechende Kommentare wiedergegeben, die wir auszugsweise beifügen:

1.»Der Morgen« – ein Trio, in der Bewegung einfach und linear ...

2.»Dem Tag der Sonne« ... betont das Sakrale in Haltung und Bewegung ...

3.»Der Dämmerung« ist ein Solotanz ... Insgesamt beherrscht Tanz und Musik die schwingende, raumgreifende Weite.

4.»Der Stunde der Auflehnung« ist für Solo- und sechs Gruppentänzerinnen ein heftiger Gegensatz zu dem Vorhergehenden. Die Widersätzlichkeit prägt sich im stampfend-drängenden Fußrhythmus und auflehnender Geste, in zweifelnd fragender und doch trotzender Gebärde aus ...

5.»Der Nacht der schwebenden Gedanken« für Solo und sechs Gruppentänzerinnen ... Der ganze Tanz ein unmerkliches Kreisen, dem die Musik in wechselnder Monotonie folgt.

6.»Dem kämpferischen Tag« ... Die Freude an Tat und klingendem Leben beherrscht den Tanz.

Maja Lex trat außerdem am fünften Abend als Solistin mit »Altdeutschen Tanzweisen aus dem 17. Jahrhundert« auf, begleitet vom Tanzorchester der Günther-Schule München – Berlin unter der Leitung von Gunild Keetman. Sie war – als ehemalige Günther-Schülerin – erstaunlicherweise eingereiht worden in ein Programm unter der Überschrift »Junge Tänzer, hervorgegangen aus der Wigman-Schule« mit Solotänzen von Gretl Curth, Gisela Sonntag und Ruth Boin.

Im zweiten Teil bot das Ballett der Städtischen Bühnen Köln die Tanzlegende »Die heilige Fackel«. Tanzkomponistin und -leiterin war *Inge Herting*. Zu den Tänzerinnen in der Gruppe gehörte auch *Thea*

Maaß, eine ehemalige Wigman-Schülerin, die später als langjährige Leiterin des Staatlichen Tanzensembles der DDR und Schöpferin erfolgreicher Choreographien zeitnahen Inhalts bekannt geworden ist.

Der folgende Abend war der Tanzgruppe der Hamburgischen Staatsoper vorbehalten. Unter der Leitung von Helga Swedlund wurden zwei Werke aufgeführt, zunächst die »Pavane auf den Tod einer Infantin«. (Die Joosssche »Pavane …«, ebenfalls mit Musik von Ravel, hatte ihre Uraufführung mit dem Folkwang-Tanztheater-Studio im Oktober 1929 in Essen erlebt und dann zu dem bereits genannten historischen Programm seiner Tanzensembles gehört. Leider wird in dem beigefügten Text zu Helga Swedlunds Choreographie nichts darüber mitgeteilt, ob die Konzeption auch hier von gesellschaftskritischem Geist geprägt war.) Von Swedlund und mit ihr in der Hauptrolle wurde als zweite Tanzkomposition »Das Marienleben« (Bach) aufgeführt. Es »faßt alle Vorgänge – von der Verkündigung bis zum Jubilate – in eine einzige geschlossene Tanzhandlung zusammen, die an die tiefsten Gefühlswerte des deutschen Menschen rührt. Diese Tanzschöpfung gibt allen Nöten, allem Glück des Mutterseins zwingenden symbolischen Ausdruck.«

Die Leitung der Festspiele hatte auch hier wieder im ersten Teil des Abends einigen der Ensemblemitglieder Gelegenheit geboten, als Solisten eigene Choreographien zu zeigen. Einige Titel daraus: »Tanz auf dem Felde«, »Spiel mit dem Wind«, »Kampf mit dem Engel« (von Erika Lindner), »Bäuerlicher Tanz am Abend«, »Vision der Beatrys, nach einer flämischen Legende« (von Almuth Winkelmann), »Duett aus Orpheus und Euridike« (von Violet Tester und Edith Voelker).

Für den vorletzten Tag der Festspiele waren Auftritte von Mary Wigman selbst und ihrer Tanzgruppe angesetzt. Am Vormittag hatten bereits acht von den fünfzehn Mitgliedern eigene Programme dargeboten. Den Abschluß bildeten Choreographien von *Gretl Curth*: »Tänze nach alten Meistern«; zunächst »Drei Duette« und nachfolgend »Drei Tänze für eine kleine Gruppe«.

Am Abend wurden von und mit Mary Wigman und ihrer Tanzgruppe die »Tanzgesänge« uraufgeführt. Die musikalische Komposition hatte Hanns Hasting geschaffen, der die Tänze auch am Flügel begleitete. Mary Wigman schrieb zu der Choreographie: »… Zu Grunde liegt der Arbeit der Gedanke eines gemeinschaftlichen festlichen Begehens, im Sinne einer Feier- oder Weihestunde, getragen sind die Tänze von der dem Menschen eingewurzelten Liebe zu allem, was ihm ›Erde‹ bedeutet und ihn an diese seine Urheimat bindet. So beziehen sich die verschiedenen Arbeiten auf Erhabenes (Lobgesang), auf schmerzlich Lastendes (Bittgesang), auf düster Drohendes (Schicksalslied), auf elementar Rhythmisches (Feuertanz), auf naturhaftes Erleben (Mondlied), auf hingebend Strömendes (Huldigungstanz) ... Das, was der Tanz als künstlerische Sprache auszusagen vermag, läßt sich vollgültig nicht durch das Wort wiedergeben. Wohl aber lassen sich die von starkem Erfühlen und Erleben getragenen Inhalte des Tanzes in eine Form bannen, die auch anderen Menschen wieder zum Erlebnis werden kann.«

Zum Abschluß der Festspiele traten die Hamburger Bewegungschöre auf, seit 1934 geleitet von Lola Rogge. Nun tanzten Solisten, Bewegungschöre und eine Gruppe von Ausbildungsschülerinnen unter ihrer Gesamtleitung »Die Amazonen« (Chorisches Tanzschauspiel in 3 Bildern von Hans Meyer-Rogge, Musik: Georg Friedrich Händel, Choreographie: Lola Rogge, Leitung des Landesorchesters Berlin: Gerhard Maaß). Das Programm begann mit einem Prolog: der Erzählung vom Ursprung des Amazonenstaates aus Kleists Trauerspiel »Penthesilea«. Ein Singchor begleitete die Handlung.

Das Programm der Festspiele war also insgesamt – wie das im Vorjahr – von Choreographien aus dem Bereich des Modernen (jetzt: »deutschen«) Tanzes geprägt.

Im Jahr darauf gab es als »Festlichen Auftakt für die Olympischen Spiele« die »Internationalen Tanzwettspiele 1936«. Einer illustrierten Zeitung[53] entnahmen wir folgende Voranzeige: »Vom 15. bis 31. Juli finden in Berlin die ›Internationalen Tanzwettspiele‹ statt. Die Tänzer und Tänzerinnen aus sechzehn Ländern werden in vierzehn Festaufführungen den Tanz ihres Landes zeigen ... Reichsminister Dr. Goebbels genehmigte die Unterteilungen der Tanzformen in Solo-, Theater-, Freien- und Volkstanz ... Rudolf von Laban, der Leiter der Deutschen Tanzbühne, übernahm die gesamte Organisation des Tanzwettbewerbs. Die Schiedsrichter sind nicht etwa nur Tänzer oder Ballettmeister, sondern Vertreter von Ministerien und Kulturbehörden, Professoren und Kulturhistoriker, Musiker und Intendanten, und es geht ja nicht allein um eine fachkritische Bestätigung, sondern um ein Gesamturteil, das sich auf alle wesentlichen Vorzüge der Darbietungen bezieht. Das Deutsche Reich rief die jungen Tänzer und Tänzerinnen aus der ganzen Welt nach Deutschland ... Der Wettbewerb der Tänzer dient über seine künstlerische Bedeutung hinaus dem Ziel, endlich einmal international gültige, kritische Formen für die Sprache des Tanzes zu finden ...«

Deutschland war durch neun Repräsentanten bzw. Gruppen vertreten: die Tanzgruppe der Preußischen Staatstheater; Wigman und ihre Tanzgruppe (aus den Zyklen »Tanzgesänge«, »Die Feier«, »Frauentänze«); Palucca mit sieben Solotänzen (vornehmlich mit Titeln aus dem Sprachschatz der Musik und des Tanzes); die Tanzgruppe Günther – München (aus den Tanzfolgen »Klänge und Gesichte« und »Tänze zu Ehren von Tag und Nacht«); der Tanzchor Lotte Wernicke (»Geburt der Arbeit«) und Harald Kreutzberg (u. a. »Königstanz«, »Engel der Verkündigung«, »Henkerstanz«, »Tanz des Zeremonienmeisters«, »Till Eulenspiegel«); die Tanzgruppe des Deutschen Opernhauses sowie zwei Volkstanzgruppen.

Diese Programme können als typische Beispiele für die Wahl der Themen gelten, weil sie das offiziell Erwünschte, das Genehmigte, das Ausstellbare im Rahmen der Kulturpolitik des Naziregimes repräsentierten, im Gegensatz zu allem anderen, was diese und andere Tanzschaffende in diesen Jahren zur Aufführung brachten. Meines Erachtens läßt sich daraus nur wenig über ein Eindringen faschistischer Ideologie erkennen, wenn man vom Tenor des Unverbindlich-Unpolitischen, des »Allgemein-Menschlichen« absieht. Am ehesten könnte man vermuten, daß die Tänzer und Choreographen – wie schon vor 1933 – der Auseinandersetzung mit dem gesellschaftlichen Geschehen auswichen oder nicht erkannten, daß sie unbewußt der Nazi-Ideologie dienten. Allerdings läßt sich manchem gedruckten Titel nicht entnehmen, ob sie mit den Mitteln der Tanzkunst ihrer Stellungnahme Ausdruck verliehen. Möglicherweise waren viele auch froh, daß es doch eine Fülle von quasi immer gültigen, gesellschaftlich »neutralen« Themen für die Tänzer gibt, ob aus der Gegenwart oder alten Zeiten, Tänze zur Erheiterung und Entspannung, zur Freude an Rhythmus, Harmonie und Schönheit, an Stil, Verkörperung von Musik und – nicht zuletzt – artistisch-technischer Beherrschung des Körpers. Doch auch mit derartigen Themen kann ein Choreograph und Interpret soziale Mitteilungen beabsichtigt und Wirkungen hervorgerufen haben. Je eindeutiger allerdings eine politische Gegenstellung erkennbar war, desto gefährlicher konnte es für den »Autor« werden: Jooss hatte es schon im Jahre 1933, dem ersten des »tausendjährigen Reiches«, an sich selbst, in den eigenen Reihen und mit seinen Werken erfahren ...

Marianne Vogelsang

Auch die Tänzerin und Choreographin Marianne Vogelsang wurde den Nazis durch die Wahl ihrer Themen und den Stil ihrer Tänze im Laufe der Zeit als Gegnerin verdächtig. Sie hatte ihre Diplomprüfung 1933 bei Palucca abgelegt. Schon vor diesem Abschluß war die Meisterin mit einem Trio von begabten Schülerinnen aufgetreten, unter ihnen Marianne Vogelsang.

Einige Presseberichte und eigene Aussagen mögen ihre künstlerische Arbeit und Einstellung charakterisieren: Die »Neuesten Dresdener Nachrichten« (9. April 1935) veröffentlichten einen mit L. D. unterzeichneten Artikel unter der Überschrift »Eine neue Tänzerin«: »Man war freudig überrascht, einer neuen Tänzerin zu begegnen. Marianne Vogelsang verdankt ihre ungemein exakte Körperbeherrschung der Palucca-Schule; aber sonst hat sie sich von dem Vorbild ihrer Meisterin fast völlig freigemacht und geht mit der Sicherheit einer wirklichen Könnerin ihren eigenen Weg. Sie hat – erstaunlich bei ihrer Jugend – ihren Stil gefunden ... (Sie) ist im Ausdruck ebenso stark wie in der Komposition: der thematische Aufbau ihrer Tänze, die geschickte Raumgestaltung sind geradezu Musterbeispiele für junge Tänzerinnen. Marianne Vogelsang ist weit entfernt von seelenlosem Intellektualismus oder Formalismus, von Effekthascherei. Jede Gebärde ist sinnfällig, entquillt innerem Erleben und überzeugt deshalb. Ob man nun wie im ›Trauergesang‹ in der Suite nach Slavensky, das Klagelied wirklich zu hören vermeint, ob man im ›Zwiespalt‹ wie sie hin- und hergerissen wird, machtlos zwischen zwei Gegenströmungen, ob man in dem klug angelegten ›Aufschwung‹ emporgerissen wird zu Zuversicht und Freude. Daneben eigenartig und verblüffend in Aufbau und Gestaltung ›Fragment‹ nach Havlik ...« (Adolf Havlik war Mitarbeiter der Palucca-Schule. An seinem Vortrag über »Grundlagen der tänzerischen Gestaltungslehre« im November 1935 beteiligte sich Marianne Vogelsang mit Demonstrationen.) In der »Bilanz der Deutschen Tanzfestspiele« (1935), wie sie der »Freiheitskampf« vom 12. November 1935 zog, wird der Eindruck, den die Tänze von Marianne Vogelsang ausgelöst haben, besonders hervorgehoben. In diesem Artikel geht es u. a. um die Förderung des Nachwuchses und einige Bedenken dazu. »Fast in keinem Falle wurde die ›Schule‹ überwunden, und es fragt sich, ob Stile, die aus so einmaliger Übereinstimmung von körperlich-seelischer Anlage und der sie weitertragenden Eigen-Idee gewonnen werden, ob schöpferische Akte sich überhaupt in der Weise fortpflanzen lassen ... Die einzige Ausnahme war, soweit wir feststellen konnten, die begabte Palucca-Schülerin Marianne Vogelsang, die sich am meisten von der Herkunft entfernte. Jedoch ihre Kunst, so unerhört und mutig sie ihre Wege zog, scheint rassisch andere Voraussetzungen zu haben, als wir sie für ein Idealbild deutschen Tanzes empfinden. Ihre geistigen Ziele sind dumpf, lastend. Ihre Bilder gleichen östlichen Skulpturen. Allerdings: ihr Talent ist so hervorspringend und die eigene Note so klar, daß sie unbestreitbar eine Zukunft hat.«

In dem Buch »Tänzer unserer Zeit« von Siegfried Enkelmann (München 1937) schreibt sie selbst:»Mein Wunsch und Ziel ist es, Tänze mit rein künstlerischen Mitteln, wie sie mir zur Verfügung stehen oder gemäß sind, ohne Zutaten und ohne irgendeinen Kompromiß zu schaffen. Die Entwicklung der Arbeit ist eine stille, die keinen äußeren Einflüssen und Beschränkungen ausgesetzt sein darf ...« Der Tänzer Wolfgang Klein, ein langjähriger Freund von Marianne Vogelsang, der ihr Leben bis zum Ende (1973) begleitete, hat mir dankenswerterweise Einblick in ihren schriftlichen Nachlaß und wichtige Informationen gewährt, manche Doppel von Programmen wie Fotos zum Kopieren für mein Archiv überlassen, darunter das Programm zu einer Tanzmatinee, die sie und die bekannte österreichische Tänzerin und Choreographin *Hanna Berger* am 11. Mai 1941 (also vor dem Engagement nach Göttingen) im Berliner Theater am Kurfürstendamm bestritten.

1. Andante religioso	J. S. Bach
2. Wanderung	F. Petyrek
über die Ebene	(ukrainische Volkslieder)
in der Lichtung	
zwischen Gräbern	
am Wasser	
in den Abend	
unter Menschen	
3. Russisches Lied	Volkslied
4. Vier Préludes	A. Skrjabin
Ahnung	
Ferne	
Zwiespalt	
Weg	

5. Ekstatischer Tanz   U. Kessler
6. Zigeunerlieder   U. Kessler
Am Flügel: Ulrich Kessler

Ich meine, aus Themen, wie sie sie hier gewählt hat, läßt sich ihr politisches Engagement deutlich erkennen. Es hat viel Mut und hohes künstlerisches Niveau dazu gehört, sich damit der Öffentlichkeit und Kritik in dieser gefährlichen Zeit zu stellen.

Von 1941 bis 1943 war sie – engagiert vom Intendanten Gustav Rudolf Sellner – Ballettmeisterin und Solotänzerin am Stadttheater Göttingen. Anschließend wollte sie ihm an das Theater Hannover folgen, der dortige »Gauleiter« (Lauterbacher) verhinderte jedoch das beabsichtigte gemeinsame Engagement. Daraufhin ermöglichte ihr Sellner den Aufbau einer eigenen Tanzgruppe. Konzessionen in der Arbeit wollte sie auf keinen Fall machen, und sie war sicher, daß ihre Tänzerinnen, wenn es nötig sein sollte, zu ihr stehen. »Sollte ein Lauterbacher mich zum Teufel jagen, werden sie alle geschlossen mit mir gehen.« (Die Arbeit am »Slawischen Gesang« war dem Gauleiter »zu ostisch-russisch«.) Nach den schweren Luftangriffen auf Hannover ging sie mit ihrer Gruppe aufs Land. Sie wurden aber bald darauf in den »Solling« (Erhebung im Weserbergland) gebracht, »in eine ›Muna‹ (Munitionsfabrik), die 540 m unter Tag lag«, verurteilt zu schwerster Zwangsarbeit. Nach einem halben Jahr war es zwar erreicht, daß sie wieder herauskamen, aber sie mußten auch weiterhin – obwohl alle krank waren – schwere Zwangsarbeit leisten.

Dore Hoyer

Auch Dore Hoyer – zeitweilig Mitglied der Tanzgruppe von Mary Wigman – gehörte zu den Künstlern, die auf der Gegenseite standen. Kurt Junghanns, der sie aus dieser Zeit kannte, berichtet in der Monatsschrift »Bildende Kunst« (5/1981) unter der Überschrift: »Dore Hoyer – Tanz im Geist der ASSO« u. a.: »Diese Künstlerin wurde 1911 in einem (Dresdner) Arbeiterviertel geboren ... Wesentlich für ihr Schaffen war ein natürlicher Klasseninstinkt, der ihr eine klare politische Frontstellung ermöglichte und sie zu engen Kontakten mit ASSO-Künstlern wie Hans und Lea Grundig und zu Freundschaften mit revolutionären Arbeitern veranlaßte. Ihre Ablehnung des Faschismus war so kompromißlos, daß sie bis zum Kriegsende die Verbindung zur illegalen Widerstandsbewegung aufrecht erhielt ... So wurden ihre Tanzveranstaltungen nach 1933 zu spontanen Treffs vieler Dresdner Antifaschisten und dadurch Höhepunkte im künstlerischen wie im politischen Sinn. Es wird berichtet, daß sie noch 1940, während des Krieges gegen Frankreich, als ihre Freunde längst verhaftet oder in alle Welt verstreut waren, die ›Jeanne d'Arc‹ tanzte – jetzt mit dem Titel ›Ein Mädchen aus dem Volk‹ – und die Innenseite ihres roten Fahnenrocks mit blauen, roten und weißen Punkten besetzt hatte. Ihre Kunst blieb Waffe ...«

Dore Hoyer hatte sich unter schweren Existenzbedingungen zunächst einmal die Möglichkeit erarbeitet, immer wieder längere Zeit am Unterricht in Ausbildungsstätten (Hellerau, Palucca, Wigman) teilzunehmen. Über ihre Technik äußerte sich Johannes Richter, ehemaliger Solotänzer der Leipziger Oper, der sie seit der Zeit ihrer ersten Soloabende gut kannte: »... Dore hat ihren Körperbau und ihre Veranlagungen genau erkannt: Im Verhältnis zu ihrer großen, schlanken Gestalt hatte sie kurze, sehr kräftige Beine, einen sehr langen Oberkörper, und der stand auf einem festen Fundament, so daß ihr eine Beweglichkeit des Oberkörpers und der Arme gegeben war, die fast als abnorm zu bezeichnen war. Diese Anlage hat sie ausgenutzt für ihre persönliche Aussage. Mit diesen Pfunden hat sie gewuchert, hat daraus eine eigene Dore-Technik gemacht. Unter den modernen Tänzerinnen war sie für uns *bei weitem* diejenige, die die entwickeltste Technik hatte. – Für das Ballett war sie durchaus interessiert und hat auch davon bestimmte Dinge aufgenommen, die natürlich bei ihr dann ganz anders aussahen ... Sie hat gesehen, was sie brauchen konnte, und das hat sie in ihre Trainingsarbeit aufgenommen ... Sie ging mit ihrem Körper sehr hart um. So warf sie sich zum Beispiel springend auf die Knie ... brutal, wenn sie es als Mittel des Ausdrucks brauchte oder von Schülern verlangte.«

Der ehemalige Tänzer und spätere Tanzwissenschaftler Kurt Peters hat ein Heft seiner Archiv-Reihe Dore Hoyer gewidmet und schreibt dort hinsichtlich ihrer Technik: »Was das Phänomen Dore Hoyer im besonderen ausmacht, ist ihre geradezu unwahrscheinliche Körpertechnik. Was sie ihrem *Geist* und *Körper* an technisch-physischem Leistungsvermögen abtrotzt, ist nur bei prädestinierter Konstitution durch eine unermüdliche geballte Willenskraft zu erreichen ...«[54]

Über Themen befragt, die sie für ihre ersten Tanzabende gewählt hat, sagte Johannes Richter: »Vom ersten Programm weiß ich es nicht mehr genau; im zweiten waren dann Themen wie ›Signale‹. Dann hat sie schon mit Zyklen gearbeitet wie ›Namenlose Tänze‹, ›Geschichte (später ›Gesichte‹) der Zeit‹ ... Dore war durch ihre ganze Entwicklung links eingestellt, hatte immer Kontakte zu linken Künstlerkreisen und war stark sozial engagiert in ihren Themen. Und zum anderen waren persönliche Erlebnisse, waren Dinge aus subjektivem Erleben heraus gestaltet ... Ich habe damals und auch in späteren Zeiten nie Einflüsse einer *Person,* sondern nur Einflüsse von *Erlebnissen* gemerkt, von Landschaften, von anderen Völkern, als sie ihre ersten Reisen machte ... Sie hat aus der Welt heraus aufgenommen ...«

Konnte es da nicht Schwierigkeiten geben, als sie zeitweise Mitglied von Mary Wigmans Tanzgruppe war? Emmy Köhler-Richter hat sie in dieser Zeit dort erlebt: »Dore war keine Schülerin mehr, sie war fertig. Und man hat ihr Verhalten nie angetastet, man hat sie gelassen. Eine gewisse Einreihung in die Gruppe hat sie auf sich nehmen müssen, sonst wäre es nicht gegangen. Aber z. B. in Wigmans Inszenierung von ›Sacre du Printemps‹ später hat sie eben *die* Solorolle gehabt ... Sie fiel doch in ihrer Haltung, in ihrem Stil immer heraus.«

Wie das Wigman wohl ertragen habe, wollten wir wissen. »Nun«, sagte Emmy Köhler-Richter, »Mary hat es bestimmt zu schaffen gemacht, aber sie war eben eine echte Persönlichkeit ...«

Daß Mary Dore Hoyer hoch geachtet hat, geht auch aus den Worten hervor, die sie an Dores Grab gesprochen hat: »Wir sind gekommen, um Abschied von dir zu nehmen. Laß dich, über die Endgültigkeit des Todes hinweg, noch ein letztes Mal grüßen und laß dir danken für alles, was du uns in der Sprache deines Tanzes gegeben hast. Noch bist du uns nahe, zu gegenwärtig, als daß wir das Ausmaß deiner tänzerischen Aussage, deiner Berufung und deiner Wirkung in vollem Umfang ermessen können. Erst wenn das sich verklärende Erinnerungsbild der großen Tänzerin Dore Hoyer an die Stelle deiner menschlichen Gegenwärtigkeit treten wird – erst dann kann das letzte Wort über dich gesagt sein – das Wort, das dir den dir gebührenden Rang in der Geschichte der europäischen Tanzkunst endgültig zuerkennt ...«

Ursula Kramer-Cain, die nach dem Kriege Mitglied von Dore Hoyers Tanzgruppe war und noch heute an der Leipziger Fachschule für Tanz/Staatliche Ballettschule unterrichtet, überließ mir freundlicherweise einige Materialien über Dores Arbeit, darunter einige Pro-

gramme aus den Jahren 1942 und 1943 (zu dieser Zeit war Dore Hoyer
1. Solotänzerin am Theater des Volkes in Dresden), von denen bestimmte Themen von Zyklen und einzelnen Tänzen charakteristisch
sind.

9. Februar 1942   Bachsaal (Berlin)
Erzählung (Bursche und Mädchen)

Der Knecht, der Acker und Hof verließ	(Kodály)
Abschied	(Bartók)
Unter fremden Menschen	(Bartók)
Allein	(Bartók)
Wehes Erinnern	(Bartók)
Ihm entgegen	(Bartók)

Jeanne d'Arc

Das Mädchen aus dem Volk	(Aleida Montijn)
Vor Gericht	(Aleida Montijn)
Furioso	(Bartók)
Klage der Maya	(de Falla)
Ophelia	(de Falla)
Drehtanz	(de Falla)
Brotbacken	(span. Volksweise)
Spiel am Feierabend	(Albéniz)

Aus dem zweiten Teil einer Matinee im Dresdener Theater des Volkes
am 27. Juni 1943:

Gestalten französischer Vergangenheit

Charlotte Corday (Marats Mörderin)	(Hasting)
Furie der Guillotine	(Bartók)
Jeanne d'Arc	(Montijn)
a) Das Mädchen aus dem Volke – Berufung	
b) Vor Gericht – Verurteilung	

Aus »*Bauernkrieg*«

Die Böckingerin	(Malipiero)
Drehtanz	(Ravel)

Aus einer Matinee im Städtischen Schauspielhaus Stuttgart am 28. November 1943:

Enge der Großstadt (Slavenski)
    Angst
    Verzweifelte Freude
    Sorge
    Empörung
    Losbruch

Nachdem sie den letztgenannten Zyklus bereits 1938 innerhalb eines Programms im Dresdener Komödienhaus getanzt hatte, stand darüber in der »Deutschen Tanz-Zeitschrift« (12/1938): »Dore Hoyer zeigte ... ein Tanzprogramm aus einer Reihe von fragwürdigen, quälerischen Themen, die sich um das Motiv ›Enge der Großstadt‹ gruppieren.«

Dore hat mir erzählt, daß die »Wiegenlieder« von Bertolt Brecht sie dazu angeregt haben. Kein Wunder, daß Inhalt und Ausdruck dieser Tänze dem (anonymen) Schreiber nicht behagt haben. In der ersten und »Werbenummer« dieser Zeitschrift von 1936 stand an erster Stelle die Rede von A. E. Frauenfeld, dem »Gauleiter« und außerdem Geschäftsführer der Reichstheaterkammer, zum Geburtstag des »Führers«. Darin bekamen auch die Rezensionen derzeit geltende Maßstäbe zur Beurteilung von Kunstwerken, z. B. diese: »Nach den sterilen Zeiten eines kläglichen, kulturellen Eunuchentums, nach blasser Epigonenarbeit auf eiskalten Verstandeskonstruktionen wächst nun wieder aus Arteigenem gemußt und gekonnt deutsche Kunst erdverbunden aus deutschem Blute empor. Adolf Hitler gebot seinem Volk ... als sein tapferster Kämpfer, sein weisester Berater, sein erster Künstler.«

Jo Mihaly

In den Reihen der vor dem Machtantritt des Faschismus mehrfach wegen politischer Inaktivität scharf kritisierten Tänzerschaft hat es zahlreiche bedeutende Persönlichkeiten gegeben, die ihre Kunstwerke als Ausdruck ihrer humanistischen Gesinnung, ihrer Verbundenheit mit den Gegnern des Faschismus und zur Ermutigung schufen und darboten. In diesem Sinne sind weitere Tänzerinnen zu nennen; zunächst Jo Mihaly, auch wenn sie damals Deutschland – wie Kurt Jooss – schon sehr bald hatte verlassen müssen. Sie emigrierte in die Schweiz. Leider können sich nur noch wenige unter uns, wie Anni Sauer und Jean Weidt, an sie erinnern. Mir war sie vor 1933 bei einer Tanzveranstaltung als besondere Persönlichkeit aufgefallen. Zu meiner Freude ist es mir gelungen, mit der heute noch in der Schweiz als Schriftstellerin lebenden Künstlerin Verbindung aufzunehmen. Wichtige Auskünfte über sie und ihr Leben entdeckte ich in dem Buch »Exil in der Schweiz« von Werner Mittenzwei: Sie »hatte zunächst eine gründliche Ausbildung im klassischen Ballett erfahren, in der Inflationszeit an Tourneen durch Deutschland teilgenommen und schließlich im Dreistädte-Theater (Königshütte-Beuthen-Gleiwitz) ein Engagement bekommen, an dem damals auch Walter Felsenstein wirkte. Doch das traditionsgebundene Ballett vermochte sie nicht zu befriedigen. Die verschiedenen Einflüsse des Ausdruckstanzes jener Zeit, vor allem aber die Zusammenarbeit mit *Mary Wigman* regten sie dazu an, einen eigenen Weg zu suchen. Was sie probierte und schließlich gestaltete, läßt sich vielleicht am treffendsten mit einem aus dem Geiste des Proletariats entwickelten Ausdruckstanz beschreiben … Ihre eigenwillige Tanzkunst wurde von sozialkritischen Inhalten formiert, für die sie sich interessierte und die sie teils aus dem tagtäglichen Leben, teils aus der Literatur kannte … Was sie auf die Bühne brachte, waren Tanzgeschichten, getanzte Mini-Dramen. Auch als Tänzerin gab sie sich als Erzählerin. Elemente der Dichtung, aber auch der bildenden Kunst, so von Käthe Kollwitz, mischten sich in ihren Arbeiten, liehen ihr bestimmte Darstellungsmöglichkeiten aus. Sie selbst blieb bis in die Jahre der Emigration den verschiedenen Künsten verpflichtet, dem Tanz, der Literatur, der Malerei, dem operativen Theater …

Eine wesentliche Veränderung erfuhr ihr Leben durch die Heirat mit dem Schauspieler *Leonard Steckel*. Sie hatten sich bei der Arbeit zur Inszenierung des ›Sommernachtstraums‹ an der Volksbühne kennengelernt«, für die Jo Mihaly als Tänzerin engagiert worden war. Nach Hitlers Machtantritt mußten sie Berlin verlassen. Steckel wurde ans Zürcher Schauspielhaus engagiert. In dieser Zeit kam *Ernst Busch* mehrfach nach Zürich. Sie kannten sich aus Berlin, hatten dort »in unmittelbarer Nachbarschaft gelebt«. Mittenzwei erzählt in seinem Buch von einem Programm, das Jo Mihaly und Ernst Busch zusammen aufgebaut und aufgeführt haben. Man kann sich gut vorstellen, welch starken Eindruck sie damals beim Publikum hervorriefen. »Die Vorstellung, die dann im Zürcher Volkshaus ablief, ging so vor sich: Ernst Busch kam von der einen Seite der Bühne und trug ein Lied in seiner inzwischen auch in Zürich berühmt gewordenen Interpretation vor. Während er nach der anderen Seite abging, trat Jo Mihaly auf, das Thema mit den Mitteln des Tanzes aufnehmend. Busch sang von den ›Baumwollpflückern‹, die Mihaly stellte sich mit ihrem Tanz ›Indianische Baumwollpflückerin‹ vor; Busch sang die ›Legende vom toten Soldaten‹, danach kam die Mihaly mit ›Vision eines Krieges‹; Busch trug das ›Stempellied‹ vor, die Mihaly tanzte ›Der Knecht, als er einen Acker bekam‹.«[55]

Jo Mihaly schickte mir 1979 mehrere Kritiken über Tanzabende, die 1935 in Schweizer Zeitungen erschienen waren. Sie sind geeignet, uns eine lebhafte Vorstellung von ihrer Kunst und ihrer Wirkung zu verschaffen. Über den Abend mit Ernst Busch zusammen schreibt das Zürcher »Volksrecht« vom 27. Oktober 1934 unter der Überschrift »Illustrierter Sozialismus, sozialistische Illustration«: ›Vorwärts! Und nicht vergessen!‹ Das war der Schluß, die Mitte, war jedes Wort und jede Geste dieses Abends ... Wer der bessere unter den Partnern war? ... Song, Tanz und Vortrag vereinten sich zur Meisterschaft, steigerten sich über sich selbst hinaus, packten das Publikum, begeisterten ohne zu berauschen, schufen das, was selbst die hervorragendste politische Rede kaum zu schaffen vermag, das, was die beiden Künstler zusammen sangen und mit ihnen die Menschenmenge, die den großen Saal bis auf den letzten Platz füllte: Solidarität. Vorwärts! Und – nie – vergessen –!«

Aus der Besprechung eines Tanzabends von Jo Mihaly im Zürcher Schauspielhaus (»Tagesanzeiger«, 22. März 1935): »Am Dienstagabend sollte Moissi im Schauspielhaus Zürich auftreten. Er erkrankte, und als Ersatz sah man Jo Mihaly. Ein unbekannter Name. Aber die wenigen, die ihre ›Tänze dieser Zeit‹ miterlebten, werden ihn nicht mehr vergessen. Sie werden hinter ihm das edle, fast männlich-entschlossene Gesicht einer Frau erblicken und mit diesem Gesicht die Erinnerung an einen selten schönen, menschlich reinen Tanzabend verbinden ... Vor vielen europäischen Tänzerinnen hat sie die Formkraft der Arme und Hände voraus ... Das Entsetzen, mit dem Judith nach der Ermordung des Holofernes ihre Hände betrachtet, wurde zu einem kurzen, stummen Seelendrama, packend und wuchtig wie der Zyklus ›Warum verfolgst du mich?‹, aus dem wir als Glanzleistung den ... ›Talmudschüler‹ hervorheben ... Nicht alle hatten die grauenvolle Realistik des sterbenden, armen Kindes (›Blume im Hinterhof‹), aus dessen weitgeöffnetem Mund man den Verzweiflungsschrei zu hören glaubte; nicht alle waren so pessimistisch aktuell wie die ›Vision eines Krieges‹ ... Nein, es gab auch einige Idyllen, heiter und sanft, Ausblicke in ›Eine bessere Zeit!‹ ...«

»Die Zeit« vom 13. April 1935 brachte in einer ausführlichen Kritik des Schriftstellers Albin Zollinger die Schilderung von zwei Tänzen aus dem Repertoire von Jo Mihaly: »... Der Knecht Iwan bekommt einen Acker. Es wird da in der Tat mit ein paar verzückten Schritten ein Acker heraufbeschworen, man riecht seine braune Erde ... Iwan fängt jetzt zu pflügen an, er pflügt mit dem Stolz eines Königs und der Sorgfalt eines Somnambulen ... Er segnet das Werk, er sieht es gedeihen, ergreift die Sense, und die Art, wie er flüchtig über seine Schulter zurückblickt (es ist da, es gibt aus!), jagt einem Tränen in die Augen. Dann das Schönste: ›Fische fürs Volk!‹ Ehe man sich's versieht, hat sie Taue und Segel, Netze und Körbe vor unseren Augen aufgebaut ... Jan hat es eilig mit Sortieren und Tranchieren, denn sein Volk entbehrt; aber er macht sich doch scherzhaft noch ein wenig mit seinen Schätzen kostbar ... Schließlich hat er sie in Körbe auseinandergelegt ... und wirft und spendet, Zehntausende sind zu speisen ... Er wirft noch weiter und noch weiter, zuletzt ein Prachtexemplar für die Allerhintersten, Schüchternsten, seine Lieblinge, nimmt den Korb und geht ab, jeder Zoll ein beglückter Spender ...«

Was für wichtige Beobachtungen und Gedanken leiten den Artikel von Zollinger ein! Man erinnert sich an Forderungen, die Harald Kreutzberg an sein tänzerisches Komponieren stellt, und hofft, daß es auch heutigen Tanzschaffenden gelingen möge, sie zu erfüllen: »Ich habe etwas so *Dichterisches* von Tanz noch nie gesehen. *Dichterisch auch im Sinne von dicht*: diese Tänze dauern alle vielleicht eine Minute oder zwei; aber das Motiv ist so genial und der Ausdruck so strahlend, daß etwas darüber hinaus nicht zu sagen bleibt. Und als ehrliche Künstlerin läßt es Jo Mihaly dabei bewenden; sie geht, ohne – was leicht und üblich wäre – *das Thema tänzerisch zu zerdehnen*. Ihre *Kraft der Konzentration* allein beweist eine ganz große Könnerschaft ...« Ich habe das hervorgehoben, was heute offenbar nur wenige Tänzer erreichen oder auch nur anstreben.

Oda Schottmüller

Zu den politisch engagierten Tanzschaffenden gehörte auch Oda Schottmüller. Leider konnte ich weder ihre Aufführungen sehen noch sonst mit ihr in Verbindung kommen. Über ihr Leben als »Tänzerin, Bildhauerin, Antifaschistin« berichten Norbert Molkenbur und Klaus Hörhold in ihrem 1983 in Berlin erschienenen Buch. Sie befassen sich darin ausführlich mit ihrer politischen Gesinnung und mutigen Einsatzbereitschaft, mit ihren Aktivitäten in Verbindung mit der Widerstandsgruppe »Rote Kapelle« und schließlich ihrer Ermordung durch faschistische Henker. Im Zusammenhang mit ihrer beruflichen Ausbildung und Wirksamkeit erfahren wir, daß sie sich »vor allem für *Mary Wigmans* und *Harald Kreutzbergs* Experimente im modernen Ausdruckstanz« interessierte. Eingehender informieren die Autoren darüber, daß Oda Schottmüller sich intensiv mit *Labans* Schriften und Theorien befaßt habe. Ihre vielseitigen künstlerischen Anlagen veranlaßten sie dazu, sich gleichzeitig künstlerisch-handwerklichen – an der Kunsthochschule – wie der Ausbildung für Modernen Tanz, tänzerische Körperbildung und Laientanz – in der Schule Gertrud Wienecke – zu widmen. In dem ganzen Bericht fehlt kaum eine der bedeutenden Tänzerpersönlichkeiten dieser Zeit, wie auch die deutschen und internationalen Tanzveranstaltungen der dreißiger Jahre genannt werden. Aufschlußreich sind ebenfalls die hier zitierten Erinnerungen des Komponisten *Kurt Schwaen* (er war bis Mitte 1938 als politischer Gefangener im Zuchthaus gewesen – I. L.), mit dem sie in den letzten Jahren ihres künstlerischen Schaffens zusammenarbeitete: »Das Besondere an Oda Schottmüllers Tänzen bestand darin, daß sie häufig Masken verwendete, die sie selbst modelliert hatte, denn sie war ja auch Bildhauerin. Mir war der Tanz neu, ich hatte dergleichen noch nie gesehen und war ehrlich überrascht von den Ausdrucksmöglichkeiten dieser Kunst ... Die Tänze hatten eigenartige Titel wie ›Lied überm Land‹, ›Engel der Empörung‹ und ähnliche, und die Musik dazu sollte von Reger, Brahms oder Beethoven sein, von denen ich solche Werke jedenfalls nicht kannte ... Ich begnügte mich nicht, zu begleiten. An den einstudierten Tänzen war von der Musik her nichts mehr zu verändern. So suchte ich für neue Tänze geeignetere Werke aus, als man sie bisher gefunden hatte, oder schrieb selbst die Musik dazu ...«

Molkenbur/Hörhold zitieren auch ausführlich aus zeitgenössischen Publikationen: »Oda Schottmüller ... wurde von der Reichstheaterkammer als ›freier Tänzer und Nichtmitglied‹ geführt. Oda nutzte die Zeit auch mehr für die Erarbeitung ihrer eigenen Programme als für die Lehrtätigkeit. Oda Schottmüller erhielt ... gute Kritiken in den wichtigen Jahren vor der Olympiade, in deren Rahmenkulturprogramm die Internationalen Tanzfestspiele in Berlin stattfanden.« »Berliner Börsenzeitung« (13. März 1934): »...alles entsteht wie unter einem magischen Zwang ..., alles blieb stilistisch unantastbar bis zum letzten ...« »Germania« (Berlin, 4. Mai 1936): »Oda Schottmüller entpuppte sich als ein Tanztalent von hohen Graden. Schon dem Tanz ›Tragödie‹ merkt man es an, daß hier endlich wieder jemand eine Ahnung von dem fließenden Gesamtrhythmus des künstlerischen Einzeltanzes hat. Eine starke Ausdruckskraft gibt den Tänzen Klarheit, und eine Fülle sehr origineller Figuren rundet sie zu kleinen, schönen Kunstwerken.«

»1935 und Anfang 1936 arbeitete sie fieberhaft. Sie bereitete sich auf die Internationalen Tanzfestspiele ... intensiv vor ... Während der Olympiade fanden vom 9. bis 15. August 1936 täglich im Olympischen Dorf Tanzmatineen statt, die von zahlreichen Berliner Tanzkünstlern gestaltet wurden. Dieser Fachpräsenz war auch Oda Schottmüller verpflichtet, wenngleich sie um den Geist und die Ziele der monströsen nationalsozialistischen Propagandaschau wußte ... Obwohl keinerlei Programme erhalten geblieben sind, ist immerhin den vorliegenden Pressenotizen aus jenen Tagen zu entnehmen, daß sich die von Oda Schottmüller mitgestalteten Tanzmatineen durch hohe künstlerische Meisterschaft auszeichneten. Sie bot ausschließlich stilisierte moderne Tanzgestaltungen, die in den vorwiegend von der Folklore bestimmten Programmen einen starken Kontrast bildeten. Es entsprach ihrer tiefen Überzeugung und Haltung als Künstlerin, sich nicht für den rassischen Propagandarummel mit dem deutschen Volkstanz mißbrauchen zu lassen.«[56]

Wie Oda Schottmüller gehörte auch *Greta Kuckhoff* zur Widerstandsgruppe »Rote Kapelle«. Sie erinnert sich: »Es gab unter uns zwei oder drei Ausdruckstänzerinnen, politisch engagierte und geschulte Frauen: Oda Schottmüller und Hanna Berger. Beide haben darunter gelitten, daß sie nicht aus der Fülle schaffen konnten. ... Sie unterstützten den Widerstandskampf in jeder nur möglichen Weise. Sie hofften auf eine Zukunft, in der sie ein reifes, durch die Kampfjahre noch gewichtigeres Werk würden bieten können. Oda starb in Plötzensee am gleichen Tag wie mein Mann, am 5. August 1943. Hanna aber hat nach der Befreiung in Wien eine Kindergruppe aufgebaut, die sie lehrte zu improvisieren, nachdem ein Stoff geistig durchgearbeitet war ... Beide ... hätten nicht anders handeln können, als sie es taten. Für sie war die Befreiung vom faschistischen Joch die Aufgabe, die es zuerst zu lösen galt.«

Was nun die Weiterführung des Modernen Tanzes betrifft, so gab doch nach wie vor die jeweilige Persönlichkeit der Arbeit das spezielle Gepräge. Das konnten auch alle »Anordnungen« und Paragraphen nicht restlos einebnen, weder im Bühnenschaffen – wie wir sahen – noch bei der Ausbildung von Tänzern und Pädagogen. So blieben auch hier insgeheim noch manche Türen offen.

Vom Schicksal der Palucca- und der Wigman-Schule in Dresden

Welche hohen Ansprüche eine der bekanntesten modernen Schulen an die Ausbildung von Diplomanden stellte, die im Frühjahr 1933 ihr Studium abschlossen, mag – als Beispiel – ein Dokument belegen: die »Prüfungsbestimmungen zur Erlangung des Diploms I der Palucca-Schule für Marianne Vogelsang«. Darin wurden folgende Aufgaben gestellt:

15 Minuten technische Improvisation; Einstudierung eines Solotanzes; Einstudierung eines Duettes; Einstudierung eines Trios; ein Solotanz.

30 Minuten technischer Unterricht; 30 Minuten Unterricht (theoretisch und praktisch) für Klasse I – II, Entwicklung einer eigenen Idee;

Gruppeneinstudierung nach im Moment gegebener Musik; 25 Minuten Rhythmik-Unterricht an Klasse I – III nach gegebenem Thema; 30 Minuten Gymnastik-Unterricht an Klasse I – III.

30 Minuten Prüfung in Formlehre:

   1.Dreiteilige Komposition (A-B-A) mit rhythmisch und räumlich kontrastierendem Mittelteil (Übergang zur Reprise)
   2.Zwei Skizzen mit ganz verschiedenen Steigerungen
   3.Eine kurze Pausenskizze
   4.Eine kurze Skizze auf ein einziges, ganz einfaches Motiv.

Prüfung in Anatomie. Prüfung in Rhythmik.

Aufsätze abgeben bis 20. Mai 1933. Themen für die Unterrichtsstunden und *Namen der Tänze* mit Angabe der Musiken abgeben bis 24. Mai 1933.

Im Jahr darauf nahm die Palucca-Schule Dresden – wie in den »Anordnungen« gefordert – »mit Rücksicht auf die neuen Prüfungsbestimmungen für die Theatertänzer als neue Unterrichtsfächer Klassischen Tanz, Balletttraining und Nationaltänze in den Lehrplan« auf. Wie in der Fachzeitschrift »Der Tanz« (11/1934) weiter mitgeteilt wird, erfolgt »neben dieser speziellen Ausbildung für Theatertänzer wie bisher der allgemeine Unterricht für Solo- und Gruppentanz bis zur künstlerischen Reife, in Gymnastik und Tanzpädagogik bis zur Lehrberechtigung«.

In der Folgezeit gab es in den Tanzzeitschriften noch hier und da Mitteilungen über die Berufsausbildung und Sommerkurse an den Palucca-Schulen Dresden und Berlin, bis dann in der Juni-Ausgabe der »Deutschen Tanz-Zeitschrift« von 1939 eine kurze Notiz erschien: »*Eva Glaser* und *Adolf Havlik* haben die Palucca-Schule, Dresden, übernommen und führen den Ausbildungsunterricht für Tanz in den bisherigen Räumen weiter.« Palucca hatte ihre Schule geschlossen, um sich den faschistischen Anordnungen der Reichstheaterkammer nicht unterwerfen zu müssen, und widmete sich – vorwiegend privat – als Solistin ihrer künstlerischen Arbeit.

Ein paar Jahre später erfährt man aus dem Organ der Fachschaft Tanz (»Der Tanz«, 4/1942) ohne jeden Kommentar, die Stadt Dresden habe die Wigman-Schule übernommen und eröffne am 1. April an ihrem Konservatorium neu eine Abteilung Tanz, an der Bühnentänzer und Freie Tänzer sowie Lehrer für tänzerische Körperbildung und Laientanz und Lehrer für künstlerischen Tanz ausgebildet würden, »entsprechend den Vorschriften der Reichstheaterkammer«. Die Leitung habe Gretl Curth-Hasting.

Und Mary Wigman? Auf den letzten zwei Seiten des Heftes vom August des nämlichen Jahres waren nebeneinander jeweils ein halbseitiges Inserat des Dresdner Konservatoriums Abt. Tanz und der Staatlichen Hochschule für Musik in Leipzig abgedruckt. Hier nun stand: »3. Abteilung Hochschule für dramatische Kunst, Leitung Prof. Dr. Hanns Niedecken-Gebhard – Oper, Schauspiel, Tanz, Regie. Vollständige Ausbildung bis zur Bühnenreife in enger Verbindung mit den Städtischen Bühnen.« Von den Lehrkräften der Abteilung war an erster Stelle, herausgehoben, Mary Wigmans Name genannt. So hatte auch sie zunächst einmal die eigene Schule in Dresden verloren.

Ich kannte Wigman nur von einigen wenigen ihrer Tanzveranstaltungen und vom Münchner Tänzerkongreß. Einmal aber kam es zu einer kurzen und ganz un-fachlichen Begegnung: Chris Baumgarten und ich hatten auf der Fahrt nach Leipzig – es war in den ersten Jahren nach dem Krieg – in einem der immer total überfüllten Züge *einen* Sitzplatz erobert. Da sahen wir Mary Wigman auf dem Bahnsteig verzweifelt nach einer Möglichkeit Ausschau halten, noch mitzukommen. Das Fenster ließ sich nicht öffnen. Da half nur, sich zur Eingangstür durchzuwinden und sie hereinzuholen. Ich sehe noch, wie sie hinter der bahnbrechenden Chris auf unser Abteil zusteuerte und sich beglückt aufatmend auf dem angebotenen Platz niederließ. Ein Gespräch konnte leider nicht zustande kommen, aber wir erlebten sie später bei einem ihrer faszinierenden Vorträge über Tanz.

Absolventinnen der Wigman-Schule

Im Zusammenhang mit der vorliegenden Arbeit habe ich vor einiger Zeit zwei Kolleginnen befragt, die zwischen 1933 und 1945 an der Wigman-Schule ausgebildet worden sind: Erika Triebsch und Inge Hoth-Kurz. Aus deren persönlichen Erinnerungen wollte ich etwas über Mary Wigmans Methoden erfahren. So erzählte Erika Triebsch, die Mitte der dreißiger Jahre bei Wigman studiert hatte: »Aufnahmeprüfungen gab es nicht, statt dessen eine Probezeit. Themen für das Improvisieren waren z. B. ›Schwung‹ oder ›Staccato‹. Man konnte wählen, ob mit oder ohne Musik. Jeder zeigte seine Folge, die anderen schauten zu und beurteilten. (In einer Klasse waren durchschnittlich fünfzehn Schüler.) Gegebenenfalls wurde einem empfohlen, aus dem Improvisierten einen Tanz zu entwickeln. Oder wenn man sich etwas angewöhnt (sich, wie es dann hieß, spezialisiert) hatte, wurde einem die Aufgabe gestellt, in einem nächsten Tanz diese Spezialität zu vermeiden und Neues zu finden, seine Ausdrucksmöglichkeiten ständig zu erweitern.

Der tänzerische Unterricht begann immer mit gymnastischen Übungen zur Kräftigung, Lockerung, Durcharbeitung der Glieder, Entwicklung des Körpergefühls usw. Dann folgten Aufgaben in der Fortbewegung, zumeist mit Musik, die bereits tänzerischer Natur waren. Wenn hier Technisches gearbeitet wurde, dann nur dort, wo es gerade zur Vorbereitung für alles Weitere nötig war. Zum Schluß wurde manchmal auch noch mit den Motiven improvisiert, mit einem oder mehreren Partnern in der Gruppe. Großer Wert wurde auf Anpassung gelegt, zugleich aber natürlich auch auf Aktivität jedes einzelnen, in Harmonie miteinander. Gemeinsamkeiten konnten allein aus dem Körpergefühl entstehen (z. B. Anfang und Schluß, Tempo und Rhythmus, Gruppenform) oder durch Anpassung an einen Gruppenführer.

Mary gab einmal in der Woche Improvisation für Ausbildungsschüler und Laien. Dabei saß sie auf einem hohen Leiterstuhl, machte nichts vor und rief uns nur ihre Anweisungen hinsichtlich Gruppenform, Bewegungen usw. zu. Auch der Musiker oder die Musizierenden richteten sich danach.

So ging es manchmal ohne Unterbrechung über längere Zeit. Auch die Tanzgruppe machte mit. – Für Mary war das wie ein ›Modellieren‹, ein Ausprobieren für neue Tänze.

Ein weiteres Fach der Ausbildung war Rhythmischer Unterricht mit Schlagwerk. Wir lernten die Elemente der Musik kennen, z. B. Taktarten und ihren unterschiedlichen Charakter. Wir spielten mit Rhythmen, improvisierten auf Schlagwerk. Den Unterricht leitete der Pianist Hanns Hasting (davor Will Goetze). Manchmal improvisierte er auf dem Klavier und wir dazu auf Schlagwerk, nachdem wir die erforderliche Technik erworben hatten. Die dafür Begabten spielten auch zu Tänzen von Mary und der Tanzgruppe. Manchmal war Musikhören auf dem Plan; wir sollten beurteilen lernen: Welche Musik ist tänzerisch, was regt zum Tanzen an? Besonders gern wurden Kompositionen von Debussy, Ravel, Saint-Saëns, Milhaud, aber auch Musik der Klassik dazu verwendet.

Es stand fest: Man kann mit und ohne Musik tanzen. Für die Arbeit an einem eigenen Tanz konnte man sich den Saal organisieren und eine Vereinbarung mit dem Pianisten treffen. Man konnte ihm eine Musik nennen oder sich etwas vorschlagen lassen. Oder man kam mit einer Idee, und der Pianist fand oder komponierte selbst etwas dazu Geeignetes. Es war auch möglich, daß man sich zuerst einen Tanz erarbeitete und dann den Pianisten dazubat.

Es gab regelmäßig Vortanzabende. Die ganze Schule, Mary und die Lehrkräfte waren die Zuschauer. Man meldete sich, wenn man einen Tanz fertig hatte und ihn zeigen wollte. Danach gab es sofort Kritik.

Daran konnten sich sowohl die oberen Klassen wie manchmal auch die Anfänger beteiligen.«

An theoretische Fächer konnte sich Erika Triebsch nicht erinnern.

Inge Hoth-Kurz begann 1939 ihr Studium bei Mary Wigman. Aufgrund der ihr eigenen Leidenschaftlichkeit und Arbeitsintensität konnte sie es mit allen drei möglichen Examina beenden, so daß ihr die Berufe als Tänzerin, Tanzpädagogin und Ballettmeisterin offenstanden. Und sie bekam sofort ein Engagement als Ballettmeisterin in Bautzen mit gleichzeitiger Verpflichtung als erste Solotänzerin. Später ging sie nach Plauen, nach Regensburg und schließlich nach Schwerin. 1956 wurde sie mit dem Aufbau und der Leitung der Fachschule für Tanz in Leipzig betraut. Aus dieser Zeit kenne ich Inge Hoth-Kurz. Ich war damals Dozentin an der Theaterhochschule, und sie bat mich, an ihrer Schule die Fächer Historischer Tanz und Kinetographie zu unterrichten. Bis an ihr Lebensende (sie starb am 21. Mai 1987 in Hönow bei Berlin) sind wir in Kontakt miteinander geblieben. Meine vielen Fragen über die Wigman-Schule hat sie dankenswerterweise ausführlich beantwortet und manche Erinnerungen und Erkenntnisse vom Standpunkt der Pädagogin angefügt. Auf die Frage, inwieweit der Plan für die praktischen Fächer auf die Anordnungen der Reichstheaterkammer eingestellt war, berichtete sie: »Wir hatten jeden Morgen von 8 bis 9.30 Uhr Ballettunterricht, und zwar bei dem jungen Solotänzer der Dresdner Staatsoper Robert Meyer. Die Reichstheaterkammer verlangte Klassisch und Modern als Vorbereitung auf die Arbeit am Theater. Goebbels verdammte uns ›Priesterinnen der Tanzkunst‹ als ›entartet‹ oder ›jüdisch beeinflußt‹. Und wenn es nach den Wünschen der Deutschen Tanzbühne in Berlin gegangen wäre (deren Inserate mit dem Naziemblem gekennzeichnet waren), hätte man uns je nach Taillenmaß, Beinlänge, Brustumfang u. ä. für geeignet oder ungeeignet gehalten, aufgenommen oder abgelehnt. Wigman aber setzte diesem Maßstab die Anforderungen an die Qualität der künstlerischen bzw. künstlerisch-pädagogischen Begabung und Eignung entgegen, was nicht immer mit einer Girlfigur zusammentrifft.«

Normierung der Figur, des Typs und auch das Bestreben, alle zu gleicher Bewegungsweise zu erziehen, stehen in engem Zusammenhang. Daran wird Wigman gedacht haben, als sie in ihrem Referat auf dem Essener Tänzerkongreß u. a. sagte: »Unterdrückt man die persönliche Tanzsprache im jungen Tänzer, so wendet man sich damit gegen das Schöpferische in ihm ... Wenn man Drill will, braucht man keinen Tanz. Dann soll man sich an das glänzend bewährte System der Tillergirl-Schulung halten ...«[57]

Ich habe mich schon manchmal gefragt, wie es kam, daß man tanzenden Wigman-Schülerinnen ihre Zugehörigkeit in den meisten Fällen ansah. Dafür gab Inge Hoth-Kurz einige Gründe an, die – wie sie meinte – in bestimmten, in Wigmans Unterricht bevorzugten Bewegungsmotiven liegen, wie die Mittelkörperwelle (die bei Laban »zentraler Impuls« genannt wurde), die Aufschwünge, die Großzügigkeit der Armbewegungen und die Fähigkeit, in jeder Weise und zeitlichen Längen zu drehen und aus dem Stand zu fallen und zu stürzen, nicht zu vergessen das sehr beliebte und vielfältig angewandte Vibrato und die rhythmischen Akzentuierungen der Schritte und Stampfer. Es war während der Ausbildung und später im Berufsleben nicht leicht, die erforderliche eigene Sprache zu finden.

Wir kamen auch auf den Modernen Tanz als »Ausdruck unserer Zeit« zu sprechen als ein Erfordernis des künstlerischen Schaffens schlechthin. Das beginnt ja in der Ausbildung bei den Themen, die den Schülern bei Gestaltungsaufgaben vorgeschlagen werden. Neu war mir nun, daß sie zum großen Teil aus dem Volksliedschaffen gegeben wurden. Nun, möglicherweise gehörte das eben gegen Ende der dreißiger Jahre, als Inge Hoth-Kurz bei Wigman begann, auch zum »Ausdruck unserer Zeit«.

»Das jeweilige Lied wurde zum Tanzen gesungen, gespielt und auch selbst instrumentiert. Aber dann nahm Wigman ihre Themen auch aus dem Tagesgeschehen. Ich bin im Herbst 1939 an die Schule gekommen und erinnere mich deutlich an die Erschütterungen durch den Ausbruch des Krieges und die auch bei Wigman einsetzende große Verwirrung über dieses Geschehen. Wir wußten alle nicht, wie wir damit fertigwerden sollten: Krieg und Tanzen und Themenstellung. Ich selbst bekam z. B. im Fach Regie später als Prüfungsthema ›Der Mütter Opfergang‹ und wählte dazu aus der griechischen Orestie die Trojanerinnen, die ihre im Kampf gefallenen Söhne betrauern; eine chorische Aufgabe mit dem Inhalt ›Frauen und Krieg‹.«

Zu tänzerischen Themen dieser Art braucht man natürlich wesentlich andere Ausdrucks- und Gestaltungsmittel, eben solche, wie sie auch Wigman selbst und ihren profiliertesten Schülern für ihre Ideen eigen waren. Das muß doch wohl in der Methode des Unterrichts, der Arbeit an sich selbst begründet sein. Auf diese Frage bekam ich eine

Antwort, die ich in ähnlicher Weise auch schon von anderer Seite her kannte. Meine Gesprächspartnerin meinte: »Eigentlich kann man sagen – ihre Methode war, keine Methode zu haben.« Man dürfe das aber nicht mißverstehen. Natürlich sei eine methodische Ausbildung erforderlich, Mary Wigman habe sich nur gegen eine Fixierung gewehrt.

Ich glaube, hier wird einer der wesentlichen Gegensätze zwischen der Ausbildung im klassischen und im modernen Tanz berührt. Wigman war gegen eine vorzuplanende Abfolge von Übungen und Gestaltungsthemen. Sie ließ sich in ihrer künstlerisch-pädagogischen Arbeit den Weg zu dem ins Auge gefaßten Ziel eine Stunde oder Probe frei, um die Gegebenheiten im Moment aufnehmen und schöpferisch fruchtbar machen zu können. In diesem Sinne »keine Methode«. Dazu gehören eben nicht nur die souveräne Beherrschung des gesamten Gebietes, sondern auch innere Beweglichkeit, Beobachtungsvermögen und spontan einsetzender Einfallsreichtum.

Weiter Inge Hoth-Kurz: »Wigman und ihre Fachvertreterinnen Gretl Curth und Gisela Sonntag verstanden es sehr gut, uns den *Aufbau* einer Stunde beizubringen. Sie haben uns gelehrt, bewegungsanalytisch zu arbeiten. Sie haben verstanden, die Stunde vom Einfachen zum Schweren zu entwickeln. Sie haben verstanden, uns so zu führen, daß in Zusammenhang mit der Bewegung nichts geschah, was nicht in der Empfindungswelt angesiedelt war, auch im Tanz. So wählte Mary auch sehr bewußt die Musiken – und wir hatten sehr gute, improvisatorisch fähige Pianisten –, die die Methode des Unterrichts in hervorragendem Maße unterstützten ... Also war ein Teil der Methode der Aufbau des Unterrichts, seine thematische Ansiedlung.

In diesem Unterricht waren der schöpferischen Eigenständigkeit große Freiräume gegeben. Das galt zum einen für den Lehrer, der uns unterrichtete, das galt aber auch für uns, die wir uns regelmäßig als Pädagogikstudenten für unseren Unterricht vorbereiteten. Die Lehraufgaben oder Lehretüden wurden nach körpertechnischen Definitionen gegeben wie: ›Arme und Füße‹, ›Mittelkörper und Beine‹, oder ›Sprung‹, ›Drehungen‹, ›Vibrato‹. So pauschal gestellte Aufgaben waren natürlich für uns eine Fundgrube in der Vorbereitung und gleichzeitig ein Anreiz zum Forschen ... Auf jeden Fall war eine Stunde erst dann abgerundet, wenn sie ihren Niederschlag in freier Improvisation fand. Es ging nicht immer darum, ein hohes geistiges Thema abzuhandeln, sondern auch um die Freude an der Bewegung, am *Spiel* mit den Bewegungen, die wir gerade eben zerlegt, erkannt, geübt und kombiniert hatten ...

Wichtig war auch in unserer Ausbildung, daß jeder Student eine Solostunde im Monat bei Mary bekam. Sie sah eine Partnerschaft zwischen sich und dem Schüler, empfahl bestimmte Schwerpunkte für die künftige Arbeit an sich selbst, ›korrigierte‹ manches ›aus‹, ließ auch Technisches arbeiten, was im Gemeinschaftsunterricht nicht eingehend genug berücksichtigt werden konnte. Immer hat sie auch unseren Kopf beim Tanzen herausgefordert und ließ uns nichts machen, ohne zu sagen, was sie vorhat, welchen Weg sie gehen will ...«

Aus Mary Wigmans Stoffplänen

Aus der gleichen Zeit stammen Aufstellungen von Themen für Klassenstunden in der Unter-, Mittel- und Oberstufe von Wigmans Hand. (Die Blätter gehören zu den reichen Schätzen des Mary-Wigman-Archivs der Westberliner Akademie der Künste.) In der Fülle und Gruppierung der Themen widerspiegelt sich die breitgefächerte und kluge Systematik der Menschenführung dieser Künstlerin und Pädagogin.

Der Plan für die Unterstufe sieht zunächst Körperhaltungen vor, aus denen der Schritt und weiter die Fortbewegung im Gehen, Laufen, Springen und Drehen entwickelt und der rhythmische Ablauf auch in seiner Beziehung zu musikalischen Formen erfahren wird. Schwung und Welle gehören ebenfalls zu den Themen der Unterstufe.

Eine Ergänzung bestätigt, was immer wieder von Wigmans Stunden berichtet wird: Arbeit an der Technik, Anregungen der Phantasie, Beziehung zu realen Vorgängen und Gelegenheit zu schöpferischem Spiel gehen zielgerichtet Hand in Hand: »Eingeschaltet: Improvisatorisches, Bildhaftes, Vorstellungen, Handlungen, Phantasieanregung etc.«

Ein ganzer Komplex ist mit »Rhythmus« überschrieben. Da geht es um die Wechselbeziehung von Kraft, Zeit und Raum und die Bildung rhythmischer Motive, wie sie aus Kraftgefühl, Zeitgefühl, Raumgefühl gebildet werden können. Dem schließt sich die Arbeit mit Wiederholungen, Abwandlungen, Erweiterung, Phrasierung und Zäsur an. An dieser Stelle, offensichtlich nach der Erfahrung mit alledem und seiner Verarbeitung, folgt wieder das schöpferische Spiel, die Improvisation. Den Abschluß dieses Komplexes bilden Ländler, Walzer, Marsch, Polka etc.

Themen anderer Art stehen für die Mittelstufe im Ausbildungsjahr 1939/40 auf dem Plan. Dabei scheinen zwei größere Zeitabschnitte gemeint zu sein.

Deutlich erkennbar werden nun stärker die Emotionen angesprochen, ob von der Bewegungsweise ausgelöst oder einer Empfindung bzw. Vorstellung, die in der Bewegung ihren Ausdruck findet. Das erste Thema heißt »Das Gleiten« – auf unterschiedlich geformten Wegen, »allein, zu zweit, als Reihe, als Gruppe ... Erlebnis der Ebene, der Weite ...« in »Tiefen- und Mittellage«, als konkrete Vorstellung: »Im Kahn über Wasser gleitend ...«

Beim zweiten Thema – »Schweben« – werden Bewegungsmittel, Ausdrucksweise, Vorstellungen, Erlebnisse mit der räumlich hohen Lage verbunden. Da geht es um entsprechende »Steilspannung, Körperhaltungen, Fußtechnik, Armführungen« und Gemütserregungen wie »entzückt, verzückt, ekstatisch ...«. Und vom Schweben geht es dann zum »Aufhalten, Auffangen, Verlängern, Auskosten im Sprung, im Schwung, in der Drehung ...«, rhythmisch frei oder in Beziehung zu bestimmten musikalischen Taktarten.

All das wird im zweiten Teil des Ausbildungsabschnittes für die Mittelstufe in neuen Themen angewandt. Wigman merkte dazu an: »Kurze Zeit O (Oberstufe) plus M (Mittelstufe) zusammen.«

»*Ausbruch*: Heftigkeit, Leidenschaft, Intensität, Steigerungen, Stürmen, Rasen, Stürzen.« (Ich weiß, daß sie auf die Fähigkeit zu kraftvollen, zu vehementen Äußerungen dieser Art ganz besonderen Wert legte.) Als Themen sind hier verzeichnet: »... auf der Flucht, vom Winde gepeitscht, Sturmflut etc. Tiefe – Weite – Höhe – Mut, Kühnheit, Sicherheit.« Und dann wieder als Gegensatz: »Verklingen, Verhauchen, Sterben der Bewegung im Sitzen, Knien, Liegen ... Anpassung an den Boden (fallendes Blatt).«

Als drittes großes Thema für dieses Studienjahr notierte Wigman, doppelt unterstrichen: »Spannung«. Immer wieder und auch hier benutzt sie den Begriff »Steilspannung« und wenig später – »sich hochschnellen, aufsteilen, ... der Wirbel über den Fußspitzen gedreht«. Dazu als Stichworte für die entsprechende Technik: »Fußspitzen, Knie, Oberschenkel«. Auch »elastische Spannungen (Bogen und Pfeil)« gehören zu diesem Themenbereich.

Für Klassenstunden der Oberstufe, an der sich auch die Mittelstufe beteiligen konnte, stehen auf dem Plan dieses Jahres: Kurve, Vibrato, Raum. Die Kurve in verschiedenen Arten, Richtungen, Höhenlagen der Fortbewegung und Haltung, wie auch in Verbindung mit der Gestik. Das Vibrato »als Funktion (Gesamt und Detail), als bewegte Basis, bewegter Zustand«, auch hier wieder ganz unterschiedlich in Richtung, Dynamik und natürlich auch im Drehen. (Das Drehen war auch ein Übungsthema, an dem unerbittlich bis zur restlosen Überwindung aller Widrigkeiten und Mängel gearbeitet wurde.)

Am Ende dieser Aufstellung von Themen für die Klassenstunden der Oberstufe 1939/40 steht der Bewegungsbegriff »Raum«, hier vor allem auf die Gewinnung großer Weite, die »Ausweitung der Bewegung, über das Körperliche hinausgreifend, im Raum verklingend«.

Bewegung – »über den Körper hinausgreifend«

Mancher Leser, auch aus der Tänzerschaft, wird sich vermutlich nichts Genaues unter diesem Begriff vorstellen können. Die Wirkung »über das Körperliche hinausgreifend« entsteht durch die mit der Bewegung bewußt aufgenommene Beziehung zu bestimmten – sichtbaren – Zielen im Raum, ob es Orte, Gegenstände oder Personen sind. Bei meinen Anregungen zum Improvisieren mag aufgefallen sein, daß häufig der Blick in eine bestimmte Richtung angegeben ist. Das allein heißt schon, »über das Körperliche hinauszugreifen«. Der Blick leitet sehr häufig – auch bei Alltagshandlungen – eine Bewegungsstrebung ein, aber zugleich auch die Aufmerksamkeit des Zuschauers auf das Ziel. Beobachten wir manche Gesten im Gespräch mit einem oder mehreren Partnern: Sie reichen über den Körper des Gestikulierenden als Wirkung hinaus bis zum Gegenüber, ohne jede Berührung. Die Wirkung von Bewegungen, die als Beziehungnahme zu spüren sind, setzt sich aus vielen Faktoren zusammen wie Differenziertheit der Zu- und Abwendungen im Gefüge des Körpers, Bewegungsansatz, Kraftaufwand, Fluß, Tempo und Rhythmus, Richtung und Entfernung, in Wechselbeziehung mit dem psychischen Zustand oder Vorgang.

Unter den Anregungen zum Improvisieren gibt es eine Reihe von Beispielen dafür, am unmittelbarsten unter dem Thema »Druck«. Hier zielt die Handfläche im Verein mit dem ganzen Körper auf bestimmte

Orte im Raum, und die Wirkung kann sich verstärken, wenn sich der Tanzende vorstellt, daß Wärme oder Beruhigung oder Helligkeit von seiner Handfläche ausgeht.

Dabei ist es immer nur eine einfache Geste über einem einfachen Schritt. Um aber bei tänzerischen Kunstwerken »über das Körperliche hinausgehen« zu können, bedarf es eines hohen Maßes physischen und geistigen Einsatzes und Könnens.

Daraus erkläre ich mir, daß Wigman dieses Thema ans Ende des Planes für die Ausbildung der Oberstufe gesetzt hat. Ich selbst habe es in meinem Buch »Sprechende Bewegung« für die Arbeit des Schauspielers an seiner körperlichen Ausdrucksfähigkeit von vornherein zum Prinzip gemacht.

Aus der Folkwangschule
1933–1945

Von der »Fachschule für Tanz, verbunden mit der Zentralschule Laban«, die zu den Folkwangschulen der Stadt Essen gehörten, bekam ich von Albrecht Knust ein interessantes Informationsblatt für das Studienjahr 1934/35. Zu dieser Zeit war er selbst Direktor; Rudolf von Laban hatte die Prüfungsleitung inne und unterrichtete gastweise. Ausgebildet wurden Operntänzer bis zur Bühnenreife und Bewegungslehrer zur Vorbereitung auf die Berufspraxis »in dem Sinne, daß sie außer einer körperlichen Durchbildung vor allem die Fähigkeit gewinnen, als Übungsleiter und Vortänzer in Festtanzchören zu wirken und Unterricht in tänzerischer Bewegungsbildung zu erteilen«. Als Arbeitsgebiete sind aufgeführt:

In den gemeinsamen Klassen werden folgende Fächer behandelt:
Tanztechnik – Beherrschung des Körpers im Sinne des neuen deutschen Chor- und Kunsttanzes.
Eukinetik und Choreutik – Weckung und Pflege von Bewegungsphantasie und Ausdruck. Entwicklung des Raumgefühls, Studium harmonischer Bewegungsfolgen und ihrer räumlichen und ausdrucksmäßigen Zusammenhänge.
Gruppenformlehre – Die Gruppenformen in ihrem gesetzmäßigen Verlauf. Aufbau, Verkettung und Auflösung von Gruppenformen, Gruppenform und Gruppengeist.

Tanzschrift – Erlernen der Kinetographie Laban, Bewegungs-
beobachtung und Bewegungsgedächtnis. Niederschrift und Repro-
duktion von alten und neuen Tänzen, Übungsfolgen für Operntanz
und Festtanz und von Chorwerken.
Tanzmusiklehre – Allgemeine Musiklehre für Tänzer. Handhabung
von Schlaginstrumenten. Erfassung des Zusammenhanges von
Musik und Tanz.
Stimmbildung – Lockerung und Pflege der Sing- und Sprechstimme.

Allgemeine Tanzkunde in Vorträgen und Aussprachen:
Harmonielehre – Theorie der tänzerischen Raum- und Ausdrucks-
beherrschung.
Körperlehre – Grundlegende anatomische Begriffe, funktionelle
Anatomie, Hygiene.
Tanzgeschichte – Geschichtliche und soziologische Grundlagen des
Tanzes.

Für die zukünftigen *Bühnentänzer* neben den gemeinsamen Klassen-
stunden:
Ballett – Historische Grundlagen des Bühnentanzes, Akrobatik, Step.
Charaktertanz – Grundformen der Volks- und Nationaltänze, neuer
Charaktertanz.
Ausdruckstanz – Pantomime, Mimik, Ausdrucksbewegung im Büh-
nengeschehen, neue deutsche Theatertanz- und Konzerttanz-
formen.
Praktikum – Mitwirkung bei Aufführungen der Städtischen Bühnen
und der Folkwangschulen. Übungen in Kostüm und Maske.
Das *Festtanz-Seminar* bearbeitet in Ergänzung der gemeinsamen Klassenstunden mit den zukünftigen Übungsleitern und Vortänzern folgende Fächer:
Festtanz-Leitung – Systematik der Übungsleitung. Aufbau der Bewe-
gungsetüden und Spiele nach pädagogischen und gesellschaftsbil-
denden Gesichtspunkten. Entwicklung des Gruppengefühls. Mu-
sterspiele (Chorischer Tanz und Reigen).
Praktikum – Hospitieren und Assistieren im Bewegungschor. Teilnahme an der Ausarbeitung und Einstudierung neuer Werke.

Bei dieser Aufstellung und den näheren Angaben zu den Studien-
fächern meine ich deutlich die organisch gewachsene, in jeder Weise

durchdachte und anspruchsvolle Planung von Laban, Jooss und seinen Mitarbeitern zu erkennen.

Was die Aufnahme in die Fachschule betrifft, so ist heute noch wissenswert, daß das Mindestalter sechzehn Jahre betrug, daß nicht die Aufnahmeprüfung entscheidend war, sondern – wie bei Wigman – das Ergebnis des ersten Arbeitsvierteljahres. Die Ausbildung von Bewegungslehrern und -chorleitern dauerte zwei Jahre. Jedenfalls konnte nach dieser Zeit die Prüfung für den Lehrausweis der Zentralschule Laban abgelegt werden. Nach zweijähriger Praxis und dem Besuch von drei weiterführenden, je einen Monat dauernden Kursen konnte man sich einer Prüfung zur Erlangung des Diploms der Bewegungslehre Laban unterziehen.

Für Bühnentänzer galt eine Ausbildungszeit von zwei bis drei Jahren. Eine Abschlußprüfung gab es nicht, sondern eine zu bescheinigende Berufsfähigkeit, die in erster Linie von der persönlichen Veranlagung des Schülers und seinen Leistungen abhing.

Zentralstelle Laban in Plauen

Auf dem zitierten Informationsblatt steht am Ende ein Hinweis auf die Zentralstelle Laban in Plauen. Sie »hält die Verbindung unter den Tänzern, Chorleitern und Bewegungslehrern Laban. Sie sichert eine planmäßige Ausbreitung der lebendigen Entwicklung des neuen deutschen Chortanzes auf der Bühne und im Fest«. Diese Zentralstelle leitete Marie Luise Lieschke. In meiner Erinnerung war sie der »gute Geist« für uns »Labanesen«, für den Meister selbst und die Sache, die wir vertraten: immer ansprechbar, aktiv, hilfsbereit, sachkundig, ob bei der Vorbereitung und Durchführung von Tänzerkongressen und Kursen oder für die Verbreitung der Kinetographie durch die Organisierung der Deutschen Gesellschaft für Schrifttanz wie überall da, wo ideelle und materielle Unterstützung des ganzen großen Kreises um Laban nötig war. Das Haus, das sie und ihr Mann, ein Arzt, bewohnten, war außerordentlich gastfrei. Mein Kollege und Studienkamerad Fritz Klingenbeck, der eine Zeitlang unmittelbar mit Laban zusammengearbeitet und anläßlich dessen 100. Geburtstags 1979 eine sehr interessante Ausstellung in Wien aufgebaut hat, schickte mir die Kopie eines Gästebuches aus dem Haus Lieschke. Wie vielerlei Eintragungen gab es da, ernste und auch lustige, von herzlichem Dank erfüllt für wiedergewonnene Kräfte. Worte in Prosa und Reim legen Zeugnis ab von dem Geist in diesem Haus und Kreis. Frau Lieschke ist nach schwerer Krankheit vor Jahren in Trier gestorben, wo sie die letzte Zeit ihres Lebens bei ihrem Sohn verbracht hatte. In Plauen hinterließ sie ihrer Sekretärin, Marianne Ludwig, zwei Kisten mit Handschriften, Zeichnungen, Korrespondenzen u. ä. von Laban. Durch Bemühungen von Ingeborg Baier-Fraenger und mir blieb das Material erhalten; eine Verwandte von Frau Lieschke veranlaßte 1975 die Überführung des Nachlasses an das der Akademie der Künste der DDR angeschlossene Tanzarchiv in Leipzig.

Im Zuge der Vorbereitungen einer Ausstellung in der Akademie zum 100. Geburtstag Labans nahm ich, zusammen mit dem Kollegen Veith Büchel – ebenfalls Schüler dieses Meisters –, eine erste Sichtung vor, um Geeignetes auszuwählen. Was wir fanden, ist so reichhaltig, daß wir längst nicht bis ans Ende kamen, auch weil man sich bei solcher Gelegenheit ohne weiteres »festlesen« kann. Was für interessante Entwürfe, Planungen, Beurteilungen der Tanzentwicklung, Zielstellungen für die pädagogische Arbeit, Ideen für die Fixierung von Gesetzmäßigkeiten der Bewegung und ihre Nutzung für die Schrift, Briefe, eine ganze Anzahl von Blättern mit interessanten farbigen Zeichnungen von Bewegungen und kristallinen Formen, von Labans Hand aufs Papier geworfen, Fotos, Rechnungen u. ä., die z. T. mit der Erhaltung des Instituts zu tun hatten; für Laban war das immer wieder ein Problem wie für die meisten, die ihre Schule auf privater Basis unterhielten. (Und doch erinnere ich mich, daß Laban immer wieder begabten Studenten, deren Berufswunsch von den Eltern nicht unterstützt wurde, das Honorar für die Ausbildung erließ und ihnen in besonderen Fällen sogar Unterkunft im Institutsgebäude ermöglichte.)

Übrigens fanden wir unter den dort abgelegten Prüfungsarbeiten von Schülern auch meine eigene aus dem Jahre 1928, deren Inhalt mir schon längst entfallen war: »Der Weg zum Formerlebnis«. Für den Aufbau meines Archivs habe ich dann natürlich vieles abgeschrieben und kopieren lassen können, was nun auch dem vorliegenden Buch zugute gekommen ist.

Die Berliner Trümpy- (und Günther-) Schule

Zu den Schulen für Modernen Tanz, die nach 1933 weitergeführt wurden, gehörte auch die von *Berthe Trümpy* geleitete in Berlin. Ich konnte sie in ihrer Schweizer Heimat, in Brione/Locarno, brieflich befragen. In ihrer Antwort verwies sie mich u. a. auch an ihre damalige Assistentin Afrika Doering (-von Seefeld) in Westberlin. Durch sie erfuhr ich auch, daß Irene Gustavs-Tourneau in Neuruppin als Tanzpädagogin tätig sei. Sie hatte von 1931 bis 1934 bei Trümpy studiert. Im Februar 1985 schickte mir Irene Gustavs dankenswerterweise, zusammen mit einem Bericht über die Schule und Ausbildungsweise, auch ihre Diplomarbeit zur Ansicht.

Berthe Trümpy war nicht nur Schülerin von Mary Wigman und Mitglied ihrer Tanzgruppe gewesen, sondern auch mehrere Jahre ihre Assistentin, hatte also dort schon pädagogische Praxis erworben. In ihrer eigenen Berliner Schule hat sie vieles in ähnlicher Weise fortgeführt. Auch das Improvisieren spielte eine wesentliche Rolle, wobei jedoch insofern ein gewisser Unterschied auffällt, als Irene Gustavs von vorgegebenen Bewegungen spricht, die sie erst einmal so gut wie möglich nachahmten. Davon ausgehend entwickelten sie dann auf interessante Weise immer neue Wandlungen des Themas in bezug auf Rhythmus, Raum und Ausdruck.

»Auch auf das Gruppengeschehen wurde großer Wert gelegt. Einzeln, paarweise oder auch in beliebig wechselnden Zusammenstellungen wurden die gegebenen Anregungen umgesetzt. Kontakte wurden entwickelt, Kontraste zum oder Harmonie mit dem Partner oder einer Gruppe wurden erprobt.«

Als die Münchener Günther-Schule durch die Zusammenlegung mit der Trümpy-Schule (1933 oder 1934) in Berlin gewissermaßen eine Zweigschule eröffnete, brachte das, wie Irene Gustavs schreibt, »eine wesentliche Erweiterung im Unterrichtsprogramm mit sich. Kurze Einblicke in den Stil dieser Ausbildungsstätte vermittelten uns zunächst Gastlektionen bei Carl Orff und Maja Lex. Im Endergebnis wurden dann Gunild Keetman und Hans Bergese ständige Mitarbeiter der ›Trümpy-Günther-Schule‹ benannten Institution. Durch die Aufnahme des praktischen Musikunterrichts (Blockflöte und Schlagwerk) als Pflichtfach wurde die Beziehung ›Musik und Bewegung‹ deutlich gefördert und brachte eine ganz neue Farbe in die Palette unserer Möglichkeiten. Wir mußten zur Abschlußprüfung 1934 eine eigene musikalische Studie für die genannten Instrumente anfertigen und sie von Mitschülern spielen und tanzen lassen ...

Zwischen September 1932 und Juni 1934 wurden gelegentlich Sonderkurse veranstaltet. In nachhaltigster Erinnerung blieb mir bis heute der Unterricht von Ayou Yodjana, der aus Holland stammenden Frau des javanischen Tänzers Raden Mas Yodjana. Es war seltsam und überraschend, außerordentlich fesselnd, Quellen fernöstlicher Tanzkunst kennenzulernen. Aus Ruhe und Konzentration erwachsender, vornehmlich mit dem Atem in Beziehung gesetzter Bewegungsansatz ließ begreifen, wie sich ›gemachte‹ Bewegung von ›gewachsener‹ im Prinzip unterscheidet ...«

Irene Gustavs berichtet von einem Weiterbildungskursus an den »Deutschen Meister-Stätten für Tanz« in Berlin, den Rosalia Chladek abhielt. »Es eröffneten sich für mich neue Aspekte in bezug auf – ich möchte sagen – wissenschaftliche Durchforschung vom Bewegungsgeschehen im menschlichen Körper aufgrund der anatomischen und physikalischen Gesetze. Hier ergab sich eine sehr kühle, sachliche Unterrichtsatmosphäre, die in keiner Weise irgendwie Emotionen erweckte oder übermitteln sollte und konnte. Es galt hier, ein Prinzip zu demonstrieren: ›Mit dem geringstmöglichen Einsatz von Kraft den größten Effekt zu erzielen.‹ Ich fand diese rein funktionelle Ausgangsbasis für Bewegungsabläufe für mich neu und faszinierend und bedauerte, die ›Lehre‹ nur in ihren Anfangsstadien praktisch kennengelernt zu haben, als im März Rosalia Chladek vorfristig nach Wien zurückkehrte. Immerhin konnte auch diese Erweiterung meiner Kenntnisse später vorwiegend in meiner pädagogischen Arbeit als Gymnastiklehrerin deutlich erkennbare Früchte tragen.« Nachdem sie lange Jahre ihre eigene »Tanz- und Gymnastik-Schule« in Neuruppin geleitet hatte, beschloß sie 1964, nun als Fachkraft am dortigen Kreiskulturhaus tätig zu werden, wo eine vielseitige, weithin anerkannte Arbeit mit Kindern und Erwachsenen entstand.

Vor einigen Jahren lernte ich im Berliner Pantomimen-Studio von Eberhard Kube Brigitte Bergese kennen, die dort einen Kursus in Tai Chi, einer fernöstlichen Übungsmethode, abhielt. Mit dem Namen Bergese verbanden sich mir Erinnerungen an die Günther-Schule, in der Hans Bergese eine Zeitlang den musikalischen Unterricht leitete. Es stellte sich heraus, daß Brigitte um die Mitte der dreißiger Jahre an dieser Schule ausgebildet worden ist (und später Hans Bergese geheiratet hat). 1979 schrieb sie für meine Arbeit eine Art Erlebnisbericht.

Auf diese Weise können wir die Entwicklung der Berliner Schule nach der Zusammenlegung weiterverfolgen.

Auch Brigitte hatte Gymnastiklehrerin werden wollen und als Sechzehnjährige in ihrer Heimatstadt Danzig (Gdańsk) Gelegenheit gehabt, unter verschiedenen Systemen zu wählen. Es war ihr nicht leicht, sich zu entscheiden: ob Mensendieck, Rhythmik, Loheland, künstlerischer Tanz ...»Da kam mir ein Umstand zu Hilfe. 1936 gab es die Olympiade in Berlin. Meine Mutter hatte ... eine Karte für das Festspiel besorgt. Dort saß ich unter fremden Menschen auf der Tribüne. Plötzlich kamen über die breite Treppe Hunderte von Kindern gelaufen und füllten das Stadion. Eine Musik, die mir vorkam, als käme sie direkt vom Himmel, Klänge, die damals ungewohnt waren, von Glokkenspielen, Xylophonen, Flöten, Cymbeln, Pauken klingelten mir lieblich in den Ohren. Mädchen tanzten eine Art Reigen zu dieser engelhaften Musik. Ich war fasziniert, aber was das Tollste war, im Programmheft fand ich den Hinweis, daß die Musik von den Schülern der Günther-Schule, einer Schule für Gymnastik und künstlerischen Tanz in München, Ausbildungsstätte für Gymnastiklehrer, gespielt worden war. Es handelte sich um den ›Olympischen Reigen‹, und der Komponist war Carl Orff. (Später merkte ich an der Melodieführung und Satztechnik, daß diese Musik, wie so viele andere Musiken, über denen Orffs Name prangte, von Gunild Keetman stammte.)

So nahmen die Dinge ihren Lauf, und ich wurde in der Günther-Schule Berlin, einer Zweigstelle der Münchner Schule, angemeldet. (Berthe Trümpy war eine bei Mary Wigman ausgebildete Tänzerin, die jetzt unsere Schule leitete.)«

Wer heute unsere großen staatlichen Ausbildungsstätten kennt mit unzähligen Unterrichtsräumen, einem großen Lehrkörper und vielen, vielen Schülern, der wird in dem Bericht deutlich den großen Unterschied für jeden einzelnen, ob Pädagoge oder Lernender, spüren. Brigitte Bergese erzählt:»Der Schulbetrieb war klein und überschaubar: fünf Lehrer für etwa dreißig bis höchstens vierzig Schüler. Zwei Unterrichtsräume. Der Stundenplan war formal im Sinne einer rhythmischen Gliederung von Spannung und Entspannung aufgebaut. Inhaltlich abwechslungsreich und nicht mit Theorie überfrachtet. Unterrichtsfächer waren: Training, Gymnastik, Bewegungsbildung, Rhythmik, Trommeln zur Bewegung, Flöte, Orchester, Volkstanz, Anatomie, Tanzgeschichte, Zeichnen. Später Lehrproben, Massage, Physiologie, Psychologie.

Ähnliche Bedingungen gab es sicher an anderen Ausbildungsstätten damals auch. Was aber das Besondere war, wird schwieriger zu erklären sein: Zunächst waren es wohl unsere Lehrer. Jeder einzelne ein glänzender Pädagoge von starker Individualität. Bei aller Unterschiedlichkeit der Lehrinhalte einig in der Methode der Vermittlung, in der Aufschlüsselung des Lehrstoffes und dem partnerschaftlichen Umgang mit den Schülern. Über der Unterrichtsstunde stand das Thema: Am Anfang der Stunde wurde ein Motiv eingebracht, das während des Unterrichts entwickelt wurde. Aus einer Fülle von Möglichkeiten wurde für die aktuelle Unterrichtssituation Lehrstoff gewonnen, der im Prozeß der Entwicklung gemeinsam mit den Schülern strukturiert und durch Erweiterung der Techniken differenziert wurde. Dem Schüler wurde selbständiges und selbstentdeckendes Handeln ermöglicht, bei dem das Ergebnis weniger entscheidend war als der produktive oder kreative Vorgang während des Schaffens.«

Aus ihrem Schreiben geht übrigens hervor, daß die Berliner Schule im Jahre 1938 aufgelöst wurde und die Schüler ihr Studium an der Münchener Schule fortsetzten. Das Unterrichtsprinzip war ja dort das gleiche.

»In der Gymnastik lernte man auf das genaueste die Funktionen des Körpers kennen: Gleichgewicht, Schwerkraft, Atem, räumliche, zeitliche und körperliche Bedingungen wurden in wechselnden und vielfältigen Übungen angeboten. In der Bewegungsbildung lernte man die Erfindung von Bewegungsabläufen in rhythmisch-dynamischer Gliederung ... Man lernte aus der Logik und den inneren Bedingungen eines musikalisch-rhythmischen oder eines Bewegungsvorgangs verändernd mit Materialien, d. h. Instrumenten der auch dem eigenen Körper als Instrument, umzugehen.«

Eine kurze Zusammenfassung des in den musikalischen Fächern verwendeten klanglichen Materials und Instrumentariums bestätigt den Inhalt des Artikels von Dorothee Günther im Einführungsheft des Orff-Schulwerkes. Der Bericht von Brigitte Bergese schließt mit einer Feststellung dessen, was man an Eigenschaften »im Verlauf dieser Ausbildung erwerben konnte ...: die Lust am Entdecken, Mut zur Entscheidung und eine allgemeine künstlerische Sensibilität, Flexibilität und Mobilität, innerhalb überschaubarer Grenzen verändernd zu handeln.«

Aus den beiden zitierten Berichten über die Günther- und die Trümpy-Schule ist nicht zu ersehen, welchen konkreten Einfluß die faschistische »Reichstheaterkammer, Fachschaft Tanz« mit ihren »Anforderungen« ausübte. In den Informationsblättern der Institute aus den Jahren 1939 und 1940 wurde – wie bereits seit mehreren Jahren – der »Moderne Tanz« nun vornehmlich als »Deutsche Tanzform« bezeichnet und im »Prüfungsstoff für Tänzer« an erster, die »Klassische Tanzform« – als Fach ebenfalls verbindlich – an zweiter Stelle genannt. Zu den theoretischen Fächern für Tänzer gehörte neben Körperkunde, Tanz- und Stilkunde auch »Staatskunde«. Beim »Prüfungsstoff für Lehrer« heißt es statt dessen »Grundlagen der Volkskultur und Volkskunde im nationalsozialistischen Deutschland«.

Schon bei der Anmeldung hatte ein Schüler den »Nachweis für arische Abstammung« vorzulegen, ebenso die Pädagogen zur Erlangung der Unterrichtserlaubnis. Übrigens wurden auch in der Zeit der Weimarer Republik nicht in allen Schulen und Sportvereinen jüdische Kinder und Jugendliche aufgenommen.

Vom Choreographischen Institut Laban weiß ich, daß hier weder bei Lehrern noch bei Schülern Unterschiede gemacht wurden. Das rassistische Nazi-Regime aber hat unseren jüdischen Fachkolleginnen und -kollegen nicht nur das Recht genommen, Unterricht zu erteilen und aufzutreten; mit der »Anordnung vom 12. November 1938« wurde allen jüdischen Bürgern generell auch »die Teilnahme an Darbietungen der deutschen Kultur« verboten.[58] Und sie waren gekennzeichnet wie Aussätzige, mußten einen gelben Stern an ihrer Kleidung tragen; Menschen, mit denen wir zusammen aufgewachsen waren, Menschen, die wesentlich zur Entwicklung des kulturellen Lebens in Deutschland und über seine Grenzen hinaus beigetragen hatten.

Laban nicht mehr genannt

Während des zweiten Weltkrieges verschärfte sich auch die tanzpädagogische Situation in Deutschland wie in den nunmehr besetzten Nachbarländern. In der »Deutschen Tanz-Zeitschrift« finden sich immer neue reglementierende Anordnungen zur fachlichen Tätigkeit, daneben Briefe von zur »Wehrmacht« eingezogenen Tänzern, Tanzlehrern usw., Todesanzeigen für Gefallene, Werbungen für die »Winterhilfe«, Berichte und Fotos von »Wehrmachtstourneen« zur »Truppenbetreuung«. Anhand der Inserate, Rezensionen und gelegentlichen Artikel kann man noch ein wenig verfolgen, wo Kollegen die Arbeit fortsetzen konnten und was sich verändert hat. Es gab Ausbildungsstätten, die von ehemaligen Laban-Schülern geleitet wurden, wie von Lola Rogge in Hamburg, Lotte Müller in Frankfurt am Main, Hertha Feist in Berlin, Susanne Kabitz (zur Zeit meiner Ausbildung Assistentin am Choreographischen Institut Laban) in Braunschweig, Harry und Grete Pierenkämper in Mannheim, Hertha Meisenbach und später Greta Wrage-von Pustau in Nürnberg. Sie alle nannten zwar den Namen des Meisters nicht mehr, aber keine der anderen berühmten Schulen war noch immer so stark vertreten. Kurt Jooss und Rudolf von Laban arbeiteten im Exil, Mary Wigman unterrichtete an ihrer Schule in Dresden, später an der Hochschule für Dramatische Kunst in Leipzig. Palucca trat nur noch mit eigenen Veranstaltungen in Erscheinung, ebenso Harald Kreutzberg, der zeitweise außerdem mit pädagogischen Aufgaben betraut wurde.

Veränderungen in den staatlichen Ausbildungsstätten

Auf Veränderungen in der Struktur und Planung der »Deutschen Meister-Stätten« nach Labans Weggang deutet ein Inserat im »Tanz« vom Februar 1937 (für die Leitung ist dort kein Name mehr angegeben): »Beginn des Sommersemesters nach nötiger Umgestaltung der Lehrfächer entsprechend den heutigen Richtlinien mit dem Ziel des allgem. Bildungsabschlusses zur Berufsvermittlung im April 1937, endend August 1937.

Vorgeschriebene Prüfungsfächer (waren): Bühnentanz, Freier Kunsttanz – Laientanz, Gesellschaftstanz, Tanzkunde: Geschichte des Tanzes, Rassen- und Erblehre. Laufendes Praktikum: Allgemeine Stilbildung.« Hier finden nunmehr die allein gültigen Prüfungen für Ballettmeister, Tanzregisseure sowie Kunsttanzlehrer vor dem damit beauftragten Prüfungsausschuß der Reichstheaterkammer statt.

Eine ausführlich gehaltene Anzeige in der »Deutschen Tanz-Zeitschrift« vom Dezember 1937 brachte folgende Information zur Kenntnis: »Die laufenden Meisterkurse der Deutschen Meisterstätten für Tanz ... vermitteln den allgemeinen tänzerischen Bildungsabschluß entsprechend den heutigen Richtlinien sowie die Lehrbefähigung für Kunst- und Laientanz ...

Es wirken die führenden Persönlichkeiten der Tanzkunst in folgenden Meisterklassen: Theatertanz bis zur Ballettmeister-Reife (Max Terpis). Praktikum – Ausdruck und Bewegung (Rudolf Kölling). Bewegungsregie (Dr. Niedecken-Gebhardt). Bühnentänzerische Arbeit und Musik (Herbert Trantow). Klassische Technik, National- und Charaktertanz (Tamara Rauser). Moderne Technik (Mary Wigman). Kammertanz (Jutta Klamt). Tänzerische Körperbildung (Lotte Wernicke). Tanzpädagogik bis zum Prüfungsabschluß, Laientanzgestaltung, Akrobatik und Step, Staatskunde, Rassenkunde und Erblehre, Geschichte des Tanzes, Allgemeine Stilbildung.

Angegliedert: Die Deutsche Tanzbühne als praktische Übungsstätte zu den Meisterklassen mit besonderem Arbeitsplan.«

Die gleiche Zeitschrift bringt in jedem ihrer Hefte Inserate beider Einrichtungen. Noch deutlicher wird der Vorrang des Modernen Tanzes in einer Mitteilung vom September 1940 über die »Deutsche Tanzbühne«. Dort heißt es: »Prof. Dr. Hanns Niedecken-Gebhardt ..., der vom Reichsminister Dr. Goebbels zum Leiter der neugeschaffenen ›Deutschen Tanzbühne‹ und der ›Deutschen Meisterstätten für Tanz‹ bestellt wurde, nannte kürzlich auf einem Presseempfang als Ziel seiner Arbeit: Durch Zusammenfassung aller schöpferischen Kräfte des deutschen Tanzes, durch Überwindung des alten Gegensatzes zwischen Kunsttanz und Ballett, vor allem aber durch Gründung einer hochqualifizierten Tanzgruppe die Weltgeltung des deutschen Kunsttanzes zu festigen.« Rosalia Chladek, Valeria Kratina und Tatjana Gsovsky waren für die Choreographien verantwortlich, also zwei Vertreterinnen des Modernen Tanzes (Hellerau-Laxenburg) und eine Vertreterin des Klassischen Tanzes. »Der Tanzgruppe gehören u. a. an Rosalia Chladek, Almut Dorowa, Harald Kreutzberg u. a. m.«[59]

Almut Dorowa konnte mir noch weitere Mitglieder der Gruppe nennen: Neben Chladek, Kratina und Gsovsky beteiligten sich auch Georg Groke und Johannes Richter mit Tanzkompositionen. Zu den Tanzenden gehörten außer den bereits genannten: Dore Hoyer, Emmy Köhler-Richter, Gundel Eplinius, Gert Reinholm, Karl Bergeest und Robert Meyer, also vornehmlich Solisten, die aus verschiedenen Schulen des Modernen Tanzes hervorgegangen sind.

Zwei Programme entstanden in kollegialer Zusammenarbeit der Mitglieder. Als jedoch ein unmittelbarer Eingriff in die thematische und inhaltliche Gestaltung aus Kreisen des Propagandaministeriums bevorstand, löste Niedecken-Gebhardt die Gruppe auf. Sie hat kaum zwei Jahre bestanden.

Eine weitere Verschärfung der politischen Maßnahmen auf dem Gebiet der tänzerischen Ausbildung muß Ende 1941 eingetreten sein. In Heft 1/1942 des Organs der »Reichstheaterkammer, Fachschaft Tanz« steht statt des damals regelmäßig gebrachten Inserates für »Die Deutschen Meisterstätten für Tanz« nun ein ähnliches für die »Deutsche Tanzschule Berlin, Leitung Rudolf Kölling«. Die neue Ankündigung ist mit dem Nazisymbol versehen: Hakenkreuz mit darübersitzendem Adler. Auch die »Deutsche Tanzbühne« wird nun von Kölling geleitet. Sie ist zur »Gemeinnützigen Beratungs- und Auskunftsstelle für die deutsche Tänzerschaft in allen künstlerischen Fragen« geworden.

Zusammenlegung der zwei Fachzeitschriften für Tanz

Bis zum Juni 1941 hatte es in Deutschland zwei Fachzeitschriften für Tanz gegeben: »Der Tanz« (seit 1927) und »Die Deutsche Tanz-Zeitschrift« (seit 1936). Im Juli 1941 wurden sie vereint, mit »Heil Hitler« begrüßt vom Präsidenten der Reichstheaterkammer Körner. »Das einzige Fachblatt des Kontinents für alle Gebiete der Tanzkunst« trug von da ab die Bezeichnung: »Der Tanz. Die deutsche Tanz-Zeitschrift. Amtliches Organ der Reichstheaterkammer Fachschaft Tanz«. »In diesem nunmehr geschaffenen Tanzfachblatt sollen alle Tänzerberufe gemeinsam zu Worte kommen und in ihrer Kulturarbeit unterstützt werden. Ob Theatertänzer, Varieté-Tänzer, freier Tänzer oder Tanzpädagoge, ob Choreograph und Gesellschaftstanzlehrer ...« Hervorgehoben wurde an dieser Stelle die Aufgabe für die Zeitschrift, »Mittler zwischen Front und Heimat zu sein«. Eine große Anzahl von »Gauobmann(en)« der »Fachschaft Tanz« äußerten sich an gleicher Stelle lobend über diese Zusammenlegung als Möglichkeit des Gedankenaustausches über »die neue Aufgabe, einer Tanzkultur den Weg zu ebnen, die aus dem Erleben des großen Zeitgeschehens geformt, Mittler zu sein zu einer heiteren, frohen Lebensgestaltung«[60], also Tanz nurmehr als Unterhaltung und Ablenkung in dieser entsetzlichen Zeit des Faschismus und Krieges! Übrigens finden sich in der Fachzeitschrift neben den genannten auch weiterhin Inserate von Fachschulen unter privater Leitung.

Mit der Proklamierung des »totalen Krieges« im Herbst 1944, die

sowohl die Schließung aller Theater wie überhaupt aller »nicht kriegs-
wichtiger« Institutionen nach sich zog, mußten auch die Tanzschulen
ihre Tätigkeit einstellen. Künstler, Lehrer und Schüler wurden einge-
zogen oder an die Rüstungsindustrie »überstellt«.

Prüfung und Bewahrung eines kostbaren Erbes

Trotz der ausführlichen Darlegungen zum Tanz und speziell zum
Modernen Tanz während der Nazizeit in Deutschland sowie zu seinen
Vertretern bin ich mir bewußt, daß sie bei weitem kein vollständiges
Bild geben. Die neue Studienabteilung für Tanzwissenschaft an der
Theaterhochschule »Hans Otto« in Leipzig wird, so hoffe ich, auch
diesem Bereich der deutschen Tanzgeschichte ihre Aufmerksamkeit
widmen und Zusammenhänge mit der gesamten politischen und kulturellen Entwicklung herstellen, um Antworten auf die eingangs gestellte Frage zu ermöglichen: »Welchen Einfluß hatte der Faschismus
auf den Tanz, das künstlerische, das pädagogische, das forschende
Schaffen und die Menschen, die sich damit befaßten?« Das heißt im
einzelnen:
Welche Rolle spielten die Errungenschaften und Erfahrungen der
vorangegangenen Revolutionierung des Tanzes?
Welche Tendenzen lassen sich in der Wahl der Tanzthemen allgemein und bei Tanzschaffenden erkennen oder auch im Einzelfall –
aufgrund eingehender Kenntnis ihrer Persönlichkeit und gesellschaftlichen Einstellung – vermuten?
Konnten bestimmte Unterrichtsmethoden oder -stoffe, die vor 1933
erfolgreich angewandt worden waren, beibehalten und evtl. sogar weiterentwickelt werden?
Welche Verluste – subjektiv und objektiv – haben die Anordnungen
der Reichstheaterkammer verursacht?
Hatten sich vielleicht bestimmte Erscheinungen im Laufe der Zeit
überlebt?
Welche Schaffensweisen, Erfahrungen, Erkenntnisse, Kunstwerke
des Tanzes sind über diese Zeit hinweg als ein Erbe erhalten geblieben,
das seine Gültigkeit bis heute nicht verloren hat?
Ich meine, wir müssen uns darum bemühen, Fragen dieses Inhalts
zu klären. Es handelt sich um ein kostbares Erbe, besonders schwierig
zu bewahren, weil es aus mehr oder weniger flüchtigem Stoff besteht.

Unkenntnis, Mangel an Interesse, an fachlicher Qualität und Objektivität können daher leicht verhindern – und haben es zum Teil schon verhindert –, daß es als wertvolle Tradition erkannt und der Aneignung zur Verfügung steht.

Noch ist es nicht ganz verloren. Es leben und arbeiten auf dieser Grundlage noch Schüler und Enkelschüler der damaligen Meister. Und nicht nur das. Dieses Erbe kann wohl nicht ganz verlorengehen, denn es beruht auf Gesetzmäßigkeiten, die in der Natur des Menschen liegen. Aber wir müssen uns dieser Erkenntnisse und ihrer Früchte bewußt sein, sie gründlich prüfen und für die Anforderungen unseres heutigen kulturellen Lebens verarbeiten.

Einiges davon wird in den folgenden Kapiteln zur Sprache kommen, und zwar vor allem von dem Wirkungskreis und Arbeitsfeld, in dem ich selbst gelebt und gearbeitet habe, das heißt auch, in der DDR.

Befreit von Faschismus und Krieg

Als man Chris Baumgarten und mich im April 1945 von der Wehrmacht »beurlaubte«, versuchten wir nach Hause zu kommen. Noch war ja Krieg, und ein solches Vorhaben ließ sich nur etappenweise verwirklichen. Es ist uns zu diesem Zeitpunkt nicht gelungen.

Wir blieben in einem thüringischen Dörfchen nahe Eisenberg hängen. Was während dieser Tage in der Welt geschah, war dort kaum zu erfahren. Wir erlebten den Durchzug amerikanischen Militärs mit unsinnigen Schießereien. Dann wurden weiße Tücher gehißt. Wir bekamen als ehemalige Militärangehörige und noch dazu Künstler im Dorf manches Mißtrauen zu spüren, wurden mehrfach umquartiert, und die uns zugeteilten Lebensmittelrationen brachten manche – Überraschung. Zunächst fanden wir Arbeit beim Unkrautroden auf den Feldern der Gutsherrschaft. Das war schwer und wenig einträglich. Nun, gehungert hatten wir ja schon in den ganzen letzten Monaten. Aber was bedeuteten alle Schwierigkeiten und Mängel gegenüber der Tatsache, daß Faschismus und Krieg nun zu Ende waren!

Wir waren angefüllt mit neuer Tatkraft und Ideen. Da war zum Beispiel die Schule noch nicht wieder in Gang. Es gelang uns, die Kinder der unteren Klassen zusammenzuholen und sie zu beschäftigen. Dazu fielen uns immer neue Texte und Lieder und tänzerische Bewegungsspiele ein mit aktuellem Inhalt: vom Ährenstoppeln in Holzschuhen, vom Beerensuchen und Pilzesammeln und vielem anderen, was Spaß machen kann. Die Pfarrersfrau aus einem nahegelegenen Ort bat um Orgelstunden. Chris Baumgarten unterrichtete sie regelmäßig in einem unversehrt gebliebenen Kirchlein und an einem Instrument, dessen Bälge noch getreten werden mußten. Das war dann manchmal mein Amt. Einzelne Kinder wollten Klavierspielen lernen und so weiter; alles neben der mühseligen Feldarbeit bei Wind und Wetter und neben der »Nahrungssuche« in der freien Natur und auf abgeernteten Feldern.

Und was für Pläne machten wir für die Zukunft! Was unternahmen wir nicht alles, um wieder Verbindung zu Verwandten, Freunden, Gesinnungsgenossen zu bekommen … per Post, zu Fuß, mit anderen zusammen in einem Pferdefuhrwerk, das dann bald im Graben landete, in (und an) überfüllten Zügen! Manches gelang, und so eröffnete sich schließlich die Aussicht, vielleicht in der Weimarer Staatlichen Frauenschule für sozialpädagogische Berufe, die Wilhelmine Bostedt leitete, unterrichten zu können.

Der Weg dorthin war abenteuerlich. Wir hatten ja schon allerhand Reichtümer gesammelt: Feuerholz, Deputatskartoffeln, gestoppeltes Korn und ein paar Briketts. Zum Glück fand sich ein Mann mit einem Fuhrwerk, der uns mit Sack und Pack nach Weimar bringen wollte. Zwei Tage lang zogen uns seine zwei Pferde Schritt für Schritt durch die bunte Herbstlandschaft, nachts fanden wir Unterschlupf in einem Gasthaus, das an alte Schauermärchen erinnerte.

Nun waren wir also in Weimar, und es begann ein neues Leben. Die Stadt wurde uns in den kommenden acht Jahren lieb und zum Ausgangspunkt vielfältiger Unternehmungen.

Wirkungsfelder

Erste Verträge bekamen Chris Baumgarten und ich also an der Staatlichen Frauenschule, und zwar sollten wir künftige Kindergärtnerinnen und Jugendleiterinnen in den Fächern Musik und Bewegungsspiel unterrichten. In den von uns erarbeiteten und eingereichten Plänen wurde von vornherein betont: »In einer Ausbildung, die Beherrschung und Vermittlung von Liedern und Bewegungsspielen vorsieht, sollten … beide Fächer – ›Musik‹ und ›Bewegung‹ – … eng miteinander verknüpft sein.«

In meiner pädagogischen Arbeit hatte ich schon immer Kinder systematisch angeregt, Körpergefühl und Bewegungsphantasie spielend zu entfalten, Sinn für Formen und ihren Aufbau in Raum und rhythmisch-dynamischen Ablauf und dazu Freude am Zusammenspiel mit Partner und Gruppe zu bekommen. Das Glück, mit einem gleichgesinnten Fachmann für Musik dasselbe Ziel verfolgen zu können, hatte ich allerdings erst seit wenigen Jahren.

Nun kam es darauf an, den jungen Menschen unsere Erfahrungen so weiterzugeben, daß sie sie in einer späteren Tätigkeit als Pädagogen anwenden konnten. Dabei war ihnen vieles, wie z. B. die gymnastische Körperbildung auch für sich selbst, noch unbekannt. Außerdem brauchten sie die Kenntnis und Beherrschung einer reichen und vielseitigen Auswahl von traditionellen Kinderspielen und – für Hortkinder und Jugendliche – auch Gruppentänze, mit den dazugehörigen Liedern.

Natürlich blieb es nicht dabei, sondern wir erfanden dafür eine ganze Reihe neuer, dem Leben und Streben in dieser Zeit entsprechende Bewegungsspiele mit Text und Melodie.

Bei unseren tänzerischen Bewegungsspielen für Kinder (und später dann auch den Massentänzen für Erwachsene) bildeten Inhalt, Mittel, Form und beabsichtigtes Erlebnis »am eigenen Leibe« eine Einheit. Als Beispiel ein »Geburtstagslied«:

Das Geburtstagskind wird in der Eingangstür von den Kindern, die sich im offenen Halbkreis aufgestellt haben, erwartet. Wenn es hereinkommt, gehen ihm zwei Kinder aus der Mitte heraus entgegen, wobei alle zusammen singen: »Wir freuen uns, wir freuen uns, daß dein Geburtstag ist. Wir freuen uns, daß du heut auch mit uns zusammen bist.« Unterdessen hat sich das Trio in den sich schließenden Kreis singender und dazu klatschender Spielkameraden eingegliedert ... Alle halten sich nun bei den Händen und können einander anschauen. Beim Weitersingen »Und *was* das *neue* Jahr dir bringt, ob es *lacht* oder *weint*, ob es *pfeift* oder *singt* ...« gehen sie mit seitlichen Nachstellschritten (s. Hervorhebungen) einmal hin, einmal her, und dann führen die zwei Begleiter das Geburtstagskind mit beschwingten Schritten durch die Mitte vorwärts, und alle anderen Kinder schließen sich paarweise an: »Komm, gehn wir ihm entgegen, ein Lied auf allen Wegen!« Der »Weg« kann je nach den räumlichen Gegebenheiten ein Kreis, ein Oval, eine Gerade sein. Bei der Wiederholung der letzten Verszeile, bei der das Wort »Lied« mehrfach mit kleiner Koloratur in punktiertem Rhythmus gesungen wird, gehen die Schritte ins Hüpfen über und enden mit einem Schlußsprung und kräftiger Bewegung der gefaßten Hände.

Worte, Melodie, Rhythmus, Gruppenform (d. h. auch Partnerbeziehung) und Bewegungsweise sind bis ins einzelne vom Inhalt bestimmt, der nicht für Zuschauer gedacht ist, sondern für die Beteiligten. Die Formen sind nicht nur sinnfällig, dem Erlebnisbereich der Kinder entsprechend und einfach, sondern weitgehend aus traditionellen Spielen und Tänzen bekannt. So erlernen sie alle auf diesem Prinzip beruhenden Spiele mühelos und mit Vergnügen.

In dieser Zeit hatten wir Gelegenheit und nutzten sie mit großem Interesse, bei der Ausbildung von Schauspielern an der Weimarer Musikhochschule zu hospitieren. Maxim Vallentin leitete die betreffende Abteilung. (Ich kannte ihn aus der Emigrationszeit in Prag.) Schauspielunterricht erteilten außerdem Ottofritz Gaillard und Otto Lang. Alle drei arbeiteten mit den Studenten auf der Grundlage der Methode Stanislawski, die mich schon in meiner Göttinger Zeit lebhaft interessiert und beschäftigt hatte. Damals hatte ich die Bildhauerin und Architektin Lucy Hillebrand kennengelernt, die wie ich darin bestimmte Parallelen zu unserer eigenen Arbeit sah. Als Bauschaffende geht sie vom Menschen in Wechselbeziehung mit der Umwelt aus, seinen Lebensbedürfnissen, seinem Tun, seinen sozialen Beziehungen mit dem Ziel, entsprechende Gegebenheiten in der Wohnung und ihrer Einrichtung, im Haus und seiner nächsten Umgebung anzubieten. Dabei kommt ihr ihr »tänzerischer Sinn« – in der tiefsten Bedeutung dieses von Laban gebrauchten Begriffes – zugute. Hier tritt eine Verwandtschaft der Gebiete zutage, in denen auch wieder die dialektische Einheit von Physis und Psyche Grundlage, Quelle und Maßstab für schöpferische Arbeit bildet. Wir haben es damals nicht bei Gesprächen über das Thema Stanislawski belassen, sondern sie hat in diesem Sinne auch an einer Plastik gearbeitet, zu der ich als Modell quasi zu ihrer Arbeitspartnerin wurde.

Aus diesem Wissen um die Verwandtschaft zwischen Bewegungskunst, Architektur und bildender Kunst war 1946 von Chris Baumgarten und mir der Vorschlag entstanden, mit Studierenden dieser Fachgebiete an der Hochschule für Baukunst und bildende Kunst in Weimar zu arbeiten. Auch die rhythmische Komponente sollte zur Erlebnis- und Gestaltungsfähigkeit beitragen. Wir hatten eine Körperschulung auf der Grundlage räumlicher und rhythmischer Gesetzmäßigkeiten vorgeschlagen (Haltung, Körperführung, Dynamik in der Bewegung, Gestik ...) mit Themen wie: Selbst- und nacherlebte Situationen und Vorgänge aus dem täglichen Leben, in der Natur, aus der Literatur, in Bildwerken, wie auch tänzerische Musik unterschiedlicher Zeiten und Stile sowie zeitgenössischer Komponisten als Anreger zu eigener Bewegung.

Ich kann mich nicht mehr erinnern, aus welchen Gründen der damalige Leiter der Hochschule, Prof. Henselmann, auf unser Vorhaben nicht eingegangen ist. Aber soviel mir bekannt ist, spielen diese Belange in der Ausbildung an unseren Instituten auch heute noch immer keine wesentliche Rolle.

Eigentlich liegt es auf der Hand, daß Menschen, die auf diesem Gebiet begabt sind und ausgebildet werden, ein ausgeprägtes Körpergefühl brauchen, sowohl für Haltung und Bewegungsvorgänge wie auch in der Beziehung zu Raum und Gegenständen ihrer Umgebung. Das geht weit über anatomische Kenntnisse und Aktzeichnen hinaus. Es hat mit den Wechselbeziehungen von Physis-Psyche-Umwelt zu tun, mit der Individualität der menschlichen Persönlichkeit, ihrem Leben, Handeln, Erleben. Ist die Erfahrung *am eigenen Leibe* nicht unabdingbar für die nötige Sensibilität, für Beobachtung und Einschätzung der Realität, für die schöpferische Phantasie und nicht zuletzt auch die Urteilsbildung? Wohlgemerkt, damit wird den erforderlichen theoretischen Studien nichts an Bedeutung genommen. Im Gegenteil: Sie bleiben dadurch eben nicht nur Theorie für das künstlerische Schaffen, beschäftigen *nicht nur den Kopf, sondern den ganzen Menschen mit allen seinen Sinnen.*

In Weimar gab es noch andere Arbeitsbereiche, in denen wir unsere Erfahrungen, Erkenntnisse und Fähigkeiten hinsichtlich der Entfaltung schöpferischer Kräfte durch Bewegung und Musik einsetzen konnten. Da waren zunächst die Volkshochschulen. Außer in Weimar gaben wir in Jena im Rahmen der Herbstlehrgänge 1946 einmal wöchentlich je drei Doppelstunden:

Kurs A: Rhythmische Bewegungs- und Gehörbildung.
　　　　Freies Körperspiel in Gruppen. – Dynamik, Raumform, Metrik in der Bewegung mit Schlagzeug, vokaler und instrumentaler Begleitung. Liedformen.
Kurs B: Bewegungschor.
Kurs C: Musik und Bewegung
　　　　(speziell für jugendliche Teilnehmer).

In den beiden letztgenannten Kursen kam es uns besonders auf die gemeinsame schöpferische Arbeit an rhythmischen, klanglichen oder auch darstellerischen Spielideen an. Auch das Singen gehörte dazu.

Die weiteren Vorlesungsverzeichnisse für 1947 und 1948 weisen ähnliche Themen aus.

Im April 1946 wandten wir uns an den Rundfunk, den Kulturbund zur demokratischen Erneuerung Deutschlands – dem wir sehr bald beigetreten waren – und die Gewerkschaft mit einem Appell »An die Kunsterzieher – für unsere Kinder«: »Ein Aufruf ist es an alle diejenigen, die im Kind die Keime seines Verhältnisses zum *Menschen* und zur *Kunst* aufzuspüren wissen, an alle, die die Anlagen pflegen und zur Blüte bringen wollen, die zu den wertvollsten unseres Wesens gehören, an alle, die in heißer Liebe zu einer neuen wahren Kultur unseres Volkes ihr künstlerisches und pädagogisches Können einsetzen und nutzen wollen. – Unsere Ideen, unser Verstehen, unsere Erfahrungen und unser Können, das soll allen gehören, die Träger einer künftigen Kultur werden können. Es ist nicht damit getan, daß Ihr einzelnen Kindern Privatunterricht in Klavier, Geige, Flöte, im Tanzen, Malen oder Modellieren gebt oder daß Ihr kleine Gruppen von ihnen in Euren Theatern, Puppenspielen und Kinos habt. Damit öffnen wir nicht unserer *ganzen* Generation Augen, Ohren, Hirne und Herzen zum Empfangen großer Menschenwerke, damit erreichen wir auch nicht die Quellen, aus denen uns von einzelnen dieser Generation neue wesentliche geistige Schätze entspringen können.

Allen Kindern muß die Möglichkeit offenstehen, ihre künstlerischen Anlagen zu entfalten und sie in anregendem, formendem Spiele zu beglückendem Besitz werden zu lassen … Die Verwaltungen unserer Länder, die ›Freie Deutsche Jugend‹ und die Frauenausschüsse wollen und unterstützen jede Hilfe für die Entfaltung der guten Kräfte, die in unseren Kindern ruhen. Uns muß es wichtig sein, daß ihnen *Fachkräfte*, die *besten Fachkräfte* zur Seite stehen. Der ›Kulturbund zur demokratischen Erneuerung Deutschlands‹ und die entsprechenden Sparten der Gewerkschaft sind die gegebenen Stellen zur Bildung von Arbeitsgemeinschaften, in denen wir unsere Vorschläge zur Diskussion bringen und unsere Pläne vorbereiten können.«

Es blieb nicht bei dem Aufruf. Der Kulturbund hatte im Rahmen der »Woche des Kindes« seine Veranstaltungen am 10. Dezember 1947 unter das Thema gestellt: »Die Entfaltung der künstlerischen Anlagen«. Dazu trugen wir mit einem Programm unter der Überschrift »Vom schöpferischen Bewegungsspiel zum gestalteten Musizieren« bei. In den anderthalb Jahren, die seit unserem Aufruf vergangen waren, hatten wir mehrere Gruppen von Kindern unterschiedlichen Alters gebildet und mit ihnen gearbeitet. Was wir in unseren Referaten postulierten, konnten wir den Teilnehmern nun auch am praktischen Beispiel zeigen: »Freies Spiel mit Bewegung und Klang«, einmal mit einer Kindergarten- und dann mit einer Schulkindergruppe. Die letztere bot außerdem zwei abgeschlossene Spiele, und der Kinderchor sang Kinderlieder. Leider haben wir keine Aufzeichnungen mehr von den in der anschließenden Diskussion dazu geäußerten Gedanken.

Im Oktober des gleichen Jahres hatten Chris Baumgarten und ich bereits auf einer Bezirksschulleiterkonferenz – jede von ihrem Fach aus – über »Möglichkeiten und Bedeutung des Unterrichts für Musik und Körperbildung im Zusammenschluß« gesprochen und legten auch einen Plan für eine einjährige Zusatzausbildung zur Spielpflege auf musischen Gebieten vor.

Damals, um 1948, haben wir uns zwar mit unseren Fächern »hauptamtlich« einem anderen Aufgabenbereich zugewandt, waren aber daneben in unmittelbarer Verbindung mit der Freien Deutschen Jugend für jugendliche Laiengruppen und ihre Leiter pädagogisch und künstlerisch tätig bis hin zu den 3. Weltfestspielen der Jugend und Studenten in Berlin 1951 und darüber hinaus.

Der Ausdruckstanz nach der Befreiung

Im Bereich des Modernen Tanzes wurden nach dem Sturz des Hitlerregimes und dem Ende des zweiten Weltkrieges die zerrissenen Fäden wieder geknüpft und die Arbeit fortgesetzt. In der ersten Zeit waren die Möglichkeiten der Kontaktaufnahme zwar sehr gering und gegenseitige Besuche kaum zu verwirklichen, aber nachträglich läßt sich erkennen, daß es vielen der noch im Lande verbliebenen Kollegen ähnlich ging wie uns: Sogar in dem gegen Ende des Krieges noch so entsetzlich gemarterten und zerstörten Dresden löste die Befreiung sofort wieder neue Aktivitäten aus. *Dore Hoyer* eröffnete im Hause der ehemaligen Wigman-Schule in der Bautzner Straße 107 das »Dresdner Tanzstudio« und gab am 17. Juni 1945 bereits wieder einen Soloabend.

Auf dem Programmzettel stand wie ein freudiger Ruf: »Dore Hoyer tanzt wieder«. Die Veranstaltung begann mit »Rebellion« zu Geräuschbegleitung. Und dann folgten aus ihren berühmtesten Zyklen vorangegangener Zeit »Weite des Landes« mit »Heimweg vom Felde«, »Ihm entgegen«, »Spiel am Feierabend« und »Brotbacken« und im Gegensatz dazu »Enge der Großstadt« mit »Angst«, »Verzweifelte Freude«, »Sorge« und »Empörung«, Themen aus dem Leben und Fühlen des Proletariats.

Der erste Teil des Programms schloß mit dem Tanz »Mütter im Kriege«, der zweite Teil – nach »Jeanne d'Arc, das Mädchen aus dem Volke« – mit dem »Drehtanz« nach dem »Bolero« von Ravel, von ihrer Pianistin Leonore Auerswald begleitet.

Kurt Junghanns hat dieses Ereignis miterlebt und schreibt darüber in seinem Artikel »Dore Hoyer – Tanz im Geiste der ASSO«: »… Dieses heroische, vom Geist des Widerstandes erfüllte Künstlerleben fand seine Krönung wenige Wochen nach Kriegsende im verwüsteten Dresden. Am 17. Juni 1945 wurde die provisorisch zusammengeflickte Tonhalle (heute Kleines Haus) wieder eröffnet. Das Ereignis hatte große politische Bedeutung, denn es war die erste bedeutende kulturelle Veranstaltung im Zentrum der erschlagenen Stadt. Die Widerstandskämpfer in der neuen Stadtverwaltung erinnerten sich an ›ihre Dore‹ und beauftragten sie mit der Eröffnungsvorstellung. Wieder wurde ihr Tanz zum Anziehungspunkt der ›Illegalen‹ und der Aktivisten. Hier sahen sie sich nach der Nacht des Faschismus zum ersten Mal wieder in Freiheit versammelt. Der Abend wurde dadurch zu einem Fest des Wiedersehens und Wiederfindens; eine unbeschreibliche Freude und Spannung herrschte im Saal. Etwas Ungewöhnliches und Außerordentliches wurde erwartet – und Dore Hoyers Tänze erfüllten diese Erwartung. Sie rissen die dem Leben wiedergegebenen Menschen zu einem Sturm der Begeisterung hin.«[61]

Wir in unserem kleinen thüringischen Dorf wußten damals nichts davon, und doch entstand – wenn auch in ganz anderer Weise – daraus ein beglückendes Ereignis. Meine Eltern und meine Schwester hatten die letzten Monate des Krieges schließlich nach Sachsen geführt, und wir suchten einander. Zu diesem Tanzabend nun wanderte meine Schwester etliche Stunden bis Dresden, um Dore tanzen zu sehen und sprechen zu können. Und diese Verbindung führte dann dazu, daß sich unsere Familie wieder zusammenfand.

In der darauffolgenden Zeit hatte Dore Hoyer unter denkbar

großen Schwierigkeiten in ihrem neuen Tanzstudio mit ein paar Schülerinnen aus der ehemaligen Wigman-Schule und Hinzugekommenen eine Gruppe aufgebaut. Eigentlich waren die Lebensmittel- und Kohlerationen noch viel zu knapp, von sonstigen materiellen Erfordernissen ganz abgesehen. Aber Dores Enthusiasmus für ein befreites Leben, ihre Schöpferkraft, Zielsicherheit und Unnachgiebigkeit, sicher auch bestärkt durch die Verbundenheit mit gleichgesinnten Freunden, verliehen ihr die Kraft, schon bis zum beginnenden Frühjahr 1946 mit der Gruppe ein abendfüllendes Programm mit einem zusammenhängenden Zyklus zu schaffen und zu erarbeiten. Es waren die »Tänze für Käthe Kollwitz«, die am 28. März in der Dresdner Tonhalle im Rahmen einer Kulturwoche zur Uraufführung gelangten. Eigene, in den Zyklus gehörende Soli mußte die Choreographin zunächst einer ihrer Tänzerinnen übertragen. Ein Unfall hatte sie gezwungen, schon die Proben vom Stuhl aus zu leiten. Bei späteren Aufführungen konnte sie dann auch selbst wieder tanzen. Die Gruppe gastierte mit diesem Zyklus in verschiedenen deutschen Städten, so auch am 22. Mai 1946 in der Berliner Staatsoper (im ehemaligen Admiralspalast, dem heutigen Metropoltheater).

Zur Uraufführung schrieb Kurt Junghanns: »Bereits die Bezeichnung des neuen Zyklus ›Tänze für Käthe Kollwitz‹ verrät, daß ein aktivistischer Geist auch diese Arbeit der Künstlerin beherrscht. Alle, die nach den Jahren der Verflachung des Denkens die Zeichen einer Besinnung und Wende erwarten, werden daran besondere Hoffnungen knüpfen. Denn es geht hier nicht nur um die Wertung einer kleinen opferfreudigen Künstlergruppe. Es geht um den Willen zum Aufstieg, zur Pionierarbeit in der Kunst, und im besonderen um eine Wiederbelebung des Ausdruckstanzes als der freiesten, von keiner formalistischen Tradition belasteten Bewegungskunst des modernen Menschen ...«[62]

Zu ihrem großen Kummer mußte Dore Hoyer nach einiger Zeit die Gruppe wieder auflösen, gezwungen durch die noch nicht zu überwindenden allgemeinen Mängel in der Versorgung, denen bei der hohen körperlich-geistigen Beanspruchung manche ihrer jungen Tänzerinnen doch nicht gewachsen waren. Für sich selbst und ihr Schaffen ließ sie Gründe dieser Art, so hart sie auch allzuoft waren, ihr Leben lang niemals als Hemmnis gelten. In der Folgezeit hat sie dann wieder Soloprogramme erarbeitet und ist damit gereist.

Die Bedingungen für ein Leben als Solotänzerin ihrer Art waren mit der Zeit immer schwerer zu bewältigen. Als ein paar der abgeschlossenen Gastspielverträge ihr gegenüber nicht eingehalten wurden, mußte Dore zunächst einmal aufgeben und nahm 1949 den Ruf als Choreographin und Ballettmeisterin an die Hamburger Staatsoper an. Zudem bekam auch sie bereits den beginnenden Wandel in der offiziellen Einstellung zum Ausdruckstanz zu spüren, wie er wenige Jahre später massiv eintrat.

Mary Wigman. In der »Täglichen Rundschau« erschien am 20. Januar 1946 ein Artikel von Charlotte Eichhorn, nachdem der Leipziger Berichterstatter G. Geronskij »die Altmeisterin des deutschen Ausdruckstanzes Mary Wigman in ihrem Tanzstudio« aufgesucht hatte. Der Artikel ist von hoher Wertschätzung für die Künstlerin getragen, »einer wahrhaft internationalen Erscheinung der Tanzkunst«[63].

Am 19. Dezember 1946 teilt Mary Wigman in einem Brief an den Rundfunk mit, daß sie mit ihren Schülerinnen bereits eine Aufführung veranstaltet habe. »Ich bin mir bewußt, daß es ein sehr bescheidener Anfang ist. Aber nach dem völligen Niederbruch alles früher Geschaffenen bedeutet dieser Anfang für mich selber mehr, als ich mit Worten sagen kann. Ich habe immer geglaubt – und tue es heute mehr denn je –, daß die Zukunft des Tanzes in seiner gemeinschaftsbildenden Kraft liegt. Wir möchten gestalten, was uns innerlich bewegt: Wir haben zuviel Schweres erlebt und zuviel Furchtbares tragen müssen, um bedenkenlos an der Zeit vorübergehen zu können, in die wir hineingeboren wurden, um in ihr zu *leben.*

Auch der Tänzer kann sich den Forderungen, die das lebendige Leben an ihn stellt, nicht verschließen. Und darum soll, muß und wird wieder eine Tanzkunst wirksam werden, die – über die Formen einer oft mehr liebenswerten und beglückenden Unterhaltungskunst hinaus – nicht nur das Auge erfreut, sondern den Menschen in uns anruft und aufruft ...

Wir müssen überall von vorn anfangen! Auch auf dem Gebiet der Tanzkunst ist vieles verschüttet, was sorgsam erst wieder freigelegt werden muß, um gesund und kraftvoll wachsen zu können.« Diskussionen »über die Wertung der beiden Auffassungs- und Ausdrucksarten des Tanzes: Hie Ballett – hie moderner Tanz« hielt sie für unfruchtbar und überholt: »Beide Disziplinen haben ihre Lebensberechtigung und haben durch die Art ihrer Inhalte und den Charakter ihrer Formensprache ihre vielfältigen Aufgaben. Und beide haben einander nichts vorzuwerfen. Denn wenn der Moderne Tanz heute die Elemente des Balletts in seine Schulung einbaut, so ist der klassische Tanz längst mit der Gebärdensprache des Modernen Tanzes durchsetzt, wofür der heutige deutsche ›Theatertanz‹ wohl das sprechendste Beispiel sein dürfte ...« Im Jahre 1949 hat Wigman wieder ein eigenes Studio in Berlin-Dahlem eröffnet, nachdem ihr dort günstigere äußere Bedingungen geboten wurden.

Auch *Palucca* hatte bald nach Beendigung des Krieges – noch 1945 – in Dresden wieder mit der Arbeit begonnen: Ihre Schule öffnete von neuem die Pforten, und sie selbst trat mit Soloprogrammen auf. Das Buch »Palucca – Porträt einer Künstlerin« von Gerhard Schumann (Berlin 1973) nennt für das Jahr 1945 folgende Tänze: »Fiesta« (Moszkowski), »Ein wenig lockend« (Milhaud), »Nicht ohne Geheimnis« (Satie), »Nur so« (Poulenc), »Hochzeitsmarsch« (Mendelssohn Bartholdy), »Trauergesang« (Chopin) und »Thema mit Variationen« (Mozart). Besonders reich an neuen Tänzen war, der Aufstellung nach, das Jahr 1946 mit »Auftakt« (Pasquini), »Beschwörung«, »Stille Weise«, »Sehnsucht«, »Fragment« und »Finale« (de Falla), »Aus den Fernen« (Slavenski) und eine Suite mit dem Titel »Villageoises« (Poulenc). In ihrer Publikation »Palucca« (Berlin 1964) weisen die Autoren Edith Krull und Werner Gommlich darauf hin, daß Palucca »insbesondere Tänze nach Musiken solcher Komponisten tanzte, die bislang verboten gewesen waren«.

Ihre Schule eröffnete Palucca zunächst privat und bestritt deren Existenz aus eigenen Mitteln. Als ihre Schule 1949 – unter Beibehaltung ihres Namens – zur Staatlichen Fachschule für künstlerischen Tanz wurde, »erweiterte sich der Lehrplan sowie die Anzahl der Mitarbeiter und Studenten. Der Klassische Tanz, als Schwerpunkt der Ausbildung von Bühnentänzern, wurde als Hauptfach in ein erweitertes Ausbildungsprogramm aufgenommen.«

Trotzdem behielt das Fach »Neuer Künstlerischer Tanz« (der heutigen Fachwelt genügt die Abkürzung »NKT«) in Dresden seine Bedeutung und wird (neben Hanne Wandtke) auch heute noch von Palucca selbst unterrichtet.

Seit deren Gründung 1950 ist Palucca Mitglied der Akademie der Künste der DDR. Sie genießt in jeder Weise hohe staatliche Anerkennung, und häufig wird Veranlassung genommen, über sie und die Schule zu berichten. So wurde zum Beispiel am 5./6. Januar 1980 in der Zeitung »Neues Deutschland« ein Gespräch veröffentlicht, das Hans-Joachim Kynaß mit der Künstlerin führte. Die Überschrift des Interviews enthielt u. a. die Information: »Prof. Gret Palucca: Sechs Jahrzehnte dem Tanz gewidmet«. Greifen wir eine in vieler Hinsicht aufschlußreiche Stelle des Gesprächs heraus:

ND: Über den Neuen Künstlerischen Tanz, den Sie kreiert, verbreitet und gelehrt haben, ist schon viel gesagt und geschrieben worden. Was ließe sich mit wenigen Worten zur Charakteristik dieser modernen Tanzrichtung sagen?

Palucca: Vor allem, daß es sich nicht um ein Dogma handelt. Der Neue Künstlerische Tanz ist im Laufe der Jahre ständig weiterentwickelt worden – denn er ist ja im Grunde ein künstlerischer Ausdruck von Zeit und Leben, also sich verändernden und sich entwickelnden Erscheinungen.

Beherrschung der Technik ist Voraussetzung. So werden unsere Schüler sehr streng in Klassischem Tanz unterrichtet. Ich selbst habe in den letzten Jahren weniger technisch gearbeitet, sondern vor allem versucht, die Phantasie der Schüler, ihre Musikalität, Mut auch zum Experiment und vor allem das selbständige, schöpferische Denken zu entwickeln. Die künftigen Tänzer sollen lernen, eine eigene Meinung zu vertreten – auch das will ich in meinem Unterricht erreichen ...

ND: Sie erwähnten soeben den Klassischen Tanz. Sehen Sie in ihm nur eine technisch unabdingbare Voraussetzung für die Ausbildung eines Tänzers, oder respektieren Sie seine Eigenständigkeit als künstlerische Ausdrucksform?

Palucca: Selbstverständlich respektiere ich seine ästhetische und künstlerische Eigenständigkeit. Aber Voraussetzung ist auch hier die Beherrschung der Technik, und zwar nicht um ihrer selbst willen, nicht für äußerliche Bravour, sondern verbunden mit dem Ausdruck und der Aussage eines Kunstwerkes.

Zu Beginn des Interviews hatte Kynaß die Künstlerin gefragt, wie sie zum Tanz gekommen wäre. Sie erzählte, daß sie Anfang der zwanziger Jahre Schülerin von Wigman geworden sei, »die richtige Meisterin in ihr gefunden« und auch ihrer Tanzgruppe angehört habe. »Aber an einem bestimmten Punkt spürte ich eben genau, daß ich nun meinen eigenen Weg gehen mußte.«

Das ist ein typisches Merkmal für den Entwicklungsweg schöpferischer Persönlichkeiten auf dem Gebiet des »Modernen«, »Ausdrucks-«, »Neuen Künstlerischen« oder »Freien« Tanzes, wie wir sahen. Die Quellen waren von neuem erschlossen, die Grundlagen erkannt und in vielfältiger Arbeit zu systematischer Weitergabe bereitgemacht worden. Es ist nun immer wieder so, als richteten bestimmte Kenner- und Freundeskreise einen Scheinwerfer auf bestimmte Persönlichkeiten und heben sie mit den ihnen eigenen besonderen Qualitäten und Leistungen als Einzelerscheinungen heraus. Das mag in solcher Beleuchtung durchaus berechtigt erscheinen, und die Verdienste einzelner sollen auch keineswegs geschmälert sein. Aber innerhalb des gesamten Bereiches Tanz waren die Fesseln erstarrter Begriffe, Formen, Anwendungs- und Wirkungsweisen gesprengt worden. Die Zeit dafür war herangereift, wie auch auf anderen Gebieten der Kunst. Einzelne waren Pioniere, aber je besser sie es verstanden und praktizierten, junge suchende Menschen für die Sache zu begeistern, deren individuelle Fähigkeiten zu erkennen und sie systematisch zur Entfaltung zu bringen, damit sie sich in der neuen Richtung auswirken können, um so vielfältiger wurde das gesamte Spektrum. Mit dem, was angestrebt und zum Teil auch erreicht wurde, konnten sich Richtigkeit und Notwendigkeit der revolutionierenden Erneuerung für die Weiterentwicklung des Tanzes erweisen: vom Theatertanz bis hin zum Arbeiterbewegungschor und seinen kulturellen und politischen Aufgaben, von gymnastischen bis zur Beherrschung tänzerischer Mittel in der erforderlichen Vielseitigkeit, von der Improvisation bis zur Komposition, von der Forschung bis zur Tanzschrift, von der Rhythmik bis zur Therapie und was alles sonst noch entstand und weiterhin hätte entstehen können.

Marianne Vogelsang, eine der großen Begabungen aus Paluccas Schule, die nach 1945 in unserem Teil Deutschlands über längere Zeit intensiv tätig war, wurde 1946 Leiterin der Tanzabteilung der Rostocker Musikhochschule. Daneben gab sie Tanzabende, in denen sie selbst als Solistin auftrat wie auch Choreographien mit ihrer Tanzgruppe aufführte. Sie tanzte zu alten und neuen Musiken und hatte eine starke Beziehung zu in- und ausländischer Folklore. Von der Auseinandersetzung mit Problemen des Menschseins in ihrer künstlerischen Arbeit zeugt zum Beispiel ihr 1950 uraufgeführter »Tanzzyklus über das Thema der sieben Todsünden«, den sie in gemeinsamer Arbeit mit Ulrich Keßler, ihrem musikalischen Partner, komponiert hatte. Auf einen Prolog folgten die Tänze »Hochmut«, »Habsucht« und »Neid«, »Völlerei«, »Wollust«, »Traurigkeit« »Zorn«, und »Die Untat«. Ein Epilog beschloß den Zyklus. Die schon aus früheren Jahren als gut informierte und als sachkundig bekannte Tanzkritikerin Beda Prilipp schrieb in der »Berliner Palette« (Heft 11/1950): »Manchmal will es scheinen, als würde in dem Bemühen um die Verschmelzung der beiden Tanzstile, des klassisch traditionellen und des Ausdruckstanzes, etwas verwischt und aufgegeben, was in der großen revolutionären Bewegung des deutschen Tanzes als vor allem wesentlich erschien: dieses nämlich, daß der naturgegebene Rhythmus des Körpers, Leichtes und Schweres, heiteres Spiel und tragische Wucht umfassend, alle Höhen und Tiefen menschlichen Erlebens widerspiegelt. Niemals wird der deutsche Tanz auf diese Forderung verzichten dürfen. Nur die Disziplin, die Körperschulung und desgleichen die sinnvolle Aufteilung im Raum dürfen die beiden Tanzstile einer vom andern übernehmen. Das ist nicht immer geschehen. Ein Werk wie Marianne Vogelsangs ›Die sieben Todsünden‹, das in der Größe des Wurfs und in der Tiefe seelischen Erfassens dem ›Großen Gesang‹ der Dore Hoyer an die Seite zu stellen ist, ist deshalb mit besonderer Wärme zu begrüßen, weil es einmal wieder ohne Kompromiß die Gewalten des tragischen Tanzes zeigt ...

Die Programmfolge bringt im zweiten Teil eine Entspannung: Tänze leichter Anmut in reiner Form, nur Melodie der Bewegung auf einfachen, wiederkehrenden Motiven aufgebaut, beglückend und problemlos ...«

Im Anschluß an ihre Tätigkeit in Rostock ging Marianne Vogelsang nach Berlin, baute hier eine eigene Schule auf, war zwischenzeitlich Mitarbeiterin von Mary Wigman in deren Studio und schließlich von 1951 bis 1958 Leiterin der Abteilung Moderner Tanz an der Staatlichen Ballettschule Berlin. Ihre Assistentinnen waren Eva Winkler und Ursula Dathe. Die später als Choreographin an der Berliner Staatsoper sehr bekannt gewordene Grita Krätke, die zunächst, aus Schwerin kommend, für einige Zeit mit der Leitung der Schule beauftragt worden war, schätzte die Arbeit und unterstützte sie in jeder Weise. Das ist um so verständlicher, als ihre eigene künstlerische und pädagogische Arbeit auf der vielseitigen Ausbildung bei Kurt Jooss an der Essener Folkwangschule beruhte.

Marianne Vogelsang hat sich in dieser Zeit neben ihrer solistischen und pädagogischen Tätigkeit aufgrund ihrer Erfahrungen und hohen

Zielsetzungen für die umfassende Ausbildung künftiger Tänzergenerationen mit der Ausarbeitung eines Lehr- und Stoffplanes befaßt. Er wurde unter dem – viel zu bescheidenen – Titel »Gedanken zum Neuen Künstlerischen Tanz« 1954 im Rahmen des »Studienmaterials für die Künstlerischen Lehranstalten der Deutschen Demokratischen Republik / Theater und Tanz« veröffentlicht, das das Ministerium für Kultur, Hauptabteilung Künstlerische Lehranstalten, herausgab. Das Werk läßt erkennen, wie systematisch Vogelsang diesen Teil der Ausbildung bis ins kleinste aufzubauen wußte, welche Fülle von Übungsmaterial ihr zur Verfügung stand bzw. sie auf jeder Stufe neu entwikkelte und wie gut sie die Quellen kannte, aus denen der tanzbegabte junge Mensch zu schöpferischer Arbeit anzuregen ist.

Bei der Einführung der »Richtlinien für moderne Pädagogen« schreibt sie: »Ein wichtiger Grundsatz in der Pädagogik sollte sein: Der Schüler muß das werden, was er selber ist, nicht das, was der Lehrer will. Das aber, was der Schüler ist, welche Möglichkeiten er hat, wohin seine Anlagen zielen, das muß der Lehrer erfühlen, entdecken, erkennen, wissen, entwickeln, fördern und reifen lassen.«

Von den Leitgedanken ihrer ganzen Arbeit spricht folgendes Zitat: »Es geht bei uns heute darum, den neuen *realistischen* Bühnentanz zu entwickeln, dem sämtliche Tanzrichtungen, sinnvoll und vernünftig angewandt, dienen müssen: der Klassische Tanz, der Neue Tanz, der Volkstanz …

Jede Rolle in einem *Ballett neuen Inhalts* verlangt vom Solotänzer, aber auch vom Ensemble, mehr und andersgeartete Ausdrucksfähigkeiten, Ausdrucksmöglichkeiten, darstellerische Mittel, als sie der reine klassische Tanz zur Verfügung hat. Wollen wir z. B. große dramatische Entwicklungen innerhalb einer Handlung oder auch nur eines Charakters darstellen, wollen wir ein neues Menschenbild tänzerisch aufzeigen, so brauchen wir eine andersgeartete *Spannung* und mehr Spannungsdifferenzierung für den Tänzer, als es die Festgelegtheit des reinen Klassischen Tanzes zuläßt.«

Dem zweiten Teil der »Gedanken«, dem eigentlichen Stoffverteilungsplan für Ausbildungsstätten, ist folgender Hinweis vorangestellt: »Dieser Plan ist auswahlsweise zu benutzen für Volkstanzensembles, für Betriebsvolkstanzgruppen und für jede Art von Unterricht, der – vorbildend oder schulend – einer Erziehung für den Tanz oder dem Verständnis aller gegenwärtigen und zukünftigen Tanzereignisse zustrebt.«

Ende Januar 1958 verfügte das Ministerium für Kultur der DDR eine Veränderung in der Struktur der Berliner Ballettschule für die Zeit ab September des Jahres. Sie diene, so hieß es, »der besseren Befriedigung der Forderungen, die heute an den tänzerischen Nachwuchs gestellt werden«. Sie berühre vor allem die Fachrichtung Neuer Künstlerischer Tanz, die in der bisherigen Form dann nicht mehr weitergeführt und aufgelöst würde. Der Unterricht dieses Faches werde dann in kursmäßiger Form mit einer neuen Aufgabenstellung gelehrt. In dem an Marianne Vogelsang am 29. Januar verfaßten Schreiben wurde ihr diese Verfügung und im Zusammenhang damit auch die Kündigung zum 31. August 1958 mitgeteilt.

Bis heute gibt es das Fach Neuer Künstlerischer Tanz an der Berliner Ballettschule noch nicht wieder.

Der Ausdruckstanz hatte schon zu Anfang der fünfziger Jahre in beiden deutschen Staaten wesentlich an Anerkennung verloren, wenn auch aus unterschiedlichen Gründen. Man muß dabei bedenken, daß während der Nazizeit seiner Weiterentwicklung schwerwiegende Hemmnisse in den Weg gelegt worden waren, daß eine Reihe richtungweisender Persönlichkeiten außer Landes gehen mußten, daß mehr als zwanzig Jahre seit der Zeit vergangen waren, als der Neue Tanz auch in der Kulturbewegung der Arbeiterklasse und ihrem politischen Kampf in Deutschland eine Rolle gespielt hatte. Eine systematische Zusammenarbeit der unterschiedlichen Schulen zur Herausbildung einer gemeinsamen, weitgefächerten Ausbildungsmethode, die den immer wieder und nun von einer neuen Warte gestellten Forderungen des Theaters genügt, war nicht zustande gekommen.

Einige Beispiele für hochwertige Tanzkunstwerke aktuellen Inhalts gab es zwar, aber offensichtlich galten sie in der offiziellen Bewertung nicht als Maßstab. Eine Tänzerausbildung aufzubauen, die die Folgen der vergangenen Zeit überwinden half, war in den ersten Jahren vornehmlich privaten Schulen überlassen geblieben. Und wie schwer das war, haben wir ja bereits erwähnt.

So waren die Gegebenheiten 1952, als die SED mit ihren Beschlüssen und Erklärungen zum politischen »Kampf gegen Formalismus und Dekadenz«[64] aufrief. Mit aller Entschiedenheit müsse die Schaffung einer demokratischen deutschen Kultur weitergeführt werden, »wobei das fortschrittliche deutsche Kulturerbe zu wahren und den breiten Volksmassen zu vermitteln ist«. »Die Formalisten«, so wurde argumentiert, »leugnen, daß die entscheidende Bedeutung im Inhalt, in der Idee, im Gedanken des Werkes liegt. Nach ihrer Auffassung besteht die Bedeutung eines Kunstwerkes nicht in seinem Inhalt, sondern in seiner Form …« Für den Formalismus sei weiterhin kennzeichnend die Abkehr vom Menschlichen, von der Volkstümlichkeit der Kunst, das Verlassen des Prinzips, daß die Kunst Dienst am Volke sein müsse.

Unter »Beispiele des Formalismus« (in Malerei, Architektur, Musik, Oper, Schauspiel und Bühnenbild) wird auch der Tanz erwähnt; für das Ballettschaffen »Don Quichote«, für den Ausdruckstanz, »der … ein Abgleiten in unbegreifliche Ausdrucksformen, Unverständlichkeit, Mystizismus und folglich Formalismus« bedeutet, wurde kein Beispiel genannt.

An mehreren Stellen der Beschlüsse und Erklärungen wird »an die großen Leistungen aus der Vergangenheit« erinnert. Heute, fünfunddreißig Jahre danach, erschüttert es mich von neuem, daß es uns Modernen damals nicht gelungen ist, diejenigen Werte des Neuen Tanzes unübersehbar zu machen, die tatsächlich zu den großen Leistungen aus der Vergangenheit gehören und zugleich ein unentbehrlicher Gewinn für die Weiterentwicklung und kulturelle Breitenwirkung dieser Kunst bei den neuen gesellschaftlichen Aufgaben bedeuten konnten.

Tanzkunst, Tanzausbildung und Tanztheorie

Es stellt sich zu manchen Zeiten und auch in unserem Fall heraus, daß der Tanz – wie Bernd Köllinger seinen Vortrag anläßlich der Gedenkveranstaltung für Rudolf von Laban im Dezember 1979[65] überschrieb – eine »herzlich unbekannte Kunst« ist:

Sie ist von flüchtiger Art wie die Musik. Aber während musikalische Werke seit Jahrhunderten mit Noten (oder heute auch neuen Schriftzeichen) festgehalten und dadurch wiederholbar, studierbar und immer von neuem interpretierbar sind, ist das beim Tanz noch heute nicht allgemein in adäquater Weise üblich.

Nach der Musikalität eines Menschen, der über Musik zu urteilen hat, wird gefragt, nach den tänzerischen Anlagen im Parallelfall kaum.

Musik gehört zum Lehrplan der allgemeinbildenden Schulen, Tanz nicht. Konzerte und Opernaufführungen gibt es weit mehr als Tanzveranstaltungen.

Das Fernsehen bemüht sich wenig um die Verbreitung von Choreographien und Kenntnissen über Tanz.

Musikwissenschaft(ler) gibt es, Tanzwissenschaft(ler) kaum, es sei denn vereinzelt im Bereich der Folklore. (Auch wäre es mit reiner Theorie nicht getan. Erfahrungen am eigenen Leibe als Grundlage für das Wissen um die Wechselbeziehungen von Inhalt und Form, die Entfaltung der Phantasie und das Studium von psycho-physischen und künstlerischen Entstehungsprozessen wären für eine fruchtbare Tätigkeit in diesem Bereich erforderlich.) Die Nutzung der international angewandten Kinetographie Laban wird auch noch immer nicht für unabdingbar notwendig gehalten und entsprechend gefördert.

Man kann sich über Film- und Videoaufnahmen vom heutigen Tanzschaffen und auch dem aus jüngerer Vergangenheit noch nicht ausreichend informieren, weil zu wenig aufgenommen wurde, abgesehen davon, daß man *kein objektives Bild* von der Tanzkomposition erhält, daß man bei Tänzen mehrerer oder ganzer Gruppen Überschneidungen hinnehmen muß und auf jeden Fall vom Auge des Kameramannes und davon abhängig ist, ob die filmtechnischen Voraussetzungen gegeben sind und nützlich eingesetzt werden können.

Unsere Zuschauer sind größtenteils Tanzkunstwerken gegenüber wenig kritisch. Das kann kaum anders sein, solange diese Kunst nicht zum Bereich der praktischen und theoretischen Allgemeinbildung gehört. Was für gewöhnlich beeindruckt, sind technische Leistungen und Einfälle, Anmut der Bewegungen, die Musik und Ausstattung sowie gegebenenfalls anregende Beziehungen zwischen Musik und tänzerischer Bewegung. Zu einem emotionalen und gedanklichen Aufnehmen des Inhalts wie bei Schauspiel und Oper kommt es nicht ohne weiteres.

Die Veranstalter bemühen sich, dem Zuschauer mit Schilderungen im Programmheft dazu zu verhelfen. Aber ist das wirklich unabdingbar? Muß denn ausführlich mit Text erklärt werden, wofür diese Kunst die unendlich vielfältige Sprache der Bewegung besitzt? Sollte es nur an dem »ungebildeten« Zuschauer liegen, wenn man ihm die Vorgänge vorher erklären muß, oder nicht auch ganz wesentlich an der Choreographie und der Ausdrucksfähigkeit der Interpreten? Werke wie »Der grüne Tisch« von Kurt Jooss oder die »Affectos humanos« von Dore Hoyer, um nur zwei und ganz unterschiedliche Beispiele zu nennen, bedürfen keiner wörtlichen Beschreibung. Sie fesseln die Aufmerksamkeit, sie bewegen den Zuschauer im Miterleben und auch im Nach-Denken über den Inhalt und seinen Sinn. Diese Kriterien, so meine ich, können und müssen zum Qualitätsmaßstab von Tanzkunst und ihren Schöpfern gehören, ob für »leichte« oder »schwere Kost«.

Wie wichtig eigene tänzerische Voraussetzungen sind, wenn man kritische Gedanken darüber äußert, ob ein Tanzschaffender von der Form oder vom Inhalt ausgeht bzw. das eine oder das andere für vorrangig hält, wenn man Schlußfolgerungen über Gesinnung und Auswirkungen zieht, mögen folgende Erfahrungen und Erkenntnisse erhellen.

Die Idee, der Impuls oder der Anreiz zur Schaffung eines Tanzes kann aus vielerlei Quellen kommen. Es kann eine Musik sein, ein Erlebnis oder Gefühl, eine Stimmung oder Erkenntnis, eine Situation, ein Vorgang, das Verhalten bestimmter Menschen, eine Plastik usw.

Der Prozeß, in dem so etwas künstlerische Gestalt annimmt, ist sehr unterschiedlich, nicht nur allgemein von der Veranlagung der jeweiligen Persönlichkeit her. Es wird sich oft auch im Laufe seiner Entwicklung ändern, ebenso von Thema zu Thema. Und so kann es durchaus sein, daß *Formen*, die man sieht oder hört, fühlt oder ausführt, zu Quellen tanzkompositorischer Ideen werden, z. B. Formen strömenden, sprudelnden, wogenden Wassers, einer Landschaft, eines Ornamentes, einer Blüte, eines rhythmisch-musikalischen, dynamischen oder tänzerischen Motivs, eines Raumes oder vielgestaltiger Wege.

Das Improvisieren, das tänzerische Spielen mit solchen Themen erweckt in sensiblen tänzerischen Menschen spontan Vergleiche, Assoziationen mit Zuständen und Vorgängen im realen Leben, fühlt er doch auch diese als Bewegungsvorgänge. Allerdings glaube ich feststellen zu können: Sobald bestimmte Bewegungsformen dem Tanzschaffenden zur Routine werden, sei es aus Trainings- oder Stilgepflogenheiten, vollzieht sich dieser Vorgang nicht mehr.

Was die in den Beschlüssen und Erklärungen geäußerte Feststellung betrifft, für den Formalismus sei die Abkehr vom Menschlichen kennzeichnend, so hätten die Tanzschaffenden sicher gern gewußt, an welche Beispiele dabei in ihrer Kunst gedacht worden ist. Programme, wie sie in der vorliegenden Arbeit von den bedeutendsten Vertreterinnen und Vertretern des Ausdrucks- bzw. Neuen Künstlerischen Tanzes zitiert werden, sowie Beispiele aus dem damals eben zurückliegenden Zeitabschnitt bestätigen diese Behauptung nicht.

Es gibt Tanzdarbietungen, deren ästhetischer Wert unbestritten in der Qualität der choreographischen *Formen* des ganzen Werkes und allen Einzelheiten liegt, z. B. im Stil des klassischen Balletts. Als Beispiele auf dem Gebiet des Modernen Tanzes ließen sich vielleicht Choreographien von Vera Skoronel nennen.

In den Beschlüssen und Erklärungen war auch die Bildung einer Staatlichen Kommission für Kunstangelegenheiten für erforderlich erklärt worden, »deren Hauptaufgabe die Anleitung der Arbeit der Theater, der staatlichen Einrichtungen für Musik, Tanz und Gesang … in den Kunsthoch- und -fachschulen sein wird«. An die methodische Anleitung bei der Entwicklung der Laienkunst wurde ebenfalls gedacht.

Ich habe dieser Kommission (Unterabteilung Tanz) angehört und an Beratungen wie an der Durchführung bestimmter praktischer Aufgaben teilgenommen. Bei der Vorbereitung des Kongresses junger Künstler Ende April 1951 mußten wir feststellen, daß die Klärung theoretischer Fragen im Vergleich mit der Entwicklung auf anderen Gebieten der Kunst noch völlig am Anfang steht. – Daher machten wir eine ganze Reihe von Vorschlägen wie: die Entfaltung einer breiten Tanz-Diskussion, ausgehend von der genannten Entschließung, die Bildung einer Arbeitsgemeinschaft von Fachkräften mit dem Ziel der späteren Schaffung eines Tänzerverbandes, den Aufbau einer neuen Tanzforschung, die Auswertung der Erfahrungen der Sowjetunion und der Volksdemokratien, die Entsendung von Studiendelegationen dorthin, die Schaffung eines selbständigen Referates Tanz in der zukünftigen Staatlichen Kommission für Kunstangelegenheiten unter Hinzuziehung von Fachkräften. Auch die Errichtung einer staatlichen Tanzschule in Berlin gehörte dazu, mit dem Ziel einer späteren Umwandlung in eine Hochschule für Tanz – ein lang gehegter Traum, wie wir sahen.

Weitere Vorschläge galten dem »Organisieren von Fortbildungskursen für Ballettmeister und Tanzfachkräfte«. Das gehörte z. B. zu meinen – nebenamtlichen – Aufgaben, zum Teil in leitender Funktion, aber immer auch als Lehrkraft, sei es in Weimar, Siebeneichen oder Dresden. Ich erinnere mich gern daran und treffe noch ab und zu Teilnehmer, denen es ähnlich ergeht.

Uns lag die materielle Lage der Tanzschüler und Tänzer am Herzen, die damals bezüglich Lebensmittelkarten, Unterbringung, medizinischer Versorgung, Erholungs- und Umschulungsmöglichkeiten schlechter war als in den anderen künstlerischen Berufen. (1976 wurden von der Arbeitsgemeinschaft Ballett der Arbeitshygienischen Beratungsstelle für Theater und Orchester der DDR u. a. folgende Maßnahmen beschlossen: finanzielle Zuwendung nach fünfzehn Berufsjahren in Höhe von 50 Prozent der letzten Gage, wenn der Beruf nicht mehr ausgeübt werden kann; arbeitsmedizinische Tauglichkeits- und Überwachungsuntersuchungen; Umschulungsmöglichkeit.)

Zur Förderung von Laientanzgruppen bemühten wir uns um die Zusammenarbeit mit Tanz-Fachkräften, auch im Hinblick auf die bevorstehenden (III.) »Weltfestspiele der Jugend und Studenten für den Frieden« in Berlin. Dazu gehörten u. a. spezielle Lehrgänge für die Gruppenleiter. Das war nun wieder eine Aufgabe, an deren Durchführung ich mich gemeinsam mit Chris Baumgarten beteiligt habe.

Wo auch immer, ob hier oder bei der unmittelbaren Arbeit am Festivalprogramm der Tanzgruppe des Max-Reimann-Ensembles der Jenenser Universität oder der Tanzgruppe der Weimarer Landwirtschaftsschule, beruhte sie methodisch auf den Prinzipien und Erfahrungen aus dem Modernen Tanz, der Wechselbeziehung von Inhalt und Form, von Musik und Bewegung, von Leib und Seele.

Labans Werk wieder auf dem Plan

Für Ende des Jahres 1953 wurde eine erste deutsche Tanzkonferenz vorbereitet, die vom 2. bis 5. Dezember in Berlin stattfand. Beteiligt waren Choreographen, Ballettmeister, Tanzpädagogen, Tänzer, Komponisten und Schriftsteller. Die Aufgaben der Konferenz beruhten auf den bereits genannten Beschlüssen des ZK der SED von 1952 sowie der Programmerklärung des Ministeriums für Kultur »Über den Aufbau einer Volkskultur in der Deutschen Demokratischen Republik«. Die Tanzkonferenz stand unter dem Motto »Der sozialistische Realismus in der Tanzkunst«. Die Thesen dazu begannen mit den Feststellungen: »Die Tanzkunst ist weit hinter den künstlerischen Ansprüchen des Volkes zurückgeblieben. Die Hauptursache dieses Zurückbleibens liegt in der noch nicht überwundenen Herrschaft des Formalismus in der Tanzkunst ... Den Formalismus finden wir in der Verachtung des nationalen Elementes, insbesondere des deutschen Volkstanzes. In Deutschland hemmt der Formalismus, besonders der Expressionismus, mit allen Spielarten (u. a. Ausdruckstanz) die Entwicklung einer realistischen Tanzkunst ... Der sozialistische Realismus im Tanz ist kein neuer Stil, sondern die künstlerische Gestaltung des Lebens, Denkens, Empfindens, ›Träumens‹ (im Leninschen Sinne) und damit des Kampfes der Erbauer der Grundlagen des Sozialismus in der DDR ...

Die Pflege und schöpferische Weiterentwicklung des klassischen Erbes ist die Grundlage zur Gestaltung von realistischen Tanzkunstwerken. Das klassische und das nationale Erbe auf dem Gebiete der Tanzkunst ist das klassische Ballett und der deutsche Volkstanz ...

Zur Erhöhung des künstlerischen Niveaus ist die Gründung von Ballettschulen für Kinder vom 9. Lebensjahr erforderlich. Grundlage des Fachstudiums müssen das klassische Ballett und der deutsche Volkstanz sein; die Anwendung des Stanislawski-Systems im Tanz muß zusätzliches Pflichtfach werden. Die wissenschaftliche Erforschung der progressiven Perioden des klassischen deutschen Tanzes, wie auch des deutschen Volkstanzes ist eine dringende Notwendigkeit ...«[66]

Die Entschließung faßte die Aufgaben in fünf Themen zusammen:

I. Die Erweiterung des Ballettrepertoires. (Pflege der besten Ballettwerke der deutschen Vergangenheit und Gegenwart, Aufnahme der wertvollsten Werke der Weltliteratur, Zugang zu neuen Werken aus der Sowjetunion, den volksdemokratischen Ländern und des westlichen Auslandes. Schaffung neuer Ballettwerke in Zusammenarbeit mit Komponisten und Schriftstellern. Dafür die erforderlichen Auseinandersetzungen mit den Problemen dieser Kunstgattung in deren Fachverbänden.)

II. Die Unterstützung der Choreographen und Pädagogen bei der Bewältigung der vielfältigen schöpferischen Anforderungen und der Erarbeitung und Anwendung entsprechender Mittel des Tanzes, d. h. »die klassischen Mittel, der Volkstanz und die Mittel des modernen Tanzes«. (Erfahrungsaustausch, regelmäßige Kurse oder Arbeitstagungen mit den Themen: deutsche und ausländische Volkstänze, historische Gesellschaftstänze in Verbindung mit der Geschichte des Tanzes, Studium der besten Ballettwerke anhand von Libretti, Partituren, Filmen usw. Auftrag an die Unterkommission Tanz beim Ministerium für Kultur, die Ballettabende der kleinen und mittleren Theater regelmäßig zu besuchen und deren Arbeit durch Beratung und Anregungen zu fördern. Für deren Ballettmeister und Choreographen zur Anregung Einblick in die Arbeit der Kollegen an größeren Theatern ermöglichen.)

III. Gewinnung und Qualifizierung des Tänzernachwuchses. (Einrichtung von Tanzklassen in Volksmusikschulen, Wettbewerbe, Leistungsvergleiche. Einführung der achtjährigen Ausbildungszeit, systematische Ausbildung der Tanzeleven an den Theatern, Aufbau von Pädagogenklassen an den Tanzschulen u. ä.)

IV. Zur Vertretung fachspezifischer künstlerischer, materieller und sozialer Interessen der Tänzer Bildung eines Referates Tanz in der Hauptabteilung Darstellende Kunst beim Ministerium für Kultur und einer Sektion Tanz in der Gewerkschaft. Herausgabe einer Tanzzeitschrift.

V. Zusammenarbeit von Vertretern des Tanzes aus beiden Teilen Deutschlands. (Bildung einer Arbeitsgemeinschaft, Austausch von Material, gegenseitige Besuche der Pädagogen, Austausch von Lehrplänen u. ä. Gastspiele, Einladungen zu Fachtagungen und Beratungen über Einzelprobleme der Tanzkunst, Delegierung zum Studium der Tanzschrift an der Folkwangschule.)

Wenn eines Tages vielleicht einmal die Geschichte des Tanzes in der DDR geschrieben wird, sollten die vielseitigen Erkundungen und Auswertungen, Pläne, fachlichen Unterstützungen und Erfolge unserer Fachkommission beachtet werden. Es ist uns auch darum gegangen, Verbindungen zwischen Fachkollegen verschiedener Schulen untereinander sowie mit Laientanzgruppen herzustellen. So war ich, auch in Zusammenarbeit mit Werner Hoerisch als dem Vorsitzenden der Kommission, nachdem ich 1954 einen Erfahrungs- und Materialaustausch mit der *Folkwang-Tanzschule* in Essen verwirklichen konnte, beauftragt, dort offizielle Verbindungen zur Vorbereitung gegenseitiger Informationsbesuche zu knüpfen.

Was die Lehrgänge betrifft, so möchte ich – nicht zufällig an dieser Stelle – von dem Einführungskursus für Interessenten an der Kinetographie Laban berichten, den ich 1955 unter Assistenz von Katharina Lenzner durchgeführt habe. Eine der Teilnehmerinnen war Ingeborg Baier(-Fraenger), die sich später im Kinetographischen Institut der Folkwangschule bei Albrecht Knust qualifizierte und die Lehrberechtigung erwarb, so daß sie 1958–1971 an der Berliner Staatlichen Ballettschule den entsprechenden Unterricht ein- und durchführen konnte. Dadurch angeregt, veranstalteten das Institut für deutsche Volkskunde an der Akademie der Wissenschaften zu Berlin mit den Professoren Dr. Wilhelm Fraenger und Dr. Wolfgang Steinitz und das Institut für Volkskunstforschung am Zentralhaus für Volkskunst mit

Dr. Paul Nedo den »Dresdener Kongreß für Tanzschrift und Volkstanzforschung« (1. bis 4. Oktober 1957). Etwa sechzig Tanzforscher aus Bulgarien, der BRD, der DDR, England, Jugoslawien, Polen, Rumänien, der Tschechoslowakei und Ungarn nahmen daran teil. »Hauptanliegen der Tagung war es, für die Aufzeichnung von Tänzen ein – ähnlich der Musiknotenschrift – allgemein verständliches Notierungssystem zu finden ... Im Brennpunkt des Interesses stand das Tanzschriftsystem Laban-Knust, das von berufener Seite – durch Albrecht Knust selbst – in mehreren Vorlesungen (mit praktischen Demonstrationen) erläutert wurde« (Doris Stockmann). Kollegen aus der Slowakei (Stefan Toth), Rumänien (Vera Proca Ciortea) und Bulgarien (Raina Kacarowa-Kukudowa, Boris Zonew) legten ihre Notierungssysteme dar, andere ihre Art in der wörtlichen Beschreibung.

»Beim Vergleich der verschiedenen bisher entwickelten Schriftsysteme erwies sich die Kinetographie als die einzige Methode, mit der es möglich ist, jede nur denkbare Bewegung des menschlichen Körpers festzuhalten ...«[67]

Mein Referat bei diesem Kongreß hatte »Die Bedeutung der Kinetographie für die tänzerische und tanzwissenschaftliche Entwicklung in der DDR« zum Inhalt. Dort berichtete ich u. a. von einem Vorhaben, das einige Kollegen aus dem Kreis um Rudolf von Laban 1947 in Jena gestartet hatten. Soviel ich weiß, war Marie Luise Lieschke aus Plauen die Initiatorin des Planes zur Gründung eines Vereins *Kuratorium Rudolf von Laban*. Es sollte den Zweck haben – so legten wir es im Entwurf der Satzungen fest –, »das Lebenswerk des Tänzers, Forschers und Philosophen Rudolf von Laban über alle Länder- und Zonengrenzen hinweg in jeder nur möglichen Weise zu wahren und in seinem Bestand zu sichern, seine Breiten- und Tiefenwirkung auf einzelne Menschen wie auf die Gesellschaft zu fördern, es im Sinne Rudolf von Labans weiterzuentwickeln, es auch von Entstellung freizuhalten und den Namen Rudolf von Labans vor Mißbrauch jeglicher Art zu schützen«.

Der Verein sollte u. a. dafür sorgen, daß die Werke Rudolf von Labans zur Veröffentlichung kommen, daß eine internationale Bücherei und ein Archiv für Bewegungsforschung, Bewegungsschrift und Bewegungskunst geschaffen werden. Die Mitglieder- und Jahrestagungen sollten in verschiedenen, besonders interessierten Ländern stattfinden und zu Tänzerkongressen ausgestaltet werden.

Zur Gründung dieses Vereins ist es nicht gekommen. Damals, zwei

Jahre nach Beendigung des Krieges, fehlten dazu noch die nötigen Voraussetzungen, und es war auch nicht abzusehen, ob und in welcher Weise alle oder einzelne Bestrebungen einmal eine staatliche Unterstützung finden würden. Zunächst waren noch zu viele andere, dringendere Bedürfnisse zu befriedigen.

Arbeit mit Musikstudenten

Im Frühjahr 1948 waren Chris Baumgarten und ich als »nebenamtliche Dozenten« (wenn man überhaupt berufliche Tätigkeiten, denen man sich mit Leib und Seele widmet, mit unterschiedlichen Graden der »Amtlichkeit« bezeichnen will) an die Weimarer Musikhochschule verpflichtet worden und unterrichteten in den Abteilungen »Oper und Gesang« und »Schulmusik« Studenten mehrerer Semester im Fach »Rhythmische Bewegungslehre«. Unsere Körperschulung ging vom Finden natürlicher Bewegungsabläufe aus. Mit dem wachsenden Bewußtwerden des eigenen körperlichen Verhaltens lernten die Studenten auch, mit angebotenen Übungen selbständig an sich zu arbeiten. Einen ähnlichen Weg gingen wir zur Schulung von Körpergefühl, Auge und Ohr für den *Rhythmus* von Bewegungsabläufen verschiedenster Art (mono- und polylinear). Die rhythmischen Abläufe wurden auch hörbar gemacht, mit Klatschen, Silbensprechen, kleinem Schlagwerk und Melodieerfindungen.

Selbstverständlich wurde im Zusammenhang damit die einwandfreie Notierung der entstehenden rhythmischen Folgen geübt und verlangt.

Die Studenten wurden angeregt und angeleitet, Gegen- und Komplementärrhythmen sowie Umspielungen zu einem gefundenen Bewegungsrhythmus mit Schlagwerk, Stimme, Melodieinstrument oder Klavier zu erfinden. Das setzte voraus, daß sie gelernt hatten, sich aufeinander einzustellen, im Zusammenspiel den oder die Partner zu führen oder sich einzuordnen. Auf einer nächsten Stufe wurde das körperliche Aufnehmen der rhythmischen Eigenart und des Baues von Volksmusiken unterschiedlichen Charakters geschult, was zu Improvisationen mit Motiven führen konnte.

Unsere Pläne für die beiden Abteilungen ähnelten sich im Prinzip, waren aber entsprechend den späteren beruflichen Belangen modifiziert.

Für die Studenten der Abteilung »Oper und Gesang« wurde die Lösung von Bewegungs-Aufgaben in Verbindung mit dem jeweiligen Arbeitsplan des dramatischen Unterrichts und seinen Dozenten angestrebt.

Schon bei dieser Lehrtätigkeit flossen die Ergebnisse meiner Beschäftigung mit der Lehre Stanislawskis und die Erkenntnisse bei den Hospitationen in der Schauspielabteilung in unsere eigenen Arbeitsweisen, Erfahrungen und Bestrebungen ein.

Aufbau neuer Fächer für das Schauspielstudium

1947 war die von Maxim Vallentin geleitete Schauspielabteilung zum Deutschen Theaterinstitut geworden und nach Schloß Belvedere oberhalb von Weimar übergesiedelt. Im Herbst 1948 begannen wir dort, mit den Schauspielstudenten zu arbeiten. Chris Baumgarten gründete das Spezialfach *Musik für Schauspieler*, und ich benannte das von mir geleitete Fach *Bewegungsstudium*. Daß wir von vornherein unsere neuen Stoffpläne aufeinander abstimmten bzw. ihre Durchführung miteinander verbanden, mag sich nach dem bisher Geschilderten von selbst verstehen.

Ich habe – zunächst in Weimar – den Fachbereich »Bewegungsstudium« und was sich noch weiterhin daraus entwickelte fünfzehn Jahre lang geleitet. 1953 übersiedelte das Deutsche Theaterinstitut nach Leipzig und wurde – vereinigt mit der dortigen Schauspielschule – zur Theaterhochschule, der ich als Dozentin mit den gleichen Aufgaben angehörte, bis ich von Maxim Vallentin als Bewegungsmeisterin für Schauspieler an das Berliner Maxim Gorki Theater engagiert wurde. Chris Baumgarten wurde 1961 mit ihrem »Studio für den singenden Schauspieler« von Wolfgang Langhoff ans Deutsche Theater geholt.

Die Zeit an den beiden Ausbildungsstätten war sehr reich an Aufgaben, Erfahrungen, Ideen, Plänen, neuem Wissen mit den entsprechenden Erfolgen.

Dafür gab es sowohl manche Bezeigung hoher Anerkennung, aber ab und zu leider auch Zeichen beträchtlichen Unverständnisses für unsere Arbeit.

Im folgenden will ich versuchen aufzuzeigen, in welcher Weise wir die Erfahrungen und Erkenntnisse auf dem weiten Feld des Neuen Tanzes für die Entwicklung der zukünftigen Schauspieler nutzten.

Wir, damit sind natürlich nicht nur Chris Baumgarten und ich gemeint: Zu den jüngeren Kolleginnen, die wir gewinnen und in diese spezielle Tätigkeit einführen konnten, gehörten an erster Stelle Eva Hasenohr und Edith Irmer-Roder. Weiterhin Dozenten der Fächer Stimmbildung und Sprecherziehung, Stanislawski-Seminar und Szenenstudium, die diese Arbeit kennenlernen und einbeziehen wollten. Nicht zuletzt aber sind dabei die begabten und intensiv mitarbeitenden Studenten zu nennen.

Unsere Studienziele sahen vor:

Die Studenten sollen sich ihres Körpers, dessen Haltung und Bewegungsweise, ihrer Atmung und der Wechselwirkung von physischen und psychischen Zuständen und Vorgängen bewußt werden. Wir haben dafür einen sogenannten Grundunterricht an den Anfang gestellt. Der Lehrplan des Schauspielunterrichts im 1. Studienjahr 1954/55 an der Theaterhochschule nahm darauf Bezug: »(Es) wurde beschlossen, das ›Stanislawski-Seminar‹, die Grundlage unserer Ausbildung, erst im Januar 55 beginnen zu lassen und es im ersten Vierteljahr mit dem ›Grundunterricht‹ vorzubereiten ... Die praktischen Fächer: Stimmbildung und Sprechen, Diktion, Musik, Fechten bauen auf diesem Grundunterricht auf ...«

Sie sollen dahin geführt werden, aus eigener Überzeugung, sachgemäß, beständig und mit der Lust am Erkennen des Nötigen und Möglichen selbständig an der Beherrschung und Ausdrucksfähigkeit des Körpers zu arbeiten und dazu über geeignete Mittel verfügen.

Innerhalb des kontinuierlichen Körpertrainings ohne und mit Übungsgeräten wie Bällen, Stäben, Hockern u. a. wurden Trainingsfolgen aufgebaut, die auf anregende, vielseitige und in steigendem Maße anspruchsvolle Weise als Material zum selbständigen Üben dienen konnten.

Durch geeignete Bewegungsaufgaben sollen sie rhythmisch-dynamische Vorgänge, Strukturen, Formen und Begriffe am eigenen Leibe erleben, in schöpferischer Weise damit umgehen und Erkenntnisse für entsprechende Faktoren in anderen Bereichen ihres Schaffens (Sprache, Musik, Dramatik) gewinnen.

Vorwärtsbewegung der Gruppe im Kreis:

bei gefaßten Händen ohne Zeichen von außen gemeinsam anfangen und einen Abschluß finden;

dasselbe mit Tempoveränderungen;

Pausen dazunehmen;

ein einzelner betont in regelmäßigen Abständen einen Schritt, die anderen fallen ein oder spielen mit Gegenbetonungen;
ähnlich auch ohne Handfassung, mit Veränderung des Nach- und Nebeneinanders spielen;
anschwellend – abschwellend.
Beim Anhören einer geeigneten Musik, im Kreis gefaßt oder nicht: ein einzelner führt – Einsatz, Fortbewegung, Pausen, Richtungswechsel, Betonungen, Schrittrhythmen …
Tänzerische Fortbewegung mit Musik:
im Zeitmaß bestimmter Notenwerte gehen, schreiten, laufen, dazu den Grundschlag klatschen oder sprechen mit zu erfindenden Silben; auch Rhythmen improvisieren;
auf unterschiedliche Volksmelodien (deutsche, nordische, russische, ungarische, tschechische …) zunächst spontan mit Schrittmotiven reagieren;
charakteristische Motive kennenlernen und erarbeiten, teilweise dabei die Melodie singen.
In einem späteren Kursus: beim Anhören dafür ausgewählter Musiken die Bewegungen in einem kurzen, einfachen Handlungsablauf zum Teil unabhängig von der Musik ausführen, bestimmte Aktionen aber in Übereinstimmung damit; zum Beispiel: Ein Mädchen geht in Erwartung eines Besuches mit einem hübschen Tuch in der Hand zum Spiegel. Es singt die gehörte Melodie mit, ohne aber das Metrum in den Schritten zu übernehmen. Am Spiegel angekommen legt es sich – mit Vergnügen – das Tuch im Rhythmus der Melodie um die Schultern.
Während die Studenten mit sichtlicher Lust, Aktivität und Einfällen diese Art des Spielens mit Bewegung in Beziehung zu Musik aufgriffen, glaubten die zum Schluß eingeladenen Schauspieldozenten statt eines Nutzens erstaunlicherweise irgendwelche Schädigungen und »Gefahren« darin zu erkennen. Und so mußte, zum Bedauern aller Beteiligten, dieser Unterricht an der Leipziger Hochschule unverstanden »sterben«.
Von wesentlicher Bedeutung im Bildungsprozeß für die Bühne ist auch die Wechselbeziehung zur Umgebung, angefangen vom Raum, seiner Form, seiner Bodenbeschaffenheit, seiner Einrichtung u. ä., über Gegenstände, mit denen man umzugehen hat, bis zum Kostüm, das man trägt. Mit den Mitteln des Bewegungsstudiums kann die Fähigkeit, Gegebenheiten dieser Art wahrzunehmen, sich darauf ein-

zustellen und sich in vielfältiger Weise dazu zu verhalten, sowohl unmittelbar wie auch über die Vorstellungskraft angesprochen und ausgebildet werden.

Wege im Raum zu bestimmten selbstgewählten Zielen; jedesmal mit Blick in die betreffende Richtung vor der entsprechenden Hinwendung der Front, der Körperseite, des Rückens zum Ziel.

Am Platz: Jeweils in der Zeit des (ruhigen) Einatmens – mit dem Blick (Front des Gesichtes) einen Zielpunkt an den Wänden, der Decke, am Boden wählen. Beim Ausatmen die Luft quasi vom Körperzentrum durch Arm-Hand (-fläche oder Fingerspitzen) zu diesem Ziel schicken (»bis er ankommt«), unterstützt durch die Bewegung des ganzen Körpers und eine entsprechende Gewichtsverlagerung.

Anregungen und – wo möglich – Übungen:
zum spielerischen Verhalten auf Stufen und Treppen, mit Türen, bei der Fortbewegung auf unterschiedlichem Boden (real und vorgestellt), zum Umgang mit Stock, Fahne, Tuch;
zur Wahrnehmung des Einflusses unterschiedlicher Bekleidung auf Körpergefühl und Bewegung; im Zusammenhang mit »Stilkunde und Historischer Tanz« – auch Schleppe, Fächer, Degen, Schmuck.

Noch tiefer lotet die Arbeit am Wechselspiel mit Partner und innerhalb einer Gruppe. Dieses und das vorige Thema stellen eine unmittelbare Verbindung zwischen dem Verhalten im täglichen Leben und der künstlerischen Tätigkeit dar, fordern und fördern das Interesse für und Erkennen von Verhaltensweisen anderer und – nicht zuletzt – der eigenen im Umgang mit anderen Menschen. Da uns eben dieser Gesichtspunkt von grundlegender Bedeutung für die menschliche und die schauspielerische Entwicklung der Studenten war, nahmen wir diesen Teilbereich des Bewegungsstudiums – genannt »Zusammenspiel« – schon in den ersten Jahren in unseren Lehrplan auf. Auch daraus eine Reihe von Beispielen:

Jeweils 2 Partner, A und B, in der Fortbewegung:
A führt, B paßt sich an. Schon bevor A mit dem ersten Schritt beginnt, muß für B aus der vorbereitenden Einatmung und Gewichtsverlagerung erkennbar sein: das beabsichtigte Tempo der Schritte, das Bein, das den ersten Schritt machen wird, und die Richtung; im weiteren Verlauf gegebenenfalls Tempoveränderungen, Betonungen, Schrittarten, Wegformen, Pausen und Abschluß, evtl. durch eine halbe Wendung. Dadurch würde B die Führung übergeben.

A und B stehen einander gegenüber, halten ihre Arme, nicht ganz gestreckt und leicht elastisch gespannt, dem Partner entgegen und legen die Handflächen aneinander. A führt ähnlich wie vorher, nun mit seinen Handflächen bzw. über sie mit dem ganzen Körper in der Fortbewegung vorwärts, rückwärts (nur durch nachlassenden Druck), in Wegbiegungen (einseitiger Druck) und für Pausen. B reagiert mit konzentrierter Bereitschaft und gelöster Elastizität, zuerst sehend, später mit geschlossenen Augen. (Die Wege sind auch bestimmt durch das gleichzeitige Spiel der anderen Paare. A ist verantwortlich für Störfreiheit.)

Partnerspiel mit zwei gleichlangen, an den Enden abgerundeten Stäben. A und B einander gegenüber. Die Stäbe in den gestreckten Handflächen oder in der kleinen Grube unter den Schlüsselbeinen, nahe der Schulter wechselseitig eingesetzt. B schließt die Augen. A lenkt die Fortbewegung von B, ohne die Stäbe mit den Händen zu halten, nur über die Haltung seines Oberkörpers und deren Veränderungen, dem ausgeübten oder nachlassenden Druck.

Die Übung verlangt ununterbrochene Bereitschaft und Aktivität, um sich miteinander zu verständigen, wie auch bei den vorhergehenden; nur daß hier die Stäbe als unbestechlicher Kontrolleur fungieren. Bei jeder Unterbrechung des besagten Kontaktes fallen sie zu Boden. Dagegen ist es durchaus erreichbar, sich ohne Worte über einen Wechsel in der Führung zu verständigen.

Gut eingespielten Paaren gelingt das Spiel auch ohne Berührung, allein über die Wahrnehmung (sehend) des gesamtkörperlichen Verhaltens des »dirigierenden« Partners.

Sinn und Wert der Schulung derartiger Fähigkeiten wie auch des hervorgerufenen Erlebens liegen – so meinten wir – auf der Hand, sei es allgemein für den einzelnen und sein Zusammenleben mit anderen, aber auch speziell für den Schauspieler und die Erfordernisse der Bühne an Körpersprache und Reaktionsvermögen.

Den Kollegen von der Institutsleitung, die eines Tages mit auswärtigen Gästen einmal zu so einem Unterricht kamen, ging es dabei offensichtlich »nicht mit rechten Dingen« zu. So etwas fiel zu Beginn der fünfziger Jahre unter den Begriff »mystisch« und … konnte trotz nachweisbaren realen Gewinns für die Studenten einfach nicht geduldet werden.

Tänzerische Bewegung, unterschiedlich in Inhalt und Form, allein und mit Partnern, gehört zu den Ausdrucksmitteln des Schauspielers, soll ihm Vergnügen bereiten, Körpergefühl, Emotionen, Musikalität, Stilgefühl ansprechen.

Wir erfanden zuerst einfache, lebhafte Paartänze mit aktuellem Inhalt aus dem neuen Leben in der Zeit nach 1945, gleichzeitig ausgedrückt mit Bewegung, humorvollem Text und entsprechender Melodie zum Singen. So »bestellten« in einem der Lieder und Tänze junge »Traktoristen« die »langen, langen Felder«. In einem anderen spornte man sich gegenseitig an, mit Schwung an die Arbeit zu gehen, sich anzustrengen: »Staunen wirst du, lachen wirst du, was man alles kann!« In einem nächsten sind die jungen Männer stolz auf die tüchtigen Mädchen: »Jede tut, was sie kann, jede steht ihren Mann«. Die Mädchen ihrerseits loben zwar auch die Burschen, aber sie protestieren belustigt gegen die alte Redeweise: »Ich steh' ›meine Frau‹ und du deinen Mann!«

Damals bezeichnete man das als »Massentänze«, konnte aber auch »Straßentänze« dazu sagen. Wenn wir am 1. Mai festlich gestimmt durch die Stadt zogen und Stockungen entstanden, waren sie bestens am Platz, und wer von den Zuschauenden Lust bekam, tanzte mit.

Für die Arbeit an der Rolle, in Stücken, die in fernliegenden Kulturepochen oder -kreisen spielen, ist es ein Gewinn, charakteristische Haltungen und Umgangs-, vor allem Grußformen ausführen zu können, am lebhaftesten und nachhaltigsten in entsprechenden Tänzen, möglichst in originaler Form. Vorbereitet durch eine kontinuierliche, organisch aufgebaute Ausbildung von Körpergefühl und -beherrschung, die Studien in »Musik und Bewegung«, »Zusammenspiel«, eigenes Musizieren und Musikhören, gelang es den meisten, die jeweils charakteristischen Züge in der Bewegung herauszuarbeiten. Damit konnten sie den Reiz der Andersartigkeit erleben, am eigenen Leibe und im Partnerspiel, und ihre Ausdrucksmittel und Kenntnisse gezielt bereichern.

Historische Umgangsformen und Tänze

Als mir, schon in den ersten Jahren der Belvederer Zeit, von Schauspieldozenten Fragen nach historischen Umgangsformen und Tänzen gestellt wurden, mußte ich erst einmal selbst beginnen, mich damit zu befassen. Die Wünsche kamen zuerst für Stücke bzw. Szenen, die in der Renaissancezeit spielen. In den Bibliotheken fand sich nur wenig

Material. So wandte ich mich also nach und nach an Kollegen an anderen Orten: nach England an das Shakespeare Memorial Theatre, nach Essen an Albrecht Knust am Kinetographischen Institut der Folkwangschule, nach Prag an Jarmila Kröschlová an der Akademie der Musischen Künste (AMU), die dort auch mit Schauspielstudenten arbeitete, an Olga Szentpál in Budapest, die sich als Tanzpädagogin, Choreographin und Wissenschaftlcrin mit dem Stoff befaßte, und an Margarita Roshdestwenskaja am Moskauer GITIS, einer Spezialistin auf dem Gebiet des Historischen Tanzes. Allmählich verfügte ich neben eigenen »Entdeckungen« über teils originale, teils bearbeitete Beschreibungen und Abbildungen, und zwar nicht nur aus der Renaissancezeit, sondern auch aus späteren Kulturepochen. Am besten konnten wir Kenntnisse und Erfahrungen natürlich bei gegenseitigen Besuchen und Hospitationen mit Fachkollegen in Prag, Budapest und Essen austauschen. Um 1950 wurde am Deutschen Theaterinstitut in Weimar das Fach »Historischer Tanz«, später vervollständigt durch »Stilkunde«, auf den Lehrplan gesetzt, das ich unter musikalischer Mitarbeit von Chris Baumgarten unterrichtete.

Zum Stoff für die Renaissancezeit gehörten eine Allemande, mehrere Branles im Kreis, die feierliche, gravitätische Pavane und ihr Nachtanz, die gesprungene Gaillarde. Wichtig war immer zugleich das Erlernen der Grundbewegungen und der Umgang mit dem Kostüm (z. B. Schleppe, Hut) und Requisiten (z. B. Degen, Stock, Fächer, Schmuck).

Für die Barockzeit wählten wir das Menuett nach Aufzeichnungen vom Anfang des 18. Jahrhunderts, manchmal auch die Courante. Contretänze standen für die Goethezeit auf dem Plan.

Anschließend begann in unserem Stoffplan die Zeit der Polonaisen, des Walzers, des Galopps und der besonders beliebten Polka.

In Leipzig an der Theaterhochschule gelang es uns, einen kleinen Kostümfundus aufzubauen und – unter zeitweiser Beteiligung von Studenten – ordnungsgemäß zu verwalten. Wir brauchten das, weil ja das Körpergefühl für einen Stil mit dem Tragen von – wenigstens andeutungsweise – typischen Formen wesentlich mit angesprochen wird, abgesehen von dem genannten Übungswert.

Chris Baumgarten und ich waren immer bestrebt, die Studienpläne für unsere Fächer sinnvoll und weitgehend mit den Plänen des Schauspielunterrichts (oder auch für Programme) zu koordinieren bzw. vorbereitend dafür zu arbeiten. Aber das konnte höchstens für Studioaufführungen und nicht für die – doch ganz unterschiedlichen – Szenenstudien und Gruppierungen innerhalb eines Studienjahres gelingen.

Besonders günstig war es, wenn die Unterrichtsfächer »Klingende Musikgeschichte« und »Historische Tänze« für ein Studienjahr parallel laufen konnten. Dabei möchte ich erwähnen, daß die Studenten neben dem Gruppenunterricht im Fach »Bewegungsstudium« auch Einzelstunden bekamen. Dort konnte individuelle Arbeit geleistet werden. Zum Stoffplan gehörten übrigens eine Zeitlang Kurse für moderne Gesellschaftstänze.

Meine Kenntnisse und Erfahrungen auf dem Gebiet des historischen Tanzes habe ich auch außerhalb der Hochschule weitergeben können: in einer Arbeitsgemeinschaft mit Kollegen wie Marianne Vogelsang und Tom Schilling; bei Inszenierungen an Theatern (in Leipzig, Berlin, Görlitz ...), an der Fachschule für Tanz (Leitung Inge Hoth-Kurz), bei den Lehrgängen für Ballettmeister wie für Tänzer an der Berliner Schauspielschule und im Ausland (Schweden und Holland).

Studienbücher für Schauspieler und Regisseure

Nach Übereinkunft mit der Hochschulleitung arbeiteten Chris Baumgarten und ich an einem systematisch aufgebauten Studienmaterial zum Thema »Tänze und ihre Musiken in der Renaissance«, das vielerorts gebraucht worden wäre. Bevor es noch zur Kenntnis genommen wurde, hielt die Leitung offenbar das, was wir den Studenten in dieser Hinsicht vermittelt hatten, für ausreichend und verlor leider das Interesse an dem bereits weitgehend verwirklichten Projekt. Es wurde uns geraten, doch mal mit der Akademie der Künste in dieser Hinsicht Fühlung zu nehmen.

Befürwortet von Palucca als Mitglied der Akademie und Vertreterin des Bereiches Tanz, bekam ich einen Forschungsauftrag mit dem Thema »Umgangsformen in der Renaissance«. So entstand schließlich mein erstes Buch, das den Titel trägt »So war es Sitte in der Renaissance«. Es erschien 1964 bei Edition Leipzig. Zum Geleit schrieb Erich Engel, der die Mentorschaft übernommen hatte:

»Es ist wohl verständlich, daß ich mich als ›Mann des Theaters‹ für die vorliegende Arbeit einsetze. Das hier ausgearbeitete reiche Material über Formen gesellschaftlichen Verhaltens und über genormte Bewegungsabläufe gesellschaftlichen Benehmens hat für alle darstellenden Künste einen leicht einsehbaren Nutzwert. Das gilt vornehmlich natürlich für alle Bühnen, seien es Schauspiel-, Opern-, Operetten- und Kabarettbühnen, aber auch für Pantomime, Film und Fernsehen. Neben der aktuellen praktischen Brauchbarkeit und den kulturhistorischen Aspekten aber wird hier gleichzeitig eine tiefer gelagerte Bedeutungsschicht angesprochen. Da die von der Verfasserin ausgewählten Stücke in hohem Maße den Charakter des Typischen haben, weisen sie mit ihrem Grundzug über die jeweilige Zeitphase (hier die Renaissance) hinaus ...

Es ist der Verfasserin zu danken, daß sie neben der ausgebreiteten Fülle der historischen Informationen, ohne kulturphilosophisch oder anthropologisch aufzutrumpfen, eine Rückverbundenheit zu den Ursprüngen wachhält oder zu erwecken weiß.«

Dieses Buch enthält Quellenmaterialien und Abbildungen aus Deutschland, Italien, Spanien, Frankreich, England und Rußland zu folgenden Themen:

Allgemeines: Stände, Ämter, Titel;

Verleihung von Würden, Aufnahme in Ritterorden;

Ankunft und Empfang, Begegnen und Begleiten, Audienzen, Abschied;

Vermählung, Hochzeitsfeiern und andere Festlichkeiten;

Gastmähler und Tischsitten;

aus dem Tagesablauf

sowie eine Zeittafel mit Angaben über wesentliche historische Ereignisse und Persönlichkeiten in der Zeit von 1410 bis 1610 in den genannten Ländern.

Angefügte Tabellen zur übersichtlichen Information betreffen Haltung im Stehen – Gang – Platz anbieten, sich setzen, sitzen – Reverenzen – Kniefall – Kuß und Handkuß – Handreichen – Begrüßungen und Dazugehöriges – Verabschiedungen – Begegnen – Begleiten – Umgang mit Gegenständen und Bekleidung.

Eigentlich hätte ich für die Folgezeit gern eine ganze Reihe von Forschungsthemen in chronologischer Folge vorgenommen. Aber es war Erich Engel, der es zur Zeit für notwendiger hielt, die Schauspieler zur Arbeit an ihrer körperlichen Technik und Ausdrucksfähigkeit anzuregen und ihnen entsprechendes Übungs- und Studienmaterial an die Hand zu geben. Auch das war mir recht. Leider hat er, dessen Gedanken, Fragen und Vorschläge mir so wertvoll gewesen waren, das Entstehen des zweiten Buches nicht mehr begutachten noch seinen Abschluß miterleben können.

Ich war zu dieser Zeit Bewegungsmeisterin am Maxim Gorki Theater und an der Volksbühne, arbeitete also ständig mit Schauspielern. Ich wußte: Selbständig an sich zu arbeiten setzt Einsicht und Lust voraus und erfordert geeignete Anregungen, Aufgaben, die Selbstkontrolle ermöglichen und zu Beharrlichkeit führen sowie – auch hier – Erfolgserlebnisse. Diese Beschäftigung muß ja neben der täglichen Probenarbeit am Theater und ihren Vorbereitungen laufen und sich dort als sachdienlich erweisen. Alles das, ohne als Pädagoge dabeisein zu können ...

Schließlich glaubte ich, eine Lösung gefunden zu haben: Der Benutzer des Buches könnte vor allem über das eigene sinnvoll gelenkte Ausprobieren zum Erfolg kommen. In dieser Richtung legte ich meine Arbeit an. Auf der Rückreise von einem Urlaubsaufenthalt in Bulgarien, wo ich mich noch intensiv mit dem Entwerfen des Manuskriptes befaßt hatte, machte ich in Prag Station und legte es meiner auf diesem Gebiet und als Lehrbuchautorin erfahrenen Kollegin Jarmila Kröschlová vor, da sie hohe Ansprüche an ihre eigene Arbeit und die ihrer Schüler stellte. Und sie sagte schließlich – ich höre es noch wie heute: »Du hast das gut gedacht. Aber weißt du, *unsere* Schauspieler würden das nicht machen. Vielleicht sind ja aber eure viel aktiver.« Das war ein herber Schlag, denn ich war mir in dieser Hinsicht absolut nicht sicher ...

Am nächsten Morgen gestanden wir einander, daß uns diese Fragen nicht zur Ruhe kommen ließen. Nachdem ich mich von dem ersten Schreck erholt hatte, suchte ich sofort nach neuen Wegen. Ihr aber, an die ich noch heute mit großer Verehrung und Liebe denke, war das Herz schwer wegen des mir verursachten Kummers.

Das entstandene Buch heißt »Sprechende Bewegung« und ist 1974 im Henschelverlag Kunst und Gesellschaft erschienen. Die Einführung beginnt mit der Feststellung: »Bewegung ist dem Menschen nicht nur Mittel zur Ausführung bestimmter Tätigkeiten und Organfunktionen, sondern weit mehr: Sie ist auch – ob bewußt oder unbewußt – ein Kommunikationsmittel. Überall handelt es sich bei Bewegung um ein Verhalten von Menschen in konkreten Situationen ...«

Solche Situationen sieht der Leser vor sich: zuerst beim Lesen beschriebener Vorgänge und dann in Fotos von Verhaltensweisen im Alltag unserer Zeit. Ich habe solche Aufnahmen gesucht, auf denen die Haltung oder Geste ohne Worte von der Beziehung (oder Nicht-Beziehung) einzelner oder mehrerer Menschen zur Umwelt oder zueinander »spricht«. Diese Bilder und eine Reihe von Zitaten, in denen sich bekannte und erfahrene Theaterleute zu unserem Thema äußern, bereiten den Leser auf den praktischen, den Hauptteil des Buches vor.

Stanislawski unterstrich: »Je größer ein Talent ist und je subtiler es arbeitet, desto mehr Ausbildung und Technik verlangt es.« Nach dieser kompetenten Aufforderung erkläre ich in meinen Vorbemerkungen:

»Der Sinn des Übungsteils besteht darin, Ihnen für diese Arbeit an sich selbst eine systematische Anleitung und vielseitige Anregungen zu geben, zugleich aber auch, Sie mit der Zeit weitgehend von solchen Anleitungen unabhängig zu machen. Sie werden lernen, was Sie persönlich brauchen, was für Übungen Sie benutzen oder auch selbst erfinden müssen und wie Sie sich kontrollieren können. Dabei werden Sie erfahren, wie diese Arbeit mit Verhaltensweisen im Alltag in Wechselbeziehung steht und wie sich Eigenschaften, Erfahrungen, Fähigkeiten und Fertigkeiten dieser Art in der Proben- und Aufführungspraxis auf die eigene Rollengestaltung und die gemeinsame Aufgabe des Ensembles auswirken ...«

Die Lektionen – fast 100 »Tagesrationen« – sind methodisch gruppiert: Aus dem Liegen – Aus dem Sitzen – Aus dem Stehen – In der Fortbewegung – Rhythmus und Metrik – Beziehungen zu räumlichen Gegebenheiten – Partnerbeziehungen.

Zwar ist es nur aus den zwei letztgenannten Begriffen erkennbar, aber tatsächlich ist der aktivierende Leitgedanke durchgehend die Wahrnehmung und bewußt herzustellende Wechselbeziehung mit der Umwelt, spürbar »mit Leib und Seele«.

Alle Beschreibungen der Bewegungsfolgen sind mit Zeichnungen in Strichmännchen-Art »illustriert« und bei dem Thema »Rhythmus und Metrik« mit Aufzeichnungen nach dem Prinzip der Kinetographie Laban sowie Noten für den Rhythmus der Melodien versehen.

Zu meiner Freude und Genugtuung höre ich immer wieder, daß dieses Buch, wie das erste auch, vielerorts von Theaterleuten und unterrichtenden Kollegen zur künstlerischen und pädagogischen Arbeit herangezogen wird.

Im gleichen Jahr, als die »Sprechende Bewegung« herauskam, wurde ich zu einem nächsten Thema angeregt: In seinem Glückwunschschreiben zum 70. Geburtstag des Tänzers, Choreographen und langjährigen Leiters der »Gruppe Junger Tänzer« an der Komischen Oper Jean Weidt hatte Bernd Köllinger dessen Bedeutung als »wichtigster Repräsentant einer Tanzkunst unter proletarisch-revolutionärem Vorzeichen« gewürdigt. In diesem Zusammenhang stellte er u. a. fest: »Was wissen wir von den anderen und dem, was sie getan haben? Was wissen wir von den Verbindungen zwischen der Arbeiterkulturbewegung und den Vertretern der verschiedenen Strömungen des modernen Ausdruckstanzes in Deutschland? – Nichts. Und das macht betroffen.«[68]

Daraufhin wandte ich mich an einige Kollegen, denen man solches Wissen abverlangen kann, und es bildete sich eine kleine Arbeitsgemeinschaft. Es gehörten ihr an:

Anni Sauer, meine ehemalige Studienkameradin am Choreographischen Institut Laban;

Werner Köhler, ehemals Kesselbauer in den Leuna-Werken und bis 1933 Mitglied des Hallenser Arbeiterbewegungschores unter Leitung von Jenny Gertz, nach 1945 Patentingenieur;

Erika Hoerisch-Triebsch, in den Jahren 1932 und 1934 bis 1936 Mitglied der Mary-Wigman-Tanzgruppe, in der DDR auf dem Sektor Volkskunstbewegung tätig gewesen;

Waltraud Kropp, wissenschaftliche Mitarbeiterin der Sektion Ästhetik und Kunstwissenschaften an der Berliner Humboldt-Universität.

Wir sagten uns: »Seit Jahren steht – wie auf allen Gebieten der Kunst – auch für den Tanz die Frage nach dem wesentlichen *Erbe* und seiner kritischen Aneignung auf dem Plan. Dabei wurde bisher die Bedeutung des Neuen Künstlerischen Tanzes für die Sache der Arbeiterklasse nur in Einzelfällen ins Blickfeld gerückt. Wertvolle Zeit verstreicht, und mit jedem Jahr entschwinden uns mehr Möglichkeiten, Beteiligte zu befragen und ihre persönlichen Erinnerungen wie auch ihr aufbewahrtes Material zur Information zu erhalten ...« (aus unserer Arbeitskonzeption im April 1975).

Wir studierten Fachliteratur aus jüngster Zeit und fanden zu diesem Thema nur sehr spärliche Angaben anstelle von zusammenhängenden Informationen. Am meisten war noch aus der Arbeit von Dr. Klaus Pfützner »Die Massenspiele der Arbeiter in Leipzig (1920 bis 1924)«[69] zu erfahren.

Eine systematische Sammlung und Auswertung authentischer Informationen über die kulturpolitische Bedeutung des Ausdruckstanzes – bzw. »NKT« – zu seiner Blütezeit in Deutschland nach dem ersten Weltkrieg gab es noch nicht, und so sahen wir es als unsere Aufgabe an, dazu beizutragen, daß – »angesichts der Notwendigkeit, die Vielfalt der nationalen Kultur zu pflegen und zu fördern« – diese Lücke geschlossen wird.

Um unsere Bemühungen fruchtbar zu machen, wandten wir uns zunächst an den Verband der Theaterschaffenden, der sich zwar sehr interessiert zeigte, aber uns weiterleitete, da Aufträge dieser Art nicht im Bereich seiner Aufgaben und Möglichkeiten lägen. Die Hinweise führten schließlich zur Akademie der Künste der DDR.

Ich begann Materialien zu sammeln, zu ordnen und zu verarbeiten, die Schlußfolgerungen für die Entwicklung der schöpferischen Persönlichkeit im deutschen Ausdruckstanz ermöglichen, nicht zuletzt, um sie unter den heutigen Bedingungen nutzbar zu machen.

Sehr bald wurde mir klar, daß es nicht genügt, nur Veröffentlichungen, Protokolle, Lehrpläne u. ä. zusammenzutragen, wenn doch noch Menschen leben, die in diesem Schaffensbereich gearbeitet, ihre Methode verbreitet und weiterentwickelt haben oder sich als Freunde und Zuschauer an sie erinnern.

Durch wißbegierige und unermüdliche Ermittlungen sind mit der Zeit – über Länder und Meere hinweg – fachliche Verbindungen wieder angeknüpft worden oder neue Kontakte entstanden, unmittelbar oder durch die Korrespondenz, die mich sowohl in meinem Vorhaben immer mehr bestärkt und bereichert wie auch menschlich beglückt haben, weil ich damit noch vieles auffangen und bewahren kann. Wieviel habe ich von ihnen erfahren können, wieviel haben sie mir für meine Arbeit überlassen!

Begegnungen und Kontakte mit Persönlichkeiten aus dem Kreis um Laban

Auch hier erweist sich wieder, welche Vielfalt schöpferischer Kräfte die Erneuerung des Tanzes ins Leben gerufen hat. Das beweist schon allein das Schaffen der Menschen, mit denen ich in dieser Sache Kontakte gepflegt habe. Dazu gehören aus dem Kreis um Rudolf von Laban, seinen Mitarbeitern und ehemaligen Schülern:

Kurt Jooss. Bereits als Tänzer hatte sich seine starke Ausdruckskraft und schöpferische Phantasie gezeigt. Er wurde Choreograph am Theater, erkannte als Voraussetzung für die Weiterentwicklung des Tanzes eine umfassende Ausbildung des Nachwuchses, wurde Initiator einer entsprechenden Akademie; er war Mitbegründer der Folkwangschule der Stadt Essen (1927) und leitete deren Fachabteilung Tanz. Er baute Tanzensembles auf, entwickelte Tänzerpersönlichkeiten, schuf hervorragende Choreographien mit ihnen, die seiner humanistischen Gesinnung Ausdruck verliehen. Er organisierte und leitete den Deutschen Tänzerkongreß in Essen (1928) mit dem Hauptthema »Theatertanz« und gab der Abteilung Tanz der Essener Folkwangschule ihr Gesicht.

Jooss' Tochter Anna Markard, seine langjährige Mitarbeiterin, wurde nach seinem Tode im Jahr 1979 Sachwalterin des Jooss-Archivs in Wiesbaden und befaßt sich mit der Weitergabe und Einstudierung seiner berühmtesten Tanzwerke. Gemeinsam mit ihrem Mann, Hermann Markard, hat sie eine hervorragend aufgebaute und informative Ausstellung »Kurt Jooss. Leben und Werk« zusammengestellt, die erstmals 1981 in Venedig (im Rahmen des Festivals »Venezia Danza Europa 81«) und später in der BRD und in Westberlin zu sehen war. Dazu erschien ihre »Dokumentation«, die als Katalog die Ausstellung widerspiegelt und ergänzt.

Albrecht Knust. Aus der von ihm seit Labans Übersiedlung nach Würzburg geleiteten Schule »Hamburger Bewegungschöre« gingen eine ganze Reihe von Laientanzpädagogen und Bewegungschorleitern hervor. Für seinen und andere Bewegungschöre schuf er geeignete Übungs- und Tanzspiele. Den größten Teil seiner Lebenszeit widmete er jedoch (seit der Veröffentlichung der Kinetographie Laban 1928) ausschließlich der Weiterentwicklung, Vervollkommnung und Verbreitung der Tanzschrift. Nachdem sie während der Nazi- und Kriegszeit in Deutschland nicht mehr gelehrt werden durfte und in anderen Ländern – zum Teil unterschiedlich – weiterentwickelt wurde, setzte er sich nach dem Kriege intensiv für Zusammenarbeit im internationalen Maßstab ein. Gemeinsame Anstrengungen führten schließlich 1961 zur Bildung des Internationalen Rates für Kinetographie Laban (ICKL)[70]. Er wurde ihr erster Präsident und blieb es bis zu seinem Tod (1978).

Albrecht Knust leitete das Kinetographische Institut der Folkwangschulen, bildete Nachwuchs aus, auch für andere Länder, schuf zusammen mit seinen Mitarbeitern eine umfangreiche Sammlung aufgeschriebener Tänze und Tanzwerke (Folklore, Ballette, historische Tänze, chorische Spiele) und Trainingsmaterial, schrieb und veröffentlichte in deutscher und englischer Sprache Werke über die Kinetographie Laban und ihre Anwendung. In der DDR hielt er u. a. während des Fachkongresses »Tanzschrift und Volkstanzforschung« in Dresden 1957 einen Vortrag darüber.

Martin Gleisner war während des ersten Weltkrieges bei Max Reinhardt zum Schauspieler ausgebildet worden, hatte u. a. in Frankfurt am Main und Mannheim gespielt und wandte sich schließlich an Rudolf von Laban, um seine körperlichen Bewegungs- und Ausdrucksfähigkeiten als Schauspieler zu vervollkommnen. Zuerst an Zweigschulen und dann bei Laban selbst wurde er schließlich zu einem der bekanntesten Leiter von Bewegungschören und stellte seine Arbeit voll in den Dienst der Arbeiterkulturbewegung.

1933 mußte er als Antifaschist und Jude Deutschland verlassen, arbeitete im gleichen Sinn in Holland und Belgien weiter, ging dann in die USA und setzte dort, nach mehrjährigem Studium, seine Kraft als Sozialarbeiter besonders in der Betreuung alter Menschen ein.[71]

Von *Jenny Gertz* wurde schon berichtet (S. 93 ff.). Bei ihr kam die Erneuerung des Tanzes vor allem den schöpferischen Kräften von Kindern, ihren musischen Fähigkeiten, ihrer sozialen Erziehung und Gesundheit zugute.

Hertha Feist (-Lichterfeld) war im Anschluß an ihre Ausbildung bei Laban nach Berlin gegangen, um dort 1923 eine Schule für Tanz und Gymnastik zu eröffnen. Damals, so schrieb sie, habe es hier noch niemanden gegeben, der die neue Auffassung pädagogisch vertrat, und sie habe versucht, nach den von Laban erschlossenen Bewegungsgrundsätzen tanzinteressierte und -begabte Menschen zu körperlicher Bereitschaft, zu Rhythmus und Ausdruck, zu Bewegungsstudium und Kompositionen zu führen. Sie ließ sich trotz großer Schwierigkeiten nicht von dem gesetzten Ziel abbringen, mit ihrer künstlerischen und pädagogischen Arbeit dem Werk ihres Lehrers nach Kräften zu dienen, und trat mit eigenen Tanzkompositionen als Solistin und mit ihrer Gruppe auf. Ihre Schule genoß weithin einen guten Ruf. Auch Martin Gleisner hat einige Zeit hier studiert.

Lola Rogge (-Meyer), die 1927 in Altona eine eigene Schule eröffnet und 1934 die traditionsreichen »Hamburger Bewegungschöre« übernommen hatte, schrieb im Programm zum fünfzigjährigen Bestehen ihrer Schule, daß ihr als Laban-Schülerin stets die schöpferische Arbeit im Vordergrund gestanden habe. Dazu gehörten auch die Tanzleitung am Deutschen Schauspielhaus (1935–1954) und eine ansehnliche Reihe großer Tanzschauspiele und -oratorien, in der Zusammenarbeit mit ihrem Mann Hans Meyer-Rogge entstanden.

1979 gelang ihr, zusammen mit ihrer Nachfolgerin, der Tochter Christiane, und ihren Schülern eine beispielhafte Laban-Ehrung zu dessen 100. Geburtstag:

Auf der Bühne des Auditoriums maximum der Universität Hamburg demonstrierten sie vor einem zahlreichen, auffallend jungen Publikum die Grundlagen seiner Choreutik und Eukinetik mit anschließenden Improvisationen, begeisterten die Zuschauer mit bewegungschorischen Spielen, die von Albrecht Knust geschaffen und kinetographisch festgehalten worden waren; den Abschluß bildete ein von Bewegungsfreude und Phantasie erfülltes Tanzspiel der Kindergruppe: »Vögel«.

Herbert Vogel hatte in den zwanziger Jahren während seiner Ausbildung zum Gewerbelehrer an der Universität Jena am Bewegungschor der Jugendvolkshochschule teilgenommen, den Martin Gleisner leitete. Aus großem Interesse daran ging er noch im gleichen Jahr (1930) zum Studium an die »Hamburger Bewegungschöre Laban« und anschließend zu Kurt Jooss an die Folkwangschulen in Essen. Er wollte nicht Tänzer oder Tanzpädagoge werden, sondern mit Kindern und erwachsenen Laien bewegungschorisch arbeiten. Außerdem besaß er sehr gute Veranlagungen und Fertigkeiten für die Tanznotation und – als Pädagoge – deren Vermittlung. In der Folgezeit findet man auf Schulprospekten: »Hamburger Tanzschreibstube: Herbert Vogel und Azra von Laban«. Zum fünfzigjährigen Schuljubiläum von Lola Rogge hat er mit Fotos, Programmen und Veröffentlichungen eine vielseitig informierende, interessant gestaltete Ausstellung aufgebaut und war auch jederzeit bereit, Wissen, Erfahrungen und Materialien weiterzugeben. Auch mein Archiv hat er mit Kopien von der Ausstellung bereichert.

Azraëla von Laban (-Wagner), eine Tochter unseres Meisters, möchte ich an dieser Stelle mit meinem besonderen Dank erwähnen. Sie studierte und arbeitete zur Zeit meiner Ausbildung am Choreographischen Institut Laban in Würzburg, später in Berlin, mit speziellem Interesse für Tanzschrift und Choreutik. Dann ist sie nach Hamburg gegangen. Nach 1945 lebte sie in Meiningen, wo ich sie besuchen konnte. Wir blieben in brieflicher Verbindung miteinander. Sie war nicht mehr auf dem Gebiet des Tanzes tätig, aber doch noch lebhaft daran interessiert und so auch an meiner Arbeit. Von ihrem Tod im Mai 1982 erfuhr ich aus einer mir zugedachten Sendung, zusammen mit dem Schreiben einer ihr befreundeten Frau, die mir, sorgfältig verpackt, alles das sandte, was mit dem Vermerk versehen war: »Nach meinem Tod an Ilse Loesch zu schicken«.

Und so wurde mein Archiv vervollständigt mit Druckschriften, Büchern, Heften mit Unterrichtsnotizen aus ihrer Studienzeit, einem von ihr entwickelten Kinetographie-Quartett und etlichen Fotos, vornehmlich von ihrem Vater. Nun können diese Materialien über mich auch anderen zugute kommen.

Veith Büchel war etwa um die gleiche Zeit wie Azra und der »Kranich« (Herbert Vogel) in Hamburg, arbeitete als Assistent bei Albrecht Knust und trat als Tänzer mit eigenen Choreographien auf. Sein Weg ging anschließend zum Theater: Er war lange Jahre Ballettmeister, zuerst in Dessau, später in Magdeburg. Ich lernte ihn erst persönlich kennen, als er in den fünfziger Jahren an der Leipziger Fachschule für Tanz als Tanzpädagoge tätig war. Heute wird er manchen auch von einem Demonstrationsvortrag im Verband der Theaterschaffenden oder von dem Buch »Methodik des klassischen Tanzes« (Berlin 1978) bekannt sein, das er zusammen mit Ina Büchel-Spitzkowsky aus dem Ungarischen übersetzt hat. Wissenswert waren z. B. seine Auskünfte (1977) hinsichtlich des Laientanzes und der Kreise, die sich mit ihren Bestrebungen und Zielen dafür interessierten und damit beschäftigten: »Sie kamen vorwiegend aus dem fortschrittlich-bürgerlichen Kulturkreis, der Jugendbewegung, der Kriegsgegner, der Lebensreformer, von Menschen mit humanistisch-idealistischer Weltanschauung und politisch engagierter proletarischer Überzeugung.« Es waren »diejenigen, die die Dringlichkeit der Erneuerung des geistigen und gesellschaftlichen Lebens und notwendigerweise auch der Kunst erkannt hatten und sich dieser Aufgabe verpflichtet fühlten. Aber auch eine Vielzahl von Menschen, die aus Begeisterung für das Neue sich lediglich in intuitivem Erfassen der Dinge durch künstlerische Betätigung mitzuteilen suchten.

Eine Vielzahl der neuen Gymnastik- und Tanzschulen hatten ein neues Körperbewußtsein und Körperempfinden hervorgebracht, was durch Labans Körperspannungen und Raumvorstellungen methodisch lehrbar wurde und in seiner Weiterentwicklung den Zugang zur geistigen und künstlerischen Umsetzung von Ideen und Gedanken erleichterte.

Ein wichtiger Faktor war dabei die Verwendung von Konzertmusiken. Das Besondere an dieser Entwicklung war die breite Basis dieser Neuerungen, die fast eine Modewelle der Körper- und Tanzkultur auslöste. Es entstanden trotz vielfältiger individueller Erscheinungsformen aber keine normierten modernen Bewegungsgliederungen, vergleichbar denen der Ballettnomenklatur, sondern vielmehr eine schöpferische Methode, die durch den Wegfall von überlieferten Zwängen und Kunstvorstellungen aus der empfundenen Körperbewegung den direkten Zugang zur künstlerischen Gestaltung ermöglichte. Dabei waren es, wie gesagt, Labans Raumlehre und Körperspannungen, die die Findung der Ausdrucksbewegung als gedankliche Umsetzung sehr begünstigten …

Die Laientanzbewegung gewann an Breite, als Schüler der modernen Institute Lehrtätigkeiten ausübten und Schullehrer, Turnlehrer von Vereinen und Betrieben sich mit der neuen Körperschulung vertraut machten. Vor allem aber waren es die Volkshochschulen, die den Interessenten die Teilnahme auch finanziell ermöglichten. Das starke Gemeinschafts- und Bewegungserlebnis in diesen Laiengruppen ließ eine kollektive Bindung gemeinsamen Tuns und Wollens unter den Mitgliedern aufkommen, die das enge Miteinander zum Element der künstlerischen Gestaltung prägten, nämlich die chorische Bewegung.« Zum Thema meines Forschungsauftrages äußerte er einmal in einem seiner Briefe: »War die Einzelpersönlichkeit allein von großer Bedeutung für die Gesamtentwicklung, oder ist die Summe der Aktivitäten nicht gleich wichtig, praktisch wie theoretisch? Ich glaube, diese kollektive Aktivität war ein wichtiger Faktor dieser Zeit.«

Greta Wrage-von Pustau hatte Laban und seine Lehrweise 1922 bei einem Sommerkurs in Gleschendorf kennengelernt und Jahre später, nach der Ausbildung bei Albrecht Knust in Hamburg (1932), an der Folkwangschule ihre Pädagogenprüfung abgelegt. »Bewegungschorische Spiele mit Laien«, so schrieb sie mir 1978, »hatten ja ihrer Natur nach ein starkes soziales und politisches Element.« Ihr erstes chorisches Werk hieß »Arbeitslose«, dem eine Art Rollenballett – »Die Exmittierten« – folgte. »Hier sollte das unterschiedliche Reagieren einiger bürgerlicher Typen auf das Elend gezeigt werden«, und am Ende die Hilfe, die die Exmittierten von klassenbewußten Arbeitern erfahren. Greta Wrages Prüfungstanz hieß »Einer für alle, alle für einen«, den sie mit einem Sprech- und Bewegungschor von Rot-Sport erarbeitete. »Wir standen dann im Winter 1932/33 jeden Sonntag mit unserer Agitprop-Gruppe auf den Wahlversammlungen.«

Im Frühjahr 1933 bekam sie das Angebot, die Laban-Schule von Herta Meisenbach in Nürnberg zu übernehmen, kam aber damit bald in große Schwierigkeiten. Aus ihrem Bericht erfährt man, welch hohen Anteil gerade in Nürnberg »die Juden an den kulturellen Bestrebungen und Institutionen privater Art getragen haben«[72], die sich zu dieser Zeit auf ihre Auswanderung vorbereiten mußten. Damit schrumpfte die Zahl der bisherigen Schüler auf ein Minimum zusammen. So sammelte Greta Wrage-von Pustau zunächst eine kleine Gruppe um sich, mit der sie Solo- und Gruppentänze aufführte. Auf diese Weise bekam sie nach und nach wieder mehr Schülerinnen und konnte schließlich mit regelmäßiger Ausbildung – auf der Grundlage der Labanschen Bewegungslehre – beginnen. Da es von der Reichstheaterkammer verlangt wurde (und der Bestand ihrer Schule davon abhing), nahm sie bald auch das klassische Training hinzu.

Gertrud Snell (-Friedburg) war als Lehrkraft mit Laban aus Hamburg nach Würzburg gekommen und unterrichtete vor allem Tanzschrift. Laban hatte zu Beginn ihrer Ausbildung bei ihm, so erzählte sie mir einmal, sofort ihre mathematische Begabung erkannt und damit ihre spezielle Eignung für das weite Feld der Harmonielehre und Bewegungsnotation. Es war eine für Laban typische Fähigkeit und Handlungsweise, spezielle Begabungen sehr rasch feststellen zu können.

Gertrud Snell konnte ich 1978 in Hannover nach ihren Erinnerungen an Laban befragen, zum Beispiel, auf welche Weise er einzelne Schüler oder auch Mitarbeiter so gefördert hat, daß jeder seine eigenen Ideen entwickelte. Lag es daran, daß jeder die Gesetze der Bewegung, also die Choreutik und Eukinetik, am eigenen Leibe erfahren hat und daß dadurch die schöpferischen Kräfte angeregt und geordnet wurden als eine wesentliche Voraussetzung zur Entwicklung der Persönlichkeit? Woher sonst hatte es kommen können, daß gerade aus dieser Schule Menschen mit so unterschiedlichen Interessen und Begabungen für Tanz hervorgegangen sind?

Die Ursachen dafür sah Gertrud Snell darin, daß ihnen ermöglicht wurde, sich ganz in Ruhe zu entwickeln. Sie hatte es an sich selbst erfahren, aber Laban habe ebenso Knust und Gleisner, Feist, Bereska und Loeser gefördert und eingesetzt, und jeder habe dann seinen eigenen Weg gemacht. Gertrud Snell hat Laban auch noch während seines Exils in England erlebt und nach seinem Tod die Aufgabe übernommen, seine unendlich vielen handschriftlichen Notizen zu ordnen.

Fritz Klingenbeck ist auch einer meiner damaligen Würzburger Studienkameraden. Aufgrund seiner vielseitigen Begabungen in künstlerischer, geistiger und organisatorischer Hinsicht hat ihn Laban sehr bald zu seinem Mitarbeiter gemacht und ihm diese und jene seiner Rollen in Programmen seiner Kammertanzbühne übertragen. Offenbar hat Klingenbecks größtes Interesse Labans Harmonielehre und Tanzschrift gegolten, zeichnete er doch mit Hilfe der Kinetographie – soweit es in diesem Stadium ihrer Entwicklung schon möglich war – u. a. den 1927 in Magdeburg getanzten »Titan« auf, so daß ihn Albrecht Knust, der daran teilgenommen hatte, auf dieser Grundlage für eine Wiederaufführung im Hamburger Zirkus Busch von neuem einstudieren konnte. 1929 holte Laban seinen ehemaligen Mitarbeiter als seine »rechte Hand« zur Inszenierung des großen »Gewerbe-Tanzfestzuges« anläßlich der Wiener Festwochen.

Fritz Klingenbeck ist nicht speziell beim Tanz geblieben, sondern war über viele Jahre als Intendant, als Direktor wie auch als Schauspiel-, Opern-, Operetten- und Festspiel-Regisseur in Österreich tätig. Er hat mehrere Bücher und Fachartikel zum Thema Tanz und Tanzschrift verfaßt und anläßlich des 100. Geburtstages von Rudolf von Laban im Österreichischen Theatermuseum eine mit gründlicher Sachkenntnis und reichem Anschauungsmaterial gestaltete Ausstellung aufgebaut, die großes Interesse und hohe Anerkennung fand.

Anni Sauer, Fritz Klingenbeck und ich waren zeitweilig Studienkameraden am Choreographischen Institut Laban. Sie kam, wie Heinz Rosen, aus der Laban-Schule von Trude und Maxim Bosse in Hannover und gehörte zur Tänzerklasse. Aus politischen und »rassischen« Gründen mußte sie zu Beginn der Nazizeit emigrieren. In Berlin ist sie heute vielen als Leiterin der »Kindergruppen für Musik- und Bewegungserziehung« bekannt. 1961 begann sie, aufgefordert vom Deutschen Turn- und Sportbund (DTSB), im damaligen Berliner Sportzentrum zu unterrichten, eine Arbeit, die sie 1964 im Haus der Jungen Talente weiterführte. Bereits in den ersten Jahren gewann sie Gunther Erdmann, der damals noch an der Berliner Musikhochschule studierte, zum Mitarbeiter. Er war von 1966 bis 1986 musikalischer Leiter von Anni Sauers Kindergruppen, aus denen sich mit der Zeit das »Kinder- und Jugendensemble Musik und Bewegung« entwickelte, das mit einem internationalen Programm bei Veranstaltungen auftritt und sich herzlicher Anerkennung und regen fachlichen Interesses erfreut.

Ich habe einmal die Bestrebungen und Wirkungen, die von Labans Gedanken und Arbeit ausgingen, mit einem Fächer verglichen, dessen einzelne »Blätter« von einem zentralen Punkt strahlenförmig auseinandergehen und letztlich doch ein Ganzes bilden.

1982 gab die Tanzschriftspezialistin *Maria Szentpál* während der Sommerkurse der Staatlichen Ballettschule Berlin einen Kursus zur Einführung in die Kinetographie Laban. Daran nahm u. a. auch *Thomas Schallmann*, damals Tänzer am Theater Freiberg, teil. Sein Interesse für diese Schrift war von vornherein so groß, daß er von da ab jede Gelegenheit wahrnahm, sich auf diesem Gebiet zu vervollkommnen, wobei ihn die ungarische Expertin dankenswerterweise fachlich in bester und uneigennütziger Art unterstützte. Maria Szentpál hatte vor nunmehr fast fünfzig Jahren begonnen, sich mit Kinetographie zu befassen. Ihrer wissenschaftlichen und pädagogischen Arbeit, und im weiteren Verfolg auch der ihrer Schüler, ist es gelungen, das Studium der Kinetographie am ungarischen Volksbildungsinstitut für die Ausbildung von Volkstanzlehrern und -Ensembleleitern sowie Gesellschafts- und Turniertanzmeistern verbindlich zu machen, jeweils entsprechend ihrem fachlichen Bedarf und auf verschiedenen Qualifikationsstufen.

Wissenswert ist auch Maria Szentpáls Lehrtätigkeit in der Sowjetunion, wo sie mehrere Kurse in Labanotation durchgeführt und bei den Teilnehmern bereits einen hohen Grad des Könnens und der selbständigen Anwendung erreicht hat. Übrigens ist sie Vizepräsidentin des ICKL und hat zudem den vielfältigen Anforderungen entsprechende Lehrmaterialien erarbeitet und veröffentlicht.[73]

Nach Erfüllung einiger tanzschriftlicher Aufträge beim Ballett der Dresdner Oper unterrichtet Thomas Schallmann bereits neben seinem Studium an der Theaterhochschule »Hans Otto« in Leipzig das Fach Kinetographie Laban. Für das vorliegende Buch hat er meine Bewegungsfolgen zu den Improvisationsanregungen sowie die Symbole und Motive auf dem Lesezeichen kinetographisch notiert.

Seit Rudolf von Laban gegen Ende der dreißiger Jahre mit seiner Lehre und Tätigkeit in England Fuß zu fassen suchte, war *Lisa Ullmann* darum bemüht, ihn bei seiner Arbeit zu unterstützen. Sie hatte als Lehrkraft der Schule mit Kurt Jooss Nazideutschland verlassen und später mit »The Laban Art of Movement Centre« in Addlestone eine neue Stätte zur Verbreitung und Anwendung seiner Methode aufgebaut. Nach Labans Tod sah sie es als ihre Lebensaufgabe an, sein Erbe sachgemäß zu bewahren und es in Kursen, Vorträgen, mit Neuauflagen seiner in England verfaßten und veröffentlichten Bücher u. ä. zu verbreiten.[74] Im Rahmen dieser Tätigkeit folgte sie auch einer Einladung der Akademie der Künste der DDR zur Ehrung des Meisters im Dezember 1979. Sie hat die Vorbereitungen zu dieser Veranstaltung und auch meine Arbeit mit größter Bereitwilligkeit uneigennützig und fruchtbar unterstützt.

Vor einiger Zeit hat sich mir eine weitere kompetente Quelle zur Information und zum Gedankenaustausch über Laban und sein Werk eröffnet, und zwar durch die entstandene Korrespondenz mit seinem Sohn *Roland*, der mit seiner Familie in Österreich lebt. Er ist – wie sein Vater vielseitig begabt und tätig – Bewegungs- und Musikpädagoge, Wissenschaftler und Maler und arbeitet an einer Dokumentation über Leben und Werk seines Vaters. Dazu betont er in einem Brief: »... die fortwirkenden Gedanken ... ebenso wie seine Überzeugungen, daß auch alle seine Erkenntnisse einer Weiterentwicklung, einer *Bewegung* entsprechen ... Er hat nichts Starres postuliert, sondern Richtungen gewiesen, Wege, *Bewegungen*.« Der Austausch von Erfahrungen, Meinungen über gegenwärtige fachliche Probleme wie auch von Materialien ist uns – wechselseitig – wertvoll geworden.

Es ist mir ein Bedürfnis, an dieser Stelle nochmals *Anny Boalths* zu gedenken, durch deren Rat ich im ersten Jahr meiner Ausbildung (1926) zur »Labanesin« geworden bin. Ich konnte sie 1977 noch ausfindig machen und ihr dafür danken. Sie lebte schon viele Jahre in England. Bemerkenswert ist die Tatsache, die ihrer Antwort auf meinen Brief zu entnehmen war, daß sie den größten Teil ihres Berufslebens als Bewegungsdozentin an der »Royal Academy of Dramatic Art« gearbeitet hat. Seltsame Ähnlichkeiten, die meine damals in Breslau noch sehr junge Lehrerin kaum geahnt haben mag: Auch ich habe meine berufliche Tätigkeit vor allem der Schauspielkunst und dem Nachwuchs auf diesem Gebiet gewidmet.

Die kurzen Streiflichter auf die Tätigkeit einiger Frauen und Männer aus dem Wirkungsfeld von Rudolf von Laban, mit denen ich in Verbindung gestanden habe und zum Teil noch stehe, ergänzen die bisherigen Berichte und verdeutlichen die große Vielfalt schöpferischer Persönlichkeiten und ihren Beitrag zur Erneuerung und erweiterten Bedeutung des Tanzes: für Theater und Podium, Bildung und Gesundheit, Lehre und Forschung; und im einzelnen für die Ausbildung von Tänzern, die häufig auch Choreographen wurden, von Gymnastik- und Tanzpädagogen wie auch Schauspielern, Musikern und Kinetographen, für die musische Bildung und die Gesundheit der Kinder, für die tanzchorische Betätigung von Laien, für Feste, Feiern und politische Agitation im Kampf der Arbeiterbewegung, für Fachkongresse, Forschung und Veröffentlichungen.

Mary Wigman und ihr Kreis

Auffallend ist bei dieser Überschau, daß nur verhältnismäßig wenige von Labans Schülern zu bedeutenden Bühnentänzern wurden.

Zu diesen aber gehört Mary Wigman und steht zweifellos an erster Stelle: als Tanzsolistin und Choreographin mit hoher künstlerischer Potenz und zudem mit ihrer Befähigung zur Ausbildung von Tänzern und zur Arbeit mit ihren Tanzgruppen. Auch verstand sie es ausgezeichnet, über Tanz zu sprechen und zu schreiben.

Auf den »Blättern« ihres »Fächers« zeigen sich eine Fülle von Tanzkompositionen für sich selbst, für Kammertanz und chorische Werke, auf anderen die Namen berühmt gewordener Schüler und Mitarbeiter: von Harald Kreutzberg und Yvonne Georgi, Palucca, Berthe Trümpy und Vera Skoronel, Hanya Holm, Max Terpis, Jo Mihaly, Ingeborg Baier-Fraenger und ... Bis in die jüngere Vergangenheit bekannt sind auch Dore Hoyer, Inge Hoth-Kurz, Emmy Köhler-Richter sowie Rosemarie Ehm-Schulz, die erfolgreiche Volkstanzforscherin, Choreographin und langjährige Leiterin des Staatlichen Folklore-Ensembles der DDR.

Da ich selbst leider keine persönliche Verbindung mit Mary Wigman hatte, waren mir die Auskünfte von Erika Triebsch (-Hoerisch) und Inge Hoth-Kurz über die technische und künstlerische Ausbildung bei Wigman um so wertvoller. Auch Emmy Köhler-Richter, die langjährige Chefchoreographin der Leipziger Oper, und ihr Mann, Johannes Richter, ehemals Solotänzer, hatten mir in Gesprächen über Dore Hoyer, die sie während ihrer Ausbildung bei Wigman kennenlernten, von diesem Unterricht erzählt.

Im übrigen habe ich zunächst Bücher von und über Wigman sowie mein Archiv »befragt«, habe Gelegenheit gehabt, Filme von einigen ihrer Tänze wiederzusehen, u. a. im Staatlichen Filmarchiv in Babelsberg, und Wigman auf einer Schallplatte sprechen zu hören, die den Titel trägt: »Tanzerlebnis – Tanzgestaltung«. Einige der angeführten Zitate stammen aus dem Mary-Wigman-Archiv der Westberliner Akademie der Künste, das reich ist an veröffentlichten und unveröffentlichten Materialien.

Fast alle genannten Tänzerinnen und Tänzer ihrer Schule habe ich vor vielen Jahren auf der Bühne sehen können. Mit einigen wenigen der ehemaligen Wigman-Schüler(-innen) habe ich nach 1945 noch Verbindung gehabt oder neu bekommen können.

Zu Wigmans »historischer« Kammertanzgruppe hatten Berthe Trümpy, Palucca und Yvonne Georgi gehört. 1924 hatte sich diese Gruppe aufgelöst. Berthe Trümpy hat daraufhin in Berlin eine eigene Schule eröffnet. Was mich veranlaßte, die Verbindung mit ihr zu suchen, war mein besonderes Interesse für ihre Arbeit mit Bewegungs- und Sprechchören, die sie zusammen mit der hochbegabten Tänzerin und Choreographin Vera Skoronel geleitet hat.

Wie Trümpy mir im Juli 1978 schrieb, hatte sie die Absicht, »Tänzerpersönlichkeiten wie Palucca, Kreutzberg usw. in kleinen kurzen ›Lebensbildern‹ zu beschreiben, d. h., wie ich sie zuerst als Schüler und Kameraden sah und was wir zusammen an Tagesgeschehen und Entwicklung an uns vorbeiziehen sahen«. Leider ist ihr das nicht mehr gelungen. Eine schwere Krankheit hat sie lange Zeit gequält, ehe sie 1983 einschlafen konnte.

Ihrer Empfehlung folgend habe ich mich an ihre ehemalige Assistentin Afrika Doering (-von Seefeld) in Westberlin und Irene Gustavs-Tourneau in Neuruppin wegen weiterer Auskünfte gewandt. In mehrfachen Begegnungen zu dritt entstand ein lebhafter Erinnerungs-, Meinungs- und Erfahrungsaustausch. Am Ende bekam ich ganz unerwartet von Afrika Doering ein für meine Arbeit kostbares Geschenk: eine dicke Sammelmappe mit sorgfältig aufgeklebten Presseberichten und -notizen über Tanzveranstaltungen der bekanntesten Modernen – Afrika Doering eingeschlossen – und ihrer Gruppen aus den zwanziger und beginnenden dreißiger Jahren und dazu Kopien von Zeichnungen, die von Afrikas Tänzen gemacht worden waren.

Als ich Palucca zu einem Gespräch in Dresden aufsuchte (1978), ging es mir vor allem um ihre Arbeit als Tanzpädagogin, und wir kamen u. a. auch auf das jedem von uns wichtige Thema der Improvisation im Unterricht zu sprechen. Sie erzählte, wie es anfangs dafür nicht sogleich einen Lehrplan gegeben, sondern daß man eben »versucht« habe, »ziemlich kühn« gewesen sei und »sozusagen geforscht« habe. Durch langjährige Erfahrung sei sie unterdessen zu methodischem Aufbau dieses Unterrichts gekommen.

Wir waren uns einig über die Voraussetzungen, die der Pädagoge dazu mitbringen muß: als Anreger zu wirken, als Künstler, und in hohem Maße befähigt, die Schüler vom spontanen Improvisieren zum bewußten Komponieren von Tänzen, zumindest aber zum Formen der eigenen Einfälle zu führen, wozu einerseits die nötigen körperlichen und geistigen Mittel, andererseits aber auch die dem jeweiligen Entwicklungsstand entsprechenden Anforderungen gehören.

Die bei Palucca selbst gegebenen Voraussetzungen als Künstlerin und Pädagogin dürften in der DDR und über ihre Grenzen hinaus sowohl aus der unmittelbaren Praxis wie aus Büchern und zahlreichen anderen Publikationen wie auch vom Fernsehen her bekannt sein. Palucca sprach damals ihr lebhaftes Bedauern darüber aus, daß die Ausbildung von Pädagogen an ihrer Schule nicht habe kontinuierlich fortgeführt werden können.

Die bekannte Solotänzerin Arila Siegert erzählte mir einmal von ihrer Studienzeit an der Palucca-Schule u. a.: Die in dem Ausbildungsfach Neuer Künstlerischer Tanz zu Anregung und Einsatz der tänzerischen Phantasie gestellten Aufgaben seien sehr vielfältig gewesen und entsprachen dem jeweiligen Alter (von zehn bis siebzehn Jahren), der Individualität und dem Entwicklungsstand der Schüler.

Für die Lösung der Aufgaben wurde die persönliche Auseinandersetzung gefordert; Nachahmungen wurden nicht akzeptiert. Arila Siegert nannte einige Themen als Beispiele: Märchenfiguren und -motive, Begriffe, Raumrichtungen, Vorstellungen, Musiken, Werke der bildenden Kunst. Die technischen und die künstlerischen Ausbildungsfächer seien miteinander verwoben gewesen. Wenn die ihnen zu selbständiger Lösung gestellten oder von ihnen selbst gewählten Aufgaben mit bestimmten Musiken zusammenhingen, haben ihnen die Korrepetitoren geholfen, den Zugang zu finden.

Zum Kreis von Wigmans »Enkelschülern« gehörte – von Palucca ausgebildet – *Marianne Vogelsang*. Als Mary Wigman ihre Schule von Leipzig nach Westberlin verlegte, half ihr Marianne eine Zeitlang bei der Leitung des neuen Studios, bis sie im Herbst 1950 in Berlin-Weißensee (DDR) eine eigene Schule eröffnete.

»Die Namen *Harald Kreutzberg* und *Yvonne Georgi* werden heute (d. h. 1930 – I. L.) meistens zusammen genannt ...« Da ich selbst aber nur Soloprogramme von Kreutzberg gesehen habe, zitiere ich einige Sätze aus dem 1930 in Leipzig erschienenen Buch »Harald Kreutzberg/ Yvonne Georgi« von Hansjürgen Wille: »Es ist kein Zufall, daß Harald Kreutzberg und Yvonne Georgi erst zusammenkamen, als jeder für sich schon einen Namen in der tänzerischen Welt besaß. Daß ihre Wege sich verbanden, als jeder seinen Weg schon kannte. Zwei Individualitäten, zwei künstlerische Charaktere von ganz verschiedener Prägung, zwei aus dem Eigenen heraus schöpferische Menschen haben hier durch das Gesetz der Polarität zueinander gefunden, das gerade die Sich-Entgegengesetzten einander anziehen läßt ... Es sind zwei verbündete, dennoch selbständige Provinzen im Reich des Tanzes, im Reich der Kunst ... Beide sind mit der großen Entwicklung, die der künstlerische Tanz in den letzten zehn bis fünfzehn Jahren nahm und die nicht weniger als seine Befreiung aus todesähnlicher Erstarrung, aus Mechanisierung, Versüßlichung, geistiger Leere zur Lebendigkeit, zur Intensität, zur Innerlichkeit bedeutete, eng verbunden ... Harald Kreutzberg und Yvonne Georgi sind ... ein Tanzpaar in dem Sinn, daß hier die tänzerische Individualität zugunsten des gemeinsamen Wirkens zurücktritt. Sie sind, jeder für sich, schöpferische Tänzer. Ihre Solotänze sind ebenso wichtig wie ihre Duotänze, vielleicht sogar noch wichtiger, weil sich in ihnen das Besondere, das Charakteristische der beiden Begabungen am deutlichsten erweist ...

Harald Kreutzberg und Yvonne Georgi scheinen mir innerhalb der neueren Tanzgeschichte eines der interessantesten und zugleich überzeugendsten Beispiele für die notwendige innere und äußere Verbindung von Theater und Tanz zu sein. Sie sind Theatertänzer, wenn man so will. Auch in ihren Tänzen, die zum Theater in keiner direkten Beziehung stehen, begegnet man immer wieder dem Schauspielerisch-Pantomimischen ...

Bühnentanz und Tanzregie – hier wäre auch noch ein Wort über die tanzpädagogische Bedeutung Harald Kreutzbergs und Yvonne Georgis zu sagen. Sie sind nie mit dem Anspruch aufgetreten, als Führer einer Richtung, einer ›Schule‹ zu gelten. Ihr Tanz ist individualistisch – also widerstrebt er der klassifizierenden Einordnung unter ein bestimmtes tänzerisches Prinzip, Ideal oder Leitmotiv.

Dennoch geht von ihm eine gemeinschaftsbildende Wirkung aus. Das zeigt sich zunächst im engeren Kreis, innerhalb der Tanzgruppen in Hannover und Leipzig, deren Führer sie sind. Hier hat sich wirklich eine Tanzgemeinschaft herausgebildet, eine enge Verbundenheit zu gemeinsamer künstlerischer Arbeit, obwohl die jungen Menschen, die zu diesen Gruppen gehören, in den verschiedensten Methoden erzogen worden sind ...

Kreutzbergs und Yvonne Georgis Arbeit gilt einem Kollektiv von Individualitäten. Darin liegt ihr pädagogisches Geheimnis ...

Weil sie sich selbst nicht ängstlich vor der Berührung mit den verschiedensten tänzerischen Einflüssen verschließen, ohne allerdings jemals in die Gefahr kommen zu können, einer Mode zu erliegen, einer Idee hörig zu werden, weil sie alle Möglichkeiten tänzerischen Wirkens aufspüren und erproben, weil sie immer wieder den Mut zum Experimentieren, zu neuen Anfängen haben, geht von ihnen die schöpferische Wirkung aus ...«

Rosalia Chladek

Rosalia Chladek bin ich in den letzten Jahren öfter wiederbegegnet, zunächst, als wir für sie nach Filmaufnahmen aus der Arbeit der Hellerauer Schule in den zwanziger Jahren auf der Suche waren. Mein lebhaftes Interesse vor allem für ihre pädagogische Arbeit veranlaßte sie dazu, mich in großzügiger Weise mit entsprechenden Veröffentlichungen zu versorgen. Dazu gehörte u. a. das reich mit Tanzfotos ausgestattete Buch »Tänzerin Choreographin Pädagogin Rosalia Chladek«. Valeria Kratina, unter deren Leitung Rosalia Chladek von 1921 bis 1924 in der Hellerauer Schule ausgebildet wurde, beginnt ihren Beitrag mit der Feststellung: »In der Laufbahn von Rosalia Chladek zeichnen sich zwei große Linien ab: ihre Entwicklung zur Tänzerin und ihre Entwicklung zur Choreographin und zur Pädagogin. Die Tätigkeit als Pädagogin nimmt bekanntlich in ihrem Leben einen großen Raum ein, schuf sie doch eine bahnbrechende Methode für Körperbildung und gesetzmäßige Tanztechnik ...«[75]

Kratinas Gedanken zu den künstlerischen Leistungen dieser Persönlichkeit enden in dem Satz: »Tanz: Sprache der Seele durch den Körper, Sprache des Geistes durch den Körper, Ausdruck des Unsagbaren – Kunst.« Und Kratina erinnert sich an die letzte berufliche Begegnung mit Rosalia Chladek: »Bei den Tanzfestspielen in Berlin im Jahre 1940 hatte ich die Freude, sie in meiner Choreographie von

Richard Strauss' ›Till Eulenspiegel‹ unter den Mitwirkenden neben Harald Kreutzberg und Dore Hoyer zu haben.«

Axel C. Buschbeck schreibt in »Rosalia Chladek. Eine Monographie« auf Seite 218: »Zweifellos ist der Lehrweise nicht allein die Tatsache anzumerken, daß ihre Urheberin von Natur aus mit einem ungewöhnlich zielstrebigen analytischen Verstand begabt ist, sondern überdies die Elternschaft zweier sehr intellektbetonter Erziehungsmethoden: Dalcroze und Mensendieck.«

Über ihre Lehrweise ließ mir Chladek weitere Veröffentlichungen zukommen, z. B. eine Reihe von Informationsblättern der Internationalen Gesellschaft Rosalia Chladek, vor allem aber den Artikel von Eva Selzer, »Das Ziel ist der Weg – Intentionen und Ziele der Chladek-pädagogik« (ballett international, Köln, Heft 3/1982). Da mir daran gelegen ist, diejenigen Persönlichkeiten und Lehrweisen einzubeziehen, die das Bild des Modernen Tanzes in der Vergangenheit und auch seine Weiterentwicklung im wesentlichen geprägt haben, sollen hier einige für Rosalia Chladeks Arbeit charakteristische Angaben aus diesem Artikel folgen: »Chladek hat der von ihr entwickelten Technik die natürlichen Gesetzmäßigkeiten der durch anatomische und physikalische Faktoren determinierten Bewegung zugrunde gelegt. Sie sieht den Menschen im Kraftfeld von Schwerkraft und Eigenenergie, aus deren Wechselverhältnis die gesamte Spannungsskala zwischen den beiden Polen totaler Aktivität und totaler Passivität erwächst … Chladek läßt zunächst vorzugsweise in der Bodenlage arbeiten, weil diese durch die große Auflagefläche des ruhenden Körpers die beste Möglichkeit zur Selbstkontrolle und damit zur Selbstkorrektur bietet. Die Schwere der totalen Passivität z. B. ist folgerichtig nur in der Bodenlage möglich und das Erleben des Gegensatzes von Passivität und Aktivität in dieser Lage am eindringlichsten; dabei wird der fundamentale Zusammenhang zwischen Spannungszunahme und Leichterwerden bzw. Spannungsabnahme und Schwererwerden klar. Chladeks vokale Begleitung verdeutlicht diesen Zusammenhang noch akustisch … Über das zunächst unbewußte Bewegungserlebnis, der aufmerksamen Selbstbeobachtung bei der Wiederholung der folgenden Analyse des Erfahrenen bahnt sich der Weg zum bewußt vertieften Erlebnis der Bewegung unter der Kenntnis von Ursache und Wirkung im gesetzmäßigen Verlauf. Es gilt, ein bestimmtes Prinzip an sich selbst als verbindlich zu erfahren und dessen Gültigkeit unter abgewandelten Ausgangsbedingungen zu hinterfragen und zu erproben … Das Experimentieren mit einem Prinzip als ein Spiel mit Thema und Variation erweist sich als Weg zur Gestaltung einer festen Form, der Bewegungsetüde: Der Schüler erarbeitet anhand von Eigen- und Fremdbeobachtung und mit Hilfe präziser Korrekturen Chladeks, die vor allem im Hinblick auf die folgerichtige und organische Entwicklung eines bestimmten Prinzips im Körper und Raum klare Maßstäbe setzt ...

Musikinterpretation
Die unerschöpfliche Vielfalt aller möglichen Themen dominiert als erster und letzter Anlaß zum Tanz die Musik: nicht Thema im eigentlichen Sinn, sondern direkte Aufforderung zum Tanz. Für den, der sie annimmt, bedeutet das, sich in sie einzufühlen, auf sie zu reagieren, sich ihr hinzugeben ... Es gilt, nachschöpferisch die Intentionen des Komponisten, die im geistigen Gehalt, in Charakter und formaler Struktur der Musik zum Ausdruck kommen, auf der Ebene des Tanzes zu spiegeln. Tanz in Verbindung mit absoluter Musik ist wohl die reinste Ausprägung der so innigen Beziehung zwischen Musik und Tanz.

Freie Gestaltung
... Chladek macht ihm (dem Schüler – I. L.) klar, daß im Prinzip ›alles‹ möglich ist: Es ist möglich, sich von einer Musik zu persönlicher Aussage inspirieren zu lassen; es ist möglich, sich der Musik nur fragmentarisch, etwa in Collagenform, zu bedienen, es ist möglich, anstelle der Musik den Klang, das Geräusch oder die Gedichtrezitation einzusetzen oder aber unter Verzicht jeglicher akustischer und vielleicht auch szenischer Unterstützung allein der Bewegung zu vertrauen, wenn sichtbar wird, daß die Idee durch die schöpferische Phantasie Gestalt annimmt.«

Vor ein paar Jahren hatte ich Gelegenheit, bei Einführungskursen, die Rosalia Chladek an der Westberliner Hochschule der Künste und in der Akademie der Künste gab, zu hospitieren und sie dabei auch selbst in der Bewegung zu beobachten. Der zitierte Artikel bestätigt meinen Eindruck voll und ganz. Leider habe ich in früherer Zeit keine ihrer Tanzveranstaltungen besuchen können. Fritz Klingenbeck hat ein Büchlein mit dem Titel »Die Tänzerin Rosalia Chladek«[76] geschrieben; nach der Einführung von Joseph Gregor beginnt der Autor und Kenner ihrer Kunst seine Schilderungen mit einem bildhaften Vergleich: »Rosalia Chladek tanzt! Es ist, als hörten wir tönenden Tanz, als sähen wir sichtbar gewordene Musik ...«

Maja Lex und Gunild Keetman

1984 gastierte die *Tanzgruppe Maja Lex*, gebildet aus Studentinnen und Studenten der Deutschen Sporthochschule Köln, mit ihrem Programm »Elementarer Tanz« in der Westberliner Akademie der Künste unter der Gesamtleitung von *Graziela Padilla*. Das große Programm von vitaler Frische, Vielfalt, hohem technischem Niveau und zündender Musikalität bestand aus tänzerischen Prüfungskompositionen der (Sport-) Studenten. Unter den Musiken, die sie für ihre Tänze gewählt hatten, waren auch zwei von Gunild Keetman.

Maja Lex selbst war auch anwesend. Ich sah sie hier zum ersten Mal seit mehr als vierzig Jahren wieder. 1953 war sie an die Sporthochschule gekommen, wo sie das Fach »Rhythmische Bewegungsbildung« lehrte, 1958 das Sonderfach »Elementarer Tanz« einrichtete, das »besonders durch die Gründung der Tanzgruppe 1969 zu einem bundesweiten und internationalen ›Magneten‹ wurde«. Bis 1974 leitete Maja Lex das Sonderfach und bis 1976 die Tanzgruppe. Beides ging anschließend in die Hände ihrer Nachfolgerin Graziela Padilla über, während die Meisterin nun die Bewegungsbegleitung am Flügel übernahm. So sah ich sie auch noch 1984 beim Demonstrationsunterricht an der Westberliner Akademie der Künste. Sie »besucht Aufführungen des Faches und der Tanzgruppe, steht Graziela Padilla bei Prüfungen zur Seite und gibt – vom Rande aus – immer wieder ihr Können und ihre Erfahrungen an die Studenten weiter«.

Die Zitate stammen aus dem Buch »Maja Lex. Ein Porträt der Tänzerin, Choreographin und Pädagogin«, das Anke Abraham und Koni Hanft zu deren 80. Geburtstag im September 1986 herausgegeben haben. Graziela Padilla hat es mir freundlicherweise sogleich geschickt, und ich nahm es mit Freude und – Trauer entgegen: Maja Lex war am 13. Oktober 1986 unerwartet gestorben.

Bei unserem Wiedersehen hatte sie von meiner Arbeit erfahren und mir die wenigen alten Tanzfotos geliehen, die ihr aufgrund des Kriegsgeschehens noch verblieben waren.

Unmittelbar mit ihrer Arbeit verbunden war das musikalische und rhythmisch-pädagogische Schaffen von Gunild Keetman, und zwar schon zu der Zeit, als ich der Meisterklasse der Günther-Schule angehörte. Das neue Programm »Elementarer Tanz« war aus dem gleichen Erlebnis von Bewegung und Musik entstanden wie das 1930 aufgeführte Tanzwerk »Barbarische Suite« (Choreographie und Musik Maja

Lex und Gunild Keetman). Daß die Tänze, von Studenten geschaffen und aufgeführt, die Zuschauer begeisterten, ist ein Zeichen dafür, daß diese Art des Tanzschaffens immer von neuem junge Menschen anspricht, sich mit ihren Ideen weiterentwickelt und damit auch »modern« bleibt.

In diesem Sinne schreibt Ruth Opitz[77]: »Der Günther-Schule in München als Schülerin anzugehören, war von ganz besonderem Wert. In dieser Schule fand man einen beruflich wie menschlich fördernden Weg, der jungen Menschen eine neue Welt eröffnete, die einem Leben in vieler Hinsicht Richtung geben konnte. Die große Faszination, die diese Ausbildungsstätte für Gymnastik und Tanz ausübte, verdankt sie dem Zusammentreffen großer, künstlerisch und pädagogisch hochbegabter Persönlichkeiten wie Dorothee Günther, Carl Orff, Gunild Keetman und nicht zuletzt Maja Lex. Die Krönung des Werdegangs in der Günther-Schule aber war die Zugehörigkeit zur Tanzgruppe …

Maja Lex war eine strenge Meisterin, die uns, aber auch sich selbst, nicht schonte, viel von uns verlangte. Aber nur so, glaube ich, konnte diese Homogenität und künstlerische Reife der Tanzgruppe Günther entstehen …

Waren die Jahre bis 1930 der Entwickung des ›Elementaren Tanzes‹ und dem Aufbau einer festen Tanzgruppe gewidmet, so bringt der große Erfolg auf dem III. Deutschen Tänzerkongreß in München eine Zeit der kontinuierlichen Weiterentwicklung der Gruppe und des Tanzwerkes …

Die Kompositionen für die Tanzgruppe entstehen in abendlichen und nächtlichen Experimenten; Lex entwirft die Tänze, Keetman die Musik. Die Arbeitsweise gleicht einem Dialog zweier genialer Partner, beide sind Musiker und Tänzer zugleich, jeder könnte auch die Rolle des anderen übernehmen, und so verstehen sie sich bis ins Tiefste ihres künstlerischen Wesens … Die äußerst enge Beziehung von Musik und Bewegung ist auch in den Tänzen sichtbar. Ein auf der Bühne plaziertes Orchester begleitet die Tänze, ein Phänomen, das beim Volkstanz durchaus gängig ist, beim Bühnentanz jedoch ein absolutes Novum darstellt, zumal die Musiker oft auch als Tänzer fungieren und umgekehrt, wenn nicht sogar die Instrumente in den Tanz selbst mit einbezogen werden, wie beispielsweise beim ›Trommeltanz‹ oder beim ›Tanz mit Cymbeln‹.«

Gunild Keetman[78] charakterisiert ihr Orchester so: «Zum Glück befanden sich damals unter meinen Schülerinnen einige für die Musik ganz besonders Begabte. Sie wurden meine wenigen festen Stützen, die immer die schwierigsten Parts zu spielen hatten und die es, wenn nur wenige Musiker für einen Tanz zur Begleitung zur Verfügung standen, im gleichzeitigen Spielen mehrerer Instrumente zu einer wahren Meisterschaft brachten. Daneben wurden alle Tänzer, die gerade nicht in einem Tanz beschäftigt waren, als Musiker eingesetzt. In Solotänzen hatte ich daher immer ausreichend Spieler zur Verfügung, bei Gruppentänzen gab es manchmal harte Kämpfe um jeden einzelnen, der meine kleine Gruppe vervollständigen konnte. Immer aber war es ein ideales Ensemble, da natürlich jeder Spieler, ob von der Musik, ob vom Tanz herkommend, mit größter Sensibilität auf jede Nuance des Tanzes reagieren konnte, besonders im Wechsel von Tempo oder Dynamik.«

Liselott Diem schreibt in »Maja Lex zum 80. Geburtstag«[79]: »... Als ich 1933 meine Arbeit an der Hochschule für Leibesübungen verlassen mußte, nahm ich sofort die Gelegenheit wahr, an der Günther-Schule eine zusätzliche Ausbildung in Rhythmik und Tanz zu absolvieren. Carl Orff schuf in dieser Zeit seine ›Carmina Burana‹, baute sein ›Schulwerk‹ auf, und Maja Lex stellte in zahlreichen öffentlichen Aufführungen ihre neuen Choreographien vor: Tänze, in denen Pauken, Flöten, Schellen, Handtrommeln und neue Klangkörper in die Bewegung einbezogen wurden; Tänze, in denen Musik und Bewegung sich gegenseitig inspirierten, verstärkten und die Gestaltungen in ihrer individuellen Eigenart voll zur Geltung gelangten ...

Auch nach dem Krieg erhielt Maja Lex durch ihre Berufung nach Köln an die Deutsche Sporthochschule die Möglichkeit, mit einer nunmehr neuen und jungen Tanzgruppe, bestehend aus Sportstudentinnen, auf zahlreichen Auslandsreisen ihre tänzerischen und pädagogischen Werke vorzustellen. Wir waren zusammen in London, Tokio, Buenos Aires ...«

Gunda Chtai erinnert sich in ihrem Beitrag »... im Banne der Bewegungserlebnisse ...«[80]: »Im Tanz lernte ich, mich frei zu bewegen, zu improvisieren, meine eigenen Bewegungseinfälle festzuhalten und zu einer Gestaltung zu verdichten. Das war in der damaligen Zeit so neu, wie es heute für viele selbstverständlich geworden ist. Keine technische Norm schränkte mich ein. Bestimmte formale und räumliche Gesetzmäßigkeiten dienten als Richtschnur. Wir wurden von der Musik getragen. Der Rhythmus trieb uns an. Vor allem aber das Wort, mal erklärend, mal bildhaft, mal dynamisch akzentuierend, versetzte uns in die Lage, die Tanzidee unserer Lehrerin zu verwirklichen … Wir ließen uns gern leiten, spürten wir doch die Kraft einer Führung, die unsere individuellen Bewegungseigenarten erkannte, gelten ließ, ja sogar förderte. Diese Anerkennung spornte uns an und vermochte es, unsere immer wieder aufkeimenden Hemmungen und die Angst, den Erwartungen nicht zu genügen, zu überwinden. Maja Lex brachte es fertig, daß viele ihrer Schüler über sich hinauswuchsen, ja daß der Tanz für sie ein Bestandteil ihres Lebens wurde.«

Voraussetzungen wissenschaftlicher Arbeit auf tänzerischem Gebiet

»Erlebte Vergangenheit des Ausdruckstanzes«, so lautet der Untertitel dieses Buches. Was ich selbst erlebt habe und noch weiß, hat aus mancherlei Gründen natürlich seine Grenzen. Im Zusammenhang mit der Erfüllung des Forschungsauftrages der Akademie der Künste habe ich mich darum bemüht, meine eigenen Kenntnisse und Erinnerungen weitgehend durch Verbindungen mit Fachkolleginnen und -kollegen aus der gleichen Ära des Tanzes zu vervollständigen.

Eine umfassende wissenschaftliche Darlegung der Geschichte des Tanzes in dieser Zeit und in unserem Lande steht noch aus. Dazu einige Gedanken.

Die im Stil des klassischen Balletts bislang unabdingbar und erfolgreich eingehaltenen Prinzipien und Regeln waren für einseitig befunden und als Hemmnisse gesprengt worden. Der Weg wurde frei für die allseitige Entfaltung eigener Ideen, Bedürfnisse und Fähigkeiten künstlerischer und pädagogischer, forschender, sozialer und therapeutischer Art. Was *konnte* daraus entstehen? Was *ist* entstanden und auf welche Weise?

Zur Aufzeichnung von Choreographien gab es damals noch keine allgemeingültigen Mittel, weder eine entsprechende Tanzschrift noch den Film. (Und auch in der Zeit des Ausdruckstanzes, als neue Möglichkeiten dazu bereits entwickelt wurden, hat man sie wenig genutzt.)

Ein Tanzwissenschaftler muß also heute, um sich aus den erhaltenen Hinterlassenschaften und den wenigen noch möglichen persönlichen Berichten ein stimmiges Bild machen zu können, unbedingt auch auf Erfahrungen »am eigenen Leibe« (wörtlich genommen) stützen, sowohl von seinen Anlagen wie seiner Ausbildung her. Seine geistige

Arbeit wird erst dann der Forschung, Kenntnisvermittlung, kritischen Aneignung und Verarbeitung dieses kulturellen Erbes dienen können, wenn er die Wechselwirkung von Physis und Psyche, genauer: von Körperbewegung, Gefühl und Verstand, selbst kennt und ihre zentrale Bedeutung daraufhin anerkennt, sowohl für die Tanzenden wie für die Zuschauenden und -hörenden. Das ist zugleich eine Basis, auf der sich alle zu Befragenden verständigen können: die Künstler, die Pädagogen, die Laien, die Therapeuten, die Theoretiker.

Ich hoffe, daß dieses Buch zu einem solchen Vorhaben anregt und mein Archiv dazu beiträgt. Denn mir war vor allem daran gelegen, daß die positiven, für unsere heutige kulturelle Arbeit wertvollen Aktivitäten und ihre Ergebnisse bekannt, verarbeitet und fruchtbar werden.

Berliner Gedenkveranstaltung

Rudolf von Labans 100. Geburtstag im Dezember 1979 war seinen Freunden, ehemaligen Schülern und Enkelschülern, besonders in den Ländern, in denen er gelebt und gewirkt hat, eine willkommene Gelegenheit, sein Andenken mit vielfältigen fachlichen Veranstaltungen zu ehren. Damit es auch in der DDR geschieht, wandte ich mich mit entsprechenden Vorschlägen an unsere Akademie der Künste. Zu meiner Freude wurde diese Anregung aufgegriffen und mit den Vorbereitungen begonnen. Es war weit mehr als die Erinnerungen an meine Studienzeit bei Laban vor nunmehr sechzig Jahren, die mich als Nichtmitglied der Akademie veranlaßten, intensiv und verantwortungsbewußt zur Verwirklichung dieses Projekts beizutragen.

Wir »alten Modernen« wissen aus unserer künstlerischen, pädagogischen oder theoretischen Arbeit und aus unseren Erfahrungen, die wir durch die Zeiten bis heute gemacht haben, was viele Erkenntnisse und Bestrebungen der Meister des Neuen Tanzes auch jetzt noch bedeuten können. Und so habe ich durch die Herstellung von Verbindungen mit Kolleginnen und Kollegen aus dem Laban-Kreis, die Beschaffung von Materialien für eine geplante Ausstellung, durch Beratung usw. bei den Vorbereitungen geholfen. Die »Labanesen« haben mich mit großer Bereitschaft, Tatkraft und Freude unterstützt. Wir mußten damit rechnen, daß außer Palucca und Jean Weidt und deren Tätigkeit im allgemeinen kaum noch Näheres vom Ausdruckstanz als bekannt und wissenswert vorausgesetzt werden kann.

Schließlich wurde in der Akademie für den 3. und 4. Dezember 1979 »anstelle einer formalen Ehrung eine zweitägige Arbeitssitzung« zusammen mit der Ausstellung geplant. Nun war es aber wichtig, über Labans Werk nicht nur zu referieren und zu diskutieren, sondern außer Bildmaterial, ausgestellten Programmen, Büchern usw. aus diesem Gebiet den Modernen Tanz möglichst umfassend sinnfällig zu machen. Filme von Labans Choreographien oder Unterrichtsstunden standen leider kaum zur Verfügung. Statt dessen aber wurden zwei für seine Lehre charakteristische Fachgebiete gewählt, aus denen sich doch etwas zeigen ließ. Das war einmal die Tanzschrift und zum anderen die Raumharmonielehre. Ingeborg Baier-Fraenger übernahm es, über die Entstehung und Bedeutung von Tanzschriften bis zur Kinetographie Laban zu sprechen und das Geschilderte mit Hilfe von Lichtbildern zu ergänzen. Ich selbst bereitete mit der Tänzerin Verena Paul (Komische Oper) einen Demonstrationsvortrag vor, der Einblick in das Wesen der Raumharmonielehre und die Kenntnis einiger Beispiele vermitteln konnte. Wir bedienten uns dabei auch eines kleinen Ikosaeders, um damit die nötige Präzision der Bewegungsrichtungen und -ziele zu verdeutlichen. Der Kenner mag zudem an Labans Buch »Die Welt des Tänzers« erinnert werden, das auch »*Weltsicht als Tänzer*« heißen könnte. Alle Prozesse des Werdens, Seins und Vergehens in der belebten und unbelebten Welt empfand und verstand er als gesetzmäßige Vorgänge des immer neuen Entstehens und Lösens von Spannungen, das heißt als Bewegung in ihrer unendlichen Vielfalt und ihrem Rhythmus: als Tanz. Im Körperbau des Menschen und der Plastizität seiner Bewegungsformen und -folgen meinte er allgemein waltende Gesetzmäßigkeiten zu erkennen. Von alledem konnte natürlich in unserem kurzen Demonstrationsvortrag nur andeutungsweise die Rede sein.

Am Abend des 3. Dezember 1979 lief dann im großen Saal der Akademie der Künste vor vielen Gästen aus dem In- und Ausland folgendes Programm, zu dem neben alledem, was Laban selbst betraf, auch heutige Choreographien im Stil des Neuen Künstlerischen Tanzes gehörten:

Eröffnung durch Prof. Tom Schilling
Kindergruppe der Palucca-Schule Dresden zeigt einen Kindertanz mit musikalisch-rhythmischer Begleitung (Einstudierung Hans-Jürgen Lachotta)

»Über die Bedeutung der Lehren und des Wirkens Rudolf von Labans für uns« (Prof. Dr. Eberhard Rebling)

»Die Stellung Rudolf von Labans in der Theatergeschichte« (Dr. Hans-Jochen Irmer)

»... von der herzlich unbekannten Kunst des Tanzens« (Dr. Bernd Köllinger)

»Einführung in die Prinzipien der Harmonielehre: mit Demonstrationen« (Ilse Loesch und Verena Paul)

»Gefesselte Hexe« – Arila Siegert. Gestaltet nach einer Skulptur von Barlach (Choreographie: Harald Wandtke, Musik: Udo Zimmermann)

Pause

»Zur Entstehung und Bedeutung der Kinetographie« (Ingeborg Baier-Fraenger)

»Zur Quellensituation« (Hannelore Köpping-Renk)

»Brigadetanz« – Gruppe Junger Tänzer (Leitung: Jean Weidt, Choreographie: Jean Weidt, Musik: Stefan Wolpe)

»Venceremos« – Palucca-Schule (Choreographie: Patricio Bunster, Musik: Victor Jara).

Diese Veranstaltung wie auch die Ausstellung standen unter dem Motto »Tanz ist Leben«, das von einem Filmvorhaben Labans mit Wilhelm Prager stammte. Auf der Rückseite der Einladung (zu der gesamten Arbeitstagung), die die Namen von Konrad Wolf, als dem Präsidenten der Akademie, und Ruth Berghaus, als Sekretär der Sektion Darstellende Kunst, trug, waren Kinetogramme von sechs Labanschen Bewegungsfolgen wiedergegeben. Vielleicht ein gutes Omen dafür, daß die Schrift endlich in unserem Land wieder praktiziert wird.

1982 erschien ein Arbeitsheft der Akademie der Künste (Nr. 36), das dem Thema »Positionen und Gegenwart des modernen Tanzes / Laban, Wigman, Palucca, Weidt, Rudolph, Schilling« gewidmet war. Nach zwei Artikeln von Rudolf von Laban: »Tanztheater und Bewegungschor« und »Tanztheater und Tanztempel« sind dort die vier Referate aus dem obengenannten Programm abgedruckt. Auf einige Darlegungen wollen wir näher eingehen.

Um einen ausreichenden Überblick über das ungewöhnlich schöpferische Denken und Wirken Labans während seines wechselvollen Lebens und seine Bedeutung für das weite Feld des Tanzes zu seiner

Zeit – und noch für uns heute – zu geben, hätte es einer entsprechenden Konzeption und ganz sicher auch einer längeren Tagungsdauer bedurft.

Sehr zu begrüßen war in Prof. Reblings Referat die Bezeichnung der Arbeitstagung als »Laban-Ehrung« und das Hervorheben von vier Gebieten, »auf denen Labans Lehren und Wirken aus marxistisch-leninistischer Sicht für uns und in der Zukunft von großer Tragweite sein können und werden müssen«. Als solche nannte er:

1. »die kritische Sichtung und wissenschaftliche Aufbereitung der theoretischen Schriften und des künstlerischen Wirkens Rudolf von Labans ...«, wozu auch die Kenntnisnahme von Labans späterer Stellungnahme zu seinen frühen Theorien, d. h. auch der Entwicklung »im Exil in England aufgrund seiner Forschung auf dem Gebiet der Arbeitsbewegungen in den Fabriken« und den daraus resultierenden Erkenntnissen gehört;

2. die »Wiederbelebung der Tradition des Bewegungschorwesens«, das »während der Weimarer Republik ... in der deutschen Arbeiterklasse sehr tief Fuß gefaßt« hatte;

3. die Weiterentwicklung des Kindertanzwesens;

4. Labans Kinetographie, die »wie keine andere Tanzschrift ... die schriftliche Fixierung aller Körperbewegungen und Choreographien so exakt und unzweideutig« ermöglicht.

Was den von ihm zuletzt genannten Komplex betrifft, so wurde sein Rat in dieser Hinsicht noch am gleichen Abend ausgezeichnet durch den Vortrag von Ingeborg Baier-Fraenger unterstützt und die historische Entwicklung der Tanzschreibung bis in die Gegenwart gedanklich nachvollziehbar gemacht.

Die von Rebling nachdrücklich vorgetragenen Anstöße haben bereits erste Realisierung gefunden (vgl. S. 285 ff.). Was die Bildung von Bewegungschören, auch für Kinder, angeht, so ließen sich bei entsprechender Unterstützung dieser Aufgaben auch heute noch sachkundige Pädagogen wie interessierte Nachfolger finden, die Praktiken und Erfahrungen aus der damaligen Zeit für unsere heutigen Bedürfnisse anhand solcher Arbeitsweise prüfen und zu nutzen verstünden.

Übrigens hat diese Arbeitstagung mit dem Vortrag von Dr. Irmer über »Die Stellung Rudolf von Labans in der Theatergeschichte« gezeigt, daß die Theaterwissenschaft, als deren Vertreter er sprach, ganz offensichtlich – jedenfalls bis zum Jahre 1979 – den Tanz als darstellende Kunst, seine Geschichte und damit auch die für die eigenen Traditionen bedeutendsten Persönlichkeiten nicht einbezog. So sah er sich wohl für das gestellte Thema zu diesem Zeitpunkt gezwungen, nach Quellenmaterial zu suchen, das ihm für seine Analyse geeignet erschien (vgl. S. 288).

Dahingegen erkennt Dr. Köllinger in Rudolf von Laban »einen der produktivsten Tanztheoretiker unseres Jahrhunderts« und bekundet an anderer Stelle seines Vortrags: »Mit der Summe seiner Gedanken zum Tanztheater gehört Laban ohne Zweifel zu den Wegbereitern dieser in sich vielfältigen und methodisch wie stilistisch breitgefächerten Richtung des Bühnentanzes in unserem Jahrhundert.«

Vieles davon, was von Laban ausgegangen ist, konnte auf unserer kurzen Tagung gar nicht zur Sprache kommen. Ich denke dabei an die Förderung der schöpferischen Fähigkeiten zur Entfaltung der Persönlichkeit in Ausbildung und Beruf, an die Themenwahl, Aussage und Qualität der eigenen Choreographien eines Tänzers, an die Körperbildung auf gymnastischer Grundlage, an die Entwicklung des Körpergefühls und -bewußtseins für Kraft, Zeit, Raum und Bewegungsfluß, die Gruppenbildung und chorische Bewegung sowie – in Verbindung damit – die soziale Erziehung und den Einfluß auf die Erhaltung oder Wiederherstellung der Gesundheit. Ich denke aber auch an Labans eigenes künstlerisches Schaffen und das der anderen aus seinem Kreis, deren Namen bis heute ihren Klang behalten haben, und nicht zuletzt an die politisch wirksame Arbeit, die mit den Mitteln des modernen Tanzes und speziell des Bewegungschores geleistet worden ist.

Alles das ist zwar mit dem Namen Labans verbunden, aber auch, wie ich aufzuzeigen versuchte, charakteristisch für die gesamte Bewegung zur Erneuerung des Tanzes.

Schülerin bei einer gymnastischen Übung (Methode Mensendieck, um 1925)

Maja Lex: aus dem Zyklus »Altdeutsche Tanzweisen«
(um 1930)

Maja Lex mit ihrer Gruppe: »Stäbetanz« und »Paukentanz«
aus »Barbarische Suite« (1930)

Gruppe der Günther-Schule München: »Tanz mit Cymbeln«

Rosalia Chladek: aus dem Zyklus »Marienlieder«

Rudolf v. Laban (um 1929)

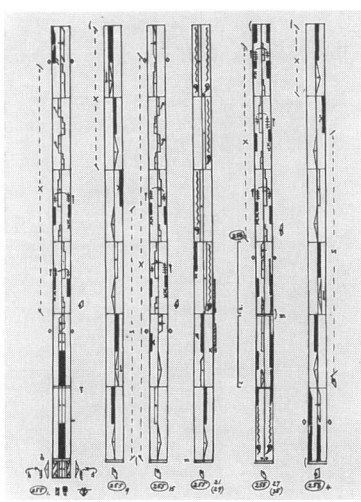

Tänzer im Icosaeder: in der Haltung rechts-zurück-hoch links-vor-tief

Kinetogramm von Albrecht Knust

Schwünge der A-Skala: rechts 1 bis 6

Rudolf v. Laban mit Assistenten und Schülern, aufgenommen um 1927/28,
zur Zeit des Studiums von Ilse Loesch (außen rechts)

Hamburger Bewegungschor Laban: »Die Entfaltung«

Bewegungschor Jenny Gertz, Halle/Saale,
Improvisation zu zweit (um 1932)

Gruppenimprovisation (um 1928)

217

Bewegungschor Halle: »Schwarz-Rot« von Jenny Gertz und Rose Mirelmann
(um 1930)

Kinderbewegungschor Jenny Gertz, Halle/Saale (um 1950)

Improvisation: »Spiel mit dem Tuch« (um 1950)

Kurt Jooss (1976)

»Der grüne Tisch« von Kurt Jooss (Essen 1932), oben: die Schwarzen Herren,
unten: Partisanin und Soldat

221

»Der grüne Tisch« von Kurt Jooss: Tod und Fahnenträger

»Der grüne Tisch« von Kurt Jooss: Tod und alte Mutter

»Großstadt« von Kurt Jooss (1932), oben: Mütter mit Kindern, unten: Die Straße

»Ball in Alt-Wien« von Kurt Jooss (1952)

Mary Wigman: »Festlicher Rhythmus« aus dem Zyklus »Schwingende Landschaft«

Zusammenkunft bekannter Tänzerinnen und Tänzer zur Feier von
Mary Wigmans zehnjährigem Berufsjubiläum. Stehend: Trude Engelhart,
Grete Wallmann, Vera Skoronel, Gret Palucca, Yvonne Georgi;
sitzend: Elisabeth Wigman, Mary Wigman, Berthe Trümpy, Hanja Holm;
vorn: Harald Kreutzberg, Yella Schirmer (1929)

Mary Wigman mit ihrer Gruppe: Szenen aus einem Tanzdrama (um 1924)

Mary Wigman: »Hexentanz« (1926)

Albert Talhoff/Mary Wigman: »Totenmal« (zum Gedenken an die im
ersten Weltkrieg Gefallenen): Probeszene (1930), zur Aufführung
der gesamten Choreographie kam es nicht

Mary Wigman um 1925

Mary Wigman in den sechziger Jahren

Mary Wigman: »Schicksalslied« (um 1935/36)

Harald Kreutzberg: »Tanz mit dem Buch«

Harald Kreutzberg: »Gesang der Nacht«

233

Harald Kreutzberg: »Böser Traum«

Harald Kreutzberg: »Königstanz«

Palucca tanzt zur Musik von Christoph Willibald Gluck

Palucca beim Training

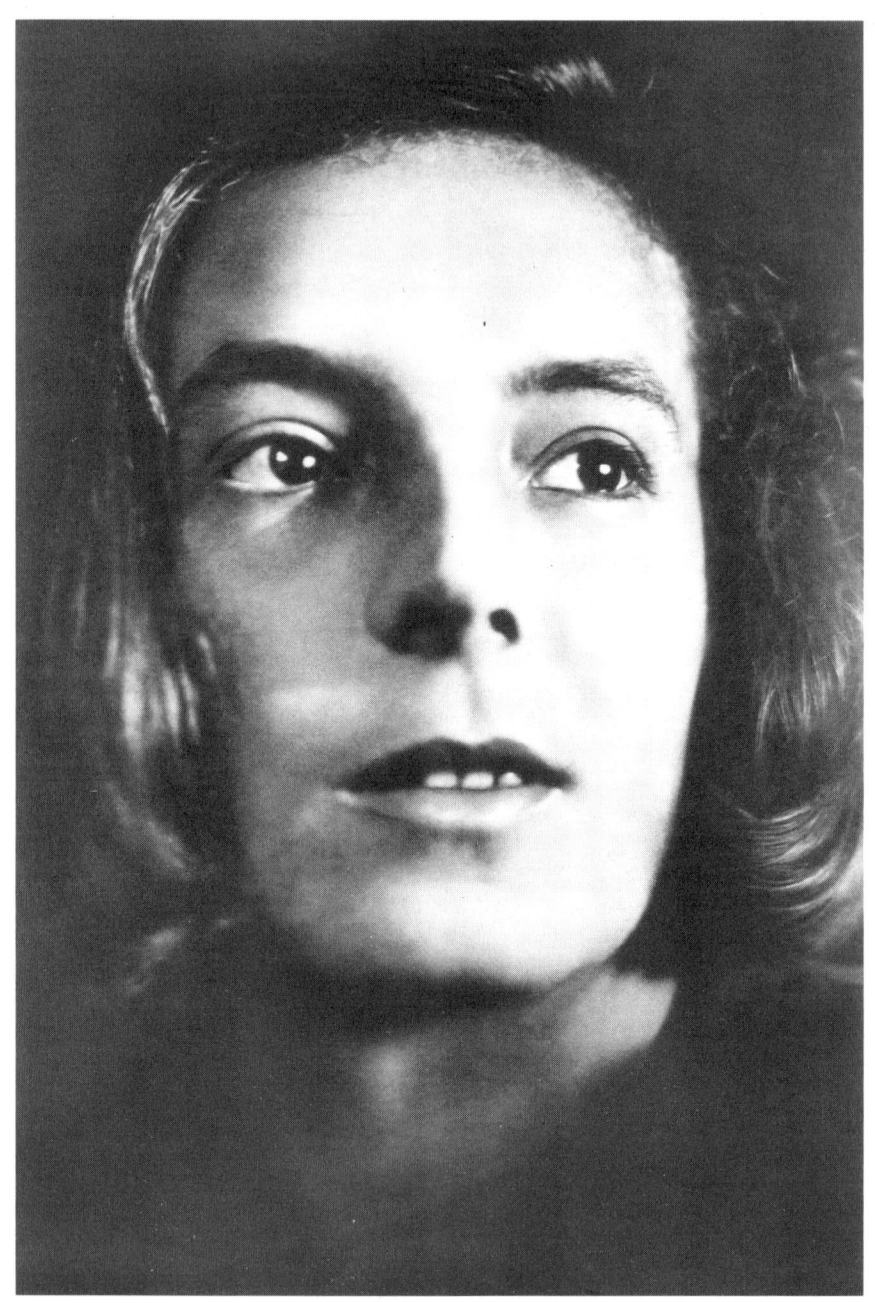

Palucca um 1925

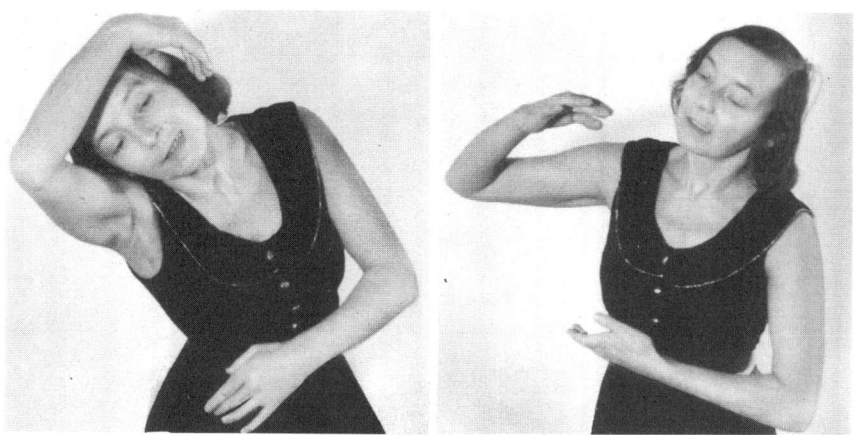

Palucca beim Training (um 1948)

Palucca: Probenpause (um 1950)

Palucca (1972)

Marianne Vogelsang: »Trauergesang« (1956, Musik J. Slavenski)

Marianne Vogelsang beim Unterricht in ihrer Schule
in Berlin-Weißensee (um 1950)

Marianne Vogelsang: »Traurigkeit« aus den »Sieben Todsünden«
(um 1950)

Marianne Vogelsang: »Gesang« (1952)

Dore Hoyer: »Die Erde singt« (1961)

Dore Hoyer (1940)

Dore Hoyer: »Eitelkeit« aus dem Zyklus »Affectos humanos« (1965)

Dore Hoyer in »Le Sacre du printemps« (1957)

Dore Hoyer: »Aufbruch« aus »Tänze für Käthe Kollwitz« (1946)

Dore Hoyer: »Ophelia« (1948)

Jo Mihaly: »Das Kriegsgespenst«
aus »Zwei Visionen vom Soldaten« (1935)

Musik im 1. Studienjahr »Schauspiel« an der Theaterhochschule Leipzig 1955
(am Spinett: Chris Baumgarten)

Chris Baumgarten beim Ferienkurs in Norrköping 1980

Ilse Loesch (1982)

Ilse Loesch beim Training (1954): Dehnung der Handgelenke (links);
Strebung vorwärts (rechts)

Bewegungsführung durch Stäbe

Gunild Keetman (1983)

Jenny Gertz (um 1956)

Martin Gleisner (1983)

Albrecht Knust (1979)

255

Maja Lex (1964)

Dokumente

Bess M. Mensendieck
Funktionelles Frauenturnen

... Wenn man von Körper-Erziehung oder besser noch von »*Gesamt*«-*Körpererziehung* sprechen will, so müssen zuerst Beweise dafür erbracht werden, daß eine so bezeichnete Erziehung überhaupt vonnöten ist.

Und, um diesen Beweis zu liefern, müssen wir einen Überblick gewinnen über das, was auf diesem Gebiet schon vorhanden war und noch zu leisten bleibt. Daß die Griechen diese Gesamterziehung des *ganzen* Körpers hatten, wissen wir alle ... Was wir Nichtgriechen nun heutzutage haben, um den Körper instand zu halten, sind drei Disziplinen

1. Gymnastisches Frei- und Geräteturnen (meist schwedisch),
2. Sport,
3. Tanzbewegungen (rhythmische Bewegungen, Plastik).

Diese drei Arten von Körperschulung müssen zuerst einmal klar definiert werden. Zunächst steht fest, daß alle drei ... auf »Drill« beruhen.

In der Freigymnastik kommt es an auf eine gewisse Anzahl rascher Muskelkontraktionen. Das Formschema dieser Übungen ist ein durch Übereinkommen festgesetztes, und willkürliches ... Das Formschema wird dem Turnenden als fertiger Umriß von einem anderen Gehirn aufgedrungen ... Daher trägt das Gehirn des Turnenden keine Verantwortlichkeit für Ursprung und Entwicklung der Richtung, welche a priori im Muskel enthalten ist und durch dessen Kontraktion ausgelöst wird. Die geistige Einstellung des Turnenden unserer Zeit richtet sich also nicht auf die jeglicher Bewegung innewohnenden Gesetze der Physik, sondern beschränkt sich nur auf eine summarische Ausführung der kommandierten *Form* (Umriß) einer Bewegung ...

Konstruktives Selbstdenken geschieht dabei nicht, denn die geistige Anstrengung bezieht sich nur auf *Nachahmen* des vorgeschriebenen Schemas und auf zeitliche Genauigkeit der Ausführung des von der lehrenden Person Anbefohlenen. Also: *Drill* ...

Der Charakter dieser Turn-, Sport- und Tanzbewegungen ist ein solcher, daß er aus dem Rahmen derjenigen Bewegungen heraustritt, die wir jeden Augenblick unseres Lebens ausführen ...

Was nun die Sports anbelangt, so stehen diese hinsichtlich der eigenen geistigen Betätigung wohl einen Grad höher als das gymnastische

Turnen, aber der ausführende Körper wird zum Opfer seines begrenzten Objekts, dem er einen bestimmten Teil seines Muskelapparates ausliefert … Wer bei den Olympischen Spielen die Körper nicht bloß auf ihre Spezialgeschicklichkeit prüft, sondern auf ihre *Allgemein*vollkommenheit, der wird finden, daß auch der Sport nicht »Gesamt«-Körpererziehung ist, sondern »Teil«-Erziehung für bestimmte umgrenzte Geschicklichkeitsleistungen …

Der Charakter der Tanzbewegung ist ebenfalls kein freier. Er ist gebunden an die Vorschrift des musikalischen Rhythmus und an die des räumlichen Schemas. Man kann ihn nicht Gesamt-Körpererziehung nennen. Im Ballett ähnelt er dem Sport, d. h. einem Drill auf einen ganz bestimmten Zweck hin. Im sogenannten »Plastischen Tanz«, wie ihn Lois Fuller und ihre Schülerin Duncan angeregt, schafft er, wenn der nötige Geschmack vorhanden ist, angenehme künstlerische Momentbilder, *aber er ist kein Mittel zu allgemeiner Körpererziehung für das Alltagsleben …*

Die Alltagsbewegungen sind diejenigen Bewegungen, die zum Unterhalt der Lebensfunktionen und Lebensverrichtungen dienen. Es sind diejenigen Bewegungen, die, *wenn naturgerecht ausgeführt,* den Körper gesund, stark, normal und *fähig* erhalten, die ihn graziös und ungraziös machen können, geschickt oder ungeschickt, die seine Form unterhalten oder abbröckeln, und *für die es keine Altersgrenze zu geben braucht.* Auf *diesen* Bewegungen sollte alle Körpererziehung, jede Art von Gymnastik zuerst aufgebaut werden, nicht auf künstlichen Bewegungsformen … Worin liegt denn für uns das unbewußt Faszinierende in den Bewegungen des Kindes? Doch wohl nur in dem *zweckentsprechend Wahren,* in dem Unmittelbaren, das Impuls und Gebärde zu einem Einzigen macht …

Es ist ein Erziehungsgebiet, auf dem Frauen wirklich einmal *selber* denken und entscheiden sollten. Schwedische Gymnastik und Sport vertreten körperliche Bewegungsideale der Männer. Die Körpererziehung der Frauen sollte ausschließlich *Frauenarbeit* sein …

Motto für Mensendieck-Übungen:

Nicht »drillmäßig« arbeiten!

Muskelaktion und Gehirn zusammenkoppeln!

Schauen!

In sich aufnehmen!

Denkend vergleichen!

Urteilen! Nur selbst errungenes Urteil hat Wert!

Aus der »Bekanntmachung«
Nach sechsjähriger, durch den Krieg bedingter Abwesenheit nach
Europa zurückgekehrt, finde ich zu meiner großen Überraschung
mein System so verstümmelt und verlottert vor, daß ich mich genötigt
sehe, dem begonnenen Verfall drastisch Einhalt zu tun ...[81]

Die Aufgaben der Bildungsanstalt
Jaques-Dalcroze

Die Bildungsanstalt Jaques-Dalcroze hat den Zweck, musikalische
Menschen zu erziehen. Den musikalischen Menschen will sie nach der
Seite der Charakterbildung vertiefen.

In der *Rhythmischen Gymnastik* entwickelt die Methode Jaques-
Dalcroze das rhythmische Empfinden. Durch den Rhythmus will sie
Körper und Geist bilden, das Nervensystem stärken, den Willen entwickeln und den Weg zu einer harmonischen Entwicklung der Persönlichkeit frei machen.

In der *Gehörsbildung* entwickelt die Methode Jaques-Dalcroze durch
das Studium der Tonleitern das relative Gehör und das Tonbewußtsein
bis zur Sicherheit des sogenannten absoluten Gehörs.

In der *Improvisation* befähigt die Methode Jaques-Dalcroze den
Schüler, die Harmonielehre aus der eigenen musikalischen Erfahrung
zu entwickeln und mit den Elementen der Musik frei zu arbeiten. Sie
ist bestrebt, das Schöpferische im Menschen zu wecken ...

... *Methode Dalcroze und Musikunterricht.* Aus dem Musikunterricht
erwachsen, ist sie in erster Linie für diesen bestimmt. Hat die Methode
darüber hinaus noch künstlerische und pädagogische und wohl auch
psychiatrische Bedeutung, so deshalb, weil der Rhythmus die ord-
nende Kraft aller Lebensäußerungen und als solche auch die Grundlage der Künste ist. Er wirkt zugleich belebend und disziplinierend.
Durch Rhythmische Gymnastik, Gehörsbildung, Improvisation werden die Elemente des Musikalischen – Rhythmik und Gehör – zu
höchster Entwicklung gebracht ...

Die Rhythmische Gymnastik ist kein »neuer Tanz«. Aber aller Tanz
beruht auf Rhythmik. Die Verflachung des rhythmischen Empfindens
hatte den Verfall der Tanzkunst zur Folge. Sie wurde Technik und
Akrobatik. Rhythmische Erziehung erscheint daher Voraussetzung
für die künstlerische Wiedergeburt des Tanzes.

Die moderne Erziehung will den Schüler durchweg zu erhöhter *Selbsttätigkeit* heranbilden. Dies tut die Methode Dalcroze in besonderem Maße, denn sie schafft für alle musikalischen Vorstellungen klare bestimmte Muskelinnervationen. Einen Rhythmus verstehen und ihn erleben ist zweierlei, aber wirklich verstanden ist er erst, wenn er erlebt ist. Darin [liegt] der besondere Wert der Rhythmischen Gymnastik. Darüber hinaus bewirkt der Rhythmus die vollkommenste Verschmelzung körperlicher und geistiger Funktionen, denn er ist selbst geistig und körperlich. In dieser Konzentration wirkt er im höchsten Maße erzieherisch und belebend. Er stärkt die Willenskraft, indem er ihr die Herrschaft über den Körper und seine Bewegungen gibt.[82]

Dr. Wolf Dohrn
Die Bildungsanstalt für Musik und Rhythmus Emile Jaques-Dalcroze in Dresden-Hellerau

… Als ihm [Jaques-Daleroze] am Genfer Konservatorium die nötige Bewegungsfreiheit zur weiteren Ausbildung seiner Ideen versagt wurde, gründete er in Genf ein selbständiges Institut und vollzog in mehrjähriger stiller Arbeit gemeinsam mit seinem engeren Schülerkreis den Ausbau seiner Methode.

Die Ergebnisse seines Unterrichts zeigte er in Deutschland zum ersten Male auf der Deutschen Tonkünstlerversammlung in Stuttgart 1908. Dann in mehreren Aufführungen in Berlin, Leipzig, München, Dresden. In Deutschland fand er das größte Verständnis für seine Gedanken und er wollte einem Rufe nach Berlin folgen.

Da besichtigte Jaques-Dalcroze die Gartenstadt Hellerau bei Dresden und, von ihr schon früher in musikalischen Unterrichtsfragen um Rat gefragt, erklärte er sich bereit, seine Schule nach Hellerau zu verlegen, wenn ihm die Mittel zur pädagogischen und künstlerischen Entfaltung seiner Methode gewährt würden. Auf Anregung der Gartenstadt Hellerau bildete sich in Dresden ein »Komitee zur Gründung eines Instituts für Dr. E. Jaques-Dalcroze«. Den Vorsitz übernahm der Generaldirektor der Königl. musikalischen Kapelle und des Hoftheaters, Exzellenz Graf von Seebach. Im Frühjahr 1911 wurde zugleich mit der Gründung der »Bildungsanstalt Jaques-Dalcroze G.m.b.H.«, zu der einige Freunde des Gedankens die Mittel zur Verfügung stellten, der Neubau des Instituts in der Gartenstadt Hellerau begonnen.[83]

Elfriede Feudel
Bewegung, das musikalische Urerlebnis

… »Rhythmik« nennen wir die Begegnung zwischen den Kräften und Gesetzen der Musik und dem Menschen, der diese Kräfte und Gesetze in sich wiederfindet, mit ihnen gestaltet, und von ihnen selbst wiederum geformt wird. Alle Bedingungen eines tätigen Musikerlebens sind hier in so vollkommener Weise vereinigt, daß wir sagen dürfen: das Bewegungserlebnis ist unentbehrlich für die Vertiefung und Verinnerlichung des Musikempfindens; wer es niemals kennenlernt, dem entgeht etwas Wesentliches, Entscheidendes, etwas, das sein Verhältnis zur Musik von Grund auf verändern könnte.

… Die Bewegung erscheint in der Rhythmik also als sichtbare Folge eines unsichtbaren Vorgangs, gewissermaßen als Spiegelung dieses Vorgangs nach außen, in den Raum hinein …

Bewegung läßt sich in Klang und Rhythmus übersetzen
Zeige, was du hörst! Spiele, was du siehst! – Der unerschöpfliche Reichtum rhythmischer Übungen und die dem Zuschauer oft unbegreifliche Einheit von Musik und Bewegung bei improvisierten Aufgaben läßt sich nur durch die geheimnisvolle Verwandtschaft und Ebenbürtigkeit der beiden Gegenspieler Musik und Körper erklären. Sie können jederzeit ihre Rollen tauschen; so wie einmal der Körper sich nach dem Diktat der Musik bewegt, so ist ein andermal erst die Bewegung da, und eine ihr entsprechende Musik wird dazu erfunden. Die schöpferische Tätigkeit, die in der Umwandlung des Stofflichen liegt, äußert sich hier nach zwei Seiten: aus der hörbaren wird die sichtbare Bewegung und umgekehrt.

Schöpferisches Denken
… Die Rhythmische Erziehung erkennt in dem schöpferischen Denken ein überaus kostbares Besitztum des menschlichen Geistes, das mit allen Mitteln der Erziehung zu fördern ist. … Daher ist es ein oberster Leitsatz der Rhythmischen Erziehung, daß keine theoretische Erkenntnis, kein Wissen, kein Entwicklungsresultat dem jungen Menschen fertig zu übermitteln ist, wenn es die Möglichkeit gibt, ihn durch eigene Bemühung, d. h. Erfahrung am eigenen Leibe, dahin zu bringen …

Die Arbeitsweise, in der Denken mit Bewegung, also geistige mit körperlicher Tätigkeit aufs engste zusammengeht, hat große Vorteile gegenüber dem üblichen Lernverfahren. Denn:

1. Das Umsetzen der inneren Vorstellung in Bewegung, das »Zeigen« und »Selbstsein« der Dinge ist dem jungen Kind viel geläufiger als die sprachliche Formulierung. Die Fähigkeit des Denkens kann also in einer völlig kindgemäßen Form von früh an entwickelt werden und braucht nicht einem weit später einsetzenden Stadium wissenschaftlicher Reife vorbehalten zu bleiben.

2. Die Körperbewegung gibt dem jungen Menschen zunächst reichere Möglichkeiten, die Feinheit seiner Empfindungen und Vorstellungen auszudrücken als die Sprache. Daher erweitert und befestigt sich sein Vorstellungsleben durch Übungen am Körper. Eine gesunde Wechselwirkung von Geist und Körper entsteht, und das abstrakte Denken wird glücklich unterstützt.

3. Körperliche Darstellung fördert das geistige Begreifen. Deshalb finden intellektuell schwächer begabte Kinder auf diese Weise einen Zugang zum Lernen, den sie sonst nicht oder weit langsamer als ihre Klassenkameraden gewinnen.

4. Das innige Zusammenwirken von Körper und Geist setzt eine völlige innere Sammlung voraus. Diese wird erleichtert durch die Freiheit des körperlichen Bewegens und die Freude am Erfinden, sie wächst und steigert sich aber auch durch die Inanspruchnahme.

5. Mit der Übung im Denken geht eine Steigerung der Konzentrationsfähigkeit Hand in Hand. Andere wertvolle Eigenschaften hängen ebenfalls mit der geistig-körperlichen Wechselwirkung zusammen: Schlagfertigkeit, scharfe Beobachtung, gesundes Selbstvertrauen und Klarheit des Wollens.[84]

Jarmila Kröschlová
Körperbildung

… Für den Laien ist der Begriff »Körperbildung« sehr unklar und oberflächlich. Körperbildung und Turnen, Tanztechnik und Sport ist nicht dasselbe. Körperbildung ist allgemein, sie ist weit entfernt von allem, was eine spezielle Technik verlangt, sie ist aber die Grundlage für jede besondere Bewegungstechnik, genau so, wie auf dem Gebiet des Geistes die allgemeine Bildung der speziellen vorangeht …

Ich glaube, es ist klar, daß man zu keiner speziellen Bewegungstechnik übergehen kann, bevor man den richtigen Aufbau, den richtigen Zusammenhang des Körpers hergestellt hat und daß, wenn man es dennoch tut, dies nur eine äußerliche Technik wird. Es ist also notwendig, zu lernen, die Muskeln zweckmäßig zu gebrauchen, zu studieren, wie (mit welchen Muskeln) man das Bein heben, den Arm, den Kopf, den Rumpf bewegen soll. Zu lernen, die Tätigkeit derjenigen Muskeln zu wecken, die bis dahin vernachlässigt waren und anderen wieder eine übermäßige Arbeit abzunehmen. Kurz: die verschiedenen Muskeln und Muskelgruppen in ein normales Verhältnis zueinander zu bringen. Dies erfordert ein wirkliches Arbeiten, ein intensives Sich-Seiner-Selbst-Bewußtwerden, ein inneres Sich-Finden ...[85]

Rudolf Bode
Methodik der Ausdrucksgymnastik

Um es gleich vorwegzunehmen und jedes Mißverständnis im Keime zu ersticken: Die von uns gelehrte Ausdrucksgymnastik hat formalen und nicht materialen Charakter, d. h. wir lehnen es grundsätzlich ab, irgendwelche bestimmte, sprachlich bestimmbare Gefühle (wie Trauer, Freude usw.) ausdrucksvoll zur Darstellung zu bringen oder für irgendwelches Gefühl schablonenmäßig Bewegungsformen zu lehren – dies alles ist Aufgabe einer Schauspielschule – wir haben vielmehr nur ein Ziel im Auge, den menschlichen Organismus in eine psychisch-physische Verfassung zu bringen, die gleichzeitig eine freie Entfaltung und eine maßvolle Beherrschung seines Bewegungslebens ermöglicht ...[86]

Johanna Palme
Rosalia Chladek

... Rosalia Chladek versteht sich als Tänzerin, Choreographin und Pädagogin. In ihrem Schaffen ... waren diese drei Ausdrucksweisen ihrer Kreativität so ineinander verwoben und aufeinander bezogen, daß sie eine Einheit bildeten, für die man einen neuen Namen finden müßte ...

Sie gehört zu den letzten Zeugen jener Zeit des revolutionären Aufbruchs nach dem ersten Weltkrieg, in der aus einem geänderten Lebensgefühl heraus den starren überlieferten Formen des klassischen Balletts neue, lebendige, aus dem persönlichen Ausdrucksbedürfnis erwachsende Formen des Tanzes entgegengestellt wurden.

Doch Rosalia Chladek war nicht nur Zeitzeuge; sie hat die Entwicklung des modernen Tanzes bis in unsere Gegenwart entscheidend mitgestaltet.

In der Schule Hellerau bei Dresden, die 1911 von Emile Jaques-Dalcroze als »Bildungsanstalt für Musik und Rhythmus« gegründet worden war, erhielt Rosalia Chladek ihre künstlerische Ausbildung. Zur künstlerischen Heimat wurde ihr die daraus hervorgegangene »Schule Hellerau-Laxenburg«, der sie als Lehrerin und von 1930 bis 1938 als künstlerische Leiterin das Gepräge gab. Dort begann sie jene Vorstellungen der modernen tänzerischen Erziehung zu entwickeln, die heute als »Chladek-System« zu einem unverwechselbaren Begriff geworden sind. Dieses System erfaßt den Menschen in seiner körperlich-seelischen Einheit und macht sich die Dynamik des Wechselspiels und Aufeinanderwirkens von Somatischem und Psychischem zunutze. Für Rosalia Chladek ist es das zentrale Anliegen ihrer Erziehungsarbeit, »die schöpferische Persönlichkeit des Tänzers zu entwickeln und sein Darstellungsmaterial, den Körper und seine Bewegung, zu einem Ausdrucksmittel heranzubilden. Erziehungsgrundsatz ist die selbsttätige Auseinandersetzung mit der Materie in der Rückführung aller Erscheinungen auf ihre ursächlichen Zusammenhänge.«

Damit ist ihr System der tänzerischen Erziehung modern in einem zeitlosen Sinn. Damals wie heute geht es ihr um die Weckung und Entfaltung der Kreativität und um ein »neues Lernen«, damit das Ziel, der schöpferische künstlerische Tanz, erreicht werden kann ...[87]

Daten aus der Geschichte der Schule Hellerau-Laxenburg[88]

1919 Wiedereröffnung der Schule in Hellerau bei Dresden
1920 Erster Sommerkurs der »Neuen Schule Hellerau«
1921 Die ersten öffentlichen Aufführungen der neuen Schule in Dresden, Berlin, Leipzig usw.
1922 Gründung der Tanzgruppe Hellerau, Leitung: Valeria Kratina
Die ersten Hellerauer Festspiele nach dem Krieg
Berlin: Tagung für künstlerische Körperschulung

1923 Die zweiten Hellerauer Festspiele (Bartók: »Der holzgeschnitzte Prinz«)

1924 100. öffentliche Aufführung: Syrakus (Sizilien), Mitwirkung an den klassischen Festspielen im antiken griechischen Theater

1925 Verlegung der Schule nach Laxenburg

1926 Tourneen bis 1939 (Gruppe und Soli, vor allem auch Rosalia Chladek)

1928 Moskau: Ehrendiplom der Staatlichen Akademie für Kunstwissenschaften (Ausstellung für Bewegungskunst)

ab 1929 Rhythmikkurse in Wien und im Ausland

1930 R. Chladek übernimmt die Gymnastikausbildung anstelle von Marianne Potán, die Tanzausbildung anstelle von Valeria Kratina und die Leitung der Tanzgruppe

1932 Paris: R. Chladek erwirbt in dem von den Archives Internationales de la Danse veranstalteten »I. Concours International de Chorégraphie« den II. Preis

Daten zu Leben und Werk
Rudolf von Labans

Zusammengestellt aus drei Quellen:
Aus einem Brief von Maria von Laban, seiner zweiten Frau (»M. v. L.«), Suzanne Perrottet (»S. P.«),
»Schrifttanz« (S.)

1879 (15. 12.) in Preßburg (Bratislava) geboren. Die Familie war zur Zeit der Hugenotten aus Frankreich nach Ungarn gekommen. Labans Vater war hoher Offizier (zuletzt Feldmarschallieutenant). (M. v. L.)

1892/93 Begründer, Czárdásvortänzer und Festordner einer Budapester Jugendgruppe von Mittelschülern. (S.)

1895 Enge Fühlungnahme mit dem Theater. Gelegenheit zu Regieassistenz und technischer Bühnenkenntnis. (S.)

1896 Abitur in Wien, anschließend ausgedehnte Reise durch den Balkan. Lernt die Bräuche, Volks- und Derwischtänze und die orientalische Kultur kennen. (M. v. L.)

1897/98 Auf Wunsch des Vaters Offiziersschule in Wien. Verläßt die Schule wieder, da er Kunstmaler werden will. (M. v. L.)

1897 Konzeption eines fünfteiligen Tanzmysteriums »Die Erde« mit selbstverfaßter Gesangs- und Instrumentalmusik und Sprechchören. Bemerkenswert die chromatische Musiknotierung ohne Takteinteilung. (S.)

1900 Er ging nach Paris, wo er sich dem Studium der Malerei an der Ecole des Beaux-Arts widmete. Starke Anregung zum Tanz boten ihm die Pariser Cabarets, wo sich oft einer der jungen Künstler, inspiriert von der Atmosphäre, mit einer Solo-Mitwirkung beteiligte ... (M. v. L.)
Eigene Forschungen auf dem Gebiet des menschlichen Ausdrucks, in Religion, Kunst und Mystik. Er beginnt in Paris damit, eine Schar junger Menschen im Ausdruckstanz zu erziehen. (S. P.)

1902 Architekturstudium. Erster Entwurf eines Tanztheaters. (S.)

1903 Erster Versuch zur Gründung einer Künstlergemeinschaft auf einem Gartengrundstück bei Paris. Grundlegende Prinzipien: Freilichttanz, Körperkultur. (S.)

1904 Entwurf einer Neuordnung der tänzerischen Körperbildung. Tanzschriftversuche. Studium alter Choreographien. (S.)

1905–1910 Ausarbeitung chorischer Tanzwerke, Pantomimen und Gruppentänze. (S.)

1909 Komponiert Lieder in disharmonischem Stil mit eigenem Text. (M. v. L.)

1910 »Im Herbst übersiedelten wir nach München, wo es ihm eher glückte, den notwendigen Lebensunterhalt als Maler, Illustrator von Büchern und Plakatzeichner zu erwerben. Auf der Staatsbibliothek studierte er alte Tanzwerke und arbeitete hingebungsvoll an der Entzifferung alter Tanzschriftversuche, deren Bedeutung nur mehr mangelhaft bekannt war. (Ich hatte das Glück, in einem Antiquariat die ›Briefe über den Tanz‹ von Noverre sowie sehr interessante Stiche und Aufzeichnungen über Ballette zu finden ...) Nebenbei studierte er auch die Methoden von J. Dalcroze, Mensendieck, Bode usw., die ihn alle nicht befriedigten. Ferner besuchten wir alle Tanzabende berühmter und auch die junger unbekannter Tänzer und Tänzerinnen.« (M. v. L.)

1912–1914 Eröffnung eines Tanzateliers in München mit folgendem Arbeitsplan: Spannung und Entspannung der einzelnen Gliedmaßen – Harmonisierung der Faktoren Kraft–Zeit–Raum in der Bewegung. Schöpferische Tätigkeit in der Improvisation

und Komposition. Sein Ansehen als Choreograph wächst. Inszenierung von großen Tänzen in den Faschingsfesten. (S. P.)

1911–1914 Zweiter Versuch zur Bildung einer Künstlergemeinschaft
auf körperkultureller Basis in Ascona am Lago Maggiore. Frei-
lichtfestspiele und Schule für Kunst international besucht ...
Teilaufführungen aus der »Erde« und anderen frühen Tanzstük-
ken. Kennzeichnend: Mehrfach vollständig stumme Aufführungen, auch ohne Gong oder sonstige Geräusche. (S.)

1912 »Im Frühjahr 1912 war Laban so überarbeitet, daß er zur Kur zu
Lahman in Dresden (›Weißer Hirsch‹) [ging]. Dort lernte er Suzi
Perrottet kennen, die 1912/15 im Winter zu uns kam. Sie war
›Star‹-Schülerin von Dalcroze gewesen und ihre Mitarbeit für
Laban sehr wertvoll. 1913 kam aus Hellerau auch Mary Wigman
zu uns ... Im Sommer 1913 zum erstenmal in Ascona-Monte Ve-
rità, wo sehr besuchte Sommerkurse und viel beachtete
Freilichtaufführungen stattfanden. Teilnahme Perrottet und
Wigman als Assistentinnen ...« (M. v. L.)

1913, 1914 (Sommerferien) Mitarbeiter bei der Kolonie Monte Verità
(Ascona), die für die neue Gesundheitspflege und Lebensform
arbeitet. Verwirklichung seiner Idee einer Rhythmischen Erziehung (Rhythmus in Arbeit und Fest) unter dem Motto »Tanz–
Ton–Wort–Form«. (S. P.)

1914 Geplant die Aufführung eines Tanz-Wortdramas von Hans
Brandenburg in der Werkbundausstellung in Köln (»Sieg des
Opfers«). Mitwirkende: Laban, Mary Wigman, Gertrud Leisti-
kow, unter den Schülern ferner: Gertraud und Ursula Falke,
Laura Österreich, Käthe Wulf, Suzanne Perrottet ... (S.)
»Erste Bausteine seiner Raumlehre der Körperbewegungen.
Verwandtschaft der verschiedenen Raumrichtungen in der
›Sechs-Schwünge-Skala‹ (nach den drei Dimensionen) ...« (S. P.)

1915–18 Züricher Tanzschule, Tanzabende, Vortragszyklen über Tanz,
Experimente mit den verschiedenen Kunstformen des Tanzes:
Freien Tanzes, Tanz nach Musik, Tanz nach Gedichten, Tanz-
drama, Tanzpantomime, Tanz mit freier Sprache (wie später die
Dadaisten), Tanzmärchen (Tanzender Violinist), Tanzmimik.
Weiterentwicklung der Raumlehre: »Skala der Zwölf Schwün-
ge« (basierend auf den vier Diagonalen des Kubus und ihren
Beziehungen zu den drei Dimensionen). Formtyp Ikosaeder.
(S. P.)

1919/20 Gründung der Tanzbühne Laban (Leitung Laban und Bereska) in Stuttgart. Unter den Eleven: Kurt Jooss ..., Jens Keith ..., Edgar Frank ..., Gertrud (später Ruth) Loeser ..., Albrecht Knust ..., (und weitere, die später in leitenden Positionen bekannt wurden – I. L.) (S.)
Einführung des neuen Laientanzes an der Volkshochschule Stuttgart
Herausgabe des Buches »Die Welt des Tänzers«. (S.)

1921 Tanzleitung am Mannheimer Nationaltheater mit einer aus 20 modernen Tänzern und 20 Angehörigen des dortigen Ballettpersonals bestehenden Gruppe. (S.)

1923 Übersiedlung der Tanzbühne und Zentralschule nach Hamburg. (S.)
Unter den Eleven: ... Hermann Robst, Martin Gleisner, Jenny Gertz, Rose Mirelmann, Gertrud Snell, Hertha Feist, Lotte Wedekind, Milča Mayerová.
Seit 1923 Uraufführungen und Inszenierungen von Gruppenwerken und Balletten, in denen Rudolf von Laban größtenteils selbst die männlichen Hauptrollen tanzte. (S.)

Gaukelei	Tanzdrama von Laban
Casanova	Tanzkomödie von Laban
Schwingender Tempel	Fünf chorische Reigen von Laban
Lichtwende	Spiel für Laienchöre von Laban
Agamemnons Tod	nach Noverre
Faust, II. Teil Prometheus von Aischylos }	Bewegungschöre mit Sprechchören
Don Juan	Tanzdrama, Choreographie von Laban
Terpsichore	Ballett mit Gesang von Händel, Choreographie von Laban
Orpheus	Oper von Gluck, Choreographie von Laban
Sommernachtstraum Wintermärchen }	Shakespeare, Choreographie von Laban
Faust, I. Teil	Goethe, Choreographie von Laban
Josephslegende	Richard Strauss, Choreographie von Laban

Szenen aus Rheingold	
Tristan und Isolde	Richard Wagner, Choreo-
Parsifal	graphie von Laban
Götterdämmerung	
Dämmernde Rhythmen	Spiel für Laienchöre von Knust und Laban
Phantastische Revue	von Laban
Narrenspiegel	Kammerstück von Laban
Ritterballett	Beethoven, Choreographie von Laban und Bereska
Die Nacht	von Laban
Titan	Komposition für Massenchöre von Laban (S.)

1923 Gründung des ersten Laienbewegungschores in Hamburg ... In den folgenden Jahren entstehen in vielen Städten die »Bewegungschöre Laban« mit dem Ziel neutänzerischer Schulung der Laien und einer neuen Festgestaltung. (S.)

1924 Gründung eines eigenen Kammertanztheaters in den Räumen des Zoo in Hamburg. Leitung: Dussia Bereska. (S.)

1925, 1926 und folgende Jahre: Tourneen und Vortragsreisen im In- und Ausland. Laban als erster Solotänzer seiner Gruppe. Amerikareise (1926), tanzethnographische Forschungen, Einrichtung von alljährlichen Sommerkursen, an denen zahlreiche in- und ausländische Ballettmeister, Tänzer, Schulleiter und Regisseure in die Tanzpädagogik und Tanzforschung Labans eingeführt werden. (S.)

1926 Gründung des Choreographischen Instituts Laban in Würzburg ... (S.)

1927 Gelegentlich des 1. Deutschen Tänzerkongresses in Magdeburg Gründung einer Berufsorganisation der Tänzer neuerer Schulung, Fusionierung mit dem Ballettverband unter dem Namen »Deutscher Tänzerbund« ... (S.)

1928 Gründung der Deutschen Gesellschaft für Schrifttanz, Herausgabe der Kinetographie (Bewegungsschrift) Laban ... (S.)

1929 Entsteht unter Rudolf von Labans Regie der »Festzug der Gewerbe« in Wien ... Ferner zur Feier des 150jährigen Bestandes des Mannheimer Nationaltheaters eine Volksfeier im dortigen Stadion »Alltag und Fest«, ausgeführt von 500 Mitgliedern der

Mannheimer Bewegungschöre Laban. Ab Herbst 1929 Vereinigung der Zentralschule Laban mit der Tanzabteilung der städtischen Folkwangschulen in Essen (Ruhr).[89]

Rudolf von Laban
Die Welt des Tänzers
Auszüge

Tanz als Arbeit
Wie der Mensch Nahrung und Obdach sucht und braucht, so sucht und braucht er auch Freude, Erholung, Erhebung und Bildung. Unter den Schaffenden, Werkenden, die ihren Mitmenschen zur Befriedigung ihrer Grundbedürfnisse verhelfen, hat der Tänzer eine bedeutsame Rolle. Seine Aufgabe ist, das in der Natur vorgezeichnete Menschenziel, die freie, gesunde, glückliche Menschlichkeit, durch seine Kunst, sein Erkennen und seine erzieherische Kraft zu fördern. Tänzerisches Schaffen ist nicht nur Lust und Kunst, sondern ernste Kulturarbeit.

Soziales Mitschaffen an dem Streben seiner Zeit entsprießt selbstverständlich und ungewollt aus seinem Wirken.

Gemütserregung und Form
Ist einem Tänzer ... die Geschichte der menschlichen Bewegungsforschung und des Bewegungserlebnisses zum körperlichen Bewußtsein geworden, so wird er das stetige Verbundensein der Spannungen mit den Gemütserregungen untersuchen und wird zu dem für ihn merkwürdigen Ergebnis kommen, daß jeder Gemütszustand mit einer ganz bestimmten Körperspannung zusammenfällt. Dieses Zusammenfallen deutet der Tänzer zweifach: erstmals als von außen hervorgerufen, weil bestimmte mimische Ausdrücke, Gesten und Körperhaltungen zur Abwehr von Gefahren oder zur Annäherung an angenehme Dinge der Welt nützlich sind. Die andere Beobachtung, daß gewisse Krümmungen, Streckungen und Windungen, rein innerlich, körperliches Wohlbehagen oder Mißbehagen und damit also Veränderungen der Gemütsstimmung und der Gedankengänge hervorrufen, ist ohne genaue Kenntnis der Spannungsgesetze der Gebärde überraschend und unerklärlich.

Der freie Tanz

Die verschiedenen Formen des Tanzes ..., Musik oder Worte mit begleitenden Körperbewegungen, Tanz mit begleitenden Musikrhythmen oder Begriffsvorstellungen (Pantomime) usw. zeigen sich als eine Möglichkeitskette, deren letztes Glied, der freie Tanz, der Tanz ohne Begleitung, das innerste Wesen des Tanzkunstwerkes am deutlichsten zum Ausdruck bringt.

Die Quellen der Tanzwissenschaft sind:

1. Die erkenntnistheoretischen, psychologischen, physiologischen und physikalischen Feststellungen über die Bewegungen der Lebewesen.
2. Die geometrische und kristallographische Raumlehre.
3. Die Denkmäler der bildenden Kunst in Plastik, Malerei, Kleinkunst, inbegriffen die hieroglyphischen und abstrakten Zahl- und Begriffszeichen sowie die Ornamentik.
4. Die musikalischen und erkenntnistheoretischen Forschungen über die Harmonie.
5. Die schriftlich niedergelegte Theoretik über ältere Tänze sowie über mantische, religiöse und rituelle Bewegungsformen.
6. Die Bewegungstheorien der Akrobatik, der Fechtkunst und des Sportes.
7. Die mimische Tradition der Schauspielkunst.
8. Die praktische Tradition des europäischen Kunsttanzes und der Volks- und Nationaltänze aller Völker.

Bausteine

Mein wärmster Dank gebührt meinen Helfern in meinem Suchen und Streben. Ich nenne hier vor allem die Tänzerin Mary Wigman, die als Erste das wirksamste Mitteilungsmittel tänzerischen Erlebens, den Tanz, so gestaltet hat, daß auch die Allgemeinheit von der Tiefe und Fülle dieser allerfüllenden Geistform überzeugt wurde ... Der männliche Tänzer steht an Wirkungskraft der Tänzerin nicht nach, wenn es sich um wirklichen Tanz und nicht um bloße Körperschau handelt. Die Geistform Mensch ist im Reiche der Kunst geschlechtslos ... Die besonderen Eigenschaften des Mannes können, wenn sie nicht zu einem lächerlichen einseitigen Ideal übersteigert sind, gerade in dieser umfassendsten aller Künste ganz Außerordentliches leisten. Bis ins 18. Jh. hinein waren Bühnentänzer fast ausschließlich Männer ...[90]

Rudolf von Laban
Offener Brief an junge Tänzer

… Begabung allein genügt nicht, es gehört auch Charakter dazu, wenn man ein Künstler sein will! Charakter, um unablässig an sich selbst zu arbeiten, und zwar sowohl an seinem Werkzeug, der Bewegung, als auch an sich selbst in seinem Eigen- und Innenleben. Dann erst erwirbt man jenes erhebliche Maß von Achtung für die Tanzkunst, das uns berechtigt, sie auszuüben und uns Künstler zu nennen …[91]

Rudolf von Laban
Gymnastik und Tanz

Ein ganz wesentlicher Unterschied zwischen Tanzkunst und Gymnastik kann vielleicht an dieser Stelle noch betont werden. Im allgemeinen wird man bei Freiübungen doch immer nur solche Bewegungen bringen, die irgendwie mit der Harmonie in Verbindung sind. Man wird Kraft, Geschmeidigkeit, Offenheit, Mut, Gesundheit und Freude pflegen. Die Ausdrücke dieser Kräfte kommen auch im Kunsttanz vor. Die Kunst kann uns aber von allem sprechen, was das menschliche Leben erfüllt, und nicht nur von einer aus ideellen Zweckmäßigkeitsgründen getroffenen Auswahl … Kunst schildert das menschliche Leben mit seinen sämtlichen Polen und Gegensätzen …[92]

Rudolf von Laban
Der neue Bühnentanz

Die Entwicklung des neuen Bühnentanzes vollzieht sich vorläufig noch außerhalb unseres Theaters. Im Konzertsaal und bei zeitweiligen Gastspielen auf unseren größeren Bühnen sehen wir Solotänzer und bescheidene Anfänge von Tanzgruppen am Werke. Tänze, Tanzspiele, Pantomimen entstehen, die mit den alten Ballettkünsten, die noch immer am Theater herrschen, wenig oder gar nichts gemeinsam haben … Inhaltlich ist es nicht mehr die Verherrlichung höfischer Märchenpracht und Macht oder das romantisch sentimentale Spiel tänzelnder Nichts-tuer, die sich auf der Bühne spiegelt. Die großen Spannungen menschlichen Suchens und Ringens, sowohl in der Einzelseele wie in dem sozialen Zusammenprall, sind heute im Vordergrund des Interesses. Ein Tanz soll uns das Leben deuten wie jedes andere Kunstwerk. Wir wollen von der Bewegung lebender Körper seelisch erschüttert, gehoben und geklärt werden, wie von den Klängen einer Symphonie, wie von den Geschehnisspannungen des neuen Dramas ...

Das Tanzpersonal muß im Sinne eines musikalischen Orchesters oder einer Schauspieltruppe gegliedert sein. Es muß Tieftänzer und Hochtänzer, Männer und Frauen, verschiedene Charaktertypen umfassen, um diese neuen Tanzdichtungen verwirklichen zu können. Die Organisation in Gruppentänzer, Vortänzer (Gruppenführer) und Solotänzer ergibt sich von selbst. Eine völlig neue Gestaltung des Aufgabengebietes dieser Tänzerarten ergibt sich aus den neuen Aufgaben.

Die Ausstattung der Bühne muß mehr als bei Schauspiel und Oper eine möglichst einfache sein. Raum und Licht sind die Elemente, in denen die Ausdrucksbewegung klar zur Wirkung kommt. Alles Beiwerk ist zu vermeiden ... Es ist doch vor allem der Körper, der wirken soll, besonders bei den abstrakten Tänzen. Eine Gestensprache, die allzu vieler Beiwerke bedarf, ist nichts wert.

Die Pflege dieser Gestensprache ist die Hauptaufgabe bei der Erziehung und Durchbildung des Tänzers; da die Akrobatik im neuen Tanz eine viel geringere Rolle spielt als beim Ballett, da das Seelisch-Geistige vertieft ist, wird man nicht mehr im Kindesalter mit der Ausbildung anfangen müssen. Die Vorteile, die sich daraus ergeben, liegen auf der Hand: Kürzere Ausbildung, klarere Übersicht über Charakter und Befähigung des Darstellers ...

Die Grundlage ist keine irgendwie benannte Methode, sondern die allseitig erforschte, natürliche Bewegung, die sich allerdings die choreographischen Übungsformen und Erkenntnisse der Vergangenheit und Gegenwart zunutze machen wird. Eine wichtige Nebenaufgabe wird die neue Tanzbühne haben, nämlich die Auswirkung auf die Bewegungsschulung und Bewegungsregie des ganzen Theaterbetriebs in Schauspiel und Oper, die in einer sorgfältigen Bewegungsdurchbildung aller Darsteller einheitlich gipfeln muß ...

Eine Kunst kann nur blühen, wenn sie reichliche Gelegenheit zur Auswirkung hat. Der Spielplan der Theater müßte dem Tanzspiel einen ähnlichen Umfang gewähren, wie der Oper und den Dramen. Am besten wäre die Bildung eigener Tanzbühnen, die vielleicht auch auf die Bewegungskunst im Film heilsamen Einfluß gewinnen könnten.[93]

Rudolf von Laban
Choreographie und Theater

… Das Improvisieren, das Tanzen aus einer momentanen Eingebung heraus, kann nie »Kunst« im Sinne des dauernden Wertes sein. Lange Zeit hindurch war der Tänzer darauf angewiesen, seine Improvisation nach eigenem Geschmack, so gut es eben ging, durchzuarbeiten, aber er konnte seiner Arbeit nie objektiv gegenüber stehen, weil er seinen Tanz nur selbst tanzen oder im besten Falle einem anderen einstudieren konnte.

Die Entwicklung der choreographischen Forschung, die schon vor Jahrhunderten eingesetzt hat, bedeutet in dieser Hinsicht eine erste große Wandlung. Anhand einer Harmonielehre der Körperbewegung war es plötzlich möglich, objektiven Maßstab an das eigene Werk zu legen. Durch die exakte Niederschrift der Bewegungen in Tanzschrift ist ein weiterer Schritt getan.

Der nächste Schritt wird mit der Veröffentlichung von Tanzwerken getan. Der ausführende Tänzer ist dann nicht mehr darauf angewiesen, jeden Tanz selbst zu schaffen. Er kann Tänze verschiedenster Meister tanzen, kann diese objektiven Werte subjektiv interpretieren. Die Wirkung dieser Vorgänge für die Entwicklung der Tanzkunst läßt sich kaum ermessen, sie läßt sich nur im Vergleich mit der Wirkung, die die Erfindung der Notenschrift für die Musik hatte, erahnen.

… Es wird nur einige auserlesene Begabungen geben, die, gleichzeitig produktiv und reproduktiv, selbst ihre eigenen Kompositionen tanzen können. Im allgemeinen werden aber die Tanzkünstler in Tanzschöpfer und ausführende Tänzer geteilt sein. Der Schrifttanz, d. h. der sorgfältig durchkomponierte und aufgeschriebene Tanz, wird allein Anspruch auf künstlerische Wertung haben.

Der Tanzkunst wird durch die Fixierung des Tanzwerkes eine Entwicklung im Sinne der Historie gegeben sein; ein Aufbau auf Gewesenem zum Kommenden …

Was wissen wir heute von den Regietaten der Vergangenheit? Bilder von alten Kulissen und Kostümen sind das einzige, was uns erhalten blieb. Aus kurzen Berichten können wir vage Schlüsse über den Bewegungsstil von theatergeschichtlich wichtigen Epochen ziehen. Sonst wissen wir nichts. Dichtung und Musik sind uns durch die Schrift erhalten …[94]

Schule für Kunst
Monte Verità, Ascona, am Lago Maggiore, Schweiz

Die Schule für Kunst ist der von Henri Oedenkoven geschaffenen »Individualistischen Cooperative von Monte Verità« angegliedert.

Die Schule für Kunst wird nach den neuartigen Erziehungs- und Unterrichtsprinzipien geleitet, die R. Laban de Varalja seit Jahren in seinen Unterrichtskursen im Sinne einer lebenskräftigen Regeneration der Künste verfolgt.

Der Schüler wird in alle Äußerungsformen des menschlichen Genius eingeführt. Auf allen Gebieten der Tätigkeit und des Ausdrucks sucht er, in Mitarbeiterschaft mit seinen Meistern und Kollegen, die neuen Formen eines einfachen und harmonischen Lebens zu finden. Durch Anwendung dieses Grundprinzipes wird leicht das seiner persönlichen Veranlagung entsprechende Tätigkeitsfeld gefunden ...

Die Einsicht und der Geschmack für lebensvolles, künstlerisches Schaffen wird geweckt und dadurch der Schüler davor bewahrt, die Zahl der wert- und nutzlosen Kunstprodukte zu vermehren, welche das traurige Ergebnis einseitig spezialisierender Kunsterziehung sind.

Die Übungen und Arbeiten werden – soviel als möglich im Freien – auf dem Terrain und in den Werkstätten der Individualistischen Cooperative von Monte Verità abgehalten. Die Schule soll die Mitglieder dieser Vereinigung in ein künstlerisches Leben einführen. Es ist aber nicht notwendig, Mitglied der Cooperative zu sein, um in die Schule eintreten zu können.

Die Schule für Kunst organisiert ihren Unterricht in vier Teilkursen:

Bewegungskunst
1. Körperübungen; körperliche Arbeiten in Gärten und Werkstätten.
2. Spiele und Tänze. Einzeln und in Gruppen.
3. Die Komposition des Bewegungskunstwerkes.

Wortkunst
1. Phonetisch-mechanische Übungen in verschiedenen Sprachen. Gesprächsübungen.
2. Rede und Vortrag, einzeln und im Chor.
3. Die Komposition des Wortkunstwerkes.

Tonkunst

1. Vokale und instrumentale Übungen. Gesänge und Rhythmen als Arbeitsbegleitung.
2. Einzel- und Chorgesang, Instrumentalmusik.
3. Musikalische Komposition.

Formkunst

1. Technische Übungen ... Arbeiten in Gärten und Werkstätten.
2. Arbeit in angewandter Kunst, Baukunst, Bildnerei.
3. Die Komposition des Formkunstwerkes.[95]

Mary Wigman
Mein Lehrer Laban

Laban – er war mein Lehrer, wenn auch nicht im üblichen Sinn dieses Wortes. Er war der bewegende Geist, der Führer, der den Weg in eine Welt öffnete, von der ich geträumt hatte, noch ohne zu wissen, daß es der Tanz war, den ich suchte ...

Die frühen Perioden von Labans Arbeit waren mir näher, als es die späteren sein konnten, da sich mit der Zeit unsere Wege natürlicherweise unterschieden. Mit seinen mannigfaltigen Aufgaben und Interessen brauchte Laban ein viel weiteres Feld, als ich je habe ausfüllen können ...

Die wesentliche Eigenschaft seiner Arbeit kann in dem einen Wort zusammengefaßt werden: Bewegung. Er hat mir einmal erzählt, daß es die Vision eines großen Kunstwerkes war, einer Kombination von Tanz, Musik und Dichtung, die ihn auf seinen Weg brachte. Aber wie sollte dieser Traum Wirklichkeit werden, wenn das Hauptinstrument, das für das tatsächliche Werk nötig war, der Tanzchor, nicht vorhanden war? Der Ballettänzer dieser Zeit war nicht für den Tanz geeignet, der Laban vorschwebte. Den modernen Tänzer gab es noch nicht. Laban mußte das neue Instrument selber bauen und fand die Mittel, es zu tun ...

Sommer 1913: Schweiz, der Lago Maggiore und die liebliche Landschaft um Ascona ... Wie jung wir waren! Wir bewegten uns, wir sprangen, wir rannten, wir improvisierten und entwarfen unsere ersten Solotänze und Gruppensketche. Für mich dachte ich, es wäre ein kurzer Sommerkursus, und – er gab meinem Leben die Richtung ...

Wie gütig, wie humorvoll und freundlich Laban sein konnte, und wie erschreckend mit seinem sarkastischen Lächeln und seinem immer bereiten Stift, mit dem er höchst lebensvolle und oft sehr grausame Karikaturen zeichnete. Sie waren brillant gemacht. Wie ein grelles Blitzlicht wiesen sie auf eure eigenen schwachen Stellen, und dieses direkter und überzeugender als jede direkte Kritik es hätte tun können. Wenn man sich das ansah und akzeptierte, lernte man eine Menge über sein eigenes teures Selbst ...

Wir tanzten mit und ohne Musik. Wir tanzten zum Rhythmus von Gedichten, und manchmal ließ uns Laban zu Worten, Sätzen, kleinen Gedichten bewegen, die wir uns selbst auszudenken hatten. Zwar führten uns diese Experimente und konnten sie nicht zu einer endgültigen künstlerischen Form führen, aber eröffneten uns einen weiteren Teil des Zauberlandes und halfen uns bei der Vertiefung unserer Gefühlserziehung ...

Laban hatte die außerordentliche Fähigkeit, dich künstlerisch frei zu machen, wenn du unfähig warst, deine eigenen Wurzeln zu finden; und so wurden wir darin gefestigt, unsere eigenen Möglichkeiten zu entdecken, unsere eigene Technik zu entwickeln.

Er hat sein eigenes Gymnastiksystem aufgebaut. Aber andererseits gab es bis jetzt keine Beschränkungen, keine theoretisch vorgezeichneten Linien, keine strikten Gesetze, die zu befolgen waren. Was Jahre später seine Tanztheorie wurde und Tanzphilosophie hieß, war zu dieser Zeit noch freies Land, Wildnis, erregender und faszinierender Jagdgrund, wo jeden Tag Entdeckungen gemacht wurden ...

Glückliche Zeiten, nicht wiederholbar! Keiner von uns machte sich Sorgen um die Zukunft. Wir dachten noch nicht an Tanz als Beruf. Und wenn Laban zu mir sagte: »Du bist ein Tänzer, du gehörst auf die Bühne«, glaubte ich es ihm eben nicht.

Der Name Laban war bekannt geworden. Seine experimentelle Arbeit wurde nicht länger belacht. Die Zahl der Studierenden war gewachsen. Pläne wurden gemacht und nahmen Gestalt an: das Tanztheater. Die Wogen der Begeisterung gingen hoch. Aber die Ernüchterung kam über Nacht. Der erste Weltkrieg brach aus und ließ Laban in Ascona stranden. Einer nach dem anderen von den Studenten und Künstlern, die sich um ihn gesammelt hatten, ging weg ...

In dieser Zeit fing Laban intensiv an, an seiner Tanzschrift zu arbeiten. Da niemand anderes da war, wurde ich das meistens gefügige, aber gelegentlich auch widerspenstige Opfer seiner theoretischen Untersuchungen.

Lieber Laban, erinnerst Du Dich, wie Du für gewöhnlich morgens an meine Tür klopftest: »Hier ist der Choreograph!«, wie Du Deine Tasche geleert hast und wie Deine Papiere, bedeckt mit eilig hingekritzelten Noten und Zeichen von Kreuzen bis zu winzigen menschlichen Körpern und wieder zurück zu Kreuzen, Sternen und Bögen, über den ganzen Raum ausgebreitet waren und mir nur einen kleinen Platz für die praktische Ausführung beließen? Ich kann Dich da noch sitzen sehen, schreibend, zeichnend, brütend und meine Bewegungen kritisch beobachtend, während ich mich anstrengte, Deine Absichten zu verstehen und Deinen Anweisungen zu folgen ... Nichts konnte Dich aufhalten, kein Versagen konnte Dich entmutigen ... Das Ergebnis dieses harten Kampfes war die Entwicklung der Schwungskalen. Die erste dieser Skalen bestand aus fünf verschiedenen Schwungbewegungen, die in einer Spirallinie von unten nach oben führten. Die organische Verbindung ihrer Raumrichtungen und der natürlichen dreidimensionalen Eigenschaften führte zu einer vollständigen Harmonie ...

Es war für mich eine harte Arbeit! Jede Bewegung mußte wieder und wieder gemacht werden, bis sie kontrolliert war, bis sie analysiert werden konnte, in ein entsprechendes Symbol transportiert und verwandelt. Ich habe immer ein ausgesprochenes Gefühl für Rhythmus und Dynamik gehabt, und mein Glaube an das »Leben« einer Bewegung und nicht nur die Ausführung war stark. Daher muß meine individuelle Art des Ausdrucks und der Reaktion eine solche Qual für Laban gewesen sein, wie es sein unermüdliches Streben nach Objektivität für mich war ... Versuchte er nicht etwas in mir zu töten, sogar das Beste, was ich hatte? Unerfahren wie ich war, konnte ich nicht wissen, daß mir eine wirklich große Lektion gegeben wurde, eine der wichtigsten in meinem künstlerischen Leben, die ich nie wieder vergessen sollte.

Ich glaube, die Grundlagen meiner Laufbahn als Tänzer wie auch als Pädagoge wurden in diesen kurzen Momenten gelegt. Objektivität und Verantwortlichkeit, Geduld, Ausdauer und Selbstdisziplin! Wie brauchte ich das, wenn ich meine Soloprogramme arbeitete, wenn meine Begeisterung, meine Ungeduld, meine Leidenschaft für Ausdruck mich mitrissen – wenn ich verlockt war, alle entstehenden Schwierigkeiten und Komplikationen zu ignorieren – wenn es so leicht

war und so richtig schien, hohle Stellen zu überspringen, um gefähr-
liche Ecken herumzukommen oder unerwartete Löcher mit eilig improvisierten Bewegungen zu füllen, so wollte ich weitergehen und
keine Zeit verlieren mit den notwendigen, aber oft ermüdenden Über-
gängen. Oder wenn ich mit einer Gruppe junger Tänzer arbeitete, fasziniert und absorbiert durch die Tanzidee, die ich mit ihnen aus-
arbeiten wollte, ließen mich ihre individuellen Reaktionen, ihr Un-
verständnis für meine Absichten, sogar ihre spontane Begeisterung
die Spur verlieren, die ich in meinem Geist verfolgte. Wenn ich un-
geduldig wurde oder die Laune verlor, erschraken sie, reagierten
überhaupt nicht mehr, und ich konnte nicht fortfahren in meiner
Arbeit …

Ich weiß, daß ich, ohne die schöpferische Stimmung zu töten, das
Gleichgewicht zu halten hatte zwischen meinem emotionalen Ausfall
und der unbarmherzigen Disziplin einer überpersönlichen Kontrolle,
mich also unterwerfen mußte dem selbstauferlegten Gesetz der Tanzkomposition.

Ich blieb bei Laban für sieben lange und harte Jahre (1913 bis 1919 –
I. L.). Wenn ich zurückschaue, ist ihre Härte vergessen. Sie scheinen
sehr schön gewesen zu sein, sehr abenteuerlich und unglaublich reich.
Als wir uns trennten, wußte Laban so gut wie ich, daß ich von nun an
den Kampf meines Lebens allein zu bestehen habe, diesen geliebten
Kampf, der immer gewesen war und noch ist: Tanz.

Nach einigen Fehlschlägen wurde mein neues Soloprogramm, das
ich im Stadttheater Zürich aufführte, ein großer Erfolg. Laban kam,
um mir zu gratulieren. Er lächelte, und plötzlich beugte er sein Knie:
»Liebe Wigman, obwohl in deinem ganzen Programm nur *eine* wirklich harmonische Bewegung war, gestehe ich, daß du dennoch eine
Tänzerin bist, und sogar eine große.«

Das war Laban, und das war vor dreißig Jahren. Heute möchte ich
mein Knie vor ihm beugen und ihm dafür danken, was er für mich gewesen ist, und was er mir gegeben hat.[96]

Mary Wigman
Rudolf von Laban zum Geburtstag

Der 50. Geburtstag Rudolf von Labans wird vielen Menschen ein Anlaß sein, sich mit dem Werk dieses Mannes auseinanderzusetzen ...

Die heutigen Tänzer, gleichgültig, ob sie persönlich durch die
Schule Labans gegangen sind oder nicht, verehren und anerkennen in
dem Namen »Laban« den Beginn einer neuen Epoche in der Geschichte des europäischen Tanzes.

Mag man historisch beweisen, daß alles Neue schon einmal da war,
mag man feststellen, daß eine Idee in ihren Ansätzen schon früher
auftauchte; die tänzerische Idee, von der wir heute sprechen, gewann
umfassenden Ausdruck und Gestalt erst durch die Persönlichkeit Rudolf von Labans. Er war der große Entdecker und Anreger. Er schuf
die Grundlagen, auf denen wir Tänzer, ob wissentlich oder nicht,
heute basieren. Er öffnete uns die Pforten zu einer tänzerischen Welt,
um deren Inhalt niemand mehr gewußt hatte. Er lehrte uns das Wesen der Spannung erkennen, die harmonische Verbundenheit der
Schwungfolgen, die Einheit von Körper und Raum ...

Laban vermittelte seinen Schülern das Erlebnis der freien Improvisation und machte dadurch schöpferische Kräfte frei. Er löste den
Tanz von einer versklavten Bindung an die Musik und gab ihm dadurch die Selbstherrlichkeit absoluter Kunstsprache zurück. Er ging
der Bewegung bis in ihre letzten Schwingungen nach und bewies, daß
das befreite und entfesselte Material in die organisch gefügte Form
der Komposition zu bringen war ...[97]

Walther Victor
Kritiken aus fünf Jahrzehnten

Rudolf von Laban hat sich mit seiner Tanzbühne an Goethes »Faust«
gewagt. Er mußte wissen, welche Gefahr das in einem Volke mit sich
brachte, dem in abertausend Schulen und Druckschriften von einem
»Goetheschen Sinn« gesprochen wird, der ebenso vielfältiger Aus-
legung unterliegt. Er tat es, um »Fausts Erlösung« nach Motiven aus
»Faust II« mit Sprechchören aus *seinem* Sinn lebendig zu machen. Das
gelang ihm in überraschender, durch die erstmalige Verbindung von
Wort und Tanz epochemachender Weise ...[98]

Albrecht Knust
Laban als Erzieher

… Wer je das Unterrichten Rudolf von Labans beobachtet hat, dem müssen dabei zwei Dinge aufgefallen sein: Die Intensität, mit der er alles, was auch immer er in die Hand nimmt, betreibt, eine Intensität, welche den Schüler zur Höchstentfaltung seiner Fähigkeiten zwingt, und die geistige Labilität, mit welcher der Unterrichtsstoff von verschiedenen Seiten beleuchtet wird. Ebenso variabel, den einzelnen Schülern und Situationen angepaßt, sind die pädagogischen Mittel. Einmal läßt er die Fähigkeiten der Schüler ruhig wachsen, ein anderes Mal lockt er sie hervor, was sich steigern kann zu leidenschaftlichem Aufpeitschen; den einen bestärkt er in seinem Tun, den anderen veranlaßt er zur Ergänzung, gerade das Gegenteil von dem zu tun, was der Schüler vorhatte oder wünschte; zur gegebenen Zeit regt er die Phantasie an, um ein anderes Mal das Bewegungsgedächtnis zu trainieren; er lehrt durch die Analyse, die Bewegungen in ihren Bestandteilen zu erkennen und den Zusammenhang der Teile untereinander zu erfassen, lehrt ebenso Bewegungen sinngemäß aneinanderzufügen und zu variieren; einmal ist der Unterricht weihevoll wie eine sakrale Handlung, ein anderes Mal ist der Meister ein Arzt, der Schäden heilt, oder ein unerbittlicher Trainer, der zur größtmöglichen technischen Leistung antreibt; während heute die persönliche Bewegung gepflegt wird, verlangt er vielleicht morgen ein Anpassen an einen Partner, das Mitgehen in einer Gruppe und übermorgen vollkommenes Aufgehen in einer uniformen Massenbewegung …[99]

(Alfred) Schlee
Wo steht Laban?

… Die verschiedenen Etappen, die Laban in seiner Entwicklung bis heute durchgemacht hat, bestehen heute zum großen Teil noch nebeneinander. Sie werden repräsentiert von früheren Mitarbeitern oder Schülern Labans, die seiner Entwicklung nicht folgen konnten. Es ist dies in einzelnen Fällen besonders kraß, wo Schüler unter dem Einfluß seines persönlichen Fluidums über sich selbst hinauswuchsen, aber steckenblieben, sobald sie dem direkten Einfluß Labans entzogen waren. Sie glauben, das Werk Labans fortzusetzen, aber sie erfüllen nur einen winzigen Ausschnitt. Gar so viele geben nur ein Zeugnis von dem, was Laban überwunden hat ...

Zweifellos ist es richtig, daß Laban schon zu Zeiten des Expressionismus tonangebend war, daß Mary Wigman gerade in dieser Periode entscheidende Anregungen von Laban erhielt und daß mit Hilfe dieser besonders in Deutschland mächtigen Kunstepoche sich der »neue« Tanz in Deutschland seine Heimat schuf. Aber schon zu der Zeit, als der expressionistische Tanz sich sein großes Publikum eroberte, stand Laban ihm bereits fern. Mag sein, daß gerade diese frühe Loslösung manche Verstimmung hervorrief, da der Expressionismus sich als eine nationale deutsche Kunstform manifestierte und Laban, diesem Land sonst dankbar verbunden, gerade hier das Signal zu einer entscheidenden Wendung gab.

Auch in seinen theoretischen Arbeiten spiegelt sich dieses Tempo. Allerdings hat Laban hier Vorsicht walten lassen: es wurde nur wenig publiziert. Aber das wenige gipfelt in einer Meisterleistung, der neuen Tanzschrift, die allein bedeutend genug wäre, einem ganzen Leben Inhalt zu geben. Daneben steht der Komplex der Bewegungs-Harmonielehre, deren endgültige Form geschaffen wurde, deren Publikation aber noch aussteht.

Laban, immer noch einer der Jüngsten, steht heute am gleichen Platz, an dem er den Kampf um den Tanz begann: an der Spitze einer suchenden Jugend. Laban, der in so vielen Erscheinungsformen zu uns sprach, ist sich selbst gleichgeblieben. Er ist der große Anreger, der bedingungslose Vorkämpfer, der Feind jeder Stagnation. Unverändert besitzt er das Gefühl für die Notwendigkeiten des Augenblicks und den sicheren Blick auf das Morgen. Er hat seinen Weg noch nicht beendet, er hat vieles versprochen, das noch zu erfüllen ist. Wir können ihm jetzt, zu seinem 50. Geburtstag, nichts wünschen, als daß ihm Gelegenheit gegeben sei, seine Arbeit unbeirrt weiterzuführen.[100]

Eberhard Rebling
Über die Bedeutung der Lehren und des Wirkens Rudolf von Labans für uns

Laban hat die entwicklungsfördernde, persönlichkeitsbildende, die menschliche Kreativität stimulierende Kraft des Kindertanzes … immer wieder nachdrücklich hervorgehoben. Die Tanzspiele der Palucca-Schule sind nur ein Beispiel dafür, wie Labans außerordentlich umfangreiche, vielseitige und auch widerspruchsvolle Lehren in der DDR weiterwirken. Aus den einst jüngsten und jungen Palucca-Schülerinnen und -Schülern sind so viele Tänzer, Choreographen und Tanzpädagogen hervorgegangen, die heute das Profil der Tanztheater- und Ballettkunst unserer Republik entscheidend mitprägen, daß viele Erkenntnisse, Forderungen und Wünsche Labans – ohne daß immer ausdrücklich auf sein Werk Bezug genommen wird – bei uns realisiert worden sind. Mit dem Aufbau der sozialistischen Gesellschaft sind in der DDR die Bedingungen geschaffen worden für eine umfassende Auswertung und kritische Aneignung der Lehren und des Wirkens Rudolf von Labans …

So steht jetzt die kritische Sichtung und wissenschaftliche Aufbereitung der theoretischen Schriften und des künstlerischen Wirkens Rudolf von Labans auf der Tagesordnung. Seine umfangreichen schriftlichen Äußerungen sind eine Fundgrube grundlegender Erkenntnisse. Der Flug der Gedanken reicht weit in die Zukunft.

Allerdings wird die Aneignung dieser Erkenntnisse durch gravierende Widersprüche in Labans Werk sehr erschwert: Einmal werden Labans Einsichten in die Gesetzmäßigkeiten der Bewegungen des menschlichen Körpers – die er als erster erkannte und formulierte – überdeckt von einer irrationalistischen, vom Neuplatonismus und der hinduistischen Mystik geprägten Weltsicht. So stand sein kluges weitsichtiges Analysevermögen bei der Abfassung seiner Bewegungslehre in krassem Widerspruch zu dem völligen Verkennen der gesellschaftlichen Verhältnisse und der furchtbaren Gefahren des Hitlerfaschismus, dem er lange blindlings vertraute. Aber auch ihm wurde 1937 ein Verbleib in Deutschland unmöglich gemacht, und auch ihm blieb nur noch der Ausweg ins Exil übrig.

Zum zweiten hat er seine Theorien stets weiterentwickelt und zum

Teil revidiert. Was er 1920 in den »Gedankenreigen« seines Buches »Die Welt des Tänzers« äußerte, war teilweise bereits in verschiedenen Schriften der zwanziger Jahre und in seiner Autobiographie »Ein Leben für den Tanz« (1935) überholt. Vor allem aber entwickelte er im Exil in England aufgrund seiner Forschungen auf dem Gebiet der Arbeitsbewegungen in Fabriken, deren Ergebnisse er für die Tanzlehre nutzbar machte, neue Erkenntnisse, die er in einigen Büchern »Modern Educational Dance« (London 1948) und »The Mastery of Movement on the Stage« (London 1951) niedergelegt hat. Beide, äußerst wichtige Arbeiten, erschienen nach Labans Tod in neuen Auflagen, von Lisa Ullmann sorgsam revidiert und ergänzt ...

Einen zweiten Schwerpunkt sehe ich in der Wiederbelebung des Bewegungschorwesens ... Er und viele seiner Schüler und Nachfolger gelangten zum Bewegungschor – im Gegensatz zur reinen Körpererziehung, der Gymnastik, dem Turnen und dem Sport – als einem *künstlerischen* Mittel zum gemeinschaftlichen Ausdruck von Gefühlen, Gedanken und Haltungen. Primär war für ihn dabei das befreiend wirkende Erlebnis jedes einzelnen. »Es handelt sich also hierbei nicht oder zumindest nicht in erster Linie darum, wie die tänzerische Körperbildung dem Bühnenspiel dienen soll oder kann«, schrieb Laban 1927, »sondern gerade umgekehrt um die Auswertung der Kräfte, welche die ästhetische Körperbildung oder tänzerische Bildung aus der Einstudierung und Aufführung chorischer Bewegungswerke zu gewinnen vermag.«

Bewegungschor-Spiele vor Zuschauern bei festlichen Gelegenheiten betrachtete er also als eine höher entwickelte Stufe laienkünstlerischer Betätigung: »Wie wir in freier Vereinigung weltliche Gesangschöre schaffen, um die Segnungen der Musikfreude zu genießen«, schrieb er weiter, »so wollen wir in Bewegungschören, ihren Übungen und Feiern an der lebenspendenden Kraft der Tanzfreude teilhaben.« Während der Weimarer Republik hat das Bewegungschorwesen in der deutschen Arbeiterklasse sehr tief Fuß gefaßt ... Die künstlerischen Aktivitäten von Jenny Gertz, Martin Gleisner und vielen anderen haben in parteipolitischen Veranstaltungen starke Wirkungen hervorgerufen ...

Von einer Laban-Ehrung sollte daher die Anregung zu einem Wiederaufleben dieser Tradition ausgehen. Das wird nicht leicht zu realisieren sein, da es an Tanzpädagogen, Bewegungsregisseuren, an Spezialisten auf diesem Gebiet mangelt ... Auch für die Weiterentwicklung des Kindertanzes der DDR könnten die Ideen, Lehren und Anregungen Labans von großer Bedeutung werden. Auch beim Kinderbewegungschor legte Laban den größten Wert auf das spielerische, improvisatorische Element, um die Phantasie der Kinder anzuregen. Er grenzte dabei den Kindertanz einerseits von der Gymnastik ab ... (»Gymnastik ... ist geregelte Körperfunktion, die zum Ziele hat, verkümmerte Lebensenergien zu erhalten und wachsen zu lassen«), andererseits ... den Kinderbewegungschor von Tänzen für Kinder ..., die choreographisch vorher genau festgelegt sind ...

Als vierten und letzten Schwerpunkt in der Anwendung und Weiterführung des Schaffens und Wirkens Rudolf von Labans betrachte ich die Kinetographie. Von allen bisherigen Versuchen, Tänze schriftlich zu fixieren, unterscheidet sich die von Laban erfundene und von Albrecht Knust weiterentwickelte Tanzschrift grundlegend, da Laban die objektiven Gesetzmäßigkeiten der menschlichen Körperbewegungen zum Ausgangspunkt genommen hat. Keine andere Tanzschrift, auch nicht die in England und in den Niederlanden praktizierte Tanznotation von Rudolf Beneesh, ermöglicht die schriftliche Fixierung aller Körperbewegungen und Choreographien so exakt und unzweideutig wie die Labansche Kinetographie ...

Gewiß, die passive und aktive Beherrschung der Laban-Notation erfordert ein gründliches Studium, sie ist nicht so leicht zu erlernen wie das Partiturlesen für einen Musiker, – das liegt in der Natur der Sache. Ich glaube aber, daß es höchste Zeit ist, die Kinetographie auch in der DDR konsequent einzusetzen und Spezialisten dafür auszubilden, damit wenigstens die wichtigsten Choreographien festgehalten werden können. Auch für die Verbreitung der klassischen Choreographien erscheint mir die exakte schriftliche Fixierung dringend erforderlich, um dem Mißbrauch, der mit dem Begriff »Originalchoreographie« getrieben wird, ein Ende zu setzen.

Mit der gründlichen Aneignung und Weiterentwicklung der Lehren und des Wirkens Rudolf von Labans auf den vier von mir genannten Gebieten sollte unverzüglich begonnen werden – trotz aller Schwierigkeiten, die einer Realisierung im Wege stehen. In der weiteren Perspektive unserer sozialistischen Gesellschaft wird dies für die Tanzkunst von großem Nutzen sein.[101]

Hans-Jochen Irmer
Die Stellung Rudolf von Labans
in der Theatergeschichte

Daß Rudolf von Laban überhaupt eine bemerkenswerte Stellung in der Theatergeschichte einnähme, kann nicht ohne weiteres behauptet werden. Das Tanzarchiv der Akademie der Künste beherbergt umfängliches Material aus dem Zeitraum von 1926 bis 1934; es handelt sich dabei um Programmzettel, Werbeprospekte, Rezensionen und geschäftlichen Briefwechsel, ferner um Arbeiten von Tänzerinnen und Tänzern, die zu Rudolf von Laban in die Schule gegangen sind. Künstlerische Verbindungslinien lassen sich nicht ausfindig machen. Sieht man von Rudolf Wagner-Régenys Erinnerungsbuch »Begegnungen« (Berlin 1968) und Carl Sternheims satirischem Lustspiel »Die Schule von Uznach oder Neue Sachlichkeit« (Berlin, Wien, Leipzig 1926) ab, wird Rudolf von Laban kaum irgendwo genannt, während die Duncan, Wigman, Palucca mit den brühmtesten Künstlernamen dieses Jahrhunderts korrespondieren ... Rudolf von Labans Bedeutung und Nachwirkung scheinen sich zum einen in den Grenzen der Tanzpädagogik, zum anderen in der angewandten, sogar außerhalb der Kunst gebrauchsfähigen Bewegungslehre zu halten ...[102]

George Balanchine
Ballettschrift

Zum ersten Mal in der Geschichte des klassischen traditionellen Bühnentanzes nähert sich ein System graphischer Notierung der Lösung des alten Problems, Bewegung und Ballette aufzuzeichnen ... Nachdem ich Labans Notations-Vorschläge studiert habe, weiß ich, daß ich damit der engsten Annäherung an die letztmögliche Antwort begegnet bin. Ob dieses System hundertprozentig leistungsfähig ist oder nicht, hat keine Bedeutung, weil es durch die Anwendung erweitert und vervollkommnet werden kann. Denn nur durch ausgiebigen Gebrauch kann Zeichensprache sich als brauchbar erweisen oder nicht, wie z. B. das System musikalischer Notation, das sich in Westeuropa vom Mittelalter bis zu unseren Tagen entwickelt hat ...

Alle, die sich darüber beklagen, daß die (Laban-)Notation zu kompliziert oder zu wissenschaftlich sei, sind träge Leute, die entweder ohne Interesse oder ohne Kenntnis für all die näheren Umstände sind, die die Arbeit eines guten Tänzers oder die sorgfältig ausgearbeitete Aufzeichnung eines vollständigen und sehr komplizierten Tanzplanes, wie es das Ballett ist, einschließt ...

Anhand der Laban-Notation können wir uns eigentlich hinsetzen und die verschiedenen Tanzstile vergleichen oder analysieren. Selbst die komplizierten Techniken und Studien beanspruchen sehr wenig Platz und sind durch die aufgezeichneten Figuren mit dem Verstand leicht zu rekonstruieren, ohne daß man sich durch Seiten von wörtlichen Beschreibungen durcharbeiten muß, die letzten Endes doch unvollständig sind ...

Während manche Personen die Anwendung des Films für Ballettaufzeichnungen verteidigen, habe ich sie nur nützlich gefunden, wenn sie den Stil des fertigen Werkes aufzeigt, das allgemeine und vorwiegend visuelle Bild und die Inszenierung betrifft. Der Film kann einen Tanz nicht Schritt für Schritt wiedergeben, vor allem nicht Ballette, die in enger Verbindung mit der Musik komponiert sind, da die Kamera nur unter einem einzigen Winkel aufnimmt und sich eine allgemeine Verwirrung verwischter Eindrücke ergibt, was auch wiederholtes Anschauen nicht aufklären kann ...

In der School of American Ballet, die ich 1934 gründete, haben wir bereits das Labansche Notationssystem als einen Teil unseres fortgeschrittenen Unterrichts eingeführt, und mit der Zeit möchte ich, daß jeder Student, der ein ernstes Interesse am Tanz hat, die Anfangsgründe der Methode beherrscht ... Ich sehe voraus, daß diese Methode innerhalb sehr weniger Jahre allgemein als ebenso nützlich für den Tänzer anerkannt sein wird, wie es die Musik-Notation für den Musiker ist.[103]

Lisa Ullmann an Ilse Loesch
1978

... Laban verstand, das innere Lebensfeuer im Menschen anzuzünden und in ihm das Bewußtsein und die Liebe zu diesem Feuer zu erwekken und es durch die lebendige tänzerische Bewegung zu pflegen. Er hatte die große Gabe, die latenten Fähigkeiten eines Menschen herauszuholen und zu entwickeln und ihn zur Erkenntnis dessen zu führen, was seine besonderen Eigenschaften sind, die ihn zu diesem und jenem befähigen. Er stärkte den Glauben an die positiven Kräfte, die in jedem Menschen wohnen …

Er half einem, die gegenseitigen Beziehungen und Wechselwirkungen aller Dinge zu erkennen, wie auch die fundamentale Einheit ihrer so vielfältigen Variationen.

… Labans Hoffnung war, daß die Menschen – und nicht nur die Tänzer – sich mehr und mehr über das Wesen der Bewegung und die Wichtigkeit ihrer Pflege im persönlichen wie auch im gemeinschaftlichen Leben bewußt werden; daß seine Entdeckungen und Erklärungen auf diesem Gebiet von Nutzen sein mögen; daß das Bewegungsdenken und somit die Sprache der Bewegung auf der Grundlage der Raum- und Formenharmonielehre (»Choreutik«) einerseits, und der dynamischen Zusammenhänge in der Antriebsmotorik (»Effort«, »Eukinetik«) andererseits, verstanden und weiter erforscht werden; daß wir, seine Schüler und Mitarbeiter, durch praktische Anwendung seiner Maximen weitere Klärung schaffen und anderen wie auch uns selbst zu einer schöpferischen, produktiven und harmonischen Lebensweise verhelfen; daß wir an einem wirklichen Sinn des Tanzes arbeiten und die allgemeingültigen menschlichen Züge herausholen …[104]

Verband der Labanschulen e.V.

Auf dem tanzkünstlerischen und tanzwissenschaftlichen Werk Rudolf von Labans aufbauend, will die Arbeit der Labanschulen die tänzerische Bewegungsfreude verbreiten und die Kräfte des Tanzes der Allgemeinbildung und Erziehung nutzbar machen. Gestützt auf die Systematik der *Bewegungslehre Laban*, die keine Auswahl, sondern jede Bewegung umfaßt und in die Gesetzmäßigkeiten der Raumharmonie einordnet, erfüllt unsere vorbereitende *Körperschulung* in freier Bewegungsübung alle Anforderungen, die der Gesunde an eine zeitgemäße Körperbildung stellen kann; denn: *Tanz ist die beste Gymnastik*. Außerdem erziehen wir zu freiem Ausdruck des bewegten Körpers. Den danach verlangenden geben wir im Laientanz die Möglichkeit und die Form der Betätigung dieser Tanzfreude in Übung und Feier. Dazu pflegen wir für kleine Gruppen den *geselligen Laientanz*, für große Gruppen den *Bewegungschor*. Auf all diesen Gebieten arbeiten in stetiger Fühlungnahme mit Rudolf von Laban an der Weiterentwicklung seines Werkes nur die Schulen des Verbandes …[105]

Anna Markard
Vorwort zur ersten Ausgabe
»Jooss. Dokumentation«

... 1981 wäre Kurt Jooss 80 Jahre alt geworden; vor 49 Jahren wurde sein bedeutendstes Werk, »Der grüne Tisch«, uraufgeführt. Was weiß man aber außerdem von Jooss?

Was weiß man über sein umfangreiches choreographisches Werk, über den Bühnentänzer Jooss und das frühe Programm »Zwei Tänzer«, und was weiß man von seinem Leben?

Jooss war unbequem und nicht kompromißbereit. 1928 befremdete er seine Kollegen, weil er die damals viel beschworene Unvereinbarkeit der modernen und der klassischen Tanzdisziplinen für absurd erklärte.

1933, in der Hitler-Zeit, als Anpassung an der Tagesordnung war, exponierte er sich, indem er es öffentlich ablehnte, sich von seinen jüdischen Mitarbeitern zu trennen.

Anfang der dreißiger Jahre in New York, als die »Ballets Jooss« in einem »weißen« Theater gastierten, weigerte er sich aufzutreten, bis seinen Gästen, einem Neger-Chor, Eintritt gewährt wurde.

Jooss lebte in einer turbulenten Zeit. Unter dramatischen Umständen verließ er 1933 Deutschland und verlor dadurch alles bisher Erreichte. 1934 wurde er in England als Künstler und politischer Emigrant großzügig aufgenommen und fand ein neues Zuhause; aber mit Kriegsausbruch änderte sich alles, und er verlor sein Haus, seine Schule, seine Kompanie und – groteskerweise – 1940 auch seine Freiheit. Er kam ins Internierungslager als einer der unzähligen »enemy aliens« (feindliche Ausländer: Intellektuelle, Künstler und viele Deutsche jüdischer Abstammung).

Seine Rückkehr ins Nachkriegsdeutschland war frustrierend, sowohl emotional als auch künstlerisch. Die Verständigungslücke zwischen dem zurückgekehrten Emigranten und denen, die geblieben waren, war tief und viel schwieriger zu überwinden als erwartet. Es war z. B. unbegreiflich für Jooss, daß er auch von denen, die 1933 gegen ihn gehetzt hatten, mit Jubel empfangen wurde. Er fühlte sich oft künstlerisch mißverstanden und als »altmodisch« kritisiert.

Jooss kämpfte leidenschaftlich für seine künstlerischen und pädagogischen Ziele. Schon 1928 begann er mit der Entwicklung eines Tanztheaters, einer konzentrierten dramatischen Kunstform, die sich kritisch mit der Gesellschaft der damaligen Zeit auseinandersetzte. Er verwarf die kultischen Formen der frühen zwanziger Jahre und stellte oft seine Tänzer als Menschen in Alltagskleidung auf die Bühne – ein Produktionsstil, dem man heute bei der europäischen Avantgarde wiederbegegnet ...

In den siebziger Jahren, als Senior in seiner Profession, hatte Jooss das seltene und glückliche Privileg, vieles von dem, was er erarbeitet und gelehrt hatte, allmählich in den Hauptstrom der sich stetig fortentwickelnden Kunst des Tanzes einfließen zu sehen. Seine Werke waren nach wie vor international gefragt, und er hatte die Freude zu erleben, daß man ihm als Choreograph und Lehrer anhaltende Achtung entgegenbrachte, und die Gewißheit, vielen jungen Tänzern und Choreographen auf ihrem Weg geholfen zu haben.[106]

Kurt Jooss
Tanztheater und Theatertanz
Hauptreferat
beim Tänzerkongreß 1928
(Nach stenographischen Aufzeichnungen)

... Zunächst versucht er eine klare Begriffsbildung, da es falsch wäre, unter Theatertanz lediglich den Tanz der einem Theater angehörenden Tanzkräfte und unter Tanztheater den der sogenannten »freien Gruppen« zu verstehen. Beiden Tanzarten ist gemeinsam, daß sie um einer künstlerischen Wirkung willen dargeboten werden, daß sie den Zuschauer zu beeindrucken suchen (nicht wie etwa bei der Übung nur für den Tänzer selbst ausgeführt werden), daß sie also in ihrem Wesen *theatralisch* im umfassenden Sinn einer künstlerischen Schaustellung sind. Bei diesem so erkannten theatralischen Tanz lassen sich drei Hauptformen unterscheiden: der *absolute Tanz*, der *Theatertanz* und das *Tanzdrama*.

Absoluter Tanz ist Tanz ohne irgendwelchen pantomimischen Inhalt, eine Folge rein tänzerischer Motive, aufgebaut auf Gesetzen künstlerischer Bewegungskomposition. Der absolute Tanz darf aber nicht zu reinem Formalismus ausarten, wir wollen in ihm auch Blut und Leben sehen in künstlerischen Formen.

Theatertanz ist Tanz, der im Dienst einer theatralischen Idee steht und anderer Bühnenkünste, also Tanz in der Oper, im Schauspiel, in der Pantomime usw. Er muß den allgemeinen Rahmen stützen, aber er darf ihn nicht überwuchern ...

Das Tanzdrama ist eine glückliche Synthese des absoluten Tanzes und des Theatertanzes, denn dramatische und rein tänzerische Elemente bilden zu gleichen Teilen dessen Inhalt. Das Tanzdrama ist die höchste Form unserer Kunst und kann nur von Tänzern geschaffen werden, nicht von Komponisten und Literaten.

Wenn wir diese Begriffe klar erfassen, ergibt sich die Kardinalfrage in einem anderen Gesicht, die Frage zwischen klassischem Ballett und neuem Tanz. Man hört oft, daß für das Theater die modernen Mittel versagen. Von unserem Standpunkt aus ist dies ein vollkommen sinnloses Gerede. Warum soll das Ballett diesem Dienst besser entgegenkommen, warum soll man den neuen Tanz in dieser Form besser genießen können als das Ballett? Die Frage altes Ballett oder neuer Tanz hat nichts mit der Frage: Tanztheater oder Theatertanz zu tun. Die Frage ist die, ob man sich auf eine Idee, auf eine Handlung einstellen will oder auf reine Bewegung. Ein reiner Balletttänzer, der wirklich ein reiner Tänzer ist, der aus einem gestalteten Erlebnis heraus tanzt, dem seine Kunstform nicht leer ist, der wird in einem absoluten Tanz genau so stark und künstlerisch wirken können wie ein neuer Tänzer. Und andererseits wird ein neuer Tänzer, der absolut tänzerisch ist, die Erfordernisse eines anderen Kunstwerkes erfüllen, und es wird ihm gleichgültig sein, ob er auf Spitze tanzt oder einen neuen Stil übt. Will man überhaupt Ballett oder will man überhaupt neuen Tanz? Hier gibt es große Trennungen und hoffentlich auch große Brücken. Darüber müssen wir uns verständigen. Ich bekenne mich dazu, daß das eine das andere nicht ausschließt und nicht auszuschließen braucht, sondern daß beide Prinzipien synthetisch zu verbinden sind zu einer Kunstform unserer Zeit. Ich hoffe intensiv, daß diese Erkenntnis immer klarer wird, daß wir sehen, daß von dem Wesen des Balletts das Lebendige ergriffen wird als lebendig, und ebenso, daß wir das Wesen des neuen Tanzes nicht nur als Schwünge usw. auffassen, sondern organisch erkennen und verbinden zu einem endlichen Kunstwerk des synthetischen Tanzes.[107]

Kurt Jooss
Credo

aus Anlaß des Concours International
de Chorégraphie Paris 1932

Wir glauben an den Tanz als eine unabhängige und autonome Form
des Theaters, eine Kunst, die nicht durch das gesprochene Wort er-
setzt werden kann; seine Sprache ist die ausdrucksvolle Bewegung des
menschlichen Körpers in reiner und stilisierter Form. Unsere Anstrengungen gelten vor allem dem theatralischen Tanz, den wir als die
fruchtbare Synthese von hoher dramatischer Ausdruckskraft und reinem Tanz betrachten. Wir streben nach einer Tanzkunst und einer
Form der Choreographie, die gleichermaßen auf den Theorien und
der Praxis des Neuen Modernen Tanzes und jenen des traditionellen
klassischen Balletts aufbaut. Die Basis unserer Arbeit ist, den äußerst
weitgespannten und umfassenden Bogen allen menschlichen Empfindens und Handelns in allen Phasen der unbegrenzten Wege sichtbar zu machen. Durch Konzentration auf das Wesentliche kommen
wir zu unseren Tanzformen.[108]

Rudolf Litterscheid
Neue Kammertänze und Kurzpantomimen
in Essen

Die Folkwangtanzbühne Essen unter Leitung von Kurt Jooss führte
am 1. Oktober (1929) den größten Teil ihres Kammertanzprogramms
vor, mit dem sie in diesem Winter eine Gastspielreise in den verschiedensten deutschen Städten beabsichtigt. Die neuen Tanzschöpfungen
bestätigen, daß die deutsche Tänzerschaft in Jooss einen ihrer besten
und klügsten Führer besitzt, dessen außerordentliche Regiebegabung
und starker Formwille immer wieder auffallen und begeistern. Die
Tänze standen auf einem sehr hohen Niveau ... Erlebnisstark und tänzerisch wirklich vollendet waren die theatermäßigen, weniger die formalen Stücke. Am wundervollsten die »Pavane auf den Tod einer Infantin«, deren gedanklicher Gehalt – der Untergang eines jungen
Menschen an einer starren Lebensform – sich mit der tänzerischen
Form zu überzeugender, geradezu klassischer Einheit verschmolz.

Ebenso abgerundet und voll tänzerischer Handlung waren die Intermezzi der »Suite für acht Tänzer« … »Komplex« als Parodie zu »Ich küsse Ihre Hand, Madame« und die Kurzpantomime »Zimmer Nr. 13, eine Moritat« erheiterten durch viel Einfall und köstlichen Witz … Es zeigte sich, daß Jooss dem Theatertanz gehört, für den er eine glückliche Verbindung von Form und Inhalt findet …[109]

Alexander Levitân
Zerbrecht die Retorte!

… Die Öffentlichkeit … ist nicht *nur* das »Verehrte Publikum«, … sondern die Öffentlichkeit ist *außerdem noch* eine Überfülle an gemeinschaftlichen Schicksalen, die Öffentlichkeit ist heute ein erschütterndes Drama, und wenn ein Künstler mit Wort oder Geste in dieses Drama eingreift, so entsteht um ihn herum ein Tosen und Brausen, so findet er Feinde und Verbündete …

Der Tänzer ist nicht gotterfülltes Fleisch (bezieht sich auf eine hier nicht angeführte Stelle dieses Artikels – I. L.), sondern er ist ein Mensch, der sein Erlebnis formt …

Also, ein Künstler … soll nicht, sondern *muß* in seiner Kunst zumindest *auch* politisch sein …

Ist etwa Tanz solch eine exklusive Kunstgattung, daß er nichts Wichtiges, Menschheitliches auszudrücken vermag? Eignen sich der mongolische Brudermord, die koloniale Ausbeutung, der Plakatkampf der Lüge, der große Fünfjahrplan weniger zum Tanzdrama als irgendeine Gaukelei, Marionettenspielerei und verstaubte Märchen? … Die Retorte, in der der Tanzhomunculus steckt, muß zerschmettert werden, der Tänzer muß in die freie Luft hinaus. Wenn er Teilnahme will, muß er teilnehmen. Dann wird es sich von selber zeigen, wer die Feuerprobe der großen menschheitlichen Schicksalsstunde besteht: Denn, wer nicht kalt noch warm ist, den wird der Herr ausspeien aus seinem Munde.[110]

Der wahre Jakob
Kurt Jooss als mosaischer Tempeltänzer

Ohne den Juden Cohen kann er seine künstlerische Mission
nicht erfüllen

H. F. Der Fall Kurt Jooss ist geklärt, durch ihn selbst geklärt: Kurt
Jooss hat sich entschlossen, um sich nicht von seinem jüdischen musikalischen Partner Cohen trennen zu müssen, auf ein weiteres Auftreten im Rahmen der Städtischen Bühnen zu verzichten und damit
selbst den Trennungsstrich zwischen sich und dem deutschempfin-
denden Essener Theaterpublikum bzw. den bisherigen Freunden seiner Kunst gezogen!

Dies in kurzen Worten der Tatbestand, durch den sich Kurt Jooss,
obgleich man ihm eine u. E. fast zu reichlich bemessene Bedenkzeit
gelassen hat, außerhalb jeder bewußt deutschen Kunstgemeinschaft
gestellt hat.

Es ist hier nicht der Ort, Erhebungen darüber anzustellen, ob die
deutsche Tanzkunst durch das Ausscheiden von Kurt Jooss und sein
Hinüberwechseln zu den mosaischen Tempeltänzern einen nennens-
werten Verlust erlitten hat, sondern hier geht es einzig und allein um
die Frage: War es überhaupt angebracht und notwendig, mit Kurt
Jooss soviel Geduld zu haben, ihm gewissermaßen bis zuletzt goldene
Brücken zu bauen, obgleich doch schon seit langem feststand, daß er
sich um keinen Preis von seinem jüdischen Begleiter trennen wollte,
wobei er die für einen angeblichen Erneuerer des »*deutschen*« Tanzes
mehr als merkwürdig klingende Begründung vorbrachte, ohne den
Juden Cohen eben einfach seine künstlerische Mission nicht erfüllen
zu können.

Hätte diese Einstellung von Jooss nicht schon längst dazu führen
müssen, Rückschlüsse auf die Echtheit dieser »*deutschen*« Tanzkunst
Joossscher Provenienz zu ziehen?! Genügte darüber hinaus der von
uns seinerzeit hinreichend glossierte Skandal in dem Pariser Schwoof-
palast und das dabei von Jooss zur Schau getragene »Deutschbewußt-
sein« auch noch nicht, diesem Herrn den Laufpaß zu geben und ihn
seine künstlerische Mission dort erfüllen zu lassen, wo er von Rück-
sichten auf ein *Deutschtum* unbeschwert sein kann? ... weil man diesem
eigenwilligen und, wie man sieht, völkisch unzuverlässigen Künstler
immer und immer wieder Extrawürste briet, glaubte er schließlich,

sich über alles hinwegsetzen und die geschmacklosesten Entgleisungen mit seiner künstlerischen Vitalität bemänteln und rechtfertigen zu können. Solche Dinge mochten einmal in einer morbiden, in Fragen der Kunst von allen guten Geistern verlassenen Epoche, in der sich jüdischer und liberalistisch verseuchter Kunstsnobismus in unserem deutschen Vaterlande bis zur unerträglich gesteigerten Frechheit breitmachte, möglich gewesen sein; im neuen Deutschland hat jedoch gerade der Künstler kraft seiner in die breiteste Öffentlichkeit ausstrahlenden besonderen Sendung die verdammte Pflicht, geistige und völkische Disziplin zu üben! Kann er das nicht, muß er abtreten vom Schauplatz des deutschen Kunstgeschehens und mag seine Schöpfungen dort zelebrieren, wo er geistig und rassisch verwandte Seelen findet! –

Wir weinen also Kurt Jooss keine Träne nach, wünschen ihm höchstens, daß er unter seinen jüdischen Freunden gleich eifrige Förderer findet, wie er sie – wir müssen heute sagen: leider – bisher gefunden hatte.

Übrigens gar keine schlechte Plakataufschrift für Pariser Halbweltbumse: »Neu! Kurt Jooss als mosaischer Tempeltänzer!« – In Deutschland jedenfalls dürfte auch nicht im entlegensten Dorfe Platz mehr sein für Joossche Kunstoffenbarungen.'''

Mary Wigman Studio

Berlin-Dahlem
Rheinbabenallee 35

Mary Wigman
Tanzschöpferin – Tanzpädagogin
geboren am 13. November 1886 in Hannover,
Schülerin Rudolf von Labans
Solo- und Gruppenprogramme, Tanzchorische Gestaltungen, Inszenierungen an Theatern.
Solo-Tanzzyklen: u. a. Schwingende Landschaft, Opfer, Herbstliche Tänze;
Gruppenwerke: u. a. Tanzdrama, Die Feier, Totenmal, Frauentänze, Tanzgesänge;
Inszenierungen: u. a. Orpheus von Chr. W. Gluck, Saul von Fr. Händel, Catulli Carmina und Carmina Burana von Carl Orff

Tanzgastspiele in Europa und Amerika.
Wigman-Schulen: in Dresden von 1920–1942, in Leipzig von 1942 bis
    1948
seit 1949 in West-Berlin-Dahlem.

Der moderne Ausdruckstanz erhielt durch Mary Wigmans Schaffen
seine eigentliche Prägung, in der er sich nicht nur in Europa, sondern
in der ganzen Welt, insbesondere in den U.S.A. unter der Bezeichnung New German Dance, stilbildend auswirkte.[112]

Mary Wigman starb am 18. September 1973 in Berlin (West) – I. L.

Mary Wigman
Tanz und Gymnastik

1927

Das Aufblühen des Tanzes in Deutschland als Lebensausdruck einer
Generation ist eine Tatsache, der wir uns heute nicht mehr verschließen können.

Wir Tänzer müssen uns klar machen, daß wir unsere lebendige Auswirkung in erster Linie der deutschen Jugend verdanken, die völlig
anders orientiert ist, als in den übrigen europäischen Ländern. Dort
kennt man Sport und Kunsttanz und anerkennt als solchen nur das
Ballett mit mehr oder weniger revuehaftem Einschlag. Das große Bindeglied zwischen den verschiedenen körperlichen Tätigkeiten fehlt
ganz. Dieses Bindeglied, das wir in Deutschland haben, heißt Gymnastik …

Tanz beginnt dort, wo Gymnastik aufhört. Die Grenze haarscharf zu
ziehen, ist unmöglich …

Für den Tänzer kann der Körper … nicht Zielsetzung sein. Wie der
Gymnastiker muß er ihn zwar erleben, erkennen, beherrschen lernen.
Aber er wird in ihm niemals den »Leib« an sich sehen, sondern dar-
über hinaus den Körper als Tanzinstrument suchen. Erst da, wo die
Wandlung vom Körper zum Instrument sich vollzieht, beginnt Tanz
sich von Gymnastik zu lösen. Erst da, wo seelischer Ausdruck zu klarer
Formsprache sich läutert, kann vom Tanz gesprochen werden.[113]

Mary Wigman
Die Sprache des Tanzes

… Die tänzerischen Begabungen und ihre Abstufungen untereinander sind vielfältig. Im großen gesehen lassen sich zwei Begabungsarten erkennen, nämlich die schöpferische und die instrumentale Begabung.

Im Idealfall begegnen sich beide Begabungsarten in einem Menschen, dessen schöpferische Phantasie, dessen formende Kraft, dessen meisterliches Können und hinreißende Darstellungsfähigkeit im eigenwilligen Gepräge seiner persönlichen künstlerischen Handschrift ihren Niederschlag findet …

Die instrumentalen Begabungen sind auf dem Gebiet des Tanzes in der Überzahl. Mag ihr eigenschöpferisches Vermögen auch begrenzt sein, für den Tanzschöpfer und Regisseur sind sie das wertvollste bildnerische Material, die idealen Ausdrucksinstrumente, in denen sich die Formung seiner tänzerischen Idee am reinsten widerspiegelt. Auf dem Wege der direkten Übertragung von Mensch zu Mensch, vom Tanzschöpfer zum tänzerischen Darsteller, geschieht etwas seltsam Erregendes. Obwohl die gegebene Form die gleiche bleibt, obwohl ihre Sinngebung in keiner Weise gewandelt wird, erfährt sie in ihrer Rückspiegelung doch eine Transfiguration! …[14]

Mary Wigman
Die Schule

… Aufgabe des Lehrenden ist, den Weg zu dem Lernenden zu finden, die Art seiner Begabung zu erkennen, sie als selbständige Welt zu respektieren. Niemals *sein* Ich dem Schüler aufzwingen wollen, niemals sich selbst als Maßstab nehmen. Der Lehrer muß erkennen, daß nur die aktive Mitarbeit des Schülers zu anerkennbaren Resultaten führt …

Die größte Gefahr wäre die Festlegung auf ein erprobtes Arbeitsprogramm, das aus Bequemlichkeit und Ermüdung sich in ständiger Wiederholung abrollt, sich monotonisiert und im Resultat eines veräußerlichten Scheinkönnens Lehrer wie Schüler in gleicher Weise schädigt.

… Die notwendigen Korrekturen am Instrument können und dürfen nicht nach einer als allgemein gültig anerkannten Norm, sondern aus dem menschlichen und künstlerischen Verstehen des Individuums und seines wesenhaften Ausdrucks geschehen.

Mechanischer Drill hat mit Arbeit am lebendigen Instrument nichts zu tun! ...

Der Tänzer muß um den eigentlichen Sinn seines Übens wissen, muß verstehen, daß das systematische Arbeiten lediglich dazu dienen soll, das Körperinstrument dem Tanz, seiner Gestaltung und Darstellung dienstbar zu machen ...

Gruppentanz/Regie
Es gilt, erst einmal das Ensemble zu schaffen, das Gefühl für gemeinsames Tanzen zu wecken. Man tastet sich hinein, vorsichtig, behutsam, steigert jedes Erleben, bis die Körper gemeinsam schwingen, und langsam ergeben sich die auswertbaren Möglichkeiten, entsteht das Leistungsniveau ...

Für den Tanzkomponisten und Regisseur wäre es freilich leichter, mit einem festen, durchgearbeiteten Plan vor sein Bewegungsorchester zu treten und jedem die für ihn passende Rolle fertig ausgearbeitet zu geben. In Wirklichkeit ist seine Arbeit eine Doppelproduktion; er legt die Komposition in großen Umrissen fest und vollendet aus dem Material heraus, indem er die schöpferischen Fähigkeiten jedes Instruments im Sinne seiner Idee benutzt ... Also, die Idee, locker, dehnbar; das Material, zusammengesetzt aus den verschiedensten Temperamenten und Typen; Ausnützung jeder Improvisation, Umbiegung jedes persönlichen Einfalls in die Gesamtvorstellung; Verschiebung der Ausdrucksakzente, Zusammenballung der Spannung, Übersetzung der tänzerischen Einfälle in musikalische Rhythmen und Klangabläufe, Festlegung aller Skizzen in Raum und Zeit, Zusammenfassung aller Details auf einer tänzerischen Linie, die in ihrem Ablauf zum Symbol der ursprünglichen Gesamtidee wird.

Der Regisseur muß so von seiner Idee durchdrungen sein, daß er sie jedem Mittänzer zum eigenen Erlebnis machen kann, daß zuletzt alles zusammenklingt in dem einen Grundakkord, der vom Tanzkomponisten gewollt ist und zu ihm zurückführt. Nur so entsteht ein organisches Ganzes. Tanzkunstwerke sind nicht zu machen, sie müssen wachsen, und der Führer braucht die Geduld des Gärtners.[115]

Mary Wigman
Komposition

... Komponieren kann man nicht lernen. Voraussetzung dafür ist Begabung, d. h. schöpferische Phantasie.

Komponieren heißt bauen, klären, ordnen, abrunden, vollenden. Komposition ist Ausbau des schöpferischen Einfalls.

Improvisation ist loses Aneinanderfügen spontan sich auslösender Einfälle.

Komposition ist festes Gefüge, beseelte Form. Aus dem einmaligen Geschehen (Improvisation) wird ein endgültiges Bestehen (Komposition).

Es handelt sich darum, das innerlich Erfühlte, das innerlich Erschaute sichtbar zu machen, das private Ich-Erleben des Gestalters durch die tänzerische Form zu läutern, zu entpersönlichen.

Es gibt keinen Zufall mehr.

Die ideale Forderung: Jede echte Komposition soll Bekenntnis sein, Zeugnis ablegen vom Wesen des Schöpfers und gleichzeitig über ihn hinausweisen, unpersönlich, von ihm lösbar sein ...

Benennung thematischer Einfälle nach den drei Grundarten tänzerischer Bewegung:

Ein melodisches Thema

Ein rhythmisches Thema

Ein Schwungthema

Benennungen, die sich auf den Formgehalt beziehen:

Heroisch

Grotesk

Burlesk usw.

Benennungen, die sich auf die Ausdrucksfarbe beziehen:

Heiter

Strahlend

Feurig

Düster

Verhalten

Feierlich usw.

Dramatisch wäre ein Thema, das in sich selbst einen Konflikt trägt, der die sich auslösende Komposition zu Kampf und Austrag des Kampfes zwingt ...

Die schöpferischen Einfälle für die Gruppe haben zwei voneinander völlig verschiedene Voraussetzungen:

1. Der Einfall, der sich seinem Wesen nach auch solistisch formen ließe, wird auf die Gruppe übertragen. Die tänzerischen Instrumente sind mitbestimmend für seinen Ausbau. Notwendig ist, daß der Einfall polyphone Möglichkeiten in sich trägt.

2. Der Einfall wird im Komponisten durch die Gruppe selbst ausgelöst. Die tänzerischen Instrumente, deren verschiedenartige Bewegungstemperamente in der Vorstellung des Komponisten zur Einheit verschmelzen, bestimmen den Einfall als solchen.[116]

Mary Wigman
Der neue künstlerische Tanz
und das Theater

Rede, gehalten auf dem Essener Tänzerkongreß 1928
(Nach stenographischen Aufzeichnungen)

Der Tanz in seiner absoluten Gestaltung, d. h. ohne jeden anderen Sinngehalt als der Formung seiner ureigensten Inhalte, ist ebensowenig Bühnentanz wie die absolute Tongestaltung Bühnenmusik ist. Diese Erkenntnis ist notwendig, muß sogar Voraussetzung sein, wenn man das tänzerische Element für das Theater fruchtbar machen will. Es kann zu keinem positiven Resultat führen, wenn, wie es heute meist geschieht, junge, kaum durchgebildete Tänzer vor das wahllose Durcheinander der Bühnenaufgaben gestellt werden. Wir können immer wieder feststellen, daß die heutigen Tänzer, die fast ausnahmslos durch eine *moderne* Schulung gegangen sind, am Theater zerbrechen, nach kurzer Zeit müde werden, verflachen oder am selbst eingegangenen Kompromiß verbluten. Warum? Weder das Theater ist in der Lage, den Tänzern einen klaren Aufgabenkreis zuzuweisen, noch wissen die Tänzer selber genau, was sie ihrerseits vom Theater zu fordern haben.

Man hat aus den vielen fehlgeschlagenen Versuchen immer wieder den Schluß gezogen, der »moderne« Tanz eigne sich nicht für das Theater. Und gleichzeitig erkannt, daß auch der »klassische« Tanz, das Ballett, nicht mehr genügt ... Nicht den Tanz als Kunst sollte man für das Mißlingen der Reformierungsversuche verantwortlich machen,

302

noch das Versagen *einer* Richtung zur Last legen. *Wenn überhaupt Tanz, so kann es sich nur um den der Gegenwart handeln.* Denn die Geste des Balletts ist einer vergangenen Zeitepoche allzusehr verhaftet und in ihrer Reinkultur viel zu formbestimmt, als daß sie die restlose Einordnung in das Theater der Gegenwart vertrüge. Auch der »moderne« Tanz, als absolute Kunstsprache gewertet, stellt keine Lösung des Problems dar ... Das Theater aber braucht die tänzerische Geste genauso um des lebendigen Atems, um des frischen Blutes willen, das im Tanz der Gegenwart pulsiert. Theatertanz ist *angewandte* Kunst. Als solche muß er in lebendige Beziehung zu den übrigen Künsten treten ...

Fragen wir nach den Aufgaben, die das Theater dem Tanz heute stellt, so finden wir keine befriedigende Antwort. Die Opernhäuser beschäftigen zwar Tänzer und Tanzgruppen, wie sie sie früher auch beschäftigt haben, als Einlage, als dekorative Abwechslung, und weil die Partitur der Spieloper Tanz vorschreibt. Die übliche Statisterie kann man selbst da, wo sie von den Tänzern verlangt wird, unmöglich als tänzerische Aufgabe ansehen ... Die eigenen Tanzabende der Einzeltänzer und Gruppen stehen fast immer außerhalb des Spielplans und sind auch nicht durchaus Theateraufgaben. Damit ist in den meisten Fällen die Angelegenheit »Theatertanz« erledigt. Ziehen wir das Fazit aus der augenblicklichen Situation, so können wir feststellen, daß der Tanz zwar am Theater, aber noch keineswegs *im* Theater seinen Platz hat ...

Den Tänzern der *sogenannten modernen Schule* werden von seiten ihrer Regisseure gewisse Vorwürfe gemacht, die die Konfliktsituation des Theatertanzes am besten beleuchten. So heißt es einmal: Die modernen Tänzer reagieren und funktionieren nicht schnell genug, ihr langsames Verstehen hemmt die Arbeit. Warum? Sie sind gewohnt und erzogen, den Werdeprozeß eines Tanzkunstwerkes mitzuerleben, und werden hilflos und unsicher, wenn man von ihnen eine oberflächliche Formnachahmung verlangt. Ist diese Einstellung ein Nachteil? Höchstens für den Regisseur, der in sich selber unsicher ist, oder aber ein *Dekorateur* des Tanzes anstatt ein *Tänzer* ist ...

Der seltsamste Einwand wird gegen die innere Selbständigkeit des Tänzers erhoben. Freilich ist es unbequem, wenn das Instrument nicht nur einem Typus angehört, sondern auch noch seine individuelle Färbung zu äußern wünscht ... Unterdrückt man aber die persönliche Tanzsprache im jungen Tänzer, so wendet man sich damit gegen das Schöpferische in ihm. Warum den jungen Tänzern das Beste nehmen,

was sie heute haben, das improvisatorische Moment, die eigenen Ge-
staltungsversuche, die sie dem Wesen des Tanzes enger verbinden als
jeder diktatorische Formzwang! ... Es ist ein Oberflächenirrtum,
wenn man meint, dem Theater sei lediglich mit einem geschickten
Könnertum gedient, das je nach der Aufgabe pantomimische oder
musikbestimmte Bewegungsvorgänge schnell erfaßt und rein hand-
werklich erledigt.

Wir befinden uns in einem typischen Übergangsstadium, das weder
durch theoretische Erkenntnis noch durch gewaltsame Maßregeln zu
überwinden ist ... Das, was wir in der gegenwärtigen Situation tun
können, ist: die zukünftige vorbereiten. Und da scheint mir die
Hauptsache die Erziehung und Entwicklung der Tanzregisseure zu
sein. In ihnen liegt letzten Endes die Zukunft des Bühnentanzes beschlossen. Tatsache ist, daß heute oft ganz ungeeignete und unreife
Persönlichkeiten die verantwortungsvolle Aufgabe der Tanzregie erhalten ...

Wir Tänzer, die wir uns aus tiefster Überzeugung zum modernen
Tanz als dem Ausdruck unserer Zeit bekennen, wollen vom Theater
nicht nur den nebengeordneten und gleichberechtigten Bühnentanz.
– Wir wollen die *Eroberung des gesamten Theaters von der tänzerischen
Geste aus* ... rhythmisch-beschwingtes und beschwingendes Theater ...
Theatergruppen wie die russisch-jüdischen haben in ihrer Art das
rhythmisch-bewegte, in- und miteinander schwingende Spiel lebendiger Körper, und wir wissen, daß es gerade das tänzerische Element ist,
das ihre Darstellung so stark macht.

... Nur vom schöpferischen Prozeß aus kann jene Erneuerung des
Theaters gelingen, deren Erwartung wir alle in uns tragen ...[17]

Rudolf Bach
Das Mary-Wigman-Werk

... Frankfurt ist nach dem Kriege (nach 1918 – I. L.) eine der lebendig-
sten Theaterstädte in Deutschland geworden. Man fordert Mary Wigman auf, einen Tanzabend mit großem Orchester zu geben. Der dortige Dramaturg Niedecken-Gebhard, der selbst eine Erneuerung der
Opernregie aus tänzerischem Geist erstrebt, gibt Mary Wigman die
Anregung, ein selbständiges abendfüllendes Tanzwerk in Frankfurt zu
arbeiten. Gelegenheit, die schon früher geschriebene Dichtung »Die

sieben Tänze des Lebens« zu verwirklichen. Die Wahl des Komponisten ist schwierig. Das Problem Musik und Tanz rollt sich auf. Die Mitarbeit Wellesz', der als Schöpfer kultischer Musikwerke der Kunst Mary Wigmans nahesteht, scheitert an der Struktur der Tanzdichtung, in der musiklose Tänze vorkommen. Die Musik komponiert dann Heinz Pringsheim ... Im Sommer (1922 – I. L.) entsteht noch die »Tanzfolge russischer Lieder«. Der musikalische Mitarbeiter ist von jetzt an Will Goetze ...

Bald kann schon die erste öffentliche Schulaufführung stattfinden. Die Kernstücke: ein großer Gruppentanz nach Mussorgskis »Tor von Kiew« und »Der Kreis«, eine erste Studie für die »Szenen aus einem Tanzdrama«. Max Terpis tanzt die zentrale Figur. Den Winter (1922/ 1923) über formen sich weitere Gruppenwerke (Gesang – zwei Polonaisen – eine Rhapsodie nach Liszt). Sie alle sind bei starkem Eigenwert formal und ausdrucksmäßig Vorfühler für das Eigentliche, die »Szenen aus einem Tanzdrama«, zu dem auch die Stücke Wanderung – Dreieck – Chaos entstehen.

Im Frühjahr 1923 dann die erste Aufführung dieses Programms – auch der »Totentanz« (I) ist darunter – in der Volksbühne Berlin, wo unter Führung des Tanzkritikers John Schikowski eine Pflegstätte des modernen Tanzes im Werden ist. Historisches Datum. »Totentanz« und die »Szenen« werden ein beispielloser Erfolg, der größte, der Mary Wigman bis dahin beschieden war. Das Tanzdrama als selbständiges Kunstwerk und als gültiger Ausdruck der Zeit ist Wirklichkeit geworden ...

1926 entsteht das reichste und stärkste Gruppen-Einzelprogramm: der Zyklus »Raumgesänge«, vier leuchtende, schwingende Tänze in einem ganz veränderten, hellen und atmend gelösten Stil, wie er bei Mary Wigman jetzt als neue Sphäre voll strahlender Selbständigkeit durchbricht. Daneben der wahrhaft apokalyptische »Totentanz« (II), den zum erstenmal ein rein geräuschrhythmisch behandeltes Orchester begleitet und der von allen Beteiligten in Masken (des Dresdner Bildhauers Magito) getanzt wird. Als Abschluß eine russische Suite, im Finale bezaubernde Überraschung: Mary Wigman tanzt als Glied in der Gruppe, die damit gleichsam den Ritterschlag zu eigener Existenz empfängt.

Der inspirative Strom unterbricht sich nicht. Schon im Sommer entstehen neue Tänze erster Ordnung und gleich zwei der berühmtesten: die »Drehmonotonie« und der »Hexentanz« (II). Außerdem Fragmente zu jenem Werk, das die Krönung und vorläufiger Abschluß der Gruppenentwicklung werden wird, zur »Feier« …

Im »Totenmal«, dem Versuch eines großangelegten Tanz- und Sprechchordramas, als Monumentalfeier für die Gefallenen des Weltkrieges gedacht, leitet Mary Wigman die Durchgestaltung und Einstudierung des Tanzgeschehens und tanzt die solistische Hauptfigur.

München, Sommer 1930 …

Der Tempel (Vier Monotonien)
Weit ausgesponnene Introduktion. Im Raumhintergrund auf einer Linie parallel zur Rampe ziehen die Tänzerinnen hintereinander ein. Jede trägt mit streng durchformter Geste ein Instrument. Schwebend gebändigtes Schreiten über kontinuierlichem Andante der Musik. Rechts rückwärts ruhige Wendung und auf der Diagonalen in den Raum. Durch Teilung entstehen zwei Gruppen, die zueinander allmählich in ein klares Gegenüber geraten. Kurzer, kraftvoll-feierlicher Schlagdialog, wie Anruf und Erwiderung. Der Dialog ist keine Zäsur, der Fluß des Geschehens strömt durch ihn hindurch. Unmittelbar folgen gemessene Raumverschiebungen der Gruppen, die sich zu Paaren und kurzen Reihen aufgelöst haben. Die Vielstimmigkeit der Bewegung mündet in die akkordische Statik einer klar gegliederten Doppelreihe auf der Linie des Einzugs im Raumhintergrunde. Langsames Sichniederlassen. Warten.

Diese Introduktion gehört gleich zum Schönsten des Werkes. Sie ist von letzter Ausgewogenheit und Konzentration. Wie durch das langsame Anwachsen der Bewegungsvielfalt der Raum gleichsam vor den Zuschauenden erbaut, wie der Schauplatz des Geschehens deutend, weihend umzirkt und durchschritten wird, wie das Wesen der Introduktion – Erzeugen und Vermehren der Spannung, Hinaufführen auf die Ebene des Kommenden – in rein tänzerischem Stil gelöst wird, dies bedeutet etwas, das sich auf seine Art mit der berühmten Introduktion in Beethovens »Siebenter« vergleichen läßt …

Dritte Monotonie (Drehmonotonie)
Solotanz Mary Wigmans. Vom ersten Augenblick an liegt ein Bann über der Gestalt. Jede ihrer traumartig verschlungenen Bewegungen, das Umspielen der Diagonal-Linie, auf der sie aus der Raumtiefe herankommt, die kleinen ritardandi, die wenigen Ausweichungen zeugen nur scheinbar von einer Freiheit des Willens. Die Tanzende hat so

wenig Macht über ihre Entschlüsse, wie ein Holz, das in einen Strudel gerät. Die Mitte des Raumes ist der Magnet, um den sie spiralartig zu kreisen beginnt. Ziemlich rasch ist sie im innersten Ring. Langsam hebt ein Drehen um sich selbst an. Aus der eigenen Intensität heraus wird es allmählich rascher und rascher und steigert das Tempo stufenweise von dumpfem Erleiden, über Auflehnung, Verzweiflung und Raserei bis zum letzten Furioso der Selbstvernichtung. Unerhört, welchen Reichtum der Skalen Mary Wigman diesem tödlich zwanghaften Ablauf zu geben vermag: Wechsel von Sohlen- und Spitzendrehungen, von betontem und unbetontem Kreisen, ein dauerndes, aber streng gebundenes Verwandeln der Arm- und Handformen und der Haltung des bald aufgerichteten, bald mitschwingenden Oberkörpers. Mitten im rasenden Wirbel zuletzt plötzlich ein gestautes Innehalten. Zusammenbruch.[118]

Rudolf Lämmel
Der moderne Tanz

Anfangs 1924 löste sich die historische Gruppe Wigman, nämlich Trümpy-Georgi-Palucca, auf. Mary Wigman fand, daß die Persönlichkeiten zu stark würden ...

Man muß aber den Standpunkt der Wigman auch künstlerisch – nicht nur sozusagen menschlich – betrachten. Es ist *ihr Werk*, um das es geht. Jede fremde Psyche, die sich tänzerisch selbst schöpferisch bemerkbar macht, stört ihre eigene künstlerische Gestaltung, bringt eine gewisse Verwirrung herein. Das trifft doch bei allen Künstlern zu, daß nur ganz ausnahmsweise zwei schöpferisch Arbeitende am gleichen Werk zusammen schaffen können ...

Die Wigman braucht für ihre Gruppe Material, nicht Persönlichkeiten. Die anderen, die heute neue Gruppen haben, sind ganz in der gleichen Lage.[119]

Dora Hoyer
Dank an Mary Wigman

... Es war 1930, als ich sie zum ersten Mal tanzen sah. Damals studierte ich in der Palucca-Schule und empfing in meinen jungen Jahren die bedeutsamsten und stärksten Eindrücke vom künstlerischen Tanz ...

Als ich Mary Wigman zum ersten Mal erlebte, war es wie ein Anruf. Es war eine Sprache, die ich zu verstehen glaubte; die Sprache des Urhaften, des elementar und einmalig Gestalteten eines schöpferischen Geistes, bahnbrechend für eine ganze Kulturepoche nach dem ersten Weltkrieg. Mary Wigman wurde mein großes Vorbild, mein richtungweisender Leitstern. Sie hatte den Tanz zum absoluten Kunstwerk erhoben, und diesen Weg eben wollte auch ich gehen ...

Fünf Jahre später (inzwischen hatte ich schon eigene Programme gearbeitet und aufgeführt) sollte ich meine »Königin« persönlich kennenlernen: Mary Wigman holte mich in ihre Tanzgruppe. Das war eine herrliche und unvergeßliche Zeit.

Wer die Wigman-Schule in Dresden, Bautzner Straße 107, kennt, erinnert sich gewiß der wunderbaren Tanzräume – des weißen, des roten und des gelben Saales. Die Gruppe arbeitete im riesengroßen gelben Saal, und Mary komponierte und dirigierte von ihrer Regieleiter herunter. Es ging nicht immer sehr sanft zu auf den Proben. Oft hagelte es Donnerwetter, und manch einer von uns vergoß dicke Tränen oder wollte davonlaufen. Aber Mary hielt uns eisern zusammen kraft ihrer faszinierenden Persönlichkeit. Da gab es keine Minute Langeweile, auch Gemütlichkeit gab es nicht, dafür heiße Köpfe, heißen Atem und gemeinsame Schwingung. Wir fürchteten und liebten »unsere Meisterin«. Doch so hart und unerbittlich sie in der Probearbeit auch sein konnte, so liebenswürdig und bezaubernd zeigte sie sich uns auf den Gastspielreisen durch ganz Deutschland, Holland, Schweden und Dänemark. Sie nahm an allem teil, besuchte Kirchen und Museen mit uns und war unsere Kameradin. Vor jeder Aufführung gab uns Mary eine tänzerische Übungsstunde. Von den hundert Aufführungen wurde nicht eine »geschlampt« oder nur so eben »runtergetanzt«. Das war schon deshalb unmöglich, weil Mary Wigman die Solistin ihrer Gruppe war und somit das magische Zentrum, das alles um sich herum zwingend einbezog ...

Mit Abschluß der Tourneen wurde die Gruppe 1936 aufgelöst ...

Dank, Mary, daß ich dabeisein durfte. Es war eine Zeit des künstlerischen Wachsens. Als geniale Choreographin und große Pädagogin hat
Mary Wigman nie aufgehört, produktiv zu sein. Mehr als eine Tanz-
generation hat bei ihr studiert und den modernen deutschen Tanz in
ihrem Sinne weitergetragen und -geführt. Der Name Mary Wigman ist
Tausenden von Tanzschaffenden zum Symbol unversiegbarer Schaffenskraft geworden ...[120]

Berthe Trümpy
Tänzerische Erziehung

... Für uns neue Tänzer gibt es keinerlei »Technik« als Selbstzweck. Sie
ist primitivste Voraussetzung, hat aber für das Kunstwerk dieselbe Bedeutung wie Tonleiter und Fingerübungen für den Pianisten ... Man
kann die einfachste Grundgymnastik, mit der wir beginnen, auch »Erwecken der Körpersinne« nennen ...
Grundgymnastik (Bewegungsfolgen zur Entspannung und Spannung einzelner Teile des Körpers: Kopf, Schultern, Arme, Hände,
Finger, Oberkörper, Hüften, Beine, Füße und Zehen, Kniebeugen)
   Die Fortsetzung der Gymnastik sind die einfachen Formbewe-
gungsübungen ... die einfachsten Grundformen ...
Fortbewegung (Der Schritt, Sprünge im Viererrhythmus, Sprünge im
Dreierrhythmus, Wechselsprünge und ihre Verbindungen) »Wichtig
ist, daß jedesmal der *Richtungsausdruck* jedes Sprungs klar und leben-
dig im ganzen Körper schwingt!« ...
   Es herrscht oft die naive Ansicht, Ausdruck wäre etwas Vorhande-
nes, etwas, was ein Tänzer »hat« oder eben nicht. Großer Irrtum –
Ausdruck will gepflegt und entwickelt sein ...
   Es gibt für mich nur zwei Arten des tänzerischen Unterrichts, die
pädagogische, die ausschließlich vom *Menschen* und seinen gegebenen
Möglichkeiten ausgeht, die künstlerische, die nur das *Tanzkunstwerk*
kennt, alles übersteigert, um der Idee willen. Die letztere kann nur
von einer ganz starken, selbstschöpferischen Tanzpersönlichkeit geschehen. Erlebt habe ich das geheimnisvolle Fluid, das von solcher
Arbeit ausgeht, nur bei Mary Wigman und Vera Skoronel. *Diese* Art
der Ausstrahlung allerdings *kann* nicht erlernt werden, dafür gibt es
keine Übungen ...
   Die schöpferische Phantasie des einzelnen, die bei *jedem* natürlich
in sehr verschiedenem Maße vorhanden, muß angeregt werden. Der

Lehrer muß den Typus des Schülers studieren und sorgfältig die für ihn passende Art der Anregung erfinden ...[121]

... Drei Erscheinungsformen (der Improvisation):

1. Die rein bewegungsmäßige Improvisation, bei welcher ein bestimmter Bewegungsvorgang den Ausgangspunkt bildet;
2. diejenigen, deren treibende und erregende Kraftquellen mit der Musik und dem Rhythmus gegeben sind;
3. ein Gebiet, das von der Darstellung seelischer Zustände ... und über typische Gestalten wie »Mönch«, »Hexe«, »Dämon« bis zur vollständigen literarisch unterbauten Handlung – der Pantomime – reicht ...

Was soll nun das Ziel der Improvisation innerhalb der Tanzpädagogik sein? – Als Wesentlichstes: Das Freimachen des Schöpferischen im Menschen und seiner Kräfte, die aus unbekannten Tiefen strömen ...[122]

Karl Vogt
Proletarisches Chorspiel

Ein vorbildliches Instrument hat die Volksbühne in Berlin mit ihrem Sprech- und Bewegungschor geschaffen. Es besteht aus 70 Arbeitern und Arbeiterinnen, die zwei Abende in der Woche zu ernster Arbeit zusammenkommen. Eine exakte Ausbildung in Sprechtechnik und tänzerischer Gymnastik wird konsequent durchgeführt. Das Ziel ist die neue dramatische Form, das reine Kollektivspiel ohne jede Einzelfigur. Soll der Sprecher ein lebendiger Organismus sein, ist er nur zugleich als Bewegungschor denkbar. Da er sichtbar erscheint, muß er optisch ebenso gestaltet werden wie akustisch. Auch aus funktioneller Notwendigkeit, denn die lebendige Formung der Töne ist nur aus der Entfesselung des Körpers möglich ... Für die Bewegungsform arbeiten Meisterinnen ersten Ranges, Berthe Trümpy und Vera Skoronel. Die sprachliche Führung ist mir anvertraut ... Reife Leistungen waren bisher »Ein neues Lebensbild« von Paul Zech, ... aus »Masse Mensch« von Ernst Toller, ... ein Bewegungsspiel »Erweckung der Massen« von Vera Skoronel und als großes geschlossenes Spiel »Der gespaltene Mensch« von Bruno Schönlank. Diese ... Leistungen wurden nur möglich aus einer chorischen Gemeinschaft, die echten Kollektivgeist und Hingabe verwirklichte, die über manche inneren Kämpfe, ohne parteipolitische Bindung, niemals den großen einigenden Gedanken vergaß, den Willen, die Kultur des Proletariats aufzubauen und den kämpfenden Brüdern Kraft, Mut, Schönheit zu geben ... als hervordrängender und erhöhter Ausdruck für das proletarische Lebensgefühl.[123]

Irene Gustavs
Begegnung mit
»Altmeistern der modernen Tanzkunst«

Nach eifrigem Studium einschlägiger Literatur suchte ich in Berlin die Ausbildungsstätten Klamt, Feist und Trümpy auf. Es bestand danach kein Zweifel: Die Trümpy-Schule in Berlin-Wilmersdorf sollte mich zur Ausbildung »Gymnastik und Tanz« aufnehmen ...

Die Unterrichtsstunden wurden zu der Zeit von Berthe Trümpy und Afrika Doering erteilt, im wesentlichen nach der Methode, die von Laban und Wigman entwickelt worden war ...

Eine wesentliche Erweiterung im Unterrichtsprogramm brachte 1933 die Zusammenlegung mit der »Günther-Schule München« mit sich. Kurze Einblicke in den Stil dieser Ausbildungsstätte vermittelten uns zunächst Gastlektionen bei Carl Orff und Maja Lex. Im Endergebnis wurden dann Gunild Keetman und Hans Bergese ständige Mitarbeiter der nun »Trümpy-Günther-Schule« benannten Institution. Durch die Aufnahme des praktischen Musikunterrichts (Blockflöte und Schlagwerk) als Pflichtfach wurde die Beziehung »Musik und Bewegung« deutlich gefördert und brachte eine ganz neue Farbe in die Palette unserer Möglichkeiten. Wir mußten zur Abschlußprüfung 1934 eine eigene musikalische Studie für die genannten Instrumente anfertigen und sie von Mitschülern spielen und tanzen lassen. Daß am Ende der Ausbildung außerdem ein Solotanz nach frei gewählter Musik erforderlich war, sei ergänzend vermerkt ...

Die vielfältigen Anregungen und Kenntnisse, die mir ... von 1932 an zuteil wurden, fanden in zahlreichen Ansätzen in fast 50 Berufsjahren ganz unterschiedliche Anwendung ... Ich bemühte mich, auf meine Art den Vorbildern im Prinzip nachzueifern ... Als gelungene Experimente wenig herkömmlicher Art betrachte ich heute u. a. zwei Arbeiten mit meinen Kindertanzgruppen zwischen 1964 und 1974. »Augen auf im Straßenverkehr« war ein »Lehrstück für Kinder« mit gesprochenen Texten für Solisten und Gruppe, das in Rudolstadt mit 30 Kindern gezeigt wurde.[124]

Max Terpis
Tanz, Tänzer, Tanzwerk

... Mein Interesse gilt nicht nur dem Tanz als solchem, sondern dem tanzenden Menschen. Meine Erfahrungen habe ich gemacht an zwei Truppen an verschiedenen Theatern, die in ihrer Zusammensetzung ein in jeder Weise vielfarbiges und vielartiges Gesicht zeigten, zwei Truppen, die erst erzogen werden mußten, um ein meinen künstlerischen Bedürfnissen entsprechendes Instrument zu werden. Weitere Erfahrungen ergaben sich durch die vielen unfertigen oder fertigen Tänzerinnen, welche von den verschiedensten Schulen, Theatern und Kabaretts herkamen, um Beratung, Hilfe und Wegweisung zu suchen, und nicht zuletzt ergaben sich viele Einsichten aus den unzähligen Tanzabenden und Schulvorführungen, welche zeitweise in Berlin beinahe täglich zu besuchen waren ...

Die Operntänzerin

Solange es noch Opern gibt, und solange es in diesen Opern noch Ballette gibt, welche der Theaterleitung wünschenswert erscheinen, so lange gibt es eine Gattung von Tänzerinnen, welche ich die Operntänzerin nennen möchte. Sie unterscheidet sich von ihrer Kollegin auf dem Konzertpodium in einigen wesentlichen Charakterzügen, etwa so wie sich die Konzertsängerin von der Opernsängerin unterscheidet. Eine Opernsängerin braucht vor allem eine Besessenheit für das Theater ... Das Leben am Theater ist überhaupt nur erträglich für den, der eine ungeheure Begeisterung und eine zärtliche Liebe dafür hat, der sich ihm trotz all seiner Mängel und Schwächen und Fehler mit Leib und Seele verschreibt, der ohne Bühnenluft nicht leben kann. Eine Tänzerin, die diesen Zauber des Theaters nicht spüren kann oder will, gehört nicht auf die Bühne.

Natürlich hat auch die Opernchortänzerin ihre künstlerische Überzeugung. Sie hat ihre persönliche Note und ihre Ideale, aber außerdem hat sie eine unbändige Freude am Spiel ... Sie sucht, sich die Rolle lebendig zu machen, sich anzueignen, hineinzuwachsen und jemand anders zu sein ... Es ist ja leider an den Theatern höchstens zwei- oder dreimal im Jahr möglich, an einem Ballettabend seine persönlichste künstlerische Überzeugung ohne Einschränkung, ohne Spiel und Angleichung äußern zu können. Kein Theater in Deutschland kann sich eine ständige Truppe leisten, die nur für Ballettabende zur Verfügung steht ... Der verantwortliche Regisseur braucht in seinem Tanzchor ein überaus sensibles, überaus vielseitig gebildetes Instrument, mit dem er seine Idee verwirklichen kann. So sind die technischen Forderungen, die an eine Operntänzerin gestellt werden, ungeheuer große ...

Von der Solistin wird verlangt, daß sie auch selber schöpferisch sei, daß sie eine Persönlichkeit sei, die ein Stück Welt repräsentiert. Bei ihr ist die Art der Technik nur die Sprache, in der sie ausdrückt, was sie zu sagen hat.

Die ideale Tanzgruppe hat deshalb einen Chor von allseitig gebildeten Tänzerinnen, deren Begabung in die Breite geht, und einige Solisten, deren Begabung einseitig in die Höhe ragt ... Ein Ballett hätte demzufolge eine Hochdramatische, eine Jugendliche, eine Soubrette und eine Charaktertänzerin zu haben, einen Helden, eine Lyrische, einen Buffo usw. Ich wähle absichtlich diese Bezeichnungen und nicht die Begriffe Hoch- und Tieftänzer, denn für die Tanzwerke, wie ich sie am Theater aufführe, ist mir die Beschaffenheit des Charakters, die seelische Disposition einer Persönlichkeit wichtiger als die körperliche Disposition und Veranlagung.[125]

Harald Kreutzberg
...über mich selbst

... Wie ich nun erfuhr, daß die berühmte Mary Wigman in ihrer Dresdener Schule einen sogenannten »Dilettantenkurs« einrichtete, gab es für mich kein Halten mehr; diesen Kurs mußte ich auf jeden Fall mitmachen. Ich meldete mich kühn entschlossen an, und wenn mir mein Beruf (Modezeichner) auch wenig Zeit ließ, brachte ich es doch fertig, ... mir die nötigen Stunden abzustehlen. Damals begann für mich eine herrliche Zeit. Ich erlebte das große Wunder, daß Mary Wigman mich aus dem Dilettantenkurs in ihre »Ausbildungsklasse« übernahm und damit meinem Weg eine neue Richtung wies. Nun war ich also plötzlich Tänzer geworden und ... erhielt ... schon bald darauf meinen ersten Theatervertrag. Max Terpis, der damals an der Wigman-Schule arbeitete und als Ballettmeister nach Hannover berufen wurde, wagte den Versuch und nahm mich als Tänzer in seine Gruppe auf ... Als Terpis Ballettmeister an der Berliner Staatsoper wurde (1924 – I. L.), war ich soweit, daß er mich nach Berlin mitnahm und schnell zum Solotänzer aufsteigen ließ. Bald tanzte ich meine erste große Rolle, den Hofnarren in dem Ballett »Don Morte« von Friedrich Wilckens, der seit vielen Jahren schon mein ständiger musikalischer Begleiter ist; und nie habe ich tiefer und dankbarer empfunden, daß es nicht Zufall, sondern Schicksal war, das mich hatte Tänzer werden lassen, als an jenem Abend.

In demselben Jahr wurde ich für die Salzburger Festspiele verpflichtet, wo ich den Zeremonienmeister in Gozzis »Turandot« tanzte; und im darauffolgenden Winter fuhr ich mit dem Ensemble des Berliner Deutschen Theaters nach Amerika und wagte sogar, fremd und unbekannt, wie ich war, einen eigenen Tanzabend in New York. Und – das Wagnis glückte! ... Ich tanzte vor einem überfüllten, mich wie einen alten Bekannten herzlich begrüßenden Haus, und man lud mich sogar ein, im nächsten Jahr wiederzukommen. Gern nahm ich eine Einladung an und bin seitdem, vor oder nach meinen Gastspielen in Deutschland und anderen europäischen Ländern, in jedem Winter in Amerika gewesen ...

So geht es von einer Stadt in die andere, von einem Land ins andere, vom Theater in den Konzertsaal. Manchmal ist es nur ein notdürftig aufgebautes Podium, auf dem man tanzen muß, aber was tut's! Immer und überall ist es das schönste Erlebnis, zu fühlen, daß das, was man in der Stille geschaffen hat, sein Echo in den Herzen der Menschen findet.

Von der Arbeit an meinem Tanz »Till Eulenspiegel«:

... Gerade weil dieser Eulenspiegel so vielseitig ist, eine Figur, die man nicht so leicht auf einen Nenner bringen kann, reizte er mich als tänzerische Aufgabe. Denn ein Tanz darf ja nicht länger als drei oder vier Minuten dauern, und je schillernder und farbiger eine Gestalt in sich ist, desto stärkerer Ausdruckskraft bedarf es, um in der kurzen Zeit so klar darzustellen, daß sie jeder Zuschauer versteht. *Keine Bewegung darf da zu viel sein. Man muß auf jeden überflüssigen Schnörkel verzichten.* (Hervorhebung: I. L.)[126]

Mary Wigman
Erinnerungen an Palucca

... Aufführung meines Tanzspieles »Die sieben Tänze des Lebens« am
Landestheater Hannover: Hanns Niedecken-Gebhard, der gute
Freund aller Tänzer, war damals als Opernregisseur dort tätig. Er
hatte mich gebeten, innerhalb seiner Inszenierung der »Rose vom Lie-
besgarten« (Pfitzner) die Tanzeinlagen zu gestalten. Ein schwieriges
Unterfangen! Wußte ich doch, daß das auf rein klassischer Grundlage
geschulte Ballett keinerlei Zugang zum »Modernen« Tanz haben
konnte. Also wurde Palucca vorausgeschickt, um die Tanzgruppe mit
Bewegungsart und Ausdruckscharakter »unseres« Tanzes vertraut zu
machen.

Bei meiner Ankunft in Hannover empfing mich eine total zer-
knirschte Palucca: »Ich habe überhaupt nichts erreicht. Nur, daß die
Mädchen ihre Korsetts ausziehen mußten, weil sie bei den Übungen
keine Luft mehr kriegten und die zerbrochenen Korsettstangen ihnen
zu weh taten.« Ich mußte lachen, denn ich wußte nur zu gut, daß mit
dem Wegfall der festgeschnürten Korsetts auch der Widerstand der
Ballerinen gegen einen ihnen so völlig fremden Stil des Tanzes wenn
auch nicht gebrochen, so doch so weit gelockert würde, daß man es
wagen konnte, mit ihnen zu arbeiten. Palucca hatte ihre Aufgabe hervorragend gelöst.[127]

(Gret) Palucca
Meine Programme

... ich habe bis jetzt noch jedes Jahr ein neues Programm gemacht,
und zwar immer gleich nach der Rückkehr von der Gastspielreise.
Sonderbarerweise ist man nie so bereit, Neues zu schaffen, als wenn
man von der Arbeit kommt. Das liegt wohl daran, daß beim Schaffen
immer ein Rest übrigbleibt, der nicht aufgeht, daß man immer ein
Stück von der Lösung entfernt bleibt, und dieses Bewußtsein treibt zu
neuen Versuchen ...

In letzter Zeit ergaben sich wiederholt aus einem Tanz, der sich behauptete, Suiten. Bei Gluck war es so, wo aus der »Arie« und der »Ga-
votte« eine fünfteilige Folge entstand. Diesmal war Haydns »Ständ-
chen« die Anregung zu einer klassischen Suite heiterer Tänze,
»Widmungen« genannt. Zum Haydn kamen der leichtbewegte »Rei-

gen« von Couperin und der »Kuckuck« nach einer fast programmati-
schen Musik von Daquin, musikalisch ein Stück Natur im Sinne von
Haydns »Schöpfung«, das, was ich hoffe, auch im Tanz Natur geblieben ist und dem Hören so verwandt wie dem Sehen.

Die vollendete Harmonie und innere Heiterkeit der klassischen
Musik regt mich immer wieder an. Neu hinzugekommen ist die Freude
an den mehr dramatischen und ausdrucksbetonten tänzerischen Gestaltungen. Rachmaninows dunkles »Nachtstück« lag in dieser Richtung. Zusammen mit dem »Weg« von Tscherepnin, der fast ohne Wissen um die inneren Vorgänge entstand und eine Art Lebenslied
wurde, ergab sich die Folge »Dramatische Szenen«. Ihnen sehr nahe,
aber außerhalb der Folge stehen die »Wandlungen« nach drei Préludes
von Skrjabin, ein ernstes Spiel aus Frage und Antwort, aus Annäherung und Entfernung, nicht festlegbar im Einzelnen, aber wohl im
Ganzen als Ausdruck menschlichen Sichwandelns.

Im gegenwärtigen Programm ist sogar noch eine dritte Folge aus
einem vorjährigen Tanz entstanden, die »Südlichen Lieder«. Collets
schwingende »Habaneraklänge« ergänzten sich wie von selbst durch
eine »Cubana« desselben Komponisten, in der das Heftige und Wilde
sich auslebt.[128]

(Gret) Palucca
Ich improvisiere!

Seitdem ich tanze, improvisiere ich. In meinem Übungsraum, nicht
in der Öffentlichkeit. Bei meinen Tanzabenden habe ich wiederholt
technische Improvisationen gezeigt, aber das ist etwas ganz anderes.
Als man nämlich behauptete, der deutsche künstlerische Tanz ent-
behre der ausreichenden technischen Grundlage, wollte ich beweisen,
daß das nicht der Fall ist. Die technischen Improvisationen sind nichts
weiter als Ausschnitte aus meinem Training ...

Beim Improvisieren überlasse ich mich meiner inneren Stimme,
habe gar nicht den Ehrgeiz, etwas Abgeschlossenes, Wiederholbares
zu schaffen. Im Gegenteil, ich will meiner tänzerischen Phantasie
freien Lauf lassen, die Möglichkeiten des Tanzes erleben, ausleben,
austanzen. Bis an die Grenze vorstoßen und mich des unendlichen
Umfangs und der unendlichen Tiefe vergewissern, die im Tanz beschlossen liegen.

Ich bin oft gebeten worden, doch auch einmal öffentlich zu improvisieren. Ich habe es immer abgelehnt. Jetzt will ich den Versuch wagen, zeigen, was bisher nur wenige Freunde meines Tanzes bei Gelegenheit sahen. Um der Sache willen, der mein Leben gehört, um des Tanzes willen, der der Öffentlichkeit zu dienen in viel höherem Maße berufen ist, als es viele wissen.[129]

Herbert Trantow
Über Palucca

... Ich glaube, unser gemeinsames Improvisieren war ein Risiko. Wer konnte garantieren, daß wir immer in der »richtigen Stimmung« waren, daß unsere »Leitbahnen« immer synchron geschaltet sein würden? Und es gab natürlich sofort die Skeptiker, die bezweifelten, daß diese »Technischen Improvisationen«, wie Palucca untertreibend diesen Schluß-Teil eines neuen Programms nannte, »echt«, das heißt wirklich spontan erfundene Tanz-Skizzen seien. Es war aber weder Trick noch Absprache dabei: Keiner wußte vom anderen, in welcher Form am jeweiligen Abend diese echten Improvisationen sich abspielen würden. Und oft haben wir uns gegenseitig überrascht durch Tempowechsel, plötzliche Fermaten oder Zäsuren oder – wenn ihr Humor mit ihr durchging – sogar durch einen ironisch-witzigen »falschen Abgang«. Dieses kleine Privatvergnügen, das wir uns da oft leisteten, strahlte wohl als gute Laune besonders intensiv in den Zuschauerraum, denn niemals blieb es unter zwei Wiederholungen, die dann aber eben wieder ganz neue Improvisationen waren ...[130]

Drei Tänzerinnen wetteifern
1936 in der Volksbühne

Afrika Doering: Mit Mozarts »Deutschen Tänzen« gewinnt sie sich wie mit einem Schlage das Interesse der Zuschauer. Ein klar gestaltender Wille beherrscht den Körper. Ein scharfes Wenden oder sachtes Neigen des Kopfes verhilft nicht minder zum rechten Ausdruck, als der Schwung des Armes, das Spiel der Hand, Schritt und Sprung. Das Auge »tanzt« förmlich mit, sprühend lebendig, für eine dahinfliegende Sekunde alleinige Offenbarung der tänzerischen Idee. Die Mimik des Auges wird wirkungsvollste Gestalterin der nach einer baskischen Melodie getanzten »Frage«, eines in seiner balladesken Schwere höchst eindringlichen Tanzes, neben dem der Tanz »Zwingender Rhythmus« noch in besonderem Maße hervorragt.

Marianne Vogelsang: Wie ein zartes klagendes Lied schwingt ihr Tanz durch den Raum. Ganz von innen her kommt diese Kunst. Bachsche Musik tanzt sie in der »Botschaft« mit edler, gestraffter Gebärde, die sich schon in »Werbung« und »Erinnerung« in schwingende Bewegung erlöst. Seltsam düster sind ihre Themen; voller Eigenart, aber auch von schlichter Klarheit ihre Ausdrucksformen. Nach der schon von den Tanzfestspielen bekannten Suite »Trauergesang – Zwiespalt – Ahnung« bringt »Valse triste« nach Sibelius den Höhepunkt. Aus dem Wiegen des hockenden Körpers gleitet die Bewegung langsam in den Rhythmus des lockeren Dreivierteltaktes. Nach klagendem Niedersinken erneutes Hinreißenlassen in den Walzerwirbel, leidenschaftlich und trotzig der Kampf gegen den Schmerz, der doch der Sieger bleibt und Hingabe fordert. Bei sonst unbewegtem Gesicht ist der in tiefem Leid sich öffnende Blick von erstaunlicher Ausdruckskraft. – Heitere volksliedhafte Versonnenheit sind die »Tanzlieder« Marianne Vogelsangs nach Bartókschen Melodien.

Maja Lex: Die Besonderheit ihrer Kunst bestimmt bereits der bezaubernde Klangreichtum des Tanzorchesters der Günther-Schule, das sie begleitet. Aus blutvoller Lebendigkeit, einem hinreißenden Temperament, das sie ebenso klug zu zügeln, wie ihm in beglückender Weise freien Lauf zu lassen versteht, formt und gestaltet sie bei vorbildlicher Raumbeherrschung ihre Tanzdichtungen. Die hohe Vollendung ihrer gestaltenden Fähigkeiten beweist der Tanz »Dämmerung« aus »Tänzen zu Ehren von Tag und Nacht«, nicht minder aber die ihrem Grundcharakter nach fröhlichen Tänze nach alten deutschen und englischen Weisen.[131]

Dora Hoyer tanzt …

DIE SANFTE	DER HOLZGESCHNITZTE PRINZ
LA IDEA	ZYKLUS FÜR KÄTHE KOLLWITZ
SIEBEN FUGEN	DREHTANZ
(SPIEL DER KRÄFTE)	SPIEGELFRIES DES
SONATE FÜR ZWEI KLAVIERE	MENSCHLICHEN SEINS
UND SCHLAGZEUG	SIGNALE

ihm entgegen
miteinander
Bittgesang

SÜDAMERIKANISCHE REISE
Indianische Elegie
… aus Schweigen in Schweigen
Dynamik
Tristeza
Brasilieira
Tortilla-Klatschen
Die Erde singt

AFECTOS HUMANOS
Ehre / Eitelkeit
Begierde
Haß
Angst
Liebe

LYRIK
Mit und ohne Herz
Ich gehe zu Dir

DREI TÄNZE MIT SCHLAGZEUG
Akzente

Melodie
Dynamik

GESICHTE UNSERER ZEIT
so fern – so weit
unabwendbar
bezeichnet
motorisch

Albéniz
Bach
Bartók
Constantin
Debussy
Finke
Français
Kessler
Klebe
Mompou
Montijn
Ohana
Ravel
Satie
Scarlatti
Stan Kenton
Wiatowitsch[132]

Ilse Braun
Zauber des Tanzes
Gastspiel Dora Hoyer
1944 in Breslau

Eine begnadete Tänzerin! Und der Genius wählt sich, um sichtbaren
Ausdruck zu finden, nicht einmal einen über die Maßen wohlgeform-
ten Körper. Doch wird dieser unter seinem Bann zum edelsten, ge-
schmeidigsten Material künstlerischer Schöpfung. Das Gliederspiel,
aus Musik geboren, birgt den Hauch des Ewigen, den jede hohe Kunst
in sich trägt. Dora Hoyer strahlte ihn aus, er bezauberte ihre Besucher

so, daß ihre Kunst als etwas einmalig Erlebtes haftenblieb. Selbst wenig Begeisterungsfähige fühlten sich zutiefst angesprochen. Man sieht noch in der Erinnerung ihre äußere Schlichtheit, in der Aufmachung und im Wesen – wie häufig trifft man diese im Gefolge wahrer Werte –, ein ausdrucksstarkes Gesicht mit großen Augen, darin sich innere Erlebnisse wunderbar rein spiegeln, ein herbes, klares Profil. Eine beredte Sprache ohne Worte fanden die fein vibrierenden Hände in der Lyrik der »Spielenden Daphne«. Keiner Gefühlskünstelei unterlagen die Kammerstücke »Werbung – Klage – Taumel der Geliebten«, zärtlich verführerisch – eingehüllt in ein tragisches Weh –, willenloser Spielball einer höheren Macht, reißt diese den Körper auf den Wellenberg und spült ihn ins Tal. Die roten Pantöffelchen folgten dabei spanischen Rhythmen. Jeanne d'Arc ist vielmals getanzt worden und auch die Gestalt der Ophelia. Doch man ist bei Dora Hoyer nicht versucht zu sagen, daß sie Allgemeingut gewordene Figuren billig auswertet. Ihr hohes Stilempfinden führt sie auch hier zu einer eigenen, sehr persönlichen Deutung. Es gibt keine aneinandergereihten Gebärden, die der Schilderung des Vorganges dienen, sondern einen tänzerischen Aufbau des Geschehens, sich steigernd von der Vision der Berufung zur besessenen Kämpferin bis zum Zurücksinken in den menschlichen Zweifel ...

Was die allein tänzerische Leistung anbetrifft, ist der Drehtanz mit seinen atemberaubenden absoluten Bewegungsketten in unzähligen Variationen von Kreisen und Spiralen der Höhepunkt ...[133]

Will Goetze
Tänzerische Musiklehre

... Die Ziele der musikerzieherischen Arbeit innerhalb der tänzerischen Berufsausbildung lassen sich folgendermaßen formulieren:

1. Theoretisch-praktischer Überblick über die Gestaltungsmöglichkeiten der Musik;
2. Grundlagen der Akkord- und Harmonielehre;
3. Komposition kleinerer musikalischer Formen, die in Beziehung zum Tanz stehen;
4. Klavierunterricht, der neben rein musikalischen vor allem Erfordernisse der Tanzbegleitung berücksichtigt.

... Heute liegt für sie (die musiktheoretische Schulung) eine sehr große Schwierigkeit in der ganz verschiedenen musikalischen Vorbildung der Schüler, von denen die einen wenige, andere gar keine Notenkenntnisse haben ...

Die schon erwähnte Ungleichheit der musikalischen Vorbildung der Tänzer läßt es ratsam erscheinen, den theoretisch-praktischen Überblick über die Gestaltungsmöglichkeiten der Musik in einer Reihe von Vorträgen mit vielen musikalischen Beispielen zu geben. Auf diese Weise ist die Möglichkeit einer einigermaßen gemeinsamen Arbeitsgrundlage geschaffen, soweit sie durch Klavierunterricht nicht erreicht werden kann ...[134]

Hanns Hasting
Der Tänzer und die Musik

Die Tänzer scheiden sich in bezug auf ihre Einstellung zur Musik in drei Kategorien, von denen jede einer gesonderten Besprechung bedarf. Die zur ersten Abteilung Gehörigen reagieren fast ausnahmslos auf alle Musiken. Es ist schwer, sie von der Tatsache zu überzeugen, daß es überhaupt Kompositionen gibt, die nicht getanzt werden können. Der Grund zu dieser Einstellung ist im Wesen der Persönlichkeiten zu suchen. Man möchte beinahe sagen, sie sind zu »musikalisch« für den Tanz. Und bei richtiger Anwendung dieses Ausdruckes geht man nicht fehl, wenn man auf einen Mangel an tänzerischer Eigenkraft schließt ... Meistens ist es jedoch so, daß aufgrund einer rein musikalischen Einstellung sich ein Bewegungsablauf bildet, der bestenfalls mehr oder weniger schönen Anblick gewährt, mit Kunst und Tanz aber nichts zu tun hat.

Das Gegenteil tritt bei den Tänzern der zweiten Gattung in Erscheinung. Sie sind unfähig, eine Musik mit ihren Tanzvorstellungen zu verbinden. Der entstehende Mangel ist bei weitem nicht so gefährlich wie bei den rein musikalisch Eingestellten. Sie zählen zu einer verschwindenden Minderheit, sind aber hin und wieder als ausgeprägte künstlerische Erscheinungen anzutreffen.

Die Tänzer der dritten Kategorie benutzen die Musik zum Tanz, finden aber sehr schwer die geeigneten Kompositionen. Diese Tatsache beweist nichts gegen ihre Musikalität oder Unmusikalität, sondern offenbart uns die relative Unbrauchbarkeit eines großen Teils der musikalischen Kompositionen zum Tanz.

Diese Art von Tänzern besitzt oft künstlerische und tänzerische

Kraft, und ihr Verhalten der Musik gegenüber ist bedingt durch Form- und Gestaltungspsychologie des Tanzes überhaupt. Es ist von großem Interesse zu beobachten, wie sich dieser Assimilierungsprozeß mit den musikalischen Gebilden vollzieht. Hat der Tänzer eine ihm geeignet erscheinende Musik gefunden, so versucht er zunächst, auf improvisatorischem Wege die Verbindung herzustellen. Meistens glückt dies. Sobald er indes zu formen beginnt, erscheint eine Schwierigkeit um die andere. Hier ist die Länge, dort der Übergang ihm ein unüberbrückbares Hindernis. So geschieht es dann in einem Falle, daß er nach vorhergehender Besprechung mit dem Begleiter die Musik dem Tanz entsprechend zu verändern sucht. Besitzt der Tanzbegleiter der Musik gegenüber das gebührende Verantwortungsgefühl und läßt andererseits der Aufbau der Musik eine Kürzung oder eine Wiederholung zu, so kann man dieses Verfahren wohl billigen. In den meisten Fällen sind diese Voraussetzungen nicht da, und es geschieht, daß die Musik in einer Weise zerstückelt, verändert und umgebogen wird, die die gerechte Ablehnung namentlich der Musiker erfährt und dem Tanze, mag er kompositorisch noch so gut sein, schadet. Im anderen Falle bleibt die Musik so, wie sie geschaffen ist, und der Tänzer versucht, die tänzerische Formwerdung in allen Teilen der Musik anzupassen. Es liegt auf der Hand, daß hier in sehr vielen Fällen die tänzerische an der musikalischen Form zerbricht. Der Tänzer tut sich Gewalt an, und der Tanz erleidet auf andere Weise Schaden.

Diese Betrachtungen beweisen, wie begrenzt die Möglichkeit einer Verbindung von Tanz und bereits bestehender Musik ist. Dieses sagt nicht aus, daß es überhaupt keine Musik gibt, die für den Tanz restlos geeignet wäre, aber sie ist verschwindend gering gegenüber der großen Anzahl anderer Kompositionen. Sehr verbreitet ist jener Irrtum, der da meint, die Begriffe »tänzerisch« und »tanzbar« seien identisch. *Eine tänzerische Musik braucht noch lange nicht tanzbar zu sein ...*

Wie oft werden die Begriffe tänzerisch und tanzbar von den Tänzern verwechselt. Die Folge davon ist, daß viele tänzerische Musiken, die absolut untanzbar sind, verwendet werden. Der Tänzer reagiert hier auf jenes immanente Bewegungsfluidum der Musik und versucht, seine eigene, gänzlich neue Bewegung dieser anzupassen. Er tanzt entweder das Metrum, oder er versucht, die vorherrschende Stimmung zu erfassen, vergißt aber dabei, daß so ein gewaltiges Plus an Musik und rein musikalischer Bewegung übrig bleibt ...

Jede Kunst ist überzeitlich und zugleich Ausdruck ihrer Zeit ... Zum Tanz unserer Zeit gehört die Musik unserer Zeit ...

In einem Falle entsteht die Musik zu einem bereits fertigen Tanz. Ich glaube nicht, daß diese Art der geeignete Weg ist, da die Musik nicht organisch mit dem Tanze wächst und, wie der Ausdruck bereits sagt, »hinzukomponiert« wird. Es ist auf diese Art sehr schwer, noch eine Verbindung herzustellen. Sie ist aber immerhin möglich. Ungleich besser ist es, wenn die Musik mit dem Tanze wächst, wenn Tänzer und Musiker zu gleicher Zeit arbeiten und so die wirklich restlose Verbindung zustande kommt. Die dritte Möglichkeit liegt in der Entstehung einer Tanzmusik – völlig unabhängig von der Vorstellung einer ganz bestimmten Geste oder eines bestimmten tänzerischen Themas. Vorbedingung ist, daß in diesem Falle der Musiker selbst ein tänzerischer Mensch ist. Nicht so, als stelle er sich im Augenblick, wo er eine Tanzmusik schreibt, einen ganz bestimmten Tanzablauf vor. Er muß vielmehr in sich das Wesen des tänzerischen Gestaltungswillens tragen und dabei in der tänzerischen Atmosphäre leben. So würde eine Tanzmusik entstehen, die auf einer viel breiteren Grundlage dem heutigen Tanze überhaupt dient und zu gleicher Zeit der Musik ganz neue Möglichkeiten eröffnet, namentlich in der Formgebung ...

... Unabweisbare Aufgabe einer kommenden Tanz-Hochschule bleibt es, die praktischen Möglichkeiten einer Verbindung von Musik und Tanz in einem besonderen Studio genau zu untersuchen und auf diese Weise systematische Grundlagen für die neue Tanzkomposition zu schaffen.[135]

Dorothee Günther
Das Orff-Schulwerk als elementare Musikübung für Gymnastiker und Tänzer

Die Beziehung von Musik und Tanz wird in ihrem inneren Sinne immer abhängig sein von der seelischen Gesamthaltung eines Volkes in einer Zeit.

So ist es selbstverständlich, daß das Ballett eine völlig andere Bindung mit der Musik eingeht als der das Ballett ablösende moderne Ausdruckstanz.

Wirkt ersteres wie eine Verkörperung der musikalischen Figurationskunst, so sucht jener in subjektiver Ausdeutung die inneren Werte der Musik darzustellen.

... (Wir) müssen ... zugeben, daß dieser Weg sich lediglich als individuell ausbaufähig und nicht im Sinne einer neuen Musikpädagogik als
Förderer erwies.

Dennoch erhielt die neue Musikpädagogik wesentliche Anregungen
aus dem Tanz; zu suchen sind sie jedoch gerade in dem Bestreben des
deutschen Tanzes, das erste, rein subjektivistische »Ausdeuten von
Musik« zugunsten einer elementaren Einheit von Musik und Tanz,
einer »gesetzmäßigen Gegebenheit«, zu überwinden. – Zu suchen sind
sie weiterhin in der neuen rhythmischen Gymnastik, die die Musik als
bewegungslösendes Element, den Rhythmus als Ursprung aller Formkraft in der Bewegung wiedererkannte und als pädagogischen Faktor
auf dem gesamten Gebiete der Körperbildung ansah.

Wir können hier von *Dalcroze* über Bode eine ununterbrochene
Kette von Versuchen und sich sammelnden Erfahrungen verfolgen,
die nicht nur das Wesen der Körpererziehung, sondern auch die
Gesichtspunkte der allgemeinen und der Musik-Pädagogik beeinflußt
hat.

Aus dem Bewußtsein entwickelter »Körpersprache« heraus verlangten die Träger des neuen Ausdruckstanzes im Beginn ihrer Entwicklung nach Musik, die ihnen nicht tänzerische *Formen*, sondern *Inhalte*
bieten konnten; hier begann die Zeit des »Austanzens« von Bach,
Beethoven, Schumann und sogar Wagner. Daß diese Versuche auf die
Dauer nicht befriedigen konnten, ist selbstverständlich, die Divergenz
oft großer konzertanter Musikgrundlage und solistischer Tanzform
war zu kraß.

Mit dem Entstehen von modernen *Tanzgruppen* schmolz die »tanz-
bare Musik«, wenn sie nicht aus der Zeit des klassischen Ballettstils bezogen werden sollte, auf ein Minimum zusammen, denn die Gruppe
braucht, wenn sie sich aus dem halb darstellenden Stil des Operntan-
zes zu einem reinen Bewegungskunstwerk erheben will, eine musikalische Grundlage, die *ihrem* Bewegungsgesetz folgt. – Versuche, Bachsche Mehrstimmigkeit in Tanz zu übersetzen, zeigen deutlich, daß hier
wohl der formale Aufbau, die »Architektur« der Musik durch Gruppenbewegung darstellbar ist, daß aber das Grundelement des Tanzes,
die fließende, rhythmisch vielgestaltige, immer variante Bewegtheit
keinen Ansatzpunkt findet ...

Das neu erwachte Körpergefühl baute sich eben im Gruppentanz
eine Formenwelt auf, die in der vergangenen und heutigen Musikkul-
tur keine adäquate Linie finden konnte. So versuchte sich der Grup-

pentanz eine eigene musikalische Klangwelt im Schlagorchester zu schaffen.

Von Laban über Wigman lassen sich hier die ersten Anregungen verfolgen, die – so unvollkommen sie vom rein musikalischen Standpunkt aus auch sein mochten – doch als Keimzelle neuen tänzerischen Klanggefühls anzusehen sind.

Alle jene Instrumente, die klanglich geeignet waren, einen freien Rhythmus einzufangen und wiederzugeben, wurden zuerst dem obligaten Tanzbegleitinstrument, dem Klavier, beigesellt oder ersetzten es. Es waren vor allem Trommeln, Gongs und Rasseln aller Art.

In ihrer reinen Klanglichkeit haben diese Instrumente eine natürliche Bindung an das Bewegungsgeschehen. Das dynamisch wechselnde Fluid eines Laufs, einer kontinuierlichen Drehung, die räumlich weittragende Geste eines Schwunges usw. ist auf diesen Instrumenten besonders gut wiederzugeben ...

Als ich 1924 die Güntherschule gründete, war es meine Absicht, einen Weg zur Wiederherstellung der naturgegebenen Einheit von Musik und Bewegung – Musik und Tanz – zu finden. Ein Weg, der nicht nur für einige intuitive Künstler gangbar sein, sondern der eine pädagogische Lösung bringen sollte, die es ermöglichte, allgemein in den Menschen wieder rhythmische Schwingung, Aufnahme- und Gebefähigkeit, Tanz- und Musizierlust zu erwecken.

Die Eigenart der künstlerischen Persönlichkeit Carl Orffs, sein Musizier- und Dirigierstil und nicht zum mindesten seine Zielstrebigkeit, das Musizieren im allgemeinen wieder einer natürlichen Grundlage zuzuführen zu wollen, schufen in mir die Überzeugung, in ihm den rechten Mitarbeiter gefunden zu haben. Sie veranlaßten mich, mit ihm gemeinsam den Aufbau der musik-rhythmischen Arbeit der Güntherschule in Angriff zu nehmen.

Das Ziel war eine Einheit von Musik und Bewegung, die nicht auf Zufälligem und Subjektivem aufbaut, sondern in der sich Musik und Bewegung auf ihren Grundelementen verschwistern bzw. *einem* Quell entspringen. – Das Ergebnis dieser Arbeit auf rein *musikalischem* Gebiet ist das *Schulwerk* ...

Unsere Arbeit ist durch die Absicht gekennzeichnet, in Bewegung und Musik möglichst unmittelbar das Schöpferische im Menschen anzuregen; nicht etwa nur durch Analyse gegebener Kunst Verständnis für diese zu erwecken. – Als Körperbildungsstätte ist unser Material der Körper, und also von der Lösung körperlicher Funktionen ausgehend, ist unsere Aufgabe, nicht nur für die eigentliche tänzerische Arbeit, sondern schon für jene, möglichst günstige Dispositionen zu schaffen ...

Eine Grundforderung: reichhaltiger Wechsel im Übungsmaterial, um dem Schüler ein entwickeltes Körper-, Bewegungs-, Raum- und Formgefühl und nicht nur Geschicklichkeit in der Ausführung einzelner Übungsformen geben zu können ...

Wir pflegen das Handtrommelspiel zur Bewegung, es setzt der lebhaften inneren Anteilnahme des Lernenden am Übungsvorgang keine Hemmung entgegen und läßt in Tempo und Dynamik viele Varianten zu; vor allem gestattet es ein Pianissimospiel in allen Formen, was einer Abstumpfung des Gehörs durch Geräuschbegleitung entgegenarbeitet und rhythmische Feinnervigkeit im Hören erzielt. Außerdem findet im Handtrommelspiel zur Bewegung rhythmischer Vorgänge in der Klatsch- und Stampfübung des Schulwerks eine selbstverständliche Fortsetzung im Bewegungsunterricht.

Grundlegend neben aller Übung in zeitlich und dynamisch verschiedener Ausführung, ist aber in der *Bewegungsschulung* die Führung, Schwingung und Lösung der fließenden Bewegung. Ihr ist die melodische Linie natürlich verbunden, denn alle fließende Bewegung löst sich, körperlich gesehen *organisch nur* aus der Atmung. Gerade hier verhilft die Orff'sche Arbeitsweise dem Schüler rasch zur entsprechenden Einführung in die geforderte Bewegungsleistung ... Daß hierin eine große musikalische Bildungsmöglichkeit im Sinne der ursprünglichen Bindung von Musik und Tanz liegt, bedarf keiner Ausführung; daß Tänzer, deren Bewegungsgedächtnis so in Einheit mit dem Musikgedächtnis arbeitet, rasch anpassungs- und einschulungsfähig, auch für alle Arbeiten der Kunstmusik und der Bühne gegenüber sind, ist selbstverständlich ...

Flöte und Trommel bilden ... den Grundstock aller weiteren instrumentalen Tätigkeit der Schüler für das primitive Orchester; von den Grundtechniken des Schlagens und Blasens ausgehend, ist das Erlernen der übrigen Instrumente oft mehr als eine Frage des Klanggefühls.

Die melodisch-*schöpferische* Schulungsart Orff's bringt den Schüler in die Lage, gesehene Bewegung frei improvisatorisch (z. B. auf der Flöte) zu begleiten und nicht nur »passende« bekannte Melodien dazu zu spielen ...

Ein besonderes Wort gebührt noch der Verwendung der Instrumente in der Bewegung, im Tanz selbst. Wie uns die Volkstanzkunde beweisen kann, lieben rhythmisch lebhafte Tänzer immer das Instrument, das direkt in den Tanz einbezogen wird; das dynamisch-rhythmische Element tritt in ihnen, neben der eigentlichen Tanzbewegung, doppelt plastisch in Erscheinung und ist dem Tänzer Lösung und Steigerung zugleich. Flöte, Schellentrommel, Rahmentrommel, Rassel, Kastagnetten usw. spielen in der Tanzentwicklung eine große Rolle ...

Ein Tänzer, der das Instrument *im* Tanz zu führen weiß, wird auch ganz anders fähig sein, es *zum* Tanz zu spielen, und in dieser Übung ist sozusagen das »Geheimnis« eines Tanzorchesters, das Tänzer selbst bedienen, gelöst.

Wenn die Leiterin unseres Tanzorchesters, *Gunild Keetman*, die Tanzentwürfe von *Maja Lex* zur Komposition für das Tanzorchester übernimmt, so kann sie mit einigen Tänzerinnen *frei* improvisatorisch ihre melodischen Entwürfe instrumentieren, probieren und dann endgültig festlegen. – Die Tänzerinnen haben die Tanzentwürfe nicht nur im Bewegungsgedächtnis, sie haben sie zugleich lebendig im Gefühl für das Instrument. So wird es auch ohne Schwierigkeit möglich sein, daß oft ganze Teile der Musik von den Tänzerinnen durch Einbeziehung der Instrumente in den Tanz selbst und dann wieder vom begleitenden Orchester übernommen werden, ohne daß Brüche entstehen; die innere Bewegtheit, wenn man so sagen darf, ist die gleiche.

... Und so hat sich der Ring geschlossen: aus Bewegung Musik – aus Musik Tanz! Viele noch unerschöpfte Möglichkeiten liegen im Schulwerk und seiner Erziehung für Gymnastik und Tanz! ...[136]

Dorothee Günther
»Die Barbarische Suite«

Wenn man die führende Presse verfolgt, so hat die »Barbarische Suite« die Eigenheit, die Zuschauer zu fesseln, in ihren Bann zu ziehen, zu enthusiasmieren, sie zu Miterlebenden zu machen.

Wohlwollende begeistert sie und sie nennen sie *den* neuen Stil, *den* neuen Tanz schlechthin; Zurückhaltende nennen sie unsern »Reißer« und Ablehnende konstatieren: das ist kein Tanz.

Was ist sie nun eigentlich?

... Die »Barbarische (Suite)« ist *nicht* programmatisch entstanden und ging nicht von irgendwelchen »barbarischen Vorstellungen« aus, sie ging überhaupt von keiner Vorstellung aus. Ihr Entstehen verdankt sie ausschließlich dem Verlangen von Maja Lex, ein Tanzwerk zu schaffen, das *nur* auf die Bewegung als Dynamik, Unaufhörliches, *Rhythmisches* und *Einfaches* im inneren Sinn, gestellt ist; das sich frei macht von den geistigen Vorstellungswelten im heutigen Tanz, die sich mehr oder weniger immer nur in der Tanzgeste äußern müssen und können.

Es ist richtig, wenn die ausschließlich diese Art von Tanz Bejahenden, die »Barbarische« keinen Tanz nennen, denn für Maja Lex ist die dort bejahte Tanzweise noch nicht Tanz, sondern – sagen wir vielleicht – nur tänzerische Geste ...

Ein Stil, aus dem wir die *eine* Version, *nachdem* sie eine bestimmte Form angenommen hatte, barbarisch nannten. Wir hätten sie ebenso »primitive Suite« oder ähnlich nennen können. Bezeichnet werden sollte damit nur, daß es sich hier nicht um tänzerisch besonders herauskultivierte Bewegungsformen handelte, sondern um im Grunde ganz einfache, aber rhythmisch anpackende Formen, die einander bedingen, reiben, aufhalten, zur Stauung bringen, um wieder von neuem losbrechen zu können. So wie Welle auf Welle heranrollt, sich staut, zerbricht und wieder überstürzt wird; Urelement der unaufhörlichen Bewegung. Urtyp – barbarisch.

Und dann: die »Barbarische« geht auch musikalisch nicht von bestimmten Formvorstellungen (musikalischen Formen) aus, obwohl sie, genau wie die Bewegung, streng formal gearbeitet wurde. Hiermit soll nicht gesagt sein, daß dies unser Arbeitsprinzip sei; jedoch in *dieser* Suite so ist.

Innerhalb der bewegungsmäßigen Vorarbeit ist die Musik hineingearbeitet worden, beides improvisatorisch einander ergänzend und steigernd bis zur endgültigen Gestalt ...

Die »Barbarische« ist eine Folge von 5 Tänzen. Je nach Raumgröße mit 6 oder 8 Tänzerinnen und 4 bis 5 Musikern zu besetzen. Das Orchester folgt vorwiegend dem Ostinatotyp, wie er sich hier aus der Bewegung und vor allem ja aus dem Schlagzeugorchester selbst ergibt und der in sich dynamisch und tempisch unbegrenzte Varianten der Steigerung, Stauung und Verfeinerung zuläßt.

Das Orchester ist melodieführend von Xylophonen und Blockflöten besetzt, insgesamt folgendermaßen:

Xylophone (in der Bauart Mändler – München, nach Angaben unsererseits): 2 große chromatische und 2 kleine gleichen Typs. *Blockflöten*: Alt und Sopran A und F, 2 große Pauken, 1 kleine Pauke, 1 große Trommel, 1 kleine Trommel mit Schnarrsaite, 4 chinesische Trommeln, 1 Handtrommel, 1 Schellentrommel, 3 Holzblocktrommeln, 3 chinesische Holzglocken, Kastagnetten, Bambusstäbe, 2 große und 2 kleine Gongs, hängendes Becken, Flaschen-, Korb- und Fußrasseln, zirka 20 verschiedene Arten von Holz-, Gummi- und Schwammschlegeln, Metallstäbe und Besen etc. Die Spielart der Instrumente ist unserer langjährigen Spielpraxis entwachsen und geht weder auf Jazz noch auf die in unserer heutigen Konzertpraxis (z. B. Xylophon) übliche Spielart zurück. Hier spricht wesentlich mit, daß unsere Spieler Bewegungsleute (Tänzer) sind und nicht der *Nur*musiker tätig ist.

Der ganze Spielstil (z. B. Bedienung der Fußrasseln, während andere Instrumente von der gleichen Person bedient werden) ist ganz der Bewegung entwachsen, was ja auch dem Wesen des primitiven Instrumentes entspricht; ebenso wie Haltung und Sitz der Spieler sowie die Aufstellung des Orchesters (niedrig und organisch der Bewegung nah im Kreis) eine wesentliche Rolle spielen ...

Nun zu den einzelnen Stücken selbst:

Nr. 1, »Treibende Rhythmen«

hat mit Nr. 5, »Sprungtanz«, die treibende Dynamik, das sich in Nr. 5 noch bedeutend steigernde Tempo – die krassen Haltepunkte, die neu und vehement einsetzenden, architektonisch sich türmenden Komplexe gemeinsam, die ganz aus der Bewegung bedingt sind ...

Nr. 2, »Stäbetanz«

steht allein auf der Person von Maja Lex, neben ihr zwei Sitztänzerinnen; sie selbst aus dem Sitz in den Sitz rücktanzend. Das wesentlichste Moment musikalisch: die 3 Tänzer arbeiten den Klang ihrer bewegungsmäßig bedingten Bambusstäbe (zirka 40 cm lang) in den Orchesterklang ein, ebenso ist das Händeklatschen der 2 Sitztänzerinnen, die ihre Stäbe niederlegen, wenn Maja Lex aufsteht, einkomponiert ...

Nr. 3, »Paukentanz«

Eigentlich die große Waage vom 1. zum 2. Teil, darum ebenfalls A-B-A-Form, in der Gruppe mit 8 Tänzern. Breit in der Anlage, ebenso zitternd, federnd, verebbend, wie begonnen. Die Pauken nehmen die

Bühnenmitte ein und ihre Stimmen sind ebenfalls dem Orchester einkomponiert. Zwei Reihen schieben sich seitlich zu ihnen heran, der federnde Rhythmus durch Betonungswechsel von 3 auf 4, bis jede Reihe
einen Tänzer zu je einer Pauke abstößt … Die beiden Paukentänzer im
echohaften Rhythmus …

Nr. 4, »Kanon«
Nicht musikalischer Kanon, sondern auf freie Flötenlinie gestellt, ka-
nonisch dreistimmig im Bewegungseinsatz. Vorwiegend Armtanz, aus
dem Knien in tiefes Knien zurückgehend … Das Ganze ein Gliederspiel – ein dynamisch gelöstes Ornament. Wenn Nr. 1 der große Aufriß
war, Nr. 2 die gebannte Kraft und Nr. 3 die überleitende Bejahung, so
ist Nr. 4 die tanzende Stille vor

Nr. 5, »Sprungtanz«,
dem Furioso mit 8 Tänzern, das in seinem Höhepunkt warten läßt und
bewußt übersteigert.

Es arbeitet erstmalig mit dem vollen Raum in ganzer Kraft und
Tiefe … Der große Umbruch ist *nicht* der Tutti-Höhepunkt in dem
begleitenden Orchester, sondern ein plötzlicher Abbruch – Fußrhythmus der 16 Springerfüße mit Rasseln – Orchestereinsatz
Tutti, erneute Gesamtbewegung mit gesteigerter Sprunghöhe – Fußrhythmus – Rasseln – Schlußsprung in stehende, gehaltene – Form
und aus. –

Das ist die »Barbarische Suite«, die stets mit angehaltenem Atem im
Logenhaus und mit Atemrestfetzen bei unseren Tänzern endet …[137]

Martin Gleisner
Festspiel »Rotes Lied«

Anlaß: Vierzigjähriges Jubiläum des Gaues Berlin im Deutschen Ar-
beiter-Sängerbund. Den Auftrag erhielt ich etwa ein Jahr vorher. Auf
irgendeine Handlung mit Einzelpersonen verzichtend, nahm ich den
alten Leitspruch der Arbeitersängerbewegung als darzustellenden
Gedanken: »Wir waren, wir sind, wir werden bleiben die Feldmusik
der kämpfenden Arbeiterschaft.« Hierunter wurde eine symbolische
Formung der Geschichte, des Lebens und Wollens dieser Bewegung
gegeben.

Massenausdruck: Dem Massenfest entsprechend war die gesamte Darstellung auf chorische Gestaltung abgestellt. Zusammenwirken von Gesangs-, Sprech-, Bewegungschören (in getrennten Chorkörpern) und Orchester.

Sprechchor gab die gedankliche Einführung und Überleitung.

Gesang, große Chöre, als Bewegungsstütze sehr wirksam und des Anlasses wegen sehr wichtig. Da es unmöglich war, mit den Riesenchören viel Neues einzustudieren, waren in der Hauptsache bekannte Lieder aus dem Repertoire der Arbeitersänger verwendet, die damit gleichzeitig einen Querschnitt durch ihr typisches Liedgut gaben.

Orchestermusik: Ein Durchkomponieren aller notwendigen Musikteile war aus finanziellen Gründen nicht möglich. Es mußten Bruchteile aus der Eroika und aus Tschaikowskis VI. Symphonie verwendet werden. Neukomponiert waren in enger Verbindung mit der Choreographie und ihren Zweck ausgezeichnet erfüllend vier Nummern von Alexander Levitân (Roter Anmarsch, Geräuschmusik, Volkstanz für große Gruppe, Überleitung zur Marseillaise).

Bewegung: Die Choreographie war ganz auf chorische Bewegung abgestellt. 9 Nummern mehr oder weniger ganzkörperliche, differenzierte Bewegungen, 4 marschartig. Der I. Teil, nur von Männern getanzt, begann außen, zerstreut und geduckt, dann langsames Bilden von 8 Gruppen (2 Formierungsmotive je 4 mal ausgeführt) ganz am Rand. Allmähliches Verschmelzen zur Mitte ... Zwischenspiel, Zerstreuen und Hinfallen.

II. Teil: Erneute Sammlung der Männer zu kraftvollen Reihen. Hinzukommen der Frauen: Reigen in 6 gestuften Reihen. Verteilen von beiden gemischt in die Ecken. In der Mitte dann erst 2 Kinderblöcke, darauf Hammerschwinger. Aufmarsch in 8 Reihen zu 3 großen Kreisen. Heiterer Volkstanz mit Sprung-, Stampf- und Atemteil.

III. Teil: Sammeln in den Ecken in großen Keilen, Einmarsch und Schwenken von 5 Fahnen. Zusammendrängen der Keile zur Mitte. Füllen des ganzen Feldes mit Schlußaufmarsch von 4 Seiten. Rauchfeuer zum Massengesang der Internationale.

Die Bewegung war die Grundlage der Gesamtkomposition. Meines Erachtens hat sich besonders der Chortanz zu Chorgesang bewährt. Es war nicht illustrativ, sondern rhythmisch abgestimmt ...

Mitwirkende: 60 Musiker, Sprechgemeinschaft Niederschönhausen mit 50 Mitgliedern, 2000 Sänger. Bewegungschöre (für diese Feier zusammengestellt): 500 Erwachsene (Arbeitersportler), 500 Kinder (weltliche Schulen). Schlußaufmarsch 600 Menschen. Zirka 40000 Festteilnehmer.

Technisches: Getanzt wurde auf dem Fußballfeld des Stadions (75 x 110 m). Musik, Sänger, Sprechchor· standen in einer Schmalseite. Übertragen durch zwei Siemens-Lautsprecher unter Verwendung von 6 Mikrophonen. Beleuchtung durch 8 farbige Scheinwerfer (durch Benzinmotoren gespeist). Dauer 60 Minuten.

Leitung: Choreographie, Text, Gesamtregie: Martin *Gleisner*. Sprechchor: Karl *Hahn*. Dirigent: Oskar *Schumann*.[138]

Otto Behme / Werner Köhler
Brausender Beifall –
Gleichzeitig der Polizeipfiff
Erinnerungen an die kulturelle Arbeit
vor 1933 in Halle

… Eigentlich wollten wir nur Gymnastik treiben, als sich im Dezember 1927 unter Anleitung der aus Hamburg kommenden Laban-Schülerin und Tanzpädagogin Jenny Gertz eine Gruppe von Mitgliedern der Arbeiter-Wanderorganisation die »Naturfreunde« einmal in der Woche im Laban-Bewegungschor traf. Doch zur »Nur-Gymnastik« kamen wir gar nicht, denn dem ersten Auftreten in Dornburg (Juni 1928) folgte bald der Ruf zur Mitwirkung an weiteren Veranstaltungen, zum Beispiel bei den Gewerkschaften, den proletarischen Künstlern der I. A. H. …

Gegenstand und Inhalt der aufgeführten Tänze unseres Bewegungschores waren der Kampf der Arbeiterklasse und der unterdrückten Menschheit um die Befreiung von Knechtschaft und Ausbeutung …

Die Ausarbeitung und Gestaltung der Bewegungsspiele waren für uns Arbeiter natürlich nicht von der Beschäftigung mit der Politik zu trennen. Im Rahmen der Laban-Bewegungschöre waren wir auch an einer Arbeitswoche in München beteiligt, die anläßlich des zu dieser Zeit tagenden III. Deutschen Tänzerkongresses stattfand. Nicht alle Teilnehmer aus verschiedenen Orten Deutschlands wie Hamburg, Mannheim, Berlin, Halle usw. waren organisierte Arbeiter. Aber die bei einer Laientanzfeier in einer Münchener Ausstellungshalle aufgeführten Bewegungschöre und Tanzspiele machten auch ohne Worte und ohne Arbeiterkampflieder deutlich, um was es ging, was wir als

Arbeiter ausdrücken wollten. Und die »Münchener Neuesten Nachrichten« schrieben am 23. 6. 1930: »Die Laientanzfeier ... brachte ...
im freigeborenen, disziplinierten Spiel junger Menschen, die keine
Berufstänzer sind, den Begriff der Masse zum rhythmischen Leben«,
den »Monumentaleindruck der Masse, die ein Gemeinschaftswille bewegt, Gemeinsinn und Kameradschaft fördernd ...« So die Wirkung
auf die bürgerliche Presse, die ja nicht von Klassenverbundenheit und
Solidarität der Arbeiter schreiben kann. Gleichzeitig heißt es dort:
»... die zweckhafte Gesinnung, die politische oder weltanschauliche
Tendenz« sei doch ursprünglich dem Laientanz fremd gewesen, und
bedauerlicherweise hätten sich »erst nachträglich ... Kreise dieser Art
der Bewegung zu bemächtigen gesucht als eines Mittels der Gesinnungsbildung« (!).

Um auf keinen Fall bei dem »seriösen« Leserpublikum der »Münchener Neuesten Nachrichten« Unklarheit darüber aufkommen zu
lassen, welche »Kreise dieser Art« sich in so verdammenswerter Weise
des Laientanzes zu bemächtigen gesucht haben und den »reinen«
Tanz zum Mittel der Gesinnungsbildung herabwürdigten, wird im gleichen Bericht vermerkt, daß das Referat von Martin Gleisner (Berlin)
auf der 2. Vollversammlung des Tänzerkongresses »ein interessanter
Überblick war über die Vorbereitung des Laientanzes in der Arbeiterbewegung, die ihn am stärksten pflegt«. Allerdings konnte der Bericht
auch nicht übersehen, daß ebenfalls die Katholische Kirche auf dem
Tänzerkongreß den Tanz als Mittel der Massenbeeinflussung für sich
in Anspruch nahm ...

Die Wahlversammlungen der Partei liefen ... Gefahr, schon beim ersten Wort eines Referenten verboten zu werden. Da konnten wir mit
dem Bewegungschor einspringen, und mit einem abendfüllenden
Programm traten wir als Rote Tänzer aus Halle in Wahlversammlungen der KPD in Bitterfeld, an einem anderen Abend in Delitzsch auf,
das letzte Mal im Stadttheater von Weißenfels, wenige Tage vor dem
Reichstagsbrand. Dabei erlebten wir den Höhepunkt der Massenwirk-
samkeit unserer Arbeit.

In Weißenfels war die Polizei schon bei unserem Eintreffen im Saal.
Bald drängten sich die Besucher. Interessiert, gespannt, was da kommen sollte, folgten sie unseren Tänzen. Nach den ersten Bewegungs-
studien, in Gruppen und einzeln, mit nichtssagenden oder vieldeu-
tigen Titeln wie »Sonnenspiel« angekündigt, wußten die Polizisten
offensichtlich nicht, was sie aus den Bewegungen ohne Worte, nur mit

Schlagzeug untermalt, machen sollten … Bis zur Pause – großer Erfolg! Als es weitergeht, tanzt die Gruppe – begleitet von aufreizenden Rhythmen des Schlagzeugs – eine grauenvolle Vision »Krieg«. Frauenschreie aus der Bewegung: »Mein Kind« – Junge Männer fallen taumelnd mit dem Ruf »Gas!« – sonst kein Wort. Und dann folgte das Revolutionslied. Die Massen in dunklen Kitteln, die Unterdrücker dagegen erregend, provozierend orange gekleidet, mit einem einzigen Requisit, einer schwarz-weiß-roten Armbinde. Eine Auflehnung der Massen wird im Keim erstickt. Die revolutionären Anführer werden durch Zwangsarbeit isoliert. Als sich die Unterdrücker scheinbar zurückgezogen haben, erheben sich die Massen wieder aus der Fronarbeit, sammeln sich, glauben, gesiegt zu haben, als die Unterdrücker verschwinden. Siegesfeier – die Arbeitermarseillaise wird gesungen.

Bei dem Gesang »Bald steigt der Morgen hell herauf« brechen die Feinde in die Masse ein – die Arbeiter werden auseinandergesprengt – die Fron geht weiter. Die Sieger triumphieren mit einem rasenden Tanz voller Hochmut und Brutalität. Doch wieder erhebt sich die Masse vom Boden, formiert sich jetzt zu einem geschlossenen, streng geordneten Block. Dem erneuten Ansturm der wütenden Reaktion widersteht sie so besser als vorher im ungeordneten Haufen, und mit dem Gesang der Internationale vertreibt die einige Arbeitermasse die sich verzweifelt wehrenden, doch endgültig geschlagenen Ausbeuter mit festem Schritt von der Bühne.

Das war eindeutig. Begeisterung im Saal. Die Schupos stülpen ihre Tschakos auf, doch ehe sie sich versehen, steht die ganze Gruppe geschlossen auf der Bühne. Ihr Ruf:

> »Habt ihr die Fäuste beisammen,
> habt ihr den Willen bereit,
> dann eingereiht!
> Wählt Liste 3!«

Brausender Beifall und gleichzeitig der Polizeipfiff: »Die Versammlung ist aufgelöst!« Was tat uns das schon! Das Ziel war erreicht, die Aufgabe erfüllt, die Menschen gingen aufgewühlt und gestärkt nach Hause.

Hinter der Bühne Verhör; ein arbeitsloser Genosse meldet sich als Leiter, galt es doch, die leitenden Genossinnen Jenny Gertz und Ilse

Loesch zu schützen. Doch es nützte wenig. Wir kamen zwar noch nach Hause, aber wenige Wochen später wurden die Frauen verhaftet und mehrere Monate im Polizeipräsidium Halle eingekerkert. Als später die erneute Verhaftung drohte, brachten wir sie in Sicherheit ...[139]

Jean Weidt
Der Rote Tänzer

... eine kleine Tanzgruppe sehr begabter Menschen scharte sich um mich. Wir arbeiteten ein neues Programm für Matineen in den (Hamburger) Kammerspielen aus. Die Mitglieder der Tanzgruppe gehörten alle der Arbeiterklasse an. Es waren junge Menschen, Lehrlinge und viele Arbeitslose. Die Mädchen und Jungen waren von der Idee begeistert, durch Tänze zu einem besseren Leben aufzurufen. Dieses wahre Wollen brannte in unseren Herzen. Unklar war nur noch, *wie* wir es in unseren Tänzen verwirklichen sollten. Aber die Idee und der Wille, sie künstlerisch zu verwirklichen, waren die wichtigste Kraft für unsere tänzerischen Bemühungen.

Mir erwuchs in dieser Zeit eine Aufgabe, der ich selbst durch meine geringe Ausbildung kaum gewachsen war. Sigurd Leeder und Olga Brandt-Knack von der Hamburger Staatsoper waren meine Lehrer, deren Unterricht ich mangels finanzieller Mittel nur wenig hatte in Anspruch nehmen können ...

In Hamburg trat ich nicht nur in eigenen Veranstaltungen auf. Vielleicht einhundertmal wirkte im Laufe der Jahre meine Tanzgruppe bei Veranstaltungen des Arbeiter-Theater-Bundes der KPD, der Volkssolidarität und der Roten Hilfe mit. Wir waren die einzige Hamburger Tanzgruppe, die Themen aus dem Leben der Arbeiterklasse behandelte und die Themen der Zukunft zu gestalten versuchte. Ich war damals noch nicht Mitglied der KPD, jedoch meine künstlerische Arbeit stand, wie bei vielen anderen, nur für die Sache der Partei. Ob es die Veranstaltungen im Hamburger Zirkus, die Sommerfeste der Partei im Hamburger Stadtpark, die Solidaritätsveranstaltungen für Arbeitslose waren, immer gehörte die Tanzgruppe zum Programm ...

Dieser letzte Abend in Hamburg (im Convent-Garten) war für uns ein schöner Erfolg ... Das Programm umfaßte die Ballette:

Wir sind Gefangene,
Schritte im Hof,

Alter Mann singt,
die Suite: Gesicht eines jungen Arbeiters,
und zum ersten Mal erklang die große Orgel des Convent-Gartens als
Begleitinstrument für einen Tänzer, der drei Tänze zur Musik von
Bach tanzte ...[140]

Otto Zimmermann
Der Sprechbewegungschor

... Da unsere proletarischen Gestaltungen vor allem kämpferische
Wucht haben und die Größe unserer Ideale widerspiegeln sollen, so
ist dem Chormitglied die Möglichkeit zu vermitteln, mit seinem Leib
diese kämpferische Wucht und diese Größe, Schönheit und Kraft der
Ideale zu formen.
Schwung-, Stoß-, Druck-, Schlag- und Zugübungen führen zu dieser Möglichkeit. Dabei muß die folgende grundsätzliche Erkenntnis
leitend sein. Alle echte, großempfundene und künstlerisch wirksame
Körperbewegung geht von der Zentrale des Leibes aus ...
Es geht nicht an, daß ein Bewegungschor oder ein Sprechbewe-
gungschor lediglich die vom Chorleiter vorgemachten Bewegungen
nachahmt. Die Chormitglieder müssen lernen, mit ihrem Leib zu spielen, ihren Leib im Rahmen der von dem Leiter großzügig zu gestaltenden Gesamtführung individuell zu gestalten. Ja, die Chormitglieder haben sogar im Rahmen kollektiver Arbeit durch Improvisation
und beitragende Anregungen an der chorischen Gestaltung teilzunehmen ...[141]

Otto Zimmermann
Aus dem Festspiel für
Sprech- und Bewegungschöre

Die Internationale

... *Sprechbewegungschorische Gestaltung der Internationale:*
Wacht auf, Verdammte dieser Erde,
Auf dem rechten Fuß stehend stößt rechter Arm seithoch zu rufar-
tiger Geste, die Bewegungen vollziehen sich während der ganzen
Zeile, selbstverständlich im Rhythmus der Musik.
die stets man noch zum Hungern zwingt,

Auf dem linken Fuß, beide Fäuste übereinander gekreuzt vortief-
stoßen.

das Recht wie Glut im Kraterherde

Auf dem rechten Fuß, beide Arme beiderseits des Körpers vorseit-
hochziehen.

nun mit Macht zum Durchbruch dringt.

Fäuste beiderseits der Brust ballen, auf linken Fuß, dann vorstoßen,
drei schwere Schritte auf »Durch-bruch dringt«.

Reinen Tisch

Auf Seitwärtsstellung links, rechter Arm weit nach linksseit schwingen
zum Ausholen.

macht mit den Bedrängern!

Rechter Arm streicht aufräumend rechts seitwärts durch den Raum,
dabei einen Kreisweg rechtsherum laufend.

Heer der Sklaven, wache auf!

Vorwärts auf zuschauende Masse zuschreiten, große Hubbewegung
beider Hände vortief – vorhoch.

Ein Nichts zu sein, tragt es nicht länger!

Wie bei »Reinen Tisch macht mit den Bedrängern!«

Alles zu werden strömt zu Hauf!

Rückwärts schreiten, Arme vorseit, wie zum Aufnehmen aller Herbei-
strömenden.

Völker, hört die Signale!

Ausfall seitwärts vor, Hochstoß beider Fäuste rufartig seithoch.

Auf zum letzten Gefecht!

Vorwärts schließen zum hochgereckten Stand, dabei Hochstoß der
rechten Faust vortief – vorhoch, linke Faust in rechter Achselhöhle.

Die Internationale

Grätschstand, beide Arme vorhochführend und in Kreisbewegung
seitwärts ausbreitend.

erkämpft das Menschenrecht.

Beide Fäuste stoßen übereinander gekreuzt vortief, Füße schließen
sich.

Wiederholung von »Völker, hört«.

(Nach Beendigung der »Internationale« wenden sich die Arbeiter-
chöre ans Publikum ...[142])

Bericht über den Verlauf und die Verhandlungen des (1.) Tänzerkongresses in Magdeburg,

1927

Der im Beginn des Jahres vom Einberufungskomitee erlassene Aufruf schuf die erste Grundlage zum Zustandekommen des Kongresses. Dem Komitee gehörten an: Frau Pawlowa, Frau Wigman, Herr von Laban, Herr Professor Schlemmer, Herr Intendant Dr. Niedecken-Gebhard. Unter der tätigen Beteiligung und Leitung Rudolf von Labans wurden dann die Vorbereitungsarbeiten geleistet von den Herren Paul Alfred Merbach, von der Leitung der Deutschen Theaterausstellung, Fritz Böhme, Schlee und Dr. Buchholz.

Der Verlauf und die Ergebnisse des Kongresses, der von etwa 300 Teilnehmern besucht war, bedeuten einen über alles Erwarten großen Erfolg … Als wesentliche Ergebnisse sind festzustellen:

In ideeller Hinsicht der allseitige starke Wunsch zum Zusammenschluß und zur gemeinsamen Arbeit, sodann die Klärung wichtiger Streitfragen der tanzkünstlerischen Arbeit – es sei hier nur auf die wiederholt betonte Notwendigkeit einer allgemein verbindlichen Tanzschrift hingewiesen;

in organisatorischer Hinsicht der Beschluß zum Anschluß an den Deutschen Chorsänger- und Ballettverband E.V. sowie der Beschluß der Gründung einer »Internationalen Vereinigung der Tänzer und Tanzfreunde«.

Wichtig in praktischer wie ideeller Hinsicht ist auch der einstimmige Beschluß der Vollversammlung des Kongresses, 1928 den nächsten Tänzerkongreß zu veranstalten. Mit der Vorbereitung desselben wurde die aus den Herren von Laban, Fritz Böhme, Dr. Buchholz und Schlee bestehende Kongreßleitung beauftragt.

Zwei Tanzabende, an denen prominente Tänzerinnen und Tänzer mitwirkten, boten … einen interessanten Überblick über das heutige Schaffen in der Tanzkunst. Es wirkten an den Tanzabenden mit: Die Damen Lotte Auerbach (Berlin), Tilly Daul (Berlin), Hertha Feist und Gruppe (Berlin), Gruppe Brandt-Knack (Hamburg), Wy Magito (Berlin), Ingeborg Roon, Vera Skoronel mit Gruppe (Berlin), Daisy Spieß (Berlin), Josepha Stefan (Hamburg), Hilde Strinz (Magdeburg), Edith Walcher (Stuttgart), die Herren J. Galpern, Günther Heft, Jens Keith, Rudolf Kölling, Harald Kreutzberg, Karl Preiser, Kammertanzbühne Laban (Berlin) und Neue Tanzbühne Münster …

21. Juni
Oscar Bie: Aus der Geschichte des Gesellschafts- und Bühnentanzes.
Andrej Levinson: Gedanken- und Formenwelt des klassischen Tänzers.
Fritz Böhme: Vom Tänzer unserer Zeit.
Adolf Loos: Die Psychologie des modernen Tanzes.
22. Juni
Rudolf von Laban: Das tänzerische Kunstwerk.
Max Terpis: Bewegungsregie.
Walther Howard: Tanzkunst und Tanzkultur – ihre Voraussetzungen.
Referate über Choreographie (Tanzschrift – I. L.): Gertrud Snell, G. I. Vischer-Klamt, Lothar Schreyer, Th. P. Etbauer, Frau H. Grimm-Reiter.
23. Juni
Egon Wellesz: Tanz und Musik.
H. Liebermann: Tanz und Psychologie.
Hans W. Fischer, Tanzkritik.
24. Juni
Hans Brandenburg: Tanz und Theater:
Hanns Niedecken-Gebhard: Bedeutung und Möglichkeiten des Tanzes im heutigen Theater.
Oskar Schlemmer: Abstraktion in Tanz und Kostüm.
Kurt Liebmann: Tanz, Mensch, Drama.

1. Verhandlungstag, 21. Juni 1927
Zu Beginn der Verhandlung wurde beschlossen, von der im Programm vorgesehenen sektionsweisen Beratung abzusehen und alle Beratungen im Plenum vorzunehmen.
Tagesordnung: Organisatorische Fragen
... v. Laban legt die Notwendigkeit einer geistigen und wirtschaftlichen Organisation dar. Geistige Organisation ist notwendig zur Förderung und Klärung der künstlerischen und auch der pädagogischen Fragen und Interessen. Die wirtschaftliche Organisation ist notwendig zum Schutz der Tanzproduktion, sowohl der Tanzdichtung als auch des Tänzers. Vorschlag: Die Versammlung möge zunächst die Fragen der Tanzproduktion, also der wirtschaftlichen Organisation, beraten.

Friedebach schlägt ergänzend hierzu vor, die Beratung zunächst auf die Organisation der Berufsvertretung zu beschränken ...

Der Antrag wird einstimmig angenommen ...

Brandt-Knack: Es gibt bereits einen Tänzerverband, den Deutschen Chorsänger- und Ballettverband, der die geeignete Organisation für den Zusammenschluß aller Tänzer ist.

Friedebach: Früher waren die Tänzer völlig schutzlos. Die Bühnengenossenschaft verweigerte ihre Aufnahme mit der Begründung, daß dadurch die Pensionskassen der Genossenschaft zu sehr belastet würden. Die frühere Ballettunion gewann durch den Zusammenschluß mit den Chorsängern alle Vorteile einer großen Organisation: Tariffähigkeit, Vertretung in den Parlamenten, Pensionssicherung usw.

Vischer-Klamt: weist zur Berücksichtigung in der Beratung darauf hin, daß der Tanz nicht nur das Theater berührt, sondern auch die Erziehung.

Böhme: Eine wirtschaftliche Vereinigung ist dringend notwendig. Es müssen die Möglichkeiten und Voraussetzungen geschaffen werden, daß alle Tänzer in die Organisation, also evtl. den Ballettverband, eintreten bzw. eintreten können.

v. Laban beantragt zur Geschäftsordnung, eine Kommission zu wählen zur Beratung

a) über die Absicht und Form des Zusammenschlusses, einschl. Möglichkeit eines Eintrittes in den Deutschen Chorsänger- und Ballettverband;

b) über die Modalitäten des Zusammenschlusses bzw. des Eintrittes in den Chorsänger- und Ballettverband.

... Der Antrag wird einstimmig angenommen ...

Friedebach faßt als Ergebnis der Kommissionsberatung zusammen: Es besteht grundsätzliche Bereitschaft und Möglichkeit, in den Deutschen Chorsänger- und Ballettverband einzutreten, Voraussetzung ist die Regelung und Klärung folgender Punkte: Der Verband ändert seinen Namen durch Umbenennung in »Tänzerverband« (endgültig »Tänzerbund« – I. L.); jede wesentliche Fachgruppe bekommt eine besondere Interessenvertretung im Verbande, wobei als Fachgruppen zunächst Vorstände, Solisten, Pädagogen, freie Tänzer und private Tanzbühnen festgestellt werden. Schüler können auf Vorschlag der Schulleitung durch die Kunstkommission beim Verbandsvorstand aufgenommen werden, evtl. aufgrund einer Prüfung.

Dieser Rahmenbeschluß und Vorschlag soll der Kongreß-Plenarversammlung am 22. Juni zur endgültigen Beratung und Beschlußfassung vorgelegt werden ...

2. Verhandlungstag, 22. Juni 1927
Tagesordnung: Fortsetzung der organisatorischen Beratung.
Friedebach erstattet Bericht über die Kommissionsberatungen am 21. Juni.
Trümpy weist darauf hin, daß eine private Vereinigung, die nicht öffentlich anerkannt ist, nicht imstande ist, Einfluß in Rechtsfragen, auf die Behörden usw. auszuüben.
Howard: Staatlicher Schutz ist schädlich, weil in den Behörden wenig oder gar keine Fachleute sind und behördlicher Schutz zur Bevormundung führt.
Brandt-Knack: Der Staat hat kein Interesse, uns zu helfen. Wir müssen uns selbst helfen. Es ist auch ideell notwendig, daß wir uns alle zusammenschließen. Wir können die Entwicklung und Tätigkeit des Ballettverbandes zum Besten unserer Kunst beeinflussen ...
v. Laban: Die Erreichung unserer Ziele ist nur möglich durch Anschluß an den Ballettverband, empfiehlt Annahme des Kommissionsvorschlages ...
Friedebach liest zur Beseitigung aller Zweifel über die Einstellung und den Arbeitsrahmen des Ballettverbandes den § 2 der Verbandssatzungen vor:
Der Zweck des Verbandes (lt. § 1 »Förderung der geistigen, beruflichen und wirtschaftlichen Interessen seiner Mitglieder usw.«) soll erreicht werden:
1. Durch Vertretung der Standesangelegenheiten gegenüber der Öffentlichkeit; durch standesbewußtes, den beruflichen und künstlerischen Anforderungen entsprechendes Verhalten unserer Mitglieder.
2. Durch Erstrebung von angemessenen und gerechten Vertragsverhältnissen.
3. Durch Erstrebung von sozialen Theatergesetzen.
4. Durch Erstrebung einer sozialen gesetzlichen Regelung des Theaterangestelltenrechts und des allgemeinen Arbeitsrechts.
5. Durch Heranbildung des Nachwuchses; Erstrebung, Schaffung und Förderung von Unterrichts- und Prüfungseinrichtungen.
6. Durch Förderung der Theaterkulturbestrebungen, insbesondere

der Theaterorganisationen; Herbeiführung der Fürsorge von Staat und Gemeinde für das Theater und das Theaterunterrichtswesen.

7. Durch Unterstützung von Mitgliedern, die ungerechtfertigt bestraft, entlassen oder wegen ihrer Organisationstätigkeit gemaßregelt werden.

8. Durch Gewährung von Schutz an die Mitglieder, insbesondere von Rechtsschutz in Streitfällen, die aus den vertraglichen und dienstlichen Verhältnissen zwischen Mitglied und Bühnenleitung entstehen.

9. Durch Solidaritäts-, Unterstützungs- und Fürsorgeeinrichtungen.

10. Durch Einrichtung zur Arbeitsbeschaffung, Arbeitsvermittlung und Arbeitsnachweis.

11. Durch Herausgabe einer Verbandszeitung.

12. Durch Einsetzung von kunstsachverständigen Ausschüssen für die Kunstzweige der dem Verband angehörigen Mitglieder ...

Die Abstimmung ergibt:

91 Stimmen für Annahme des Kommissionsbeschlusses, also für den Anschluß an den Deutschen Chorsänger- und Ballettverband E.V.

11 Stimmen dagegen.

18 Stimmenthaltungen ...

3. Verhandlungstag, 23. Juni 1927
Tagesordnung: kunstorganisatorische und künstlerische Fragen ...

Brandenburg: fordert neben Wirtschaftsverband einen künstlerischen Verband, einen Zusammenschluß aller am neuen Tanz Interessierten, die Zusammenfassung aller tänzerischen Strömungen ...

Jooss: bejaht den Vorschlag, weist auf die Notwendigkeit auch internationaler Zusammenarbeit hin ...

Mette: Die neue Vereinigung soll die »tänzerische Bewegung« erfassen. Mit ihr decken sich nicht die jetzigen und künftigen Mitglieder des Ballettverbandes. Zu der großen Tanzbewegung gehören vielmehr Menschen aller Kreise, die man erfassen muß. Es ist auch notwendig, eine Zeitschrift zu gründen ...

Jooss: Die Vereinigung richtet sich nicht gegen den Wirtschaftsverband, auch nicht gegen das Ballett, soll vielmehr weitesten Rahmen haben. Schlägt ein Komitee vor, zu dem auch Nichttänzer hinzugezogen werden sollen ...

Huth: Die vorgeschlagene Vereinigung ist eine Parallele zur Internationalen Gesellschaft für Musik. Es handelt sich hier um die Schaf-

fung einer Gemeinschaft aller Interessierten, der Tänzer, Tanzschrift-
steller, Kritiker und anderer Interessenten. Es müssen Ortsgruppen
gegründet werden. Die Gemeinschaft hat auch die Aufgabe, durch
Aufführungen die Tanzkunstwerke weiterzutragen …

… in den Vorbereitungsausschuß werden gewählt: von Laban,
Böhme, Wigman, Pawlowa, Bereska, Dr. Niedecken-Gebhard, Jooss,
Trümpy, Perrottet, Milloss, Mayerová, Kratina, H. W. Fischer, Bran-
denburg, Schikowski, Schreyer, Terpis, Vischer-Klamt, Wellesz, Bie,
Schlee, Fred Hildebrandt, Schlemmer, Dr. Buchholz, Schulz-
Dornburg, Kerbs, Matray, Herald, Gadescow, Diaghilev, Levinson,
Charell, Charlotte Bara.

v. Laban empfiehlt, bei dem nächsten Kongreß die choreographischen (Tanzschrift betreffenden – I. L.) und pädagogischen Fragen
eingehend zu behandeln. Böhme empfiehlt einen Zusammenschluß
aller an Choreographie Arbeitenden und schließt damit den ersten
Teil der Erörterungen über künstlerische Fragen.

4. Verhandlungstag, 24. Juni 1927
Tagesordnung: künstlerische Fragen und Abschlußberatungen des
Kongresses.

Bei der Fortsetzung der Erörterung über künstlerische Fragen
spricht Wagner-Régeny über Tanz und Musik, v. Laban jun. spricht zu
derselben Frage.

Schlee: regt eine Zusammenarbeit von Tänzern und Musikern an …

Böhme: verliest eine inzwischen eingelaufene Anregung von
Gleisner:

Ein paar wirklich choreographisch interessierte und vorbereitete
Menschen sollen die verschiedenen praktischen Schriften lernen und
bei einer nächsten Gelegenheit aus wirklicher Sachkenntnis vergleichen und urteilen …

Böhme: … bringt eine aus der Versammlung eingegangene Resolution zur Verlesung und Abstimmung:

Die auf dem Tänzerkongreß in Magdeburg vereinigten Tänzer und
Freunde der Tanzkunst stellen fest, daß ihnen allen, ohne Unterschied
der Richtung, allein die Förderung des gesamten Tanzkunstwerkes am
Herzen liegt.

Sie erblicken diese Förderung einmal in der Schaffung einer wirtschaftlichen Basis für den Tänzerberuf, die durch den Anschluß an
den Deutschen Chorsänger- und Ballettverband erfolgen soll, zum

zweiten in der Regelung der Tänzerausbildung und Schaffung voll-
wertiger Schulen und Hochschulen und erwarten, daß die in dem Verband vertretenen Tanzpädagogen diese Aufgabe sofort in Angriff
nehmen werden, zum dritten in der Zusammenarbeit aller tänzerischen Menschen der Welt an dem Aufbau und Ausbau des Tanzkunstwerkes; sie begrüßen daher die Gründung der »Internationalen Gesellschaft der Tänzer und Tanzfreunde« auf das lebhafteste. Die
Vollversammlung ... beschließt, den nächsten Kongreß auf das Jahr
1928 festzusetzen.

Die Versammlung erklärt sich mit dieser Resolution unter großem
Beifall einverstanden ...[143]

(Alfred) Schlee
Tänzerkongreß-Erinnerungen

... Verweilen wir noch einen Augenblick bei diesem ersten Kongreß
(1927): Er stand unter einem guten Stern. So fehlerhaft auch die Organisation war, so ungeschickt und unerfahren auch manches vorbereitet war – diese Kundgebung einer sich findenden Tänzerschaft wird
uns unvergessen bleiben. Es war nicht äußerer Pomp, nicht die weittragende Kraft von erstmaligen Beschlüssen, nicht die Formung einer
Tänzer-Vereinigung das Wichtigste. Nicht einmal der Inhalt dieses
neuen Tänzerwillens, nicht das sachliche Ergebnis dieser Beratungen
war das Ausschlaggebende: Es war etwas ganz Unscheinbares, das sich
im Innern der Tänzer vollzog. Kleinigkeiten, zunächst kaum von je-
mandem bemerkt, allmählich aber von allen gespürt. Wenn auf einer
unzulänglichen Bühne Prominente und Unbekannte nebeneinander
Höchstleistungen vollführten, wenn in einer noch unzulänglichen
Garderobe jeder letzte Hauch von Neid und Mißgunst verschwand
und einem unbedingten Gemeinsamkeitsgefühl Platz machte, da bildete sich die Vorbedingung für diese unaussprechliche und unbeschreibliche Verbundenheit, die sich dann auch äußerlich in jenem
schon sagenhaft gewordenen Abschiedsfest in einem kleinen Magde-
burger Vergnügungslokal manifestierte ...[144]

Resolution vom 2. Deutschen Tänzerkongreß

Essen 1928

(Die) von der Gesamtkommission vorgeschlagene Resolution:
Der Kongreß stellt mit Freude und Genugtuung fest, daß er über tausend Teilnehmer aufzuweisen hatte, daß als allgemeines Ergebnis *weiteres gemeinsames Wirken* beabsichtigt ist und daß die Festspiele und überaus reichhaltigen Veranstaltungen, die in der Schlußaufführung von Mary Wigmans »Feier« gipfelten, einen Querschnitt durch die augenblickliche schöpferische Tanzwelt in Bühne, Podium und Schule brachten.

Der Tanz, der sich als selbständige Kunstgattung und als Bühnentanz zeigt, strebt nach einer Eroberung bzw. Beeinflussung des ganzen *heutigen Theaters* (der Oper und des Schauspiels). Als großes Ziel bleibt bestehen die Schaffung eines eigenen Tanztheaters für tänzerische Bühnenkunst und chorische Laienkunst, mit eigenen, den Arten des Tanzes angepaßten Schauräumen.

Der Tänzerkongreß fordert von allen Theaterleitungen und Bühnenvorständen eine Anerkennung und Förderung des Theatertänzers als schaffenden Künstler und seine Gleichstellung mit den übrigen am Theater wirkenden Künstlergruppen.

Der Tänzerkongreß erkennt die Wichtigkeit und Notwendigkeit einer *Tanzschrift* allgemein an und betrachtet die von Rudolf von Laban geschaffene Choreographie als eine geistige Leistung ersten Ranges und empfiehlt sie als praktisches Tanznotierungsmittel. Ebenso erklärt der Kongreß, daß G. J. Vischer-Klamts Bewegungsschrift eine große Bedeutung für die wissenschaftliche Bewegungsforschung und Bewegungspädagogik besitzt.

Der Kongreß erhebt Einspruch gegen die viel zu kurze Ausbildungszeit für Tanzpädagogen und Tänzer, verlangt einen mindestens vierjährigen Studiengang bis zur Erreichung einer Diplomreife, fordert staatliche Unterstützung unbemittelter Schüler, Künstler und wertvoller Schulanstalten, wie sie anderen Kunstzweigen zuteil wird. Er ist sich einig darin, daß die Theaterpraxis und ihre Forderungen unbedingt in den Ausbildungsweg des Bühnentänzers einbezogen werden. Der Kongreß richtet an die Behörden das Ersuchen, möglichst bald eine Hochschule für Tanzkunst zu schaffen. In allen Schulgattungen ist die tänzerische Gymnastik als Lehrfach einzusetzen.

Der Tänzerkongreß betont den inneren Zusammenhang zwischen

den neuen tänzerischen Bestrebungen und dem Laientanz (Festgestaltung durch Tanz, geselliger Tanz, Bewegungschor), fordert ständige Förderung durch die Tänzerschaft und verlangt, daß die Ausbildung des Laientanzlehrers eine genaue Regelung und Krönung durch
die Schaffung einer öffentlichen wissenschaftlich-soziologischen Forschungsstätte für Bewegung erfährt ...

Bericht vom 2. Deutschen Tänzerkongreß, Essen 1928
... Besondere Festlichkeit gewann der Kongreß durch die drei
Abende, welche von der Tanzgruppe Wigman, den Staatsopernballet-
ten Berlin (Terpis) und München (Kröller) und der Tanzgruppe Essen
(Keith) bestritten wurden ...
Wigmans »Feier«, ein Oratorium von höchster Kraft und Eindring-
lichkeit, energiegeladen und bis zum automatenhaften sauber durchgearbeitet, monumental, kalt, gewaltig. Ihm gegenüber die Ballette
von Kröller »Pagoden«, von Terpis »Der letzte Pierrot«, von Keith
»Salat« und »Der siegreiche Horatier«, ausgezeichnete Bühnenwerke
aus dem Wesen des Theaters heraus empfunden und komponiert.
Unumstritten genußreich waren die Gourmandisen, welche Kurt
Jooss zwischen die anstrengende Tagesarbeit hineingestellt hat: Volkstänze von Vierländer Bauern und englischen Morristänzern ..., die Javanischen Tänze von Prinz Jodjana, der mit seiner kultivierten Kunst
tiefste Eindrücke hinterließ; ein Film von Volkstänzen aus allen Ge-
genden Europas, den Prof. Pospíšil vorführte; eine Fülle an Anregung und Interessantem, das die Aufnahmefähigkeit bis auf das letzte
in Anspruch nahm.[145]

Sitzungsbericht der
Deutschen Tanz-Gemeinschaft E.V.
vom 9. 12. 1928 in Berlin

War bis zum Essener Tänzerkongreß (21. bis 26. Juni 1928 – I. L.) der
Kampf der De-Ta-Ge um ihre Ziele und ihre Ideale notwendig und unumgänglich, so hat sich seit dem Essener Tänzerkongreß die Atmosphäre wesentlich entgiftet ... Schon die erste Sitzung (des »Paritätischen Ausschusses der Gesamttänzerschaft« – I. L.) hat gezeigt, daß in
vielen wesentlichen Fragen die Gegensätze nicht so stark sind, wie sie
in Essen erschienen. Deshalb heißt die Parole der gegenwärtigen Situation: Einigung um jeden Preis – natürlich ohne jedes Opfer der

Idee. Zwiespältigkeit in der neuen Tanzbewegung würde von den Behörden nur dazu ausgenutzt werden, überhaupt nichts zu tun ...

Mary Wigman berichtet über eine Aussprache, die sie mit R. v. Laban persönlich gehabt hat, und führt aus: Nachdem die Richtungen des künstlerischen Tanzes ihre pädagogischen und künstlerischen Ziele in Essen klar herausgestellt haben, brauchen sie sich nicht mehr zu bekämpfen. Sie müssen vielmehr in Zukunft die Kraft haben, nebeneinander zu gehen. Besonders in der Frage der Tanzhochschule sei einheitliches Vorgehen geboten. Denn ihre Verwirklichung bedeute die öffentliche und staatliche Anerkennung des Tanzes als Kulturfaktor. Die tänzerische Idee müsse diese Legitimierung durch eine Tanzakademie erfahren, die auf der Grundlage der Meisterateliers zu errichten sei und keineswegs die Arbeit der bestehenden tänzerischen Ausbildungsstätten überflüssig mache ...[146]

Resolutionen aus der Schlußversammlung des 3. Deutschen Tänzerkongresses in München

Resolution des pädagogischen Ausschusses
Der 3. Deutsche Tänzerkongreß (20. bis 25. Juni 1930 – I. L.) sieht auf Grund der Arbeiten seiner pädagogischen Fachkommission in der Pflege des Tanzes ein entscheidendes Erziehungsmittel, dessen Bedeutung in unserem Gesamterziehungswesen noch nicht genügend erkannt ist. Unter den verschiedenen menschlichen Ausdrucksformen ist der Tanz die ursprünglichste und unmittelbarste und darum besonders geeignet, eine Bildung zu begründen, die auf Einheit und Ganzheit der menschlichen Kräfte im persönlichen und Gemeinschaftsleben gerichtet ist. Der 3. Deutsche Tänzerkongreß fordert daher den Einbau der tänzerischen Erziehung, insbesondere der Laientanzpflege in Schule, Jugendpflege, in die Bildungsarbeit der Verbände und Volksbildung und vor allem auch in die Lehrerbildung. Er erwartet davon eine Neubelebung der gestaltenden Kräfte unseres Volkes und der Gemeinschaft der Völker.

Resolution des Fachausschusses für Theaterfragen
Der 3. Deutsche Tänzerkongreß stellt auf Grund der Arbeit seiner Fachkommission für Theaterfragen an die Bühnen folgende Forderungen:

1. Die künstlerische Gleichstellung des Tanzes mit den übrigen darstellenden Künsten mit allen sich daraus ergebenden künstlerischen und sozialen Forderungen.

2. Für den Tanzmeister: Anerkennung als künstlerischer Bühnenvorstand, Teilnahme an den Regiesitzungen und Mitbestimmung des Spielplans. Vorschlagsrecht für Engagements und Entlassung der Tänzer; Anerkennung seines Regieanteils auf Theaterzetteln, Programmen und in den Pressenotizen, Beratungsrecht bei Auswahl der aufzuführenden Tanzwerke. Darüber hinaus volle Wertung seiner tanzkompositorischen Arbeit.

Für den Solotänzer: künstlerische und wirtschaftliche Gleichstellung mit dem übrigen Solopersonal. Für den Gruppentänzer: Entfernung der Statisterie-Klausel aus den Verträgen und ausschließliche Verwendung für tänzerische Aufgaben. An die Stelle der Statisterie muß ein künstlerisch geschulter Bewegungschor treten.

3. Für den Spielplan: Aufstellung und Einhaltung eines Tanzprogramms.

4. Für den Probenplan: Ermöglichung der nach Ansicht des Tanzmeisters notwendigen Bühnen- und Orchesterproben.

5. Für den Theater-Etat: Ausbau der Tanzabteilung zu einem besonderen Betriebszweig mit eigenem Etat. Auswertung der Leistungen durch Matineen und Sonderveranstaltungen. Vorgeschlagen werden: Herausnahme der Tanzdarbietung aus dem Opernabonnement, Schaffung von Tanz-Abonnements, von 4 bis 6 Matineen, Heranziehung eines besonderen Tanzpublikums, wenn nötig durch Gastaufführungen auswärtiger Tanzgruppen von Niveau.

6. Für das Schauspiel: Einbeziehung der tänzerischen Körperbildung in die Erziehung des Schauspielers zur Herausbildung von Wort- und Bewegungsregisseuren, Schaffung eines künstlerischen Sprech- und Bewegungschores.

Die Tänzerschaft erwartet von den staatlichen und städtischen Behörden Verständnis für ihr Streben nach beruflicher Sicherstellung aus der Überzeugung, ein notwendiger kultureller Faktor der Gegenwart zu sein, Unterstützung in dem Ringen um die Einordnung in die soziale Struktur der Zeit.[147]

Plan einer zu errichtenden Hochschule
für Tanzkunst

Gemeinsames Exposé des Deutschen Tänzerbundes E. V. und
der Deutschen Tanzgemeinschaft E. V.

Zielsetzung

Der neue künstlerische Tanz in Deutschland ist von Öffentlichkeit und
Kritik einmütig als wesentlicher Kulturfaktor anerkannt. Gleichberechtigt neben Musik und darstellende Kunst tretend, braucht er als
höchste Fortbildungsstätte nunmehr die *Tanz-Hochschule*, die von der
Tänzerschaft seit Jahrzehnten angestrebt wird. Die Hochschule muß
eine *zentrale Fortbildungsstätte* für *Kunsttanz* und *Bewegungswissenschaft*, für *Berufstanz-* und *Laientanzpädagogik* sein. Ihre Aufgabe besteht darin, bereits fortgeschrittenen Schülern praktisch und theoretisch die Hochschulreife für künstlerischen Tanz, Tanzpädagogik und
Bewegungsregie zu vermitteln.

Notwendigkeit

Es ist notwendig, die heute in den Privat- und Bühnenschulen verschiedenster Richtungen vor sich gehende Ausbildung zum *Kunsttänzer* in einer höheren Fortbildung zu vereinheitlichen. Die Vereinheit-
lichung und höhere Fortbildung ist notwendig, um die Lei-
stungsqualität und das geistige Niveau in Wissen und Können der
Tänzerschaft zum Höchstmaße zu entwickeln und damit der Tanzkunst als einer selbständigen Kunst und als einer Grundlage des theatralischen Wirkens überhaupt zur vollen Entfaltung zu verhelfen.

Dieses Ziel bedingt, daß die Tanzhochschule durch Ausbildung von
Bewegungsregisseuren für die Theater die notwendigen tänzerischen
Führerpersönlichkeiten bereitstellt. Voll erfüllt wird dieser Aufgabenkreis erst dadurch, daß die Tanzhochschule in der gleichen Weise auch
Tanzpädagogen von künstlerischem Niveau fortbildet, die geeignet
sind, eine verantwortungsbewußte Erziehung des kunsttänzerischen
Nachwuchses zu gewährleisten. Auf diese Weise wird die Tanzhochschule zur Schaffung einer lebendigen tänzerischen Tradition und zu
einer einheitlichen Stilbildung des Tanzes beitragen können.

Um die sozialen Werte der Tanzkunst für die Allgemeinheit in
vollem Maße nutzbar zu machen, ist die Förderung und Stützung der
Laientanzbewegung bei der geplanten Hochschulgründung einzubeziehen. Das geschieht durch Fortbildung von *Lehrern* und *Regisseuren für*

Laientanz. Ohne eine solche hochschulmäßige Fortbildung wäre die immer stärker werdende Laientanzbewegung, die berufen erscheint, ein wertvolles Glied der Erneuerung volkstümlicher Kunsterziehung und Festgestaltung zu werden, allen Gefahren des Dilettantismus ausgesetzt. Demgegenüber könnte die Tanzschule zu einer *Zentralstelle für tänzerische Erziehung des Kindes* und des *Erwachsenen* ausgestaltet werden, deren Wert für die Allgemeinheit ohne weiteres einleuchtet. Um all diesen Aufgaben gerecht werden zu können, muß die Hochschule für Tanzkunst nicht nur ein *Lehrinstitut,* sondern auch eine *Forschungsstätte* für *Bewegungswissenschaft* sein.

Aufbau

Der Aufbau der Tanz-Hochschule sieht eine grundsätzliche Zweiteilung in *theoretische* und in *praktische* Fächer vor.

Das theoretische Arbeitsgebiet ebenso wie das praktische gliedert sich in *Kernfächer* und in *Ergänzungsfächer.* Die theoretischen Fächer werden in Universitätsart gelehrt, d. h. durch *Vorlesungen* und damit verbundene *Seminare.* Die praktischen Fächer werden in *klassenweisem* Unterricht gelehrt. Ihren Überbau stellen *Meisterateliers* dar, die in Analogie zu anderen Kunsthochschulen bedeutenden Meistern des Tanzes anvertraut werden müssen, um eine Persönlichkeitsausbildung des Nachwuchses und die Entstehung einer lebendigen Tradition zu gewährleisten.

Für die verschiedenen Berufe, zu denen die Fortbildung an der Tanzhochschule führt, sind besondere *Studienpläne* auszuarbeiten, die obligatorische und fakultative Fächer enthalten.

Die folgende Facheinteilung gibt noch nicht den Studienplan für einen dieser Berufe, sondern die Gesamtaufstellung der an der Tanz-Hochschule gelehrten Fächer.

FACHEINTEILUNG

Tanz-Praxis

Kernfächer

1. *Kunst-Tanz* (Fortbildung von Kunsttänzern)
   a) Tänzerische Gestaltung (Verfeinerung der Technik, Steigerung und Bereicherung des tänzerischen Ausdrucks, Anregung und Förderung eigener tanzkompositorischer Gestaltung).
   b) Pantomime.
   c) Tanz im Theater (Oper und Schauspiel).

351

2. *Berufstanzpädagogik* (Fortbildung von Regisseuren und Lehrern für Berufstanz).
   a) Führung zur Einzeltanzgestaltung.
   b) Führung zur Gruppentanzgestaltung.
   c) Praktischer Unterrichtsaufbau.
   d) Bewegungsregie.
3. *Laientanzpädagogik* (Fortbildung von Regisseuren und Lehrern für den Laientanz)
   a) Reigentanzgestaltung.
   b) Bewegungschorgestaltung.
   c) Praktischer Unterrichtsaufbau.

Ergänzungsfächer

Tänzerische Musikpraxis (Gehörbildung, Geräuschrhythmik, tänzerisches Klavierspiel, tänzerisch-musikalische Kompositionsanleitung).

Äußere Theaterpraxis (Kostüme, Schminken, Beleuchtung, Maschinerie, Dekoration).

Ballettstudio.

Studio für historische National-, exotische und Gesellschaftstänze.

Tanz-Theorie

Kernfächer

1. *Bewegungslehre* (Allgem. Bewegungslehre, Harmonielehre der Bewegung, Kompositionslehre).
2. *Tanzpädagogik* (für Berufs- und Laientanz).
3. *Tanzschrift* (Bewegungsschrift).
4. *Tanzgeschichte* (mit Stilkunde und Ästhetik).

Ergänzungsfächer

Psycho-Physiologie.

Elemente der Musiktheorie.

Anatomie des bewegten Körpers.

Soziologie des Tanzes.

Unterrichtsmittel

Der Unterricht soll durch Heranziehung aller Hilfsmittel eine vorbildliche neuzeitliche Gestaltung erfahren, besonders durch Bildung einer umfassenden *Bibliothek* und eines *Archivs*, das sich auf Filmstreifen, auf tänzerisch-musikalisches Laut- und Noten-Material und aufgeschriebene Tanzwerke erstrecken muß.

Lehrkörper und Leitung
Der Lehrkörper der Tanzhochschule, den die vorgeschriebenen Fächer erfordern, besteht aus *acht hauptamtlichen* und *vier nebenamtlichen* Lehrkräften, wobei die Vereinigung mehrerer Fächer in einer Hand in Aussicht genommen ist ...

Schülerkreis
Der Schülerkreis der Tanzhochschule gliedert sich wie folgt:
1. in die immatrikulierten Studenten der tänzerischen Berufe (Tänzer, Tanzpädagogen für Berufs- und Laientanz, Bewegungsregisseure);
2. die Studenten anderer staatlicher Hochschulen, die tänzerische Fachkenntnis benötigen und deshalb einzelne Fächer der Tanzhochschule belegen müssen;
3. in Hospitanten (Hörer).

Aufnahme
Die Aufnahme als immatrikulierter Student in die Tanzhochschule hängt von dem Bestehen einer Aufnahmeprüfung ab. Zu dieser können nur Schüler zugelassen werden, die bereits in einer anerkannten Privatschule für künstlerischen Tanz eine dreijährige Ausbildung durch eine bestandene Prüfung abgeschlossen haben.

Studiendauer
Die Fortbildung der Tanzstudenten an der Tanzhochschule dauert mindestens zwei Jahre und schließt mit einer Diplomprüfung ab.

Berechtigungen
Das Diplom der Hochschule befähigt für die Berufe:
1. des *Solotänzers* in den Tanzgruppen der Bühnen,
2. des *Bewegungsregisseurs* (nur nach einjähriger Bühnenpraxis),
3. des *Tanzpädagogen* für Kunst- und Laientanz,
4. des *selbständigen Leiters von Ausbildungsstätten* für die tänzerischen Berufe, nur nach einjähriger pädagogischer Praxis und Approbation.

Dieses Exposé wurde gezeichnet von Mitgliedern des Paritätischen Ausschusses der deutschen Tänzerschaft

für den Deutschen Chorsängerverband	*für die Deutsche*
und Tänzerbund E. V.:	*Tanzgemeinschaft E. V.:*
Rudolf von Laban	Mary Wigman
Eugen Friedebach	Dr. Felix Emmel
Olga Brandt-Knack	Ernst Ferand
Lizzie Maudrik	Gret Palucca
Martin Gleisner	Margarete Wallmann[148]

Liesel Freund
Vom Theatertanz

… Ihr Tänzer müßt mithelfen, das Theater von Grund auf neu aufzubauen. In einem oberflächlichen Unterhaltungstheater habt ihr nichts zu suchen. Helft mit, einen *neuen* Geist in die verrostete Arena zu bringen, dann werden *neue* große Spielstücke geschaffen und alte *neu* belebt werden.

Ich glaube nicht, daß es damit getan ist, daß ihr nur Beine und Oberkörper bewegen könnt. Ihr müßt geistig reger und aktiver werden. Nicht euer Körper ist Mittelpunkt, sondern eure Persönlichkeit. Ihr steht nicht isoliert da, sondern seid in einem großen kulturellen Zusammenhang eingeordnet, dessen geistiges Leben ihr begreifen müßt, damit daraus wie aus einem fruchtbaren Grund euer Schaffen wächst.

Laßt ab von eurem törichten Standpunkt, daß Kunst, daß Theater nur um seiner selbst willen da sei. Kunst, wie jedes Schöpferische, steht zunächst im Dienste des Lebendigen. Wie wolltet ihr von eurer Kunst leben, würde nicht lebendiger Widerhall euer Schaffen tragen. Wahre Kunst ist geballter Ausdruck der Zeit. Macht euch mit den geistigen Strömen und Nöten eurer Zeit vertraut, dann werdet ihr in dem Schaffensprozeß mit eingeordnet sein …

Aufgabe der tänzerischen Schulung muß es sein, den Menschen mit *allen* seinen Fähigkeiten zu entwickeln. Geist und Körper müssen gleichmäßig ausgebildet werden …[149]

Hans W. Fischer
Tanzkritik

... es ist noch gar nicht so lange her, daß man den Anspruch des Tanzes auf eine eigene Kritik als Anmaßung abgelehnt hätte ... An vielen Orten war der Musikkritiker, der ja von der Oper her das Ballett kannte, für den neuen Tanz zuständig: er sah naturgemäß die Aufgabe des Tanzes in der restlosen Ausdeutung der Musik und schlug ihn damit in die Fessel, die abzustreifen gerade die wesentliche Tendenz der neuen Bewegung war ...

Gewiß kann man auch von der musikalischen und bildnerischen Seite her manches Beachtenswerte zum Tanz sagen; aber sein Ganzes läßt sich niemals von außen her erfassen, sondern immer nur aus dem Zentrum, dem Kern. Kritiker des Tanzes kann nur sein, wer seine Eigengesetzlichkeit begriffen hat. Nur aus ihr läßt sich Absicht und Grad der Leistung beurteilen; auf beides kommt es in gleichem Maße an – wie in allen Künsten ... Ich pfeife auf den Kritiker überhaupt und auf den Tanzkritiker insbesondere, in dem nicht ein Stück Enthusiast steckt, der sich von einem großen Eindruck übermannen läßt – was ja keineswegs ausschließt, daß er die Gründe für und wider aufs sorgfältigste nachprüft ... So segensreich und unbedingt notwendig gerade für eine neue Kunst das Experiment ist, so ist es doch niemals das Ziel; das liegt vielmehr immer in der runden, abgeschlossenen, tief gegründeten und höchst gesteigerten Leistung. Auf sie strebt jede Kunst zu, ihr dazu zu helfen ist die eigentliche Aufgabe der Kritik. Bei aller Hochachtung für jeden Wagemut, bei aller zarten Schonung für jeden Keim und Trieb wird sie daher stets zu prüfen haben, ob der eingeschlagene Weg zu einer wirklichen Erfüllung führen kann ...[150]

Anordnungen der Reichstheaterkammer

Die ersten Meister-Prüfungen für Tanz
Das Sommer-Semester 1937 an den *»Deutschen Meister-Stätten für Tanz«* beginnt am 5. April und endet im Juli. Anschließend daran werden zum erstenmal die besten Meisterschüler und Berufstänzer, die sich an den Abschlußkursen der führenden Meister beteiligt haben, zur *Meister-Prüfung* zugelassen.

Das Sommer-Semester vollzieht sich unter völligem Neuaufbau der zur beruflichen Tanzausübung in Deutschland künftig erforderlichen Tanzfächer, entsprechend den neuesten Richtlinien der Reichstheaterkammer, mit dem Ziel des allgemeinen tänzerischen Bildungsabschlusses zur Berufsvermittlung. Die Meisterkurse vermitteln diesen Abschluß zur Berufsausübung, sowie die Lehrbefähigung für Kunst- und Laientanz. Mit der bestandenen Abschlußprüfung an den Meister-Stätten wird das Recht zum unmittelbaren Berufsantritt erworben.

An diesem richtungsweisenden Neuaufbau des deutschen Tanzes wirken an den Meister-Stätten als führende Meister und Abteilungsleiter in den praktischen Disziplinen im Sommer-Semester:

Harald *Kreutzberg* und C. F. *Wilckens* (Sonderkurs), Tamara *Rauser*, Max *Terpis*, Lotte *Wernicke*, Mary *Wigman*, für die theoretischen Gebiete in grundlegender Form: Fritz *Böhme*, Rolf *Cunz*, Gustav *Fischer-Klamt* und A. E. *Frauenfeld*. Es bestehen folgende *Meisterklassen*: bis zur Tanzmeisterreife: Theatertanz (moderne und klassische Technik), National- und Charaktertanz, Kammertanz. – Tanzpädagogik bis zum Prüfungsabschluß, Tänzerische Körperbildung, Laientanzgestaltung. – Staatskunde, Rassen- und Tanzlehre, Geschichte des Tanzes. – Laufendes Praktikum (allgemeine Stilbildung).

Teilnahmeberechtigt sind: Kunstbetrachter, Musiker, Bühnenkünstler, Tänzer, Lehrkräfte und Tanzfreunde. Aufnahme finden fertige Tanzschüler von privaten Tanzausbildungsstätten oder Ballettschulen, Tänzer und Tänzerinnen, die sich durch ihre bisherige Berufstätigkeit zur Anwärterschaft für leitende Tanzberufe eignen und Mitglieder der Fachschaft Tanz oder der Fachgruppe V der Fachschaft Bühne, der Fachschaft Artistik, der Fachschaft Film sind. Ausländer können als Hospitanten teilnehmen und Fertigkeitsausweise erwerben.

Endzweck des nur an den Meister-Stätten zu erwerbenden tänzerischen Bildungsabschlusses ist: die Erlangung des *Meistertitels*. Allgemeines Prüfungsziel jedoch bleibt die Vermittlungsfähigkeit als Ballettmeister am Theater oder als Leiter von freien Tanzgruppen, als Solotänzer, als Leiter bzw. als Lehrer an Ausbildungsstätten oder auch eine allgemeine tänzerische Fachausbildung für nicht berufsmäßig wirkende Tanzinteressenten ...

...Nachweis der arischen Abstammung Bedingung.[151]

Arabesken

»Stunde des Tanzes« heißt eine begrüßenswerte, vielversprechende neue Einrichtung, die junge oder noch unbekannte Tanzbegabungen fördern und einem größeren Publikum vorstellen soll. Den Auftakt werden drei Veranstaltungen in der Berliner Volksbühne bilden, wo bereits »arrivierte« Tänzer und Tänzerinnen aufstrebende Talente vorstellen werden. Die »Stunde des Tanzes« steht unter der besonderen Obhut des Reichsministeriums für Volksaufklärung und Propaganda, der Reichstheaterkammer (Fachschaft Tanz), der Stadtverwaltung Berlin, der NS.-Kulturgemeinde und der NSG »Kraft durch Freude«.[152]

Amtliche Mitteilung
der Reichstheaterkammer

Anordnung über die Teilnahme von Juden
an Darbietungen der deutschen Kultur
vom 12. November 1938

Auf Grund des § 25 der Ersten Verordnung zur Durchführung des Reichskulturkammergesetzes vom 1. November 1933 (RGBL I S. 797) ordne ich folgendes an:

Nachdem der nationalsozialistische Staat es den Juden bereits seit über 5 Jahren ermöglicht hat, innerhalb besonderer jüdischer Organisationen ein eigenes Kulturleben zu schaffen und zu pflegen, ist es nicht mehr angängig, sie an Darbietungen der deutschen Kultur teilnehmen zu lassen. Den Juden ist daher der Zutritt zu solchen Veranstaltungen, insonderheit zu Theatern, Lichtspielunternehmen, Konzerten, Vorträgen, artistischen Unternehmen (Varietés, Kabaretts, Zirkusveranstaltungen usw.), Tanzvorführungen und Ausstellungen kultureller Art, mit sofortiger Wirkung nicht mehr zu gestatten.

Berlin, den 12. November 1938.   Der Präsident
                                                  der Reichskulturkammer
                                                  gez. Dr. Goebbels.[153]

Rudolf Laban
Die Bewegungskunst
im Dienste der Allgemeinheit
Ein kurzer Bericht über meine Tätigkeit in England
(um 1948)

Die Ereignisse der letzten zwei Jahrzehnte haben den denkenden Künstler in eine eigentümliche Lage versetzt. Auf der einen Seite ist nach wie vor die Erfreuung der Menschen durch das Schaffen von Werken der Kunst ein erstrebenswertes Ziel. Auf der anderen Seite ist es jedem schöpferischen Menschen klar geworden, daß die Allgemeinheit sich selbst in einem Aufruhr neuen Werdens befindet und daß der Künstler, sowie jeder andere, hilfreiche Handleistung in diesem Werden zu geben hat. Es ist freilich möglich, diesem Dilemma in der Weise gerecht zu werden, daß der Künstler den Inhalt seines Werkes den Nöten seiner Zeit anpaßt. Ein Beispiel auf dem Gebiete der Bewegungskunst ist das Tanzdrama »Der grüne Tisch« ... Ich erwähne Kurt Jooss, meinen früheren Schüler und Freund, weil er der bedeutendste Vertreter des modernen Bühnentanzes ist, der hier in England vor 15 Jahren ein Asyl gefunden hat. Mit ihm kam Lisa Ullmann, die ihm in der beruflichen Erziehung seiner Tänzer half.

Lisa Ullmann hat einen anderen Ausweg aus dem oben erwähnten Dilemma gefunden. Schon kurz nach ihrer Ankunft hier gründete sie einen Bewegungschor in Plymouth und später andere Chöre in anderen Städten, in denen Laien Gruppentänze pflegten. Solche Gruppentänze sind nicht so sehr auf den Zuschauer abgestellt, als daß sie das körperlich-geistige Erleben künstlerischer Bewegung erwecken sollen. Es erübrigt sich zu sagen, daß hierbei inhaltlich die zeitgemäße Not des modernen Menschen größte Berücksichtigung findet.

Als ich vor mehr als einem Jahrzehnt nach einem kürzeren Aufenthalt in Frankreich hierherkam, zog mich naturgemäß die Tätigkeit meiner beiden früheren Schüler an, und ich versuchte dann meine Forschungsarbeit in den Dienst der vorhandenen praktischen Arbeit zu stellen. Kunst und Kunstforschung wurde aber von dem Wirbel der Ereignisse hinweggerissen und die praktischen Probleme der Bewegung des arbeitenden Menschen und der Erziehung der Jugend traten in den Vordergrund. Bald standen wir, Lisa Ullmann und ich, in einer Fabrik, in der wir unsere Bewegungskenntnisse dazu verwandten, um den Arbeitern und Arbeiterinnen ihr hartes Werk zu erleichtern.

Das geschah nicht nur, indem wir versuchten, sie körperlich zu er-tüchtigen und mit ihnen die ökonomischste Form ihrer Handgriffe zu erörtern. Es galt vielmehr ..., die Last des oft ungewohnten Arbeitens dadurch zu erleichtern, daß die Freude am Arbeitsrhythmus erweckt wurde.

Im Maschinenzeitalter ist dem Menschen die Freude an der rhyth-mischen Funktion seines Körpers und Geistes während der Arbeit ab-handen gekommen. Es ist auch schwer, an den endlosen und monoton ermüdenden Griffen und Handlungen der Maschinenarbeit inneren Anteil zu nehmen. Ein großer Teil der Müdigkeit ist der Langeweile und der inneren Teilnahmslosigkeit zuzuschreiben. Der Arbeiter sieht auch das Endresultat seines Wirkens nur in wenigen Fällen und kann seiner Beschäftigung mit massenproduzierten Einzelheiten kein schöpferisches Interesse abgewinnen. Was ihn aber interessieren kann und muß, ist die persönliche Form seiner Funktion. Dieses Interesse wächst, wenn die Möglichkeit erkannt wird, daß durch zweckentspre-chende Erholungsbewegungen die ermüdende und oft schädliche Einseitigkeit körperlicher Anstrengung und geistiger Aufmerksam-keit unterbrochen werden kann ... Kinder und primitive Menschen finden den richtigen Arbeitsrhythmus leichter als der moderne Mensch, für den die *Bewegung* aus verschiedenen Gründen ihren Sinn und ihren Reiz verloren hat ...

Neben der Entdeckung und Pflege des Arbeitsrhythmus ist ... eine neue Form der Freizeitgestaltung eine wesentliche Lebensnotwendig-keit für den heutigen Menschen. Eine solche neue Form der Freizeit-gestaltung ist in den Bewegungschören gegeben.

Das andere Gebiet, auf dem Bewegungspflege in einem neuen Sinne notwendig erschien, war die Schule ... Die freie Bewegungs-freude, die jedes Kind aufweist, wird in der heutigen Massenerzie-hung frühzeitig verkrüppelt. Es ist auch keine leichte Sache, Klassen von fünfzig und mehr Kindern, in denen die Bewegungslust explosiv aufgespeichert ist, plötzlich freien Lauf zu lassen ... Lisa Ullmann hat nun praktisch nachgewiesen, daß freie tanzartige Gruppenbewegung eine andere und durchaus neue Lösung des Problems ermöglicht. Die dankenswerte Bereitwilligkeit der Lehrer und der Erziehungsbehör-den hat diesem Gebiet der Bewegungskunst einen ungeahnten Auf-schwung gebracht. Nicht nur gibt es heute tausende von Lehrern, die zu Tanzkursen zusammenströmen, um in dieses interessante Gebiet eingeführt zu werden, sondern einige, und nicht wenige, setzen ein längeres Vollstudium, im Durchschnitt ein Jahr, daran, um die nötigen Kenntnisse zu erwerben, mit denen sie die neue Bewegungskunst praktisch in die Schule einführen können ...

Lisa Ullmann hat ... vor mehreren Jahren ihr »Art of Movement Studio« in Manchester als die Zentralstätte für Bewegungserziehung gegründet. Das Studio ermöglicht mir auch die Fortsetzung meiner Forschungsarbeit mit dem »Management Training Institute« meines Freundes, dem Ingenieur F. C. Lawrence, mit dem ich auch gemeinsam ein Buch über »Effort« geschrieben habe. Das Wort »effort«, das heute in der Industrieforschung der englisch sprechenden Länder viel gebraucht wird, läßt sich schwer übersetzen. Grundlegend bedeutet es den körperlich-geistigen Anstoß, der jeder menschlichen Handlung – und auch jedem Gedanken – vorangeht. Dieser ursprüngliche innere Antrieb ist das Ergebnis von zusammenwirkenden Funktionen des menschlichen Organismus. Der Effort kann beobachtet und bewußt kontrolliert werden, und diese Kontrolle eröffnet dann die Möglichkeit des Erziehens, der Verbesserung, der Rhythmisierung von Handlungen aller Art ... Es ist zum Beispiel klar, daß, obwohl der überwiegende Teil der Bevölkerung Arbeiter sind, ein großer Teil andere Tätigkeiten ausübt, in denen körperliche Arbeit nur eine geringe oder *fast* gar keine Rolle spielen, Leiter von Fabriken, Lehrer, Ärzte, Beamte und nicht zuletzt Künstler leiden unter den gleichen Folgen der persönlichen Bewegungslosigkeit unserer Zeit ... Nicht nur müssen diese Menschen die Bewegungsnöte der ihnen anvertrauten Angestellten, Kinder, Patienten und des Kunstpublikums gewahr und gerecht werden, sondern sie müssen auch in sich selbst dem wohltätigen Bewegungsrhythmus Raum geben. Dieses zusätzliche – vielleicht sogar grundlegende – Problem der Bewegungskunst im Dienste der Allgemeinheit muß noch gelöst werden ... Es wird daher niemanden wundern, daß Ärzte auf unsere Arbeit aufmerksam wurden und daß unsere Tätigkeit sich daher außer auf Fabriken und Schulen auch auf Krankenhäuser und Erholungsheime ausgebreitet hat. Dem, was allgemein Kunst genannt wird, kommt freilich die Freizeitgestaltung in Bewegungschören am nächsten. Ein besonderes Element ist hierfür die Erweckung des Sinnes für menschliche Werte, was ja die Aufgabe aller sinnvoller Kunst, die nicht nur auf Zerstreuung zielt, sein sollte ...

Eine kleine Gruppe von jungen Berufstänzern, die zu Schulen herumreist und eigens für das Verständnis der Kinder geschaffene Spiele zeigt, ist ein charakteristisches Produkt der Bewegungskunst unserer

Zeit ... Eines der interessantesten Teile meines Forschungsmaterials sind Kritiken, die von jedem einzelnen Kinde einer Schulklasse geschrieben worden sind. Diese Kritiken geben einen tiefen Einblick nicht nur in die Kinder- und Menschenpsychologie im allgemeinen, sondern auch in die Verteilung von Beobachtungsgabe und Interessengebieten ...

In diesem Theater für Kinder (»Northern Children Theatre« – I. L.), in dem ich seit seiner Begründung im Jahre 1946 als Bewegungsregisseur mitwirke, spielen erwachsene Berufsschauspieler für Kinder ... Ich finde in der Zusammenarbeit mit Esme Church, der Leiterin der »Northern Theatre School«, aus der das Theater für Kinder erwuchs, eine Art von Erfüllung meiner »Tanz-Ton-Wort«-Bestrebungen, die ich vor einem halben Jahrhundert in München anbahnte ...

Die rhythmischen Kräfte, die den Zuschauer von der Bühne aus erfreuen, beleben und erheben, sind Kräfte, die jeder in sich trägt.

In einer Zeit wie der unseren ist die Wiedererweckung dieser persönlichen Kräfte in jedem einzelnen und im gemeinschaftlichen Bewegungschor ein Dienst an der Allgemeinheit, dem sich der heutige Künstler nicht zu verschließen vermag.[154]

Mary Wigman
Zu neuen Ufern

... Als Künstler kennen wir die beseligenden Augenblicke der schöpferischen Eingebung.

Wir kennen aber auch den arbeitsreichen Weg, der von der Intuition bis zur künstlerischen Gestalt führt. Und darum wissen wir wohl auch um jenen Weg, der uns von den neuen Ufern als von einer unserer selbst wieder würdigen Zukunft trennt.

Zu diesem Weg sind wir angetreten! Er ist so mühevoll wie keiner, den wir je beschritten haben. Über Trümmer und Zerstörung hinweg, durch Ströme von Tränen hindurch, beladen mit der Erlebnislast der Vergangenheit und den Sorgen und Nöten der Gegenwart müssen wir Schritt für Schritt uns diesen Weg frei machen.

Unser künstlerisches Schaffen wird die Spuren dieses schweren Zukunftsweges tragen, und wir werden diese Spuren nicht verleugnen dürfen ...

Ich habe für den Tanz gelebt, und ich habe um ihn gelitten. Ich habe etwas geben können, was viele andere ihm nicht zu geben vermochten, nämlich: die Würde einer vollrangigen Kunst. Diese Würde wurde dem Tanz wieder genommen ... »Schmissiges Ballett und zackige Erotik« so lautete die Parole, unter die das dritte Reich den Tanz stellte.

Es ward »für zu leicht« befunden und konnte sich in einer verlogenen und völlig mißverstandenen Volkstümlichkeit nur noch am Rande einer billig gewordenen Unterhaltungskunst auswirken. (Die wenigen Ausnahmen bestätigen die Regel.)

Durch die Mißachtung seiner echten künstlerischen und seiner sittlichen Werte wurde dem Tanz aber auch der gesunde und kräftige Nährboden für den tänzerischen Nachwuchs entzogen, und die Tänzer – insbesondere die jungen und jüngsten unter ihnen – verloren die Achtung und die Ehrfurcht vor dem tänzerischen Werk, vor Arbeit und Leistung ...[155]

Charlotte Eichhorn
Mary Wigman und ihr Studio

Unser Leipziger Berichterstatter G. Geronskij besuchte in Leipzig die Altmeisterin des deutschen Ausdruckstanzes Mary Wigman in ihrem Tanzstudio, in dem sie erneut ihre Arbeit aufgenommen hat.

Es sind noch keine Ergebnisse, keine dramatischen Tanzschöpfungen wie die »Niobe«, »Die schwarze Königin« oder andere der vergangenen Tanzgestalten, die Mary Wigman hier vorbereitet und deren Ruhm sie einst zu einer wahrhaft internationalen Erscheinung der Tanzkunst machte. In den letzten Jahren wurde es zwar sehr still um die Künstlerin. Wie in anderen zahlreichen Fällen des Kunstlebens, die sich nicht in das nazistische Parteischema einpressen ließen, haben auch im Falle Wigman die »Kulturwalter« des Herrn Rosenberg vollkommen versagt.

Mary Wigmans Tätigkeit in Dresden, wo einst ihre Tanzdramen entstanden, war durch das Eingreifen »kraftfreudiger Volksgenossen«, denen die Richtung der Künstlerin »zu dramatisch« erschien, einfach gelähmt. Die Leipziger Hochschule für dramatische Kunst – eine Stiftung, deren freie Tradition auf Johann Nepomuk David zurückreicht – wagte es, der in Ungnade Gefallenen das künstlerische Asyl zu gewähren und sie ab 1942 als Gastlehrerin zu beherbergen.

Wir finden heute Mary Wigman in der Messestadt Leipzig in einem Haus der Mozartstraße, das hier in unmittelbarer Nähe des zertrümmerten Gewandhauses erhalten blieb. Kalt ist es in den großen Räumen, wo schon in früher Stunde die Schülerinnen der Wigman fleißig trainieren. Zwanzig Mädchen, die begabtesten und für den dramatischen Ausdruckstanz geeigneten, hat Mary Wigman um sich versammelt, um sie ihre große Bewegungskunst zu lehren. »Künstlerische Erziehung«, so betont Mary Wigman in dem Gespräch, das wir mit ihr führen, »gleicht der Arbeit eines Gärtners, sie braucht Zeit«. Es versteht sich, daß eine Meisterin von der Erfahrung und dem Kunstgewissen der Wigman nur wirklich durchgestaltete tanzchorische Darbietungen vor der Öffentlichkeit zeigen wird. Erst kommt die Arbeit und immer wieder die Arbeit am künstlerischen Nachwuchs. Es ist erfreulich, zu wissen, daß diese bedeutende Frau und Künstlerin die von ihr selbst geschaffene *Tradition durch ihr Studio fortsetzen wird*. Und darum bedeutet ihr Name nicht nur ein ruhmreiches Gestern, sondern nach wie vor ein vielversprechendes Morgen.[156]

Edith Krull
Die Tänzerin Palucca

… Sofort nach der Befreiung begann Palucca mit neuer Kraft ihr Schaffen. Durch die zerstörten Straßen Dresdens wanderte sie morgens stundenlang, einen kleinen Rucksack mit Trainingszeug und kärglichem Essen auf dem Rücken, an eine irgendwo entdeckte neue Arbeitsstätte. Sie hatte kaum etwas anzuziehen, geschweige denn Kostüme, doch ihr Mut und ihre Schaffenskraft waren ungebrochen; sie war glücklich, endlich wieder richtig arbeiten zu können. Sie stellte sich für den Wiederaufbau des Dresdner Kulturlebens zur Verfügung und nahm auch ihre schöpferische Tätigkeit wieder auf, probierte früher Geschaffenes, entwickelte neue Tänze und bemühte sich, unterstützt von guten Freunden, aus Resten und Überbleibseln Kostüme zu schneidern. Schon im Juli 1945 trat sie in Dresden mit einem Soloabend an die Öffentlichkeit, von ihren Mitbürgern, die ihre Kunst so lange hatten entbehren müssen, mit begeistertem Jubel begrüßt …[157]

Gerhard Schumann
Gespräch mit Palucca

Die Palucca-Schule veranstaltet gerade den 22. Internationalen Sommer-
kurs. Sie haben ein interessantes und ... wohl auch sehr ausgewogenes Pro-
gramm: Sie vermitteln Klassisch, vertreten durch die bekannte sowjetische
Gastdozentin Nina Ulanowa, Spanisch durch die derzeit wohl beste Pädago-
gin und Choreographin Susana. Sie haben einen Kurs für Jazz, der von
Horst Müller geleitet wird, und Sie selbst geben Neuen Künstlerischen Tanz.
Gibt es so etwas wie ein zentrales Thema? Welches ist das Anliegen eines sol-
chen Kurses?

Das zentrale Thema heißt: Weiterbildung für alle, die schon im Berufsleben stehen. Ein Anliegen ist unter anderem, daß die Kursteil-
nehmer mit der Arbeit an unserer Schule bekannt werden, deshalb
zeigen wir ihnen zu Beginn in einer Demonstrationsveranstaltung
Ausschnitte und Ergebnisse der Arbeit des jeweiligen Schuljahres. Im
Klassischen Tanz können sich vor allem die Tänzer unter den Teilnehmern bei Nina Ulanowa, einer ausgezeichneten Vertreterin dieses
Faches, weiterbilden und korrigieren, selbst wieder einmal Schüler
sein. Wir sind auch immer sehr bemüht, auf dem Gebiet der Folklore
Persönlichkeiten in unserem Sommerkurs zu haben, die den Tänzern
und Pädagogen echte Folklore vermitteln. Hier besteht nach meinem
Dafürhalten ein großer Nachholebedarf ... Im Fach Neuer Künstlerischer Tanz können wir in vierzehn Tagen nur Erkenntnisse vermitteln,
die Tänzer immer wieder darauf aufmerksam machen, daß sie begreifen müssen, was sie tun, daß sie mit Bewußtsein tanzen. Phantasie entwickeln. Wir versuchen, sie mit den künstlerischen Mitteln vertraut zu
machen wie Raum, Zeit im Tanz, Improvisieren, musikalische Probleme. Natürlich gibt es anschließend Gespräche ...[158]

Chris Baumgarten
Dore Hoyer

Als ich 1947 Dore Hoyer anläßlich ihres ersten Tanzabends nach dem
Krieg in Weimar kennenlernte, ahnten wir beide nicht, daß aus dieser
Begegnung eine Freundschaft und fachliche Wechselbeziehung
würde, die beiderseits schöpferisch befruchtend werden sollte. Jeder
von uns brachte Anlagen mit, die es ermöglichten, den Partner auf sei-

nem Spezialgebiet zu erkennen und zu verstehen. So besaß Dore Hoyer eine überdurchschnittliche Musikalität, die sie dazu befähigte, Bachsche Polyphonie zu begreifen und dem thematischen Inhalt von Präludien und Fugen bewegungsschöpferisch eine sichtbare Gestalt zu geben. Ein ungewöhnlich rhythmisches und tonliches Gedächtnis war ihr dabei hilfreich.

Ilse Loesch als Tanzpädagogin und ich als Komponistin und Chorleiterin waren 1948 als Spezialisten ans Deutsche Theaterinstitut in Weimar verpflichtet worden, nachdem wir bereits einige Jahre zusammengearbeitet hatten.

Von unserem ganzen Erfahrungsbereich nun nahm Dore Hoyer Kenntnis. Es begann ein Briefwechsel, aus dem ab Mitte der fünfziger Jahre ein Plan heranreifte. 1960 schloß sie in Buenos Aires und La Plata einen einjährigen Vertrag zur Gründung einer Kammertanzgruppe und eines Bewegungschores ab. Die Teilnehmer beider Gruppen wollte sie ausbilden, hatte dazu einen Lehrplan aufgestellt und hoffte, daß ich kompositorisch mitarbeiten und die musikalische Betreuung übernehmen könnte.

Leider scheiterte dieses ganze Vorhaben am mangelnden Verständnis der dortigen Verhandlungspartner. Es gelang Dore Hoyer lediglich, das Tanzspiel »Die Idee« nach Frans Masereel zu choreographieren, einzustudieren und erfolgreich aufzuführen. Dann kehrte sie zurück.

Günstig für unsere weitere Zusammenarbeit war nun der Umstand, daß ich zum Aufbau eines Studios für den singenden Schauspieler ab 1961 am Deutschen Theater in Berlin engagiert war. Und Dore Hoyer wohnte zwischen ihren Auslandstourneen in Westberlin … Sie konnte Produkte meiner kompositorischen Arbeit bei Proben hospitierend oder von mir selbst interpretiert kennenlernen. Damit wurde unversehens die Tür zu einer Äußerungsweise geöffnet, die für die Tänzerin Dore Hoyer zu einer Erweiterung ihrer Schaffensmöglichkeiten werden konnte.

Schon von Anfang an war ihre große Aufmerksamkeit für solche Textvertonungen auffallend, die dichterisch und musikalisch in knapper Form menschliche Erfahrungen, Probleme, Erkenntnisse zum Inhalt haben. Oft war sie fasziniert von den interpretatorischen Möglichkeiten und äußerte eines Tages, mit ihr eigenen Vorbehalten, den Wunsch, einmal selbst so etwas zu versuchen. Ich hatte das insgeheim schon längst erhofft. Nun kam es also von ihr selbst!

Mut machen war jetzt erstes Gebot. Mein Vorschlag war, ein Programm mit Tanz und gestischer Wort-Ton-Aussage vorzubereiten.

Inzwischen hatten sich bestimmte Abnutzungsbeschwerden in den Knien der Tänzerin so sehr verschlimmert, daß ein Endpunkt ihrer solistischen Laufbahn gekommen zu sein schien. Ein Leben ohne die tanzschöpferische Aussage war für Dore Hoyer nicht vorstellbar. Eine neue Ausdrucksebene zu gewinnen aber war eine Hoffnung, eine vage Möglichkeit, vor den eigenen Maßstäben noch zu bestehen.

In einer Kritik aus der »Frankfurter Allgemeinen Zeitung« vom 25. Juni 1955 hatte es geheißen: »Wenn man nichts von ihr sähe als diese Hände und dieses Gesicht, wüßte man, daß sie Tänzerin ist von einer für unsere Zeit einmaligen Unbedingtheit ... bis in die Fingerspitzen hinein geistbeherrscht.« Dore Hoyer besaß also die Voraussetzungen dafür, sich diesem neuen Ausdrucksgebiet zuzuwenden, Programme zu erarbeiten, in denen auch das vertonte Wort seinen Platz hatte. Als Novum würden sich hier Sprach- und Stimmvorgänge bei einem solchen geistigen Vorgang paaren mit sparsamer, unverkennbarer Gestik dieser Tänzerin. Solch ein Plan belebte sie. Aber – es mußte beim Plan bleiben. Ihr körperlicher Zustand und die unausweichliche Existenznot – beschämend für die Gesellschaft, in der sie sich mit ihrem Schaffen behaupten mußte – löschten Kräfte und Willen aus; sie schied Ende 1967 in Westberlin freiwillig aus dem Leben.[159]

Dore Hoyer
An meine Freunde

... Viel Liebe und echte Freundschaft begegnete mir. Aber es bedeutete nicht das Höchste für mich. Das Höchste und Heiligste war mir mein Schaffen. Der Tanz nahm mich mit Leib und Seele in Besitz. Nur in ihm konnte ich mich anderen, der Gemeinschaft mitteilen, nur im Tanz fühlte ich mich verbunden mit der Welt und mit dem Leben.

Tanz wird nur vor Menschen zur Sprache. Und wenn ich nicht auf der Bühne stand, so bereitete ich, tanzend, diesen Höhepunkt des gemeinsamen Erlebens vom Podium zum Zuschauerraum monatelang und jahrelang vor – allein in vier Wänden ...

Meinen ersten Soloabend gab ich am 1. März 1933, als Hitler die Macht antrat, die auch ich unliebsam zu spüren bekam bis 1945. Mei-

nen letzten Soloabend bekam ich am 18. Dezember 1967 mit einem
nun erwiesen restlos verbrauchten Knie. Damit bin ich ans Ende ge-
langt. Damit fühle ich mich ausgestoßen aus der Gemeinschaft als
dienendes Glied. Ich kann nicht anders als selbst den Schlußstrich zu
ziehen.[160]

Kurt Jooss
Tanz in der Mitte des Jahrhunderts

Während vier Tagen, vom 12. bis 15. Juli dieses Jahres (1952) trafen sich
gegen 200 Tänzer und Tänzerinnen in Recklinghausen, der Stadt der
Ruhrfestspiele, um ihre künstlerischen und allgemeinen Probleme zu
besprechen und in Demonstrationen, Übungsstunden, Aufführungen
und Vorträgen sich Rechenschaft und, nach Möglichkeit, Klarheit zu
verschaffen über den augenblicklichen Stand ihrer Kunst. – Im
Brennpunkt des Interesses und auch der Kontroverse stand ohne
Zweifel die Frage: »Wie soll man tanzen, ›klassisch‹ oder ›modern‹
oder wie?« Mir war es zugefallen, zu diesem Thema das einleitende Referat zu halten. Das hier Folgende, ungefähr, schien mir wichtig, zu
sagen:
   In ähnlichen Juli-Tagen, vor gerade einem Vierteljahrhundert, ereignete sich im Zusammenhang mit der Großen Theaterausstellung in
Magdeburg der Erste Deutsche Tänzerkongreß und, soweit ich unterrichtet bin, der erste Tänzerkongreß, zumindet in der europäischen
Geschichte überhaupt …
   Dieser Kongreß war ein voller Erfolg, ein Anfang, eine Verheißung.
Ihm folgte ein Jahr später der zweite Kongreß in Essen. Der wurde
eine dramatische Angelegenheit. Zwei neue Systeme von Bewegungsschrift wurden den Tänzern vorgelegt – die eine davon die inzwischen
weitverbreitete »Kinetographie Laban« – ein heißer Streit entbrannte
darum, nicht welches System das brauchbare wäre, sondern ob man
Tanz überhaupt aufschreiben und festhalten oder man ihn dem Augenblick überlassen und dann vergehen lassen sollte. Dieses Problem
aber war wiederum nur ein Seitenzweig dessen, das im Mittelpunkt
schon des damaligen Kongresses als brennende Frage stand: Was soll
an den offiziellen Stellen als Tanz gepflegt werden, am Theater, an
den Berufsschulen? Der überlieferte klassische Tanz, das »Ballett«,
oder der neue, aus frischen schöpferischen Quellen hervorbre-
chende, die Form noch suchende »Moderne Tanz?« …

Seitdem sind 24 Jahre vergangen, Jahre, in denen allenthalben in der europäisch-amerikanischen Welt gegeneinander oder gemeinsam gerungen wurde um die Form einer Tanzkunst, die mit echter Ausdrucks- und Aussagekraft im Reigen der zeitgenössischen Künste ihren wesentlichen Platz haben sollte. Schon in den vor 200 Jahren begonnenen »Briefen über den Tanz« des großen Noverre handelt es sich um dieselben Forderungen, die Fokin im Jahre 1910 in seinem Brief an die Londoner »Times« überraschenderweise aussprach, als er – im Laufe seiner berühmten »5 Punkte« forderte: »für jeden einzelnen Fall eine neue Bewegungsform zu erfinden, entsprechend dem Thema und dem Charakter der Musik – anstatt nur Kombinationen von fertigen Schrittformen zu geben«; als zweiten Punkt führte er aus: »Tanz und Geste im Ballett haben keinen Sinn, ohne daß sie als Ausdruck dramatischer Handlung dienen«; unter Punkt 3 verlangt er: »den Gebrauch von konventioneller Geste nur zu erlauben, wenn sie durch den Stil des Balletts erfordert ist, und in allen anderen Fällen die Gesten der Hände durch Bewegungen des ganzen Körpers zu ersetzen. Der Mensch *kann* und sollte *ausdrucksvoll* sein vom Kopf bis zu den Füßen.«

Während Fokin seine Forderungen formulierte und sie durchzuführen sich bemühte innerhalb der klassischen Tradition, das heißt auf evolutionäre Weise, bildete sich außerhalb des Traditionellen das bunt schillernde Lager der Tanz-Sezession, der Revolutionäre, die getrieben von demselben ehrlichen Ausdruckswillen, jedoch in radikaler Abkehr vom alten, die neue Lösung suchten, die im erstrebten »Ausdruckstanz« ihre Form finden sollte. Die geniale Persönlichkeit Rudolf von Labans wurde auf dieser Seite mehr und mehr zum richtunggebenden Anreger und Erzieher. Ich möchte hierbei nochmals betonen, daß dieser »Ausdruckstanz« gleichermaßen von dem evolutionsgläubigen »Klassiker« Fokin wie von uns revolutionären »Modernen« angestrebt wurde. Heute, nach vielen Jahren des Suchens, Irrens und Findens, treffen wir uns, Traditionalisten und Revolutionäre, nicht mehr als Feinde und Gegner, sondern als Bundesgenossen, als Kollegen, die von beiden Seiten die Reichtümer zusammentragen zur neuen Ballettkunst der Gegenwart und Zukunft. Wo aber so vielfältige Schätze zusammenkommen, droht die Gefahr des Chaotischen, und es erhebt sich vor allen Einsichtigen und Verantwortungsbewußten die Forderung nach strenger Sichtung und klarer Ordnung der Ausdrucksmittel.

Fokins Forderung der »Ausdrucksgeladenheit des Tänzers vom Kopf bis zu den Füßen« steht auch für uns im Mittelpunkt. Sie hat sich bei Fokins Nachfolgern – und teilweise bei ihm selbst schon, in späteren Jahren – größtenteils in einem neuen klassischen Formalismus verloren, und der Übereifer vieler »modernen« Tänzer hat teilweise zur Gewöhnung an neue Bewegungsformeln geführt, die vom wahren *Ausdruck* ebensoweit entfernt sind wie irgendein formaler klassischer Schritt. Nur strenge Konzentration und *vorurteilsfreie* Besinnung auf die wesentlichen Elemente des menschlichen Ausdrucks wird uns als wegweisender Ariadnefaden dienen im Labyrinth der verwirrenden Fülle der Möglichkeiten, wo ein gewaltiger Reichtum traditioneller und ein beinahe ebenso volles Maß neugeschaffener Bewegungsformen sich zur Tanzgestaltung anbieten.

Rudolf von Laban hat in seiner Choreutik und Eukinetik die Grundlagen einer Bewegungssystematik geschaffen, die – noch unabsehbar ausbaufähig – in gleicher Weise das *klassische* wie das *neugeschaffene* Bewegungsmaterial umfaßt. Die hierbei zugrunde liegende Erforschung der menschlichen Bewegung in räumlicher und rhythmischer Hinsicht hat Gesetzmäßigkeiten zutage gefördert, die mit der Kraft naturhafter Einfachheit ein untrügliches Kriterium bilden für den Wert oder Unwert einer bestimmten Bewegung in einem bestimmten inneren Zusammenhang.

»Klassisches« ebenso wie »Modernes« findet so *nebeneinander* seinen sinnvollen Platz im Vokabularium dieses »Neuen Ausdruckstanzes«, der hinfort nicht mehr erscheint als revolutionäre, abseitige Neubildung, sondern als *zeitgenössische Erweiterung und geistige Neufassung* der ererbten Tradition, die natürlich in diesem Prozeß sich auch *grundlegend verändert* und *erneuert* ...[161]

Kurt Jooss
Vorwort zum »Abriß der Kinetographie Laban« von Albrecht Knust

Vor 27 Jahren hat Rudolf von Laban anläßlich des 2. Deutschen Tänzerkongresses in Essen seine Tanzschrift, die »Kinetographie«, veröffentlicht und den Tänzern in aller Welt zur Benutzung übergeben ...

... Die abstrakte Klarheit und geniale Einfachheit des Labanschen Systems erwies sich einerseits als eine zuverlässige Basis für die präzise Fixierung körper-raum-rhythmischer Bewegungsvorgänge, andererseits als ein ungemein elastisches Medium, in dem sich die feinsten Nuancen aller Stilarten des Kunsttanzes, der Volks- und Gesellschaftstänze unmißverständlich festhalten lassen ebenso wie, nötigenfalls, sportliche Bewegungen oder Arbeitsweisen am Werktisch oder Fließband.

Wir haben heute bereits den Anfang einer Literatur in Kinetographie (oder »Labanotation«, wie die amerikanische Bezeichnung heißt). Übungsfolgen des klassischen wie des modernen Tanzes europäischer und amerikanischer Prägung wurden schriftlich festgehalten; individuelle Tänze, Volkstänze aller möglichen Gattungen liegen im Kinetogramm vor und sind dem lesefähigen Tänzer unmittelbar reproduzierbares Material in bisher kaum vorstellbarer Genauigkeit und Vollständigkeit. Viele vollständige Partituren großer, vielstimmiger Ballette mit allen ihren Solo- und Gruppenbewegungen liegen vor und werden täglich benutzt von Meistern wie George Balanchine, Martha Graham, Agnes de Mille, Doris Humphrey, Charles Weidman und vielen anderen in Amerika ...

Ein großer Teil meiner eigenen Ballette sind aufgeschrieben. Nur Ann Hutchinsons Partituren des »Grünen Tisch« und der »Großstadt« ist es zu danken, daß diese Werke schon etliche Male vollständig neu einstudiert werden konnten, ohne daß dabei die kleinste Einzelheit vergessen oder auch nur verwischt worden wäre ...

Das Verdienst der Weiterentwicklung und Nutzbarmachung der Schrift unter Rudolf von Labans Führung liegt in erster Linie bei zwei Namen: Albrecht Knust in Deutschland und Sigurd Leeder, meinem langjährigen Mitarbeiter an der Jooss-Leeder School of Dance, Dartington Hall in England. Albrecht Knust ist mit seinem Kinetographischen Institut wieder bei uns an der Folkwangschule, Sigurd Leeder setzt die Arbeit in England fort, wo auch Rudolf von Laban selbst und seine Mitarbeiterin Lisa Ullmann wirken. Ann Hutchinson, in Dartington Hall ausgebildet und Meisterschülerin Sigurd Leeders in Kinetographie, spielt eine überragende Rolle in dem New Yorker Dance Notation Bureau, welches die Schrift in Amerika eingeführt und durchgesetzt hat. Als Führerin der »3. Generation« hat sie weitere wesentliche Beiträge zum Ausbau der Schrift geleistet. Ihr Buch »Labanotation« hat viel dazu beigetragen, die Tanzschrift in der englisch sprechenden Welt zu popularisieren …

Wir – Tänzer, Choreographen, Publikum – werden die eigentlichen Nutznießer dieser selbstlosen Arbeit sein; ich möchte es unternehmen, der Sprecher unserer Dankbarkeit zu sein.

Essen, Dezember 1955[162]

Bernd Köllinger
Tanztheater

… der Ballettomane wird sich zumeist durch brillante tänzerische Leistungen, ja selbst durch vorzüglich exekutierte technische Details oder gar allein durch das Erscheinen der von ihm verehrten Solisten auf der Bühne angesprochen fühlen.

… jeder Besucher, ob er die Tanzenden kennt oder nicht, ob er in Dingen der Ballett-Technik Bescheid zu wissen glaubt oder nicht, … wird aus einer Ballettaufführung herkömmlicher Art etwas mitnehmen.

Die Chance dafür, daß ihn das Geschehen auf der Bühne menschlich berührt, ja betrifft, daß sich ihm Tanz als ursprüngliche Äußerung einer menschlichen Kreatur in Freude, Liebe, Haß und Schmerz mitteilt, ist allerdings verschwindend gering …

Wo Tanz, der sich auf dem Theater und als Bestandteil einer Aufführung vollzieht, nicht durch seinen menschlichen Inhalt, durch seine Unentbehrlichkeit, Überzeugungskraft und Wahrhaftigkeit als Äußerung ursprünglichen Fühlens und Tuns von Menschen begründet ist, verliert er seine tiefere, seine eigentliche Daseinsberechtigung auf der Bühne …

Es muß natürlich eingeräumt werden, daß die Veräußerlichung und Reduzierung des Tanzes auf seine technischen, formästhetischen »unterhaltsamen« Qualitäten eine Folge seit Jahrhunderten herrschender Auffassungen von der Funktion und Beschaffenheit des Balletts ist …

Die künstlerische Zielsetzung für alle und jeden, die eigene menschliche Substanz in die Waagschale einer ursprünglich empfundenen und glaubhaft gestalteten Lebensäußerung zu werfen und sich dafür ein Höchstmaß an tanztechnischer Souveränität zu erwerben, die garantiert, daß im Darstellungsprozeß ein Denken an technisch Problematisches sich erübrigt, ist letzten Endes entscheidend …

Die ursprüngliche Empfindung eines seelischen Zustands, die absolute Identifikation mit dem Individuum, dem der Tänzer durch seinen Körper, den Einsatz seiner ganzen Person zu lebendiger Existenz auf der Bühne verhilft, ist die unerläßliche Bedingung jeder glaubwürdigen und wahrhaften Aktion …[163]

Abschluß und Dank

Bei den Vorarbeiten zu diesem Buch waren mir Erinnerungen und Materialien von Fachleuten unentbehrlich, deren Können, Wissen und Schaffen ich hohe Anerkennung zolle. Daß sie die Aufgabe, die ich mir gestellt habe, ihrer Aufmerksamkeit wert hielten, war mir Bestätigung und gab mir immer neuen Ansporn. Ihnen allen gilt meine tiefe Dankbarkeit.

Des weiteren möchte ich einige Menschen besonders nennen, die meine Arbeit auf vielerlei Weise und unermüdlich gefördert haben: meine Kollegin Chris Baumgarten, meine Schwester Margot Lexow, die Mitarbeiterin an meinem Archiv Margot Bärbel Wulf und meine Lektorin im Henschelverlag Renate Lerche.

Wichtige Auskünfte und Materialien erhielt ich vom Leipziger Tanzarchiv der Akademie der Künste der DDR, von der Deutschen Staatsbibliothek, der Universitätsbibliothek und der Stadtbibliothek Berlin, der Universitäts- und Landesbibliothek Halle/Saale, der Deutschen Bücherei Leipzig, der Deutschen Fotothek Dresden, von der Akademie der Künste und vom Bildarchiv Preußischer Kulturbesitz in Berlin (West).

Außerdem danke ich den Fachkolleginnen Erika Wolf-Dittmann, Anni Sauer, Lisa Ullmann, Anna Markard-Jooss, Rosalia Chladek und Graziela Padilla sowie den Kollegen Fritz Klingenbeck und Herbert Vogel.

ILSE LOESCH

Anhang

Quellen und Anmerkungen

1 »Neues Deutschland«, Berlin, vom 21. August 1985, S. 4. Die Zahl der Absolventen war 1988 die gleiche.
2 Bess M. Mensendieck: Funktionelles Frauenturnen. München 1923, Verlag F. Bruckmann, S. 1. – Vgl. die Dokumente S. 259f.
3 Ebenda, S. 323.
4 Gerda Alexander / Hans Groll (Hrsg.): Tänzerin Choreographin Pädagogin Rosalia Chladek. Wien ²1975, Österreichischer Bundesverlag für Unterricht, Wissenschaft und Kunst, S. 10f.
5 Dorothee Günther: Der Tanz als Bewegungsphänomen. Reinbek bei Hamburg 1962, Rowohlt, S. 220.
6 Ebenda, S. 221.
7 Ebenda.
8 Ebenda.
9 Anke Abraham / Koni Hanft (Hrsg.): Maja Lex. Ein Portrait der Tänzerin, Choreographin und Pädagogin. Düsseldorf 1986, S. 12.
10 Ebenda, S. 44.
11 Gegründet 1926. – Vgl. die Dokumente S. 271.
12 Vgl. die Dokumente S. 278ff.
13 Arthur Seidl: Hellerauer Schulfeste und die Bildungsanstalt Jaques-Dalcroze. Regensburg o. J. (um 1912), Gustav Bosse Verlag, S. 18f.
14 Die Bildungsanstalt für Musik und Rhythmus Emile Jaques-Dalcroze in Dresden-Hellerau. Jena 1910, Verlag Eugen Diederichs.
15 Gertrud Bünner / Peter Röthig (Hrsg.): Grundlagen und Methoden rhythmischer Erziehung. Stuttgart 1983, Ernst Klett Verlag, S. 42.
16 Axel Carl Buschbeck: Rosalia Chladek. Eine Monographie. Theaterwissenschaftliche Dissertation. Wien 1973, S. 8.
17 Ann Hutchinson Guest: Your Move. A New Approach to the Study of Movement and Dance. New York, London, Paris, Montreux, Tokyo 1983, Gordon and Breach, S. 291.
18 Rudolf Lämmel: Der moderne Tanz. Berlin-Schöneberg 1928, Peter I. Oestergaard Verlag, S. 114. – Vgl. die Dokumente S. 307.
19 Ebenda, S. 203.
20 Liesel Freund (Hrsg.): Monographien der Ausbildungsschulen für Tanz und tänzerische Körperbildung. Bd. 1. Berlin-Charlottenburg 1929, Verlag Leo Alterthum.
21 Ebenda, S. 36ff.
22 Vgl. das Programm S. 317f.
23 »Der Tanz«, München, Jg. 1928/29, Heft 12, S. 17.
24 »Singchor und Tanz«, Mannheim 1929, Heft 24, S. 295f.
25 Ebenda.
26 »Zwanzigflächner«; vgl. Abb. S. 215.
27 Rudolf von Laban: Choreographie. Erstes Heft. Jena 1926, Verlag Eugen Diederichs, S. 44ff.
28 Ebenda, S. 92ff.
29 »Der Tanz«, München, Jg. 1928/29, Heft 10, S. 5.

30 Ebenda, S. 9.
31 Ebenda, 3. Jg., Heft 8/1930, S. 8.
32 Ebenda, S. 6.
33 Ebenda, S. 8.
34 Programmheft des dritten Deutschen Tänzerkongresses, München 1930.
35 Jenny Gertz in: Programmblatt »Kinder tanzen im Opernhaus Bayreuth«, 3. August 1930.
36 Jooss. Dokumentation von Anna und Hermann Markard, hrsg. zur Ausstellung »Kurt Jooss – Leben und Werk« im Museum Folkwang Essen anläßlich des Festivals »Folkwang «'85«, Ballett-Bühnen-Verlag Köln 1985, S. 144.
37 Ebenda.
38 »Die Schönheit. Mit Bildern geschmückte Monatsschrift für Kunst und Leben«. Dresden, Leipzig, Berlin, München, Wien 1926, Heft 2, S. 31 f.
39 Vgl. die Dokumente S. 333 ff.
40 »Die Rote Fahne«, Berlin, vom 8. August 1935.
41 Vgl. die Dokumente S. 295. – »Der Tanz«, Berlin 1933, 6. Jg., Heft 1, S. 5.
42 Jooss. Dokumentation von Anna und Hermann Markard, a.a.O. S. 48.
43 Ebenda.
44 »Deutsche Tanz-Zeitschrift. Amtliches Organ der Fachschaft Tanz in der Reichskulturkammer«, Berlin 1936, April, S. 12 ff.
45 Ebenda, Februar 1938, S. 58.
46 Vgl. die Dokumente S. 350 ff.
47 Vgl. die Dokumente S. 296 f.
48 Jooss. Dokumentation von Anna und Hermann Markard, a.a.O. S. 52 ff.
49 Programmheft »Deutsche Tanzfestspiele 1935« (3. bis 10. November).
50 Ebenda.
51 Hat der chorische Tanz eine Zukunft? Eine Schulungswoche für Bewegungschor in Nürnberg, in: »Fränkischer Kurier«, Nürnberg, vom 22. Mai 1935.
52 Ebenda.
53 Undatierter Zeitungsausschnitt. Nachlaß Azraëla von Laban-Wagner.
54 Kurt Peters: Dore Hoyer. Tanzarchiv-Reihe 4. Hamburg 1964, S. 3.
55 Werner Mittenzwei: Exil in der Schweiz. Leipzig 1981, Verlag Philipp Reclam jun., S. 235, 237.
56 Norbert Molkenbur / Klaus Hörhold: Oda Schottmüller. Tänzerin, Bildhauerin, Antifaschistin. Berlin 1983, Henschelverlag, S. 52 ff.
57 Vgl. die Dokumente S. 302 ff.
58 Vgl. die Dokumente S. 357
59 »Deutsche Tanz-Zeitschrift«, Berlin 1940, Heft 9, S. 6.
60 »Der Tanz. Die Deutsche Tanz-Zeitschrift. Amtliches Organ der Reichstheaterkammer, Fachschaft Tanz. Einziges Fachblatt des Kontinents für alle Gebiete der Tanzkunst«, Berlin-Wilmersdorf 1941, Heft 7, S. 3.
61 »Bildende Kunst«, Berlin 1981, Heft 5, S. 226 f.
62 Ebenda.
63 Vgl. die Dokumente S. 362 f.
64 Entschließung des ZK der SED vom 17. März 1952, in: Dokumente der Sozialistischen Einheitspartei Deutschlands. Bd. III. Berlin 1952, Dietz Verlag, S. 431 ff.

65 ... von der herzlich unbekannten Kunst des Tanzens, in: Arbeitsheft der Akademie der Künste der DDR, Berlin 1982, Nr. 36.

66 Die Programmerklärung des Ministeriums für Kultur »Über den Aufbau einer Volkskultur in der DDR« war die Grundlage der Beratungen der 1. Deutschen Tanzkonferenz vom 2. bis 5. Dezember 1954 in Berlin. Aus der Entschließung dieses Kongresses (Typoskript).

67 Bericht über den Dresdener Kongreß für Tanzschrift und Volkstanzforschung, in: Deutsches Jahrbuch für Volkskunde, Bd. 4, Jg. 1958, Teil 1, Berlin, Akademie-Verlag, S. 160.

68 Statt einer Eloge, in: »Theater der Zeit«, Berlin 1974, Heft 10, S. 39.

69 1960 in Leipzig bei Hofmeister erschienen.

70 ICKL: International Council of Kinetography Laban.

71 Aus Gesprächen mit Martin Gleisner im Jahre 1978.

72 Mitteilung von Greta Wrage-von Pustau im Jahre 1978.

73 1978 in Budapest veröffentlicht; vgl. Literaturverzeichnis.

74 Vgl. Literaturverzeichnis.

75 Gerda Alexander / Hans Groll (Hrsg.): Tänzerin Choreographin Pädagogin Rosalia Chladek, a.a.O.

76 1938 bei L. J. Veen's Uitgevers Maatschappij N. V. in Amsterdam und bei Franz Leo & Comp. in Wien erschienen.

77 Anke Abraham / Koni Hanft (Hrsg.): Maja Lex, a.a.O. S. 22 ff.

78 Ebenda, S. 16 ff.

79 Ebenda, S. 29 ff.

80 Ebenda, S. 49.

81 Bess M. Mensendieck: Funktionelles Frauenturnen, a.a.O., Auszüge S. 1–18, 323.

82 Die Bildungsanstalt für Musik und Rhythmus Emile Jaques-Dalcroze in Dresden-Hellerau, a.a.O. S. 3, 10–12.

83 Ebenda, S. 10.

84 Elfriede Feudel: Rhythmische Erziehung. Wolfenbüttel und Berlin 1938, Georg Kallmeyer Verlag, S. 15, 19, 47, 54, 55 f.

85 Hellerauer Blätter für Rhythmus und Erziehung, hrsg. von Lehrern und Schülern der Dalcroze-Schule Hellerau, 1922/23, Heft 1 (Juni), S. 6.

86 Rudolf Bode: Ausdrucksgymnastik. München 1922, C. H. Becksche Verlagsbuchhandlung, S. 26.

87 Ausstellungskatalog »Rosalia Chladek«. Staatsoper Wien 1985. Faltblatt.

88 Mitteilung von Rosalia Chladek, 1984.

89 Brief von Maria von Laban, o. J.; Brief von Suzanne Perrottet, Zürich, 13. Mai 1961; »Schrifttanz«, Wien 1929, Heft 4, Dezember.

90 Rudolf von Laban: Die Welt des Tänzers. Stuttgart 1920, Verlag von Walter Seifert, S. 144, 26 f., 185, 187, 61, 253, 255, 256.

91 Rudolf Lämmel: Der moderne Tanz, a.a.O. S. 118.

92 Rudolf von Laban: Gymnastik und Tanz. Oldenburg i. O. 1926, Gerhard Stalling Verlag, S. 20.

93 Manuskript. Archiv Albrecht Knust, Essen.

94 Manuskript. Nachlaß Azraëla von Laban-Wagner, Meiningen (1983).

95 Archiv Fritz Klingenbeck, Wien.

96 »The Laban Art of Movement Guild Magazine. Special Birthday Number« (Rudolf von Laban zum 75. Geburtstag gewidmet), Addlestone 1954, Dezember, S. 5ff.

97 »Schrifttanz«, Wien 1929, Jg. 2, Heft IV, Dezember, S. 65.

98 Walther Victor: Freund und Feind. Kritiken aus fünf Jahrzehnten. Weimar und Leipzig 1980, Aufbau-Verlag, S. 32.

99 »Singchor und Tanz«, Mannheim, Jg. 46, Heft 24, 15. Dezember 1929, S. 304.

100 »Der Tanz«, Berlin, Jg. 1928/29, Heft 14, Dezember 1929, S. 4f.

101 Arbeitsheft der Akademie der Künste der DDR, Berlin 1982, Nr. 36, S. 11ff.

102 Ebenda, S. 13.

103 »Musik der Zeit. Eine Schriftenreihe zur zeitgenössischen Musik«, Bonn 1952, Boosey & Hawkes, S. 25ff.

104 Brief. Archiv Ilse Loesch, Berlin.

105 Archiv Albrecht Knust, Essen.

106 Jooss. Dokumentation von Anna und Hermann Markard, a.a.O. S. 8.

107 »Der Tanz«, München, Jg. 1928/29, Heft 10, August 1928, S. 3, 4.

108 Fassung 1977. Jooss-Archiv Wiesbaden.

109 »Der Tanz«, Berlin, Jg. 1928/29, Heft 13, November 1929, S. 17.

110 »Der Tanz«, Berlin, 6. Jg., Januar 1933, S. 5.

111 Artikel in einer nationalsozialistischen Zeitung, vermutlich 1933. Tanzarchiv der Akademie der Künste der DDR, Leipzig.

112 Mary Wigman-Archiv der Akademie der Künste, Berlin (West).

113 Ebenda.

114 Mary Wigman: Die Sprache des Tanzes. Stuttgart 1963, Battenberg, S. 17.

115 Rudolf Bach. Das Mary-Wigman-Werk. Dresden 1933, Carl Reissner Verlag, S. 33, 46f.

116 Mary Wigman: Komposition. Überlingen 1925, Verlag Seebote, S. 11f.

117 »Die Tanzgemeinschaft«, Berlin-Charlottenburg 1929, Heft 1, S. 1, 2, 5, 7, 8, 9.

118 Rudolf Bach: Das Mary-Wigman-Werk, a.a.O. S. 13, 15, 17, 49, 50.

119 Rudolf Lämmel: Der moderne Tanz, a.a.O. S. 114.

120 »Lebendige Kunst. Pädagogische Blätter«, Berlin-Charlottenburg 1956, Beilage zu Heft 21/22.

121 »Der Tanz«, Berlin, Jg. 1928/29, Heft 8, S. 2; Heft 9, S. 5.

122 »Die Musik«, München 1936, Heft XXVIII/8, S. 580.

123 »Jugend heraus!«, Berlin 1929, Jg. 6, Heft 10/11, Oktober/November, S. 428f.

124 Mitteilung von Irene Gustavs, Neuruppin (1985).

125 »Die Tat«, Jena 1927, Jg. XIX, Heft 8, November, S. 610.

126 Harald Kreutzberg: ... über mich selbst. Detmold 1941, Hammann Verlag, S. 7, 11, 13.

127 Gerhard Schumann (Hrsg.): Palucca – Porträt einer Künstlerin. Berlin 1972, Henschelverlag, S. 65f.

128 Ebenda, S. 181f.

129 »Der Tanz«, Berlin 1935, Jg. VIII, Heft 12, Dezember.

130 Gerhard Schumann: Palucca – Porträt einer Künstlerin, a.a.O. S. 69.

131 »Kreuzzeitung«, Berlin, vom 15. Januar 1936 (gezeichnet: -ph).

132 Kurt Peters: Dore Hoyer, a.a.O. S. 12.

133 »Schlesische Zeitung«, Breslau, vom 28. Februar 1944.

134 »Die Tanzgemeinschaft«, Berlin-Charlottenburg 1929, Jg. 1, April, S. 1–6.

135 Ebenda, S. 6 ff.

136 Wilhelm Twittenhoff: Orff-Schulwerk. Einführung in Grundlagen und Aufbau. Leipzig 1935, Edition Schott, S. 32 ff.

137 »Schrifttanz«, Wien, 1931, Heft II, Oktober, S. 34 ff.

138 Ebenda, S. 37.

139 »Sonntag. Die kulturpolitische Wochenzeitung«, hrsg. vom Kulturbund der DDR, Berlin 1969, Nr. 6, S. 9.

140 Jean Weidt: Der Rote Tänzer. Berlin 1968, Henschelverlag, S. 9, 12, 13.

141 Arbeiter-Turn- und Sportschule. Merkblätter für Lehrgänge, Leipzig 1929, Nr. 55, August.

142 arbeiter-theaterverlag alfred jahn. leipzig (o. J.). Loses Blatt.

143 »Die Tat«, a.a.O. S. 634–642. – Der Deutsche Chorsänger-Verband und Tänzerbund (bis 1933) wurde vom FDGB (Freier Deutscher Gewerkschaftsbund) als freie Gewerkschaft innerhalb des ADGB (Allgemeinen Deutschen Gewerkschaftsbundes) anerkannt (in: Handbuch für die finanzpolitische Arbeit der Betriebs- und Ortsgewerkschaftsleitungen, hrsg. vom Bundesvorstand des FDGB, Abt. Bundesfinanzen, Berlin 1973).

144 »Schrifttanz«, Wien, 1930, Heft II, Juni, S. 40.

145 »Der Tanz«, Berlin 1928, Jg. 1928/29, Heft 10, August, S. 9.

146 »Die Tanzgemeinschaft«, Berlin-Charlottenburg 1929, Jg. 1, Januar, S. 13 f.

147 »Der Tanz«, Berlin 1930, Jg. 3, August, S. 11.

148 »Singchor und Tanz«, Mannheim 1930, Heft 12, Juni, S. 198 f.

149 Liesel Freund (Hrsg.): Monographien der Ausbildungsschulen für Tanz und tänzerische Körperbildung, a.a.O. S. 80 f.

150 »Die Tat«, Jena 1927, Jg. XIX, Heft 8, November, S. 581 ff.

151 »Deutsche Tanz-Zeitschrift«, Berlin 1937, Jg. 2, Heft 4, April, S. 73 f.

152 »Der Tanz«, Berlin 1937, Jg. X, Februar, S. 16.

153 »Deutsche Tanz-Zeitschrift«, Berlin 1938, Jg. 3, Heft 12, Dezember, S. 23.

154 Manuskript. Archiv Albrecht Knust, Essen.

155 1946. Mary Wigman-Archiv der Akademie der Künste, Berlin (West).

156 »Tägliche Rundschau«, Berlin, vom 20. Januar 1946, S. 3.

157 Edith Krull / Werner Gommlich: Palucca. Berlin 1964, Henschelverlag, S. 18.

158 Gerhard Schumann (Hrsg.): Palucca – Porträt einer Künstlerin, a.a.O. S. 200 f.

159 Manuskript. Archiv Ilse Loesch, Berlin.

160 Nachgelassener Brief vom 30. Dezember 1967.

161 »Musik der Zeit. Eine Schriftenreihe zur zeitgenössischen Musik« (Ballett-Heft), a.a.O.

162 Albrecht Knust: Abriß der Kinetographie Laban. Hamburg 1956, Verlag Das Tanzarchiv, S. VII f.

163 Bernd Köllinger: Tanztheater. Tom Schilling und die zeitgenössische Choreographie. Sieben Studien. Berlin 1983, Henschelverlag, S. 13, 14, 16, 17.

Literaturverzeichnis

Abraham, Anke, und Koni Hanft (Hrsg.): Maja Lex. Ein Portrait der Tänzerin, Choreographin und Pädagogin. Düsseldorf 1986

Alexander, Gerda, und Hans Groll (Hrsg.): Tänzerin Choreographin Pädagogin Rosalia Chladek. Wien ²1975

Bach, Rudolf: Das Mary-Wigman-Werk. Dresden 1933

Balanchine, George: Ballettschrift, in: Musik der Zeit (Ballett-Heft), Bonn 1952

Bartenieff, Irmgard, und Dori Lewis: Body Movement Coping with the Environment. New York, London, Paris 1980

Behme, Otto, und Werner Köhler: Brausender Beifall – gleichzeitig der Polizeipfiff. Erinnerungen an die kulturelle Arbeit vor 1933 in Halle, in: Sonntag, Berlin 1969, Heft 6

Bode, Rudolf: Ausdrucksgymnastik. München 1922

Böhme, Fritz: Kurt Jooss, in: Gentges, Ignatz (Hrsg.): Tanz und Reigen. Sonderbeilage zu »Der Bühnenvolksbund«, Berlin 1927/28, Heft 1/2

Ders.: Der Tanz der Zukunft. München 1928

Brandenburg, Hans: Der moderne Tanz. München 1918

Braun, Ilse: Zauber des Tanzes, in: Schlesische Zeitung, Breslau, 28. Februar 1944

Bünner, Gertrud, und Peter Röthig (Hrsg.): Grundlagen und Methoden rhythmischer Erziehung. Stuttgart 1983

Buschbeck, Axel Carl: Rosalia Chladek. Eine Monographie. Theaterwissenschaftliche Dissertation. Wien 1973

Buytendijk, Frederick I. I.: Allgemeine Theorie der menschlichen Haltung und Bewegung. Berlin, Göttingen, Heidelberg 1956

Chladek, Rosalia: Einige interessante Daten aus der Schule Hellerau-Laxenburg (Typoskript)

Chtai, Gunda: ... im Bann der Bewegungserlebnisse ... in: Abraham/Hanft: Maja Lex. Düsseldorf 1986

Dokumente der Sozialistischen Einheitspartei Deutschlands. Beschlüsse und Erklärungen des Parteivorstandes, des Zentralkomitees sowie seines Politbüros und Sekretariats. Berlin 1952, Bd. III

Duncan, Isadora: Der Tanz der Zukunft. Vorlesung, übersetzt und eingeleitet von Karl Federn. Leipzig 1903

Eichhorn, Charlotte: Mary Wigman und ihr Studio, in: Tägliche Rundschau, Berlin, 20. Januar 1946

Enkelmann, Siegfried (Hrsg.): Tänzer unserer Zeit. München 1937

Ferand, Ernst: Der Neue Tanz in seinen Beziehungen zu Gymnastik, Rhythmik, Musik, in: Die Musik, München 1932/33

Feudel, Elfriede: Rhythmische Erziehung. Berlin 1939

Fischer, Hans W.: Tanzkritik, in: Die Tat, Jena 1927, Heft 8

Freund, Liesel: Monographien der Ausbildungsschulen für Tanz und tänzerische Körperbildung. Berlin-Charlottenburg 1929, Bd. 1

Gard, Angela: Zu einem Tanzabend von Palucca, in: Singchor und Tanz, Mannheim 1932, Heft 1

Gentges, Ignatz (Hrsg.): Tanz und Reigen. Sonderbeilage zu »Der Bühnenvolksbund«, Berlin 1927/28, Heft 1/2

Gertz, Jenny: Kinderbewegungschor, in: Urania. Kulturpolitische Monatshefte über Natur und Gesellschaft, Jena 1928/29, Beiblatt »Der Leib«

Dies.: Taubstumm – Bewegung? (Manuskript aus dem Nachlaß, um 1928)

Dies.: Anormale Kinder (Manuskript aus dem Nachlaß, um 1928)

Dies.: Der Tanz des Kindes, in: die neue schule, Berlin 1947, Heft 8

Giese, Fritz, und Hedwig Hagemann (Hrsg.): Weibliche Körperbildung und Bewegungskunst nach dem System Mensendieck. München 1929

Gleisner, Martin: Tanz für alle. Leipzig 1928

Ders.: Bedingungen und Fragen des Laientanzes, in: Singchor und Tanz. Mannheim 1928, Heft 12

Ders.: Laban als Schöpfer des Laientanzes, in: Der Tanz, Berlin 1929, Heft 14

Ders.: Laban als Wegbahner des Tanzes für die Allgemeinheit, in: Singchor und Tanz, Mannheim 1929, Heft 24

Ders.: Festspiel »Rotes Lied«, in: Schrifttanz, Wien 1931, Heft 2

Goetze, Will: Tänzerische Musiklehre, in: Die Tanzgemeinschaft, Berlin-Charlottenburg 1929, April-Heft

Grundig, Lea: Gesichte und Geschichte. Berlin 1958

Günther, Dorothee: Warum Tanzpädagogik?, in: Schrifttanz, Wien 1930, Heft 3

Dies.: Die Barbarische Suite, in: Schrifttanz, Wien 1931, Heft 2

Dies.: Das Orff-Schulwerk als elementare Musikübung für Gymnastiker und Tänzer, in: Wilhelm Twittenhoff: Orff-Schulwerk. Leipzig 1935

Dies.: Die Einheit von Musik und Bewegung, in: Gymnastik, Dresden 1933, Heft 7/8

Dies.: Der Tanz als Bewegungsphänomen. Reinbek bei Hamburg 1962

Haselbach, Barbara: Tanzerziehung. Stuttgart 1971

Dies.: Improvisation, Tanz, Bewegung. Stuttgart 1976

Hasting, Hanns: Der Tänzer und die Musik, in: Die Tanzgemeinschaft, Berlin-Charlottenburg 1929, April-Heft

Hoyer, Dore: Dank an Mary Wigman, in: Lebendige Kunst. Pädagogische Blätter, Berlin-Charlottenburg 1956, Beilage zu Heft 21/22

Hutchinson Guest, Ann: Your Move. A New Approach to the Study of Movement and Dance. New York, London, Paris, Montreux, Tokyo 1983

Irmer, Hans-Jochen: Die Stellung Rudolf von Labans in der Theatergeschichte, in: Arbeitsheft der Akademie der Künste der DDR, Berlin 1982, Heft 36

Jacobs, Dore: Die menschliche Bewegung. Ratingen 1962

Jaques-Dalcroze, Emile: Der Rhythmus als Erziehungsmittel für das Leben und die Kunst. Basel 1907

Ders.: Die Bildungsanstalt für Musik und Rhythmus Emile Jaques-Dalcroze in Dresden-Hellerau. Jena 1910

Jooss, Kurt: Rudolf von Laban und das Ballett, in: Singchor und Tanz, Mannheim 1929, Heft 24

Ders.: Tanztheater und Theatertanz, in: Der Tanz, München 1928, Heft 10

Ders.: Tanz in der Mitte des Jahrhunderts, in: Musik der Zeit, Ballett-Heft, Bonn 1952

Ders.: Vorwort zum »Abriß der Kinetographie Laban« von A. Knust. Hamburg 1956

Ders.: Credo (Fassung 1977, Manuskript)

Junghanns, Kurt: Dore Hoyer – Tanz im Geiste der ASSO, in: Bildende Kunst, Berlin 1981, Heft 5

Keetman, Gunild: Elementaria. Erster Umgang mit dem Orff-Schulwerk. Stuttgart 1974

Klamt, Jutta: Körper-Erziehung für den Laien – als Beruf – als Kunst, in: Liesel Freund: Monographien der Ausbildungsschulen für Tanz und tänzerische Körperbildung. Berlin-Charlottenburg 1929

Klingenbeck, Fritz: Die Tänzerin Rosalia Chladek. Amsterdam, Wien 1938

Knust, Albrecht: Laban als Erzieher, in: Singchor und Tanz, Mannheim 1929, Heft 24

Ders.: Laientanz und Bewegungschor (Vortrag 1932, Manuskript)

Ders.: Abriß der Kinetographie Laban. Hamburg 1956

Ders.: Dictionary of Kinetography Laban, hrsg. von der Folkwang Hochschule für Musik und Theater Essen. London 1979

Koch, Hermann: Unsere Lebensgestaltung und Laban, in: Am Wege. Nachrichtenblatt des Gaues Thüringen im Touristenverein »Die Naturfreunde«, Jena 1930

Köllinger, Bernd: ... von der herzlich unbekannten Kunst des Tanzens, in: Arbeitsheft der Akademie der Künste der DDR, Berlin 1982, Heft 36

Ders.: Arbeitserfahrungen des Tanztheaters der Komischen Oper Berlin, in: Material zum Theater, Nr. 134

Ders.: Tanztheater. Tom Schilling und die zeitgenössische Choreographie. Sieben Studien. Berlin 1983

Kratina-Köhler, Valeria: Die tänzerische Entwicklung von Rosalia Chladek, in: Alexander/Groll: Tänzerin Choreographin Pädagogin Rosalia Chladek. Wien 1975

Kreutzberg, Harald: Der Mensch tanzt, in: Tänzer unserer Zeit. München 1937

Ders.: ... über mich selbst. Detmold 1941

Kröschlová, Jarmila: Körperbildung, in: Hellerauer Blätter für Rhythmus und Erziehung, Dresden 1922/23, Heft 1

Dies.: Vyrazový tanec (Ausdruckstanz). Prag 1964

Dies.: Nauka o pohybu (Bewegungslehre). Prag 1975

Krull, Edith, und Werner Gommlich: Palucca. Berlin 1964

Kynaß, Hans Joachim: Wandlungen – beeindruckend in tänzerische Bewegung umgesetzt. Neuer Ballettabend an den Dresdner Staatstheatern. »Der grüne Tisch« als DDR-Erstaufführung, in: Neues Deutschland, Berlin, 13. November 1979

Laban, Maria von: Brief o. J.

Laban, Rudolf von: Die Welt des Tänzers. Stuttgart 1920

Ders.: Tanzbühne Laban. Kurse in Hamburg (Werbeblatt o. J.)

Ders.: Gymnastik und Tanz. Oldenburg i. O. 1926

Ders.: Des Kindes Gymnastik und Tanz. Oldenburg i. O. 1926

Ders.: Choreographie. Erstes Heft. Jena 1926

Ders.: Der neue Bühnentanz (Manuskript o. J.)

Ders.: Choreographie und Theater (Manuskript o. J.)

Ders.: Tanztheater und Tanztempel, in: Die Schönheit, Dresden, Leipzig, Berlin, München, Wien 1926, Heft 1

Ders.: Über die Aufgaben einer Kammer-Tanzbühne (Manuskript o. J.)

Ders.: Offener Brief an junge Tänzer, in: Rudolf Lämmel: Der Moderne Tanz. Berlin 1928

Ders.: Vom Sinn der Bewegungschöre, in: Gymnastik und Tanz. Oldenburg i. O. 1926

Ders.: Das tänzerische Kunstwerk oder: Wie es leiben und leben sollte, in: Die Tat, Jena 1927, Heft 8
Ders.: Vom Tanzinhalt, in: Der Tanz, München 1928/29, Heft 1
Ders.: Modern Educational Dance. London 1948. Deutsch als Der moderne Ausdruckstanz in der Erziehung. Eine Einführung in die kreative tänzerische Bewegung als Mittel zur Entfaltung der Persönlichkeit. Übersetzt von Karin Vial unter Mitarbeit von Lisa Ullmann. Wilhelmshaven 1981
Ders.: Laban's Principles of Dance and Movement Notation. London 1956
Ders.: The Mastery of Movement. London 1960
Ders.: Choreutics. London 1966
Ders. und F. C. Lawrence: Effort. London 1947
Lämmel, Rudolf: Der Moderne Tanz. Berlin 1928
Lettow-Schulz, Rosemarie: Mary Wigman, in: Theater der Zeit, Berlin 1956, Heft 11
Levitân, Alexander: Zerbrecht die Retorte!, in: Der Tanz, Berlin 1933, Heft 1
Litterscheid, Rudolf: Neue Kammertänze und Kurzpantomimen in Essen, in: Der Tanz, Berlin 1929, Heft 1
Loesch, Ilse: So war es Sitte in der Renaissance. Leipzig 1964
Dies.: Sprechende Bewegung. Berlin 1974
Markard, Anna und Hermann (Hrsg.): Jooss. Dokumentation, hrsg. zur Ausstellung »Kurt Jooss – Leben und Werk« im Museum Folkwang Essen anläßlich des Festivals »Folkwang '85«. Köln 1985
Markard(-Jooss), Anna: Vorwort zur ersten Ausgabe der Jooss-Dokumentation. Venedig 1981
Mensendieck, Bess M.: Körperkultur der Frau. München 1919
Dies.: Funktionelles Frauenturnen. München 1923
Mittenzwei, Werner: Exil in der Schweiz. Leipzig 1981
Molkenbur, Norbert, und Klaus Hörhold: Oda Schottmüller. Berlin 1983
Müller, Hedwig: Mary Wigman. Leben und Werk der großen Tänzerin. Weinheim, Berlin 1986
Niehaus, Max: Isadora Duncan. Leben – Werk – Wirkung. Berlin 1981
Orff, Carl: Bewegungs- und Musikerziehung als Einheit, in: Die Musik, 1931, Heft 7
Pallat, Ludwig, und Franz Hilker: Künstlerische Körperschulung. Breslau 1923
Palme, Johanna: Rosalia Chladek, in: Informationsblatt zur Ausstellung »Rosalia Chladek Tänzerin Choreographin Pädagogin« des Österreichischen Theatermuseums in der Galerie der Wiener Staatsoper 1985
Palucca zum Fünfundachtzigsten. Glückwünsche, Selbstzeugnisse, Äußerungen. Akademie der Künste der DDR, Berlin 1987
Paul, Stefan: Tanz in dieser Zeit. Wien und Nürnberg 1926
Perrottet, Suzanne: Rudolf von Laban (Manuskript, 1961)
Petermann, Kurt: Tanzbibliographie. Leipzig 1965–1981
Peters, Kurt: Dore Hoyer. Die Tanzarchiv-Reihe 4. Hamburg 1964
Ders.: Laban. Die Tanzarchiv-Reihe 6. Hamburg 1965
Ders.: Kinetographisches Lexikon der klassischen Technik. Die Tanzarchiv-Reihe 6. Hamburg 1965
Ders.: Lola Rogge – eine musische Insel der Tanzkultur. Die Tanzarchiv-Reihe 11. Hamburg 1969

Pfützner, Klaus: Die Massenspiele der Arbeiter in Leipzig (1920–1924). Leipzig 1960

Pirchan, Emil: Harald Kreutzberg. Wien 1941

Preston-Dunlop, Valerie: Practical Kinetography Laban. London 1969

Rebling, Eberhard: Über die Bedeutung und das Wirken Rudolf von Labans für uns, in: Arbeitsheft der Akademie der Künste der DDR, Berlin 1982, Heft 36

Rubinstein, S. L.: Grundlagen der allgemeinen Psychologie. Berlin 1961

Rydberg, Olaf: Die Tänzerin Palucca. Dresden 1935

Schikowski, John: Geschichte des Tanzes. Berlin 1926

Schlee, (Alfred): Wo steht Laban?, in: Der Tanz, München 1928/29, Heft 14

Schneider, Hansjörg: Exiltheater in der Tschechoslowakei 1933–1938. Berlin 1979

Schuftan, Werner: Handbuch des Tanzes. Mannheim 1928

Gerhard Schumann (Hrsg.): Palucca. Porträt einer Künstlerin. Berlin 1972

Seidl, Arthur: Hellerauer Schulfeste, in: Deutsche Musikbücherei. Regensburg o. J. (um 1912), Nr. 2

Selzer, Eva: Das Ziel ist der Weg – Intentionen und Ziele der Chladekpädagogik, in: ballett international, Köln 1982, Heft 4

Snell, Gertrud: Grundlagen einer allgemeinen Tanzlehre, in: Schrifttanz, Wien 1929, Heft 1, 2 und 3

Stanislawski, K. S.: Die Arbeit des Schauspielers an sich selbst. Berlin 1963, Teil II

Studienmaterial der künstlerischen Lehranstalten der Deutschen Demokratischen Republik. Theater und Tanz. Berlin 1954, Heft 4

Szentpál, Maria: A mozdulatelemzés alapfogalmai (Grundlagen der Bewegungsanalyse). Budapest [4]1978

Thiess, Frank: Der Tanz als Kunstwerk. München 1923

Trümpy, Berthe: Über Improvisation, in: Die Musik, München 1936, Heft 8

Twittenhoff, Wilhelm: Orff-Schulwerk. Einführung in Grundlagen und Aufbau. Leipzig 1935

Ullmann, Lisa (Hrsg.): Laban speaks about Movement and Dance. Addlestone 1971

Victor, Walther: Freund und Feind. Kritiken aus fünf Jahrzehnten. Weimar und Leipzig 1980

Vogelsang, Marianne: Gedanken über Tanzpädagogik, in: Die Musik, München 1938/1939, Heft 10

Dies.: Gedanken zum Neuen Künstlerischen Tanz, in: Studienmaterial für die künstlerischen Lehranstalten der Deutschen Demokratischen Republik. Theater und Tanz. Berlin 1954, Heft 4

Vogt, Karl: Proletarisches Chorspiel, in: Jugend heraus!, Berlin 1929, Heft 10/11

Weidt, Jean: Der Rote Tänzer. Berlin 1968

Wigman, Mary: Komposition. Überlingen 1925

Dies.: Tänzerisches Schaffen der Gegenwart, in: Stefan Paul (Hrsg.): Tanz in dieser Zeit. Wien und Nürnberg 1926

Dies.: Der neue künstlerische Tanz und das Theater, in: Die Tanzgemeinschaft, Berlin-Charlottenburg 1929, Heft 1

Dies.: Entwicklungsstufen des Tänzers. Aus den Richtlinien der Wigman-Schule Dresden für die tänzerische Berufsausbildung, in: Die Tanzgemeinschaft, Oktober 1929

Dies.: Rudolf von Laban, in: Schrifttanz, Wien 1929, Heft 4

Dies.: Rudolf von Laban, in: Singchor und Tanz, Mannheim 1929, Heft 24

Dies.: Das Tanzerlebnis, in: Die Musik, München 1933, Heft 11
Dies.: My teacher Laban (Mein Lehrer Laban), in: The Laban Art of Movement Guild
  Magazine. Special Birthday Number. Addlestone 1954
Dies.: Die Sprache des Tanzes. Stuttgart 1963
Wille, Hansjürgen: Harald Kreutzberg – Yvonne Georgi. Leipzig 1930
Wulff, Käthe: Aus alten Briefen, in: Schrifttanz, Wien 1929, Heft 4

Personen- und Sachregister

Fotonachweis

Inhalt

DOKUMENTE

399

ANHANG